孙湛 会计专业毕业，历任企业CFO、 CEO。曾在欧美顶尖企业任职工厂成本经理、合资企业财务总监及中国区财务总监等工作，拥有20年以上非常丰富和先进的财务管理与企业运营经验。目前主要从事企业管理、专家讲师、著书、顾问等工作。

孙老师是目前中国非常有影响力的财务管理及企业运营实战讲师与作家。孙老师为众多著名企业如中石化、中石油、中国建筑、中国银行、美国强生、美国通用电气等做企业内训及咨询顾问。孙老师是清华大学等名校的客座教授，给企业家和财务总监授课。孙老师因其讲解透彻、内容非常实用易懂而深受学员欢迎和推崇。

孙老师是中国第一批讲授英国特许注册会计师（ACCA）、美国注册管理会计师（CMA）、注册会计师（CPA）等的讲师，并取得了骄人成就。例如，数次创造全球最高分，被公认为能大幅提升学员工作技能和实力的老师。

孙老师精通英语，曾参加北京市英语大赛等获得众多荣誉，业余时间曾在新东方、环球英语等著名培训机构教授英语。

孙老师对学术研究颇深，精读钻研了60余本纯美国、英国进口的世界上最权威的会计、财务管理和企业运营的书籍，包括哈佛大学、斯坦福大学的教材。

2020年**新考纲**

美国注册管理会计师

考试教材

CMA

财务规划、绩效与分析

P1 FINANCIAL PLANNING, PERFORMANCE, AND ANALYTICS

孙　湛 ▎主编

中国财经出版传媒集团

经济科学出版社
Economic Science Press

图书在版编目（CIP）数据

财务规划、绩效与分析 / 孙湛主编. —北京：经济科学出版社，2019.11

美国注册管理会计师考试教材

ISBN 978-7-5218-1082-0

Ⅰ.①财… Ⅱ.①孙… Ⅲ.①企业管理-财务管理-资格考试-教材 Ⅳ.①F275

中国版本图书馆 CIP 数据核字（2019）第 260846 号

责任编辑：杜 鹏 刘 悦 张 燕 蔡秉秦

责任校对：靳玉环

责任印制：邱 天

财务规划、绩效与分析

孙 湛 主编

经济科学出版社出版、发行 新华书店经销

社址：北京市海淀区阜成路甲 28 号 邮编：100142

编辑部电话：010-88191441 发行部电话：010-88191522

网址：www.esp.com.cn

电子邮件：esp_bj@163.com

天猫网店：经济科学出版社旗舰店

网址：http://jjkxcbs.tmall.com

固安华明印业有限公司印装

880×1230 16 开 25 印张 570000 字

2019 年 12 月第 1 版 2019 年 12 月第 1 次印刷

印数：0001-5000 册

ISBN 978-7-5218-1082-0 定价：98.00 元

本书显著亮点

（至关重要，请仔细阅读!!!）

1. 落地与考试完美结合。以前听很多人抱怨说学了 CMA 并不知道如何落地应用到企业中，事业因此不见起色，非常困惑。本书彻底解决了此问题，原因如下。

首先，目前很多财务证书考试都会有一部分过于理论而无法落地的知识，这是无法规避的现实。作者孙湛老师在欧美大型企业做财务总监很多年，在识别出无法落地的知识后，在本书中通过容易辨认的黑体 + 斜体 + 下划线 + 特殊字体的方式另外讲述了如何落地应用到企业中。这样帮助学员两全其美，既可以顺利通过考试，又可以将世界上先进的美国管理会计知识落地到企业中显著提升企业绩效从而大幅提升自身的价值和事业发展。

其次，IMA 考纲章节知识的安排主要是出于考试考虑，比如每章的考试比重尽可能不要相差太多，另外 IMA 考纲只是提供一个考试的框架参考，并没有要求所有老师必须按照 IMA 考纲的内容顺序讲解。如果机械地完全按照 IMA 考纲内容顺序讲解，会存在一定问题，比如：

- 对企业至关重要的标准成本系统（欧美生产型企业基本都在用，对企业作用非常多，中国的大企业正在学习和引进），IMA 考纲将此重要知识分散到 P1 的第三章（绩效管理）和第四章（成本管理），当然考纲有考纲自身的考量。如果只是机械地按考纲来学，根本无法学到完整的标准成本系统，更无法将其落地应用。孙湛老师本书中将生产成本差异部分从 IMA 考纲 P1 的第四章放到第三章从而呈现出一个完整、完全可落地的标准成本系统。目前此方面人才在中国稀缺，非常抢手。

- 司库部（Treasury Department）是欧美大企业的财务部项下最重要的一个职能/部门，涉及的内容是融资、投资、为企业显著创造财富，现在中国的大企业正在学习和引进，但司库的知识在 IMA 考纲的 P2 部分被分散到第二章（公司理财/财务管理）和第五章（投资决策），当然考纲有考纲的考量。如果机械地按照此考纲学习，就无法系统、完整地学到如此重要的司库机制，更无法将其落地应用到企业中。孙湛老师在本书中将 IMA 考纲的第二章和第五章合并从而呈现完整、完全可以落地的先进司库机制。在中国目前精通司库机制的人很少，属于稀有人才，深受企业欢迎。
- 其他。此处篇幅有限，请详细看本书内容。再一次说明，考纲有考纲本身的衡量，考纲本身没有任何问题。但如果需要，老师应该在考纲的框架内，灵活地将知识组合进行讲解，最重要的是做到既符合考纲的框架又能将知识系统落地应用。

2. 以前听很多学员抱怨说学 CMA 后学了很多碎片知识，很难理顺。本书彻底解决了此问题。本书的知识体系非常系统、有条理，逻辑性非常强，易理解和记忆，是完全按企业经营顺序安排的，即：

- 每年先有计划；
- 按照计划实施运营，包括宏观的资本运营/财务管理和常规的企业运营（生产、销售等）；
- 每个月财务部作为中立部门客观地记录实际运营业绩；
- 对比实际运营业绩和计划（预算）进行绩效评估；
- 来年又做新计划，然后根据新计划实施运营，然后财务部作为中立部门记录实际业绩，然后对比实际业绩和计划进行绩效评估……周而复始。

会计深入参与上述企业运营和管理的各个步骤中从而充分展现出管理会计的角色，即：管理会计 = 会计 + 管理 = 深入参与企业运营和管理的会计。管理会计最终能明显地帮助企业提升绩效而且促进企业长治久安、可持续成功发展，具体对企业的作用，请看书中的内容。IMA 考纲是框架性的指导，而且考纲有考纲本身的考量，老师讲解知识时没必要机械按照考纲生搬硬套。

3. 为了便于学员对知识的理解以及日后落地，本书中置入了大量紧贴实际的优质案例。

4. 为了方便学员顺利通过考试，本书中有大量的优质习题和习题解答。

综上所述，此书拥有众多非常显著的亮点。孙湛老师是北京第一位教授 CMA 的老师，带领学员的考试通过率一直领先全国，而且众多次带领学员创造全球和全国最高分，被称为讲师中的老师。另外，因为落地与考试完美结合的讲解，孙湛老师培养了全国很多企业的财务高管，并且帮助学历非常低（三本、自考、电大等）或者刚毕业的学员找到了非常出色的工作，因为先进的管理会计知识只有落地才是王道，才会深受企业欢迎。

目　　录

注意：本书的内容涵盖了IMA 2020年新考纲的内容，此套书的P1部分涵盖了所有IMA考纲P1部分的知识，此套书的P2部分涵盖了所有IMA考纲的P2部分的知识，这样考生完全无忧。但本书目录和IMA新考纲的目录顺序不尽相同。IMA考纲只是框架性的指导。为了让学生更好地吸收知识并通过考试，如果需要，老师应该灵活对知识进行组合。本书的安排更加有助于学员理解和吃透CMA内容，以及帮助学员更顺利地通过考试，经过多年的学员反馈，本系列书深受学员欢迎和推崇。

说明：书中、讲课中，涉及的任何公司名称、个人名称、相关举例等均为虚构，即使现实中确实存在。这样做是为了情景教学，更加便于学员理解，请勿对号入座！

第1章　CMA概述以及CMA对提升企业效益和会计人员价值的巨大作用

（非直接考试内容，但对实际工作至关重要，建议学员必读！！！）

随着ERP、人工智能等对传统核算会计工作的大幅取代，转型至管理会计已经是历史大势所趋，不可逆转！

CMA对管理会计的定义和诠释

管理会计 = 会计 + 管理 = 深入参与企业运营和管理的会计（师）。现在越来越多企业的投资者、董事会、最高管理层迫切期待管理会计师能深入参与公司运营和管理。欧美顶尖企业在这方面已经做得很成熟，管理会计师已经是企业运营、管理的核心成员。

企业为什么迫切需要管理会计师（而不是管理销售师、管理生产师、管理物流师、管理人事师等，而且实际工作中也没有管理销售师、管理生产师、管理物流师、管理人事师等，唯独有管理会计师）深入参与企业运营管理呢？答案是：管理会计师深入参与企业运营和管理可以大幅提升企业效益和创造财富、推动企业长久可持续成功发展。这是因为会计也叫作财务人员是企业财富最大化/绩效最大化（注：财富最大化、绩效最大化、效益最大化这几个词意思基本一样，可以互换）的专家，因为：

（1）会计人员是专业制作利润表、现金流量表、资产负债表等反映公司财富报告的人，因此，会计精通企业方方面面运营所产生的财务影响，例如，小到购买存货的财务影响、客户信用期的财务影响，大到自制与外包、企业并购中的财务影响等。

（2）会计掌握众多非常专业的可持续财富最大化的技巧和技能，例如自制VS外购、客户盈利分析及利润最大化的最优客户组合、TOC、长期投资决策、战略规划平衡计分卡、绩效考核平衡计分卡等。

（3）会计的保守原则又促成会计擅长风险管理和内部控制，如此可以让企业更健康、更稳定，从而可持续成功发展。

企业最重要的目的和使命是可持续投资者财富最大化，而公司里最精通可持续投资者财富最大化的人是会计人员。实际工作中，欧美公司对管理会计师非常重视，而且明确希望会计人员从后台走向前台，更积极地参与企业管理和运营。笔者过去在欧美顶大业做财务总监等管理职位的真实工作经验也佐证了这一点。

因此，最懂钱、最懂财富创造的人最应该进入企业核心管理，深入参与企业的运营，和企业团队一起实现可持续财富最大化这一企业最根本的目的。管理会计师 = 会计 + 管理 = 深入参与企业运营和管理的会计师，以显著提升企业效益/财富创造。管理会计师，或者又称具备管理会计思维和技能的真正意义上的财务总监需要做以下六门功课，分别是：

功课一：每年和 CEO 及其他职能部门经理一起制订计划，包括战略规划和预算。使用欧美顶尖公司最先进的方法，例如，平衡计分卡之战略规划、零基预算、弹性预算、滚动预算等，而非传统的务虚、走过场的制定规划和预算；（一个字简称为“计”）详见 CMA P1 第二章。

功课二：领导公司财务管理，融资—投资—以钱生钱，进行财富最大化创造。目前此功能在绝大多数中国公司的财务部门中基本没有。但在欧美顶尖公司，此职能（英文叫“treasury department”）对公司至关重要、不可或缺！（一个字简称为“财”）详见 CMA P2 第二章。

欧美大公司中财务部项下都会有 Treasury Department 部门，Treasury Department 我个人认为应该翻译成财务管理部，简称“财管部”，也有人翻译成司库。在财务部项下，和财管部相对应的部门主要是会计核算部、风险管控部、税务管理部等，它们都属于财务部下面的重要职能。财务管理部的主要职责是融资（资产负债表的右边）、长期投资管理（资产负债表的左下）、营运资本投资管理，包括现金管理、应收账款管理、存货控制等（资产负债表的左上）等。根据以上表述，公司财务管理实际上可以简单总结为一张资产负债表的管理和经营。公司财务管理的最终目标是通过财务管控，“以钱生钱”（以钱是资产负债表右边的融资，生钱是通过资产负债表左边的投资，来创造更多的财富），实现投资者财富最大化。企业的最根本目标就是使投资者财富最大化。公司财务管理是企业财富最大化创造之引擎！公司财务管理的具体路径和概述如下：

融资及融资定律（资产负债表右边）：

- 保障资金的充足性。必须提前建立多种融资渠道（如银行关系、债券、有价证券融资、租赁融资、IPO、私募等），保证随时用钱，随时到账！不要缺钱时临时再建立渠道。缺钱好比人急着要输血抢救，临时建立渠道可能后果不堪设想！
- 风险可控。资本结构要合理（资产负债率），速动比率、现金比率等要适当，以防止企业的财务风险/流动性风险。
- 最低成本。融资成本应合理的最低化。

"以钱生钱"投资之法则（资产负债表左侧）：

（1）融到资金首先支持企业的常规运营，即销售、生产、采购等，具体有：

- 合理但尽可能最低的存货投资。占压（也称投资）一部分资金在存货上：其中在原料存货以支持生产，使其顺畅进行、不缺料，在产成品存货以支持销售，使其顺畅进行、不缺货。但需考虑尽可能合理最大化使用适时存货制（just in time，JIT）模式。存货的相关成本巨大，合理的省钱就是赚钱，就是创造财富！（资产负债表左侧之存货科目）
- 合理但尽可能最低的应收账款投资。占压（也称投资）一部分资金在应收账款上是为了使得对外营销有竞争力。若竞争对手提供信用期，企业也要有这方面的竞争力。但需考虑通过提高产品性能、质量等竞争力及通过提高客户服务水平等使得信用期处于合理、尽可能低的水平。另外控制应收账款的方法是应收账款保理以及由财务部作为中立部门独立审批客户信用，而不是由销售部门审批信用，销售部门审批信用可能会存在利益冲突。应收账款的维护和坏账成本巨大，合理的省钱就是赚钱，就是创造财富！（资产负债表左侧之应收账款科目）
- 充足但合理最低的现金储备以支持销售人员营销、生产、采购、财务等部门的正常开支（如办公费、人员工资等）、未来购买存货等. 但需考虑部分现金投资到有价证券赚取收益，既不影响用钱，又能赚得收益。（资产负债表左侧之现金科目）。

（2）为未来寻找可持续财富创造增长点：
- 并购其他公司及其业务（资产负债表左侧之非流动资产）。
- 固定资产更新或扩建（资产负债表左侧之非流动资产）

资金支持于并购等长期投资的终极目标：以钱生钱、投资者财富最大化。具体而言：净现值（NPV）>0 且 NPV 最大化。长期投资决策的严密科学的程序为：事先考察—人员渗入—尽职调查—财务现金流模型—IRR + NPV + 折现回收期并用—风险分析—事后审计等。

总结：财务管理部门为企业创造巨大财富并促进企业把控财务风险以实现长久可持续成功发展！

功课三：和其他部门经理和 CEO 一起作企业重大决策，例如，TOC 引进新产品/新业务（整体/生产）、自制与外包（生产）、采购与租赁（生产）、产品长期定价（销售）、特殊订单（销售）、并购（整体）等。因为任何决策的最重要的衡量是决策的财务影响（当然也要同时考虑非财务因素），即最终是否能为公司增加财富。但非财务人员对企业运营中的细节的财务影响以及专业决策公式和专业财务术语并不精通，因此，必须需要财务人员（管理会计）的深度参与，甚至主导。如果没有管理会计的参与，很多企业决策很容易出现失误，甚至酿成重大损失、企业倒闭。（一个字简称“决”）下面举个例子。

例：自制与外购或外包决策（CMA P2）。现在产成品或零部件外购/外包在全世界非常盛行，因为企业“大包大揽”的路走不通，企业应该更专注一些自己特定领域的优势。例如，很多国际大汽车公司都在外购一些重要零部件从而可以更专注于汽车整体设计、整体性能等，计算机公司外购芯片、苹果公司外包手机生产业务等，另外，外购还有节省成本、避免产品更新换代的风险、表外融资等众多优点。如此重大的决策如果没有管理会计师深入参与并使用非常专业的决策公式，很可能让本来一片光明的战略宏图变为企业倒闭的导火索。

举例，HIJ 汽车公司欲就其旗下一品牌汽车外购其发动机，企业目前一直自制发动机。采购部经理和总经理经过精心严密的考察和挑选，选择一著名供应商提供的发动机，原因除了良好的非财务因素外，如质量、性能等，该发动机一台报价成本只有 10 000 元，而 HIJ 公司的该款发动机自制的生产成本是 12 000 元。整个事件没有管理会计师参与，采购部经理和总经理都知道公司自制发动机的生产成本为 12 000 元。这样企业如果一年生产 50 万辆车，则企业会节省成本（12 000 元 - 10 000 元）×50 万辆 = 10（亿元）。可一年下来实际的财务结果却让董事会极为震惊和不满，主要原因有：

- 外购价不能和人们常说的产品成本（即直接材料、直接人工和制造费用）直接进行比较，应该主要和可避免成本以及机会成本比较，此时假设 12 000 元的生产成本里可避免成本（即外购后，这些成本会消失）是 8 000 元，另外 4 000 元即使外购也是不可避免的固定成本，也就是说，即使外购后，这些成本仍会照常发生，例如厂房及设备的折旧、租金、生产部总监的薪水等，这些费用根据会计法或合同规定还需照常发生。如果接受外购，则单位产品成本变为：买价 10 000 元 + 4 000 元 = 14 000（元），比自己生产还贵了 2 000 元，从而产生 10 亿元的巨大损失！当然还要考虑机会成本，如果不自产了，闲置的生产设施可以生产其他产品取其他产品的边际贡献为机会成本，或者将生产设施租赁出去取租金收入为机会成本等。

- 专业的决策公式较为复杂，一般非财务经理（如 CEO、COO、生产部经理、采购部经理等）以及财务会计人员（即非管理会计人员）对此不知晓。正确的自制与外购决策公式为：看外购的价格是否 <（不自产的）可避免成本 + 相应的机会成本。若小于则接受，大于则不接受。决策公式里涉及大量的会计专业术语和运营要素。我们在后面章节会详尽讲述。因此，有管理会计师深入参与企业的运营和管理中，企业可以创造巨大财富，但如果没有管理会计师的参与，企业很容易作出错误决策从而导致企业亏损 10 亿元，一般的企业可能就此被击垮而倒闭。

可见有无管理会计深入参与的企业运营的效果天壤之别！以上只是“小菜吃吃”的

一个例子，这样能对企业产生重大影响的决策还有很多，后面我们将逐步享受 CMA 这一盛宴！

功课四：充当中立的裁判，独立、客观、准确地记录实际运营业绩，即：会计核算及财务报告、平衡计分卡等。之所以管理会计包括了这部分本来是财务会计的内容，是因为管理会计的很多信息和基础数据来自财务会计，因此，管理会计对此要熟知（即这些信息和数据是怎么来的），另外的原因是管理会计有控制和监管的功能，因而也要精通财务会计的机制和系统，才能更到位的控制和监管。（一个字简称为“核”）CMA P1。

另外，因为管理会计的核心思想和使命是为企业增值、为企业提高效益、可持续为投资者最大化创造财富。因此，即使在财务会计/核算会计方面也要充分体现此核心思想和使命，即研究、剖析如何进行革新、改进从而在核算会计方面为企业增值、提升效益。管理会计人员可以帮助财务会计人员在这方面出谋划策，财务会计人员应该本身也要学习并具备管理会计的思想和理念，而不是只是机械传承过去的核算会计做法。近几十年核算会计方面创造性地出现了很多革新从而给企业带来明显增值，例如：

- 标准成本法的使用。存货报告以标准成本计价、双线制核算；
- 作业基础成本法；
- 后推成本法；
- 变动成本法损益表编制等。

其中重要性原则是法宝之一。上述这些革新并不是终点，会计人员应该在会计核算方面持续改进以为企业更多地增值，切记不能只是机械地照搬过去。

功课五：深入、客观地进行财务分析、全面企业经营分析（即平衡计分卡分析），为绩效考核、企业决策提供信息和数据。（一个字简称“析”）

功课六：领导风险管理、内控与监管以使得企业可以长治久安、可持续成功发展而非只是昙花一现。主要内容包括：风险管理、内部控制、职业道德操守、监管（内审、外审、道德热线）等。（一个字简称为“控”）

管理会计的六门功课贯穿企业基本的经营顺序。企业经营基本顺序为：

1. 制订计划。包括战略规划和预算。管理会计在此的角色是：领导/协助制订计划。简称“计”。

2. 然后按照计划实施运营。包括宏观资本运营，即公司财务管理和常规企业运营（如销售、生产、采购、人事等）。管理会计在此的主要角色是：（1）领导公司财务管理，“财”。（2）和常规运营的其他部门经理以及总经理一起作重大决策，简称“决”。

3. 然后记录运营实际业绩。管理会计在此的角色是：中立、独立地记录企业实际运营业绩。简称“核”。

4. 期末对比实际运营业绩和计划从而进行绩效评估与考核。管理会计在此的角色是：进行财务分析以及全面企业经营分析（平衡计分卡分析），为绩效评估和企业经营决策提供数据和信息。简称“析”。

5. 然后总结经验、教训，展望未来，再制定下一年的战略规划和预算，年复一年，周而复始。为了企业能长久可持续成功发展，管理会计需在整个企业经营过程中进行风险管理和内部控制。简称“控”。

以上科学地诠释了管理会计 = 会计 + 管理 = 会计深入参与企业运营管理。管理会计的最根本的职责使命是推动、提升企业效益，最大化为投资者创造财富！

上述可以简称：当代真正意义上的财务总监（或者又称最高级别管理会计师）的六门功课，即：计、财、决、核、析、控。这六门功课会大幅地提升企业效益和财富创造。核算会计/财务会计占的比重很小，核算会计只占 10% 左右的比重。

从这六门功课可以看出，管理会计师或者真正意义上的财务总监责任重大，对企业的作用和影响巨大，完全可以将真正意义上的财务总监（顶级管理会计师）比喻成现代商界的诸葛亮。文能提笔安天下，武能上马定乾坤。真正意义上的 CFO 是企业大脑、核心智库，为企业及董事长、CEO 出谋划策，运筹帷幄，举例，以平衡计分卡思想来指导战略规划、预算、运营实施和绩效考核；精妙的利润最大化之客户最优化组合；智慧的 TOC；睿智的自制与外购决策（如苹果公司）等，又能从后台走向前台，带领人马，决胜千里，例如，领导企业进行意义重大的公司财务管理，以钱生钱、最大化财富创造；以及“攘外必先安内”之领导企业进行全面、综合的风险管理和内部控制。

CMA 从内容上来看基本等同于 MBA，属于企业绩效推动型 MBA。而且是美国纯正血统、代表着世界上最先进的财务管理和企业运营知识的 MBA，并且有第三方非常严格的考试，因此，如果不认真学习、不真正理解和掌握知识根本无法通过考试，当然这也更增加了 CMA 的含金量，太容易通过的考试，人们一般不会认真学习。

欧美顶尖企业非常重视管理会计的作用，例子之一：美国著名宝洁公司（Procter & Gamble）将财务和会计部（Finance & Accounting）的使命定义为：股东利益和股东财富最大化。这正是我们讲述的管理会计的核心思想和使命。宝洁公司也是如此，其利润等财务指标多年来一直是全球最出色的公司之一。而且因为其对管理会计重视（持续创造财富而且良好把控风险等），宝洁公司一直能够可持续成功发展，宝洁公司成立于 1837 年，至今已经近 200 年历史。

对比起来，中国现在很多所谓的财务总监和其领导的财务部只做了上述六门功课的

15% 左右，其主要工作还是传统的财务会计/核算会计。很多先进理念和技能急需提高，否则根本满足不了现代企业管理的需求。

总结

1. CMA 对管理会计的定义和诠释：管理会计 = 会计 + 管理 = 深入参与企业运营管理的会计师，以显著提升企业效益。具体方法是上面讲述的 CMA 的六门功课。

2. 管理会计对提升企业效益和会计人员的价值的显著作用：学习 CMA 会大幅提升会计人员的技能和价值，推进会计人员的迅速转型，即从仅在后台、日复一日不怎么为企业增值的会计核算，到走向前台成为促进企业实现投资者可持续财富最大化（绩效最大化）的核心力量！具体方法是管理会计师/CFO 的六门功课！

IMA 颁布的 CMA 考纲

IMA 颁布的 CMA 考纲分为两部分，P1 和 P2. P1 叫作财务规划、绩效与分析，P2 叫作战略财务管理。

CMA P1 包括：对外财务报告与决策（15%——考试比重）、规划和预算编制与预测（20%）、绩效管理（20%）、成本管理（15%）、内部控制（15%）、科技与分析（15%）。

CMA P2 包括：财务报表分析（20%）、公司财务（20%）、决策分析（25%）、风险管理（10%）、投资决策（10%）、职业道德（15%）。

另外请注意，学习 CMA（一个相当于绩效推动型、美国纯正血统、代表着全球最先进财务管理和运营管理知识的 MBA 的一个高端培训），不仅有新鲜有趣、令人兴奋的元素，但也会有枯燥、烦琐的知识和大量计算。请大家务必一定要同等重视这些“枯燥、烦琐的知识和大量计算”，因为：（1）当今世界上唯一不变的是不断地变化，这些知识在职业生涯甚至退休后的某个节点都可能会用的上，“书到用时方恨少”在当今存在各种变数而且竞争激烈的世界尤为突出，千万别因此酿成懊悔，因为有别人可能准备得更好。（2）耐心、平和、良好的心态是成功人士所必须具备的，若不具备这些关键品质，人很容易最终半途而废，因此，可以将这些“枯燥、烦琐的知识和大量计算”作为一种锻炼、修行！（3）大量计算可以让头脑更灵活。

哪些人群最应该学习管理会计

- 所有会计在职人员以及会计类专业的高校学生；
- 所有 CEO、总经理、总裁、董事长、董事、董事会秘书、首席运营官以及未来志向于成为上述岗位的人才（不精通可持续财富最大化这一公司根本核心目标怎能当企业高管）；

- 商业银行、投行、（险资、基金等）机构投资者等（股神巴菲特的心得：要想真正创造财富不仅要会挑选合适的投资目标，更重要的是要精通企业财务管理和运营管理。上述这些机构经常是众多大公司的幕后大老板，因此，他们要精通可持续财富最大化的技能和技巧）；
- 审计人员：外审（实际工作中很多外审人员不太被企业人员尊重，是因为很多外审人员只懂账务会计，对企业运营和管理知之甚少）和内审（内审必学），请看后面内审部分；
- 高校会计类老师；
- 志向于复合型人才的非财务会计类在职人员及在校大学生等。复合型人才（既懂技术又懂财务及运营管理）在当今社会非常稀缺、非常有价值和受企业欢迎！

下面全面、深入地讲解 CMA P1

学习 CMA P1 的课程收益概述

通过战略规划和预算的学习可以让大家学习到：

- 欧美顶尖公司最先进的战略规划机制，例如 SWOT 分析、哈佛商学院波特五力量行业分析、哈佛商学院 BCG 战略业务单元分析、平衡计分卡战略地图等。
- 世界上最增值、最科学的预算机制和方法，例如零基预算、弹性预算、连续预算等。

通过成本管理的学习可以让大家学习到：

- 世界上最先进、同时可以为企业巨大增值的新型成本核算方法，例如标准成本法、后推成本法、作业基础成本法、变动成本法存货核算机制等。
- 欧美顶尖公司普遍在使用的先进的战略成本管理和控制方法，例如适时生产制、约束原理、价值链分析、作业基础管理等。

通过对外财务报告的学习可以让大家学习到：

- 标准权威的美国会计准则（US GAAP）和欧洲会计准则（IFRS）以及未来中国会计准则的变革方向。这对中国目前的所有会计人员都是至关重要的，因为现在越来越多的企业和美国以及欧洲打交道，通晓 US GAAP 和 IFRS 是一项必备技能！机会总是给提前有准备的人！

通过绩效管理的学习可以让大家学习到：

- 世界上最先进的绩效管理工具——平衡计分卡，以准确、客观、深入地评估企业绩效以及人员的责任。平衡计分卡可以标本兼治，促进企业未来可持续成功发展。
- 转移定价。中国综合型企业越来越多，公司内部的产品买卖必须建立正确、科学的转移定价机制以符合相关国家税务规定，以及合理利润最大化与风险规避。

通过内部控制的学习可以让大家学习到：

- 美国乃至世界最权威的内控建立及评估机制——著名的 COSO 模型。
- 世界范围内最有利的内控法规——萨宾法案等。

通过科技与分析的学习可以让大家学习到：

- 许多关于信息系统与数据分析方面的最前沿的科技，例如云计算、大数据、SAAS、区块链、RPA 等。
- 系统的会计信息系统、ERP、数据分析工具等。

概述篇幅有限，还有更多精彩内容，让我们一起精细学习这些欧美顶尖企业最先进而且非常实用的知识和技能从而大幅提升自己的价值和所在企业的效益！

注意：以上部分和以下直至结束中的“黑体 + 斜体 + 下划线 + 特殊字体”的文字不是直接考试内容，无须背记，但这些文字可以促进对 CMA 知识的理解，并且对实际工作至关重要，因此建议一定要仔细阅读和学习。

第 2 章　计划、预算和预测

在讲正课之前，先讲解学习及考试注意事项！

• 一定要将每堂课当作最后一堂课而结束后马上就要考试来对待，从而抓紧时间刻苦学习，充分备战。否则，总觉着时间还早，最后很可能突然会发现时间所剩无几，自己对知识仍然一知半解。这是很多人的痛苦教训。

• 考试时，一定要合理安排答题的时间，千万要避免前面用时过长，耽误答作文题，作文题的占分很多。

• 因为现在大家手写文字的机会很少，因此，平常大家一定要有针对性地对书写作文题进行训练，从而形成字迹清晰、回答有条理的答案。否则答得再好，无法让阅卷人看清楚也只能得低分甚至零分！

• 遇到题干特别长的题，最好先看题问的是什么，有可能题干中的很多信息都是干扰，是没有用的。否则如果正常的先看完题干，会花费很多冤枉时间。当然题干若不是很长，则还是正常去看。

• 每次上课前必须提前预习和及时复习，这样更容易吸收和掌握。CMA 相当于绩效推动型 MBA，研究生/博士级别，应该是 2 年的课程，但培训时间全国所有的机构都只有不到一个月的时间，因此，课堂上不可能讲得太慢，需要大家有一定的基础而且提前预习，然后及时复习。

• 每次学习一段时间后，一个小时、半天或一天等，一定要及时找个安静的地方，自己不出声或者出声讲述所学的知识。只有这样才能将知识记牢，方便通过考试，而且容易在实际工作中应用。科学早已验证，学习后若不及时回顾，无论你当时学得再刻苦再认真，人的记忆会在一天后减少 80% ~90%，相当于没学。因此，必须及时回顾！

• 所有学员必须大量做题，只有这样才能真正彻底地理解和记牢所学的知识，否则根本无法真正把知识学到手！大量做题既对考试好，也能让学员在实际工作中将所学的知识学以致用。但是为什么很多人学了很多课程却没感觉到自己明显的进步，原因是因为只泛泛地学习而没有通过大量做题来真正牢固吸收知识！

- 要耐心多精读几遍书籍，书开始越读越厚，随着精读次数的增加，书会越读越薄。
- 好状态会显著促进考试得到好结果。考前一定要充分休息好，考试时要精神抖擞。
- 学习是最好的养生。现在大家都热衷养生，养生最重要的是静心，心静。学习可以让大家心静、向上、充实。人若心不静，很容易生病。因此，要在不影响身体健康的情况下，多学习。
- 自古就证明了一点：严师出高徒！只有强化精细的培训才真正能造就人才，松松散散的培训误人子弟，浪费时间。哈佛、斯坦福、剑桥等人才辈出的名校教育极为严格。要求不严的老师是在耽误学生！

2.1　战略规划

管理计划一般分为战略规划、战术计划和营运计划。其中，战略规划（strategic planning）是指：由最高管理层制定，用于确定企业的使命，表述企业长期的经营目标等。涉及的时间跨度一般是 5 年或更长。战略规划一般是范围广的、定性的、概括性的和指导性的。战略规划不会很细节也不会很具体，战略规划是指导性的而非运营性的。

战术计划（tactical plan）：受战略规划指导，由中、高层管理者制定，用于实施战略规划中某些具体项目，涉及时间段为 1 ~ 5 年，时间属于中期，既非短期也非长期，例如，1 ~ 5 年的预算。战术计划是量化的，主要围绕在生产、存货、销售和现金流等公司的常规运营，战术规划要具体指明计划所涉及不同人员的责任。

营运计划（operational plan）：受战术计划指导，由中、低层经理制订，营运计划是具体的每天的运营，它是总预算的基础，是支持总预算的更细节性计划，例如，固定资产需求计划（支持总预算的资本预算）、新产品的开发计划（支持总预算的销售预算）等。营运计划是短期的，最长 1 年。

战术计划及营运计划必须和公司的战略规划保持一致！总结上述之间的关系：战略规划—战术计划（如预算）—支持预算的更基础、更细节的计划。

战略规划

战略是一个较概括的术语，是指一个组织如何将自己的能力和外部的市场机遇有效地结合起来以实现组织的目标。战略最重要的目的是使组织拥有可持续的竞争优势。

战略规划的目的是：指导、引导公司努力实现出色的业绩和竞争优势以及股东价值最大化。战略规划对企业的意义至关重要，它决定和引领企业未来。中国有句老话："人无远虑、必有近忧。"战略规划制定得好坏直接会影响企业未来的成败。

战略规划的过程和具体步骤：

1. 确定企业的使命、愿景、核心价值观、主要经营目标。

2. 通过 SWOT 分析来选择和确定企业战略：

（1）分析企业外部的竞争环境，确定机会和威胁（客观）；

（2）分析企业内部的营运环境，确定优势和劣势（主观）；

（3）通过 SWOT 矩阵分析选择和确定企业战略。

3. 实施所选择的战略，定期对战略进行评估、反馈、调整（如果有必要）。

注：上述的（1）、（2）、（3）也可以展开算 3 个大步骤，这样，整个战略规划可分成 5 个步骤。

1. 使命宣言的建立

使命宣言（四要素）：企业使命、愿景、价值观和具体企业核心目标。

企业使命（mission）：是指在社会经济发展中企业所应承担的角色和责任，是企业的根本性质和存在的目的及理由。企业使命要说明企业的经营领域、经营思想、如何为客户带来益处和价值。企业使命一定要着重从客户角度去考虑，如何为客户带来价值，而不是一味地说企业是生产什么的、销售什么的。举例，著名制药公司 MERK 公司的使命是：我们企业专注于治救和改善人类生命。

企业使命的意义：（1）保持整个企业经营目的的统一性；（2）为配置企业资源提供基础和标准；（3）企业使命为企业目标的建立与战略的制定提供依据；（4）建立统一的企业氛围和环境；（5）树立用户导向的思想。

愿景（vision，有人翻译成设想或远景）：比使命更具体一些，愿景是对未来一个很有雄心、很有抱负的规划，它能：（1）激励公司各级别员工；（2）指引公司未来需要制定和实施的战略。例如，某世界顶尖公司的愿景写道：我们的愿景是成为世界上最有创造力的科技公司，让世界各地的人们生活得更便捷、更幸福、更健康。愿景为公司描绘了一个宏伟蓝图，明确指明了公司奋斗的目标，对企业运营有很强的指导和激励意义。广义的企业愿景包括核心价值观（core value）、核心目的和未来前景的展望（如未来 20 ~ 50 年的远大目标和对目标的生动描述）。

企业使命和愿景的区别：企业使命和愿景是因果关系，使命是因，愿景是果。使命应在前，愿景在后。愿景是对未来远大、有抱负的规划来最终实现企业的使命。有些资料上将此关系写颠倒，值得商榷。但愿景和使命确实有些重叠。

公司核心价值观（core values）：公司员工共同的价值观、指导每一位经理和员工的行为标准以及如何做业务（do business）。例如，我们要不断超出客户期望；又如，我们以最高的职业道德操守标准运营业务等。公司核心价值观是建立企业文化的基础。

公司的主要目标：公司的最主要目标是股东价值/财富最大化，例如高利润率，可持续经营增长等。公司的主要目标要比较具体、可衡量，举例，10 年内净利润达到 120 亿元，利润率达 15%，市场份额达到 30% 等。

2. SWOT 分析

SWOT 定义/要素：S（strength）= 企业内部的优势（是指比别的企业强的方面，好比企业的“金刚钻”）；W（weakness）= 企业内部的劣势；O（opportunity）= 企业外部的机遇（好比外面的“瓷器活”）；T（threat）= 企业外部的威胁．S、W 属于主观因素，而 O、T 属于客观因素。

第一，SWOT 之外部环境分析

分析企业外部的竞争环境，确定机遇和威胁，外部环境可分两大部分：（1）公司所处行业的分析；（2）宏观环境因素：通货膨胀、人力市场、技术变革、环境问题、法律问题、政治风险等。下面我们详细讲述行业分析和科技分析。

迈克尔·波特，哈佛商学院毕业，创立了“5 竞争力量”模型。它主要是从行业的角度出发来帮助分析企业的机遇和威胁。具体来讲，它可用来帮助经理们分析某行业的状况及吸引力，“好行业、有吸引力的行业”对企业来讲就是发展机遇，例如，该行业进入门槛高，别的竞争对手很难蜂拥而入等，这说明此行业好，在此行业的公司会有很好的发展机遇，否则如果“行业不好、没有吸引力”对企业来讲就是威胁和挑战，例如，该行业进入门槛非常低、客户和供应商都太强势等，这说明此行业不好，在此行业的公司发展会受到很多威胁和挑战。“5 力量”模型分析完后，企业可采用相应的应对措施，如退出或进入、削减生产规模或加大生产规模抓住机遇等。

“5 力量”模型具体分析

5 -1：潜在竞争对手进入市场的门槛：门槛越高对企业越是机遇，因为竞争对手因此而数量少，相反则为威胁。形成壁垒的要素。

■ 目前行业里企业的品牌忠诚度：指行业里是否有公司其品牌顾客忠实度非常高，**举例：**（1）算了，不做咖啡了，全世界都喝雀巢；（2）算了，不能做电脑芯片了，到处都是英特尔。培养品牌要很多时间和金钱。品牌忠诚度越高门槛越高。

这样的行业会在一定程度上阻止更多的新公司进入从而引发的一系列负面的影响，例如竞争激烈、利润微薄、破产的可能性增大等，因此，对于目前行业里面的现有公司则为机遇，即使对于目前行业里并不是排名第一的公司也是机遇，因为目前本行业的竞争没有那么激烈。

■ 目前行业里企业的成本优势：目前行业里有些公司可能通过多年的学习经验以及各方面积累才取得成本优势，对于新入行者可能要花很多年才可以达到较低的成本。这个过程越长，对刚入行的企业就越有挑战。绝对成本优势越高门槛越高，则越是机遇，因为别的企业很难短时间内赶上来，因此，一般企业不敢贸然进入此行业（或者理解成：取得成本优势的难度）。**举例**，算了，干不过宜家，东西超便宜而且又新颖时尚，也不知道他们到底怎么弄的。

■ 投资规模：企业巨大的投资规模会让一些竞争对手望而却步，举例，飞机制造、高铁等。

■ 顾客转移成本：更换供应商的转移成本越高，越不愿意尝试新产品，例如眼镜行业：在某眼镜店配副眼镜，镜框 1 200 元，镜片 600 元，镜片如果坏了，还是找此眼镜店，因为如果找其他眼镜供应商，1 200 元的镜框就得扔掉，转移成本太高。顾客转移成本越高，顾客就越不愿意尝试其他公司的新产品，因而别的企业就越不敢贸然进入此行业，因此，该行业竞争不会太激烈，从而这样更是机遇。

■ 政府管制：政府管制越强门槛越高，越是机遇，举例，高速公路等。

5 -2：产品替代程度：在同行业里近似的产品越少对企业越是机遇，相反则为威胁。举例，在电脑芯片行业里，产品替代程度很小，英特尔一枝独秀，手机行业里产品替代程度中等，矿泉水行业的替代程度非常大。

5 -3：供应商的强弱势/议价能力：供应商越弱势对企业越是机遇，相反则是威胁，因为可能动不动就威胁停货、涨价等。

5 -4：客户的强弱势/议价能力：客户越弱势对企业越是机遇，相反则是威胁。

5 -5：行业内现有公司之间的竞争强度：越低越是机遇，相反则是威胁。竞争的强度也受退出壁垒的高低影响：高的退出壁垒。举例，企业投资大，资产不好变卖。退出壁垒越高，越都“憋”在一起竞争，因而竞争会越激烈。

总结："5 力量"模型的优势：（1）帮助分析行业的好还是不好；（2）判断给企业带来的是机遇还是威胁；（3）企业因此采用相应的应对措施，例如进入、加大生产还是退出等。"5 力量"模型最终是为公司选择战略服务的，它先分析公司所处的行业，然后分析目前的行业状况对企业是机遇还是威胁，再从此角度来给公司提供未来发展的战略和策略。

案例，波特 5 力量模型分析苹果所在的手机行业。

满分 100 分，每个力量 20 分，其中第一力量的 5 个要素，每个 4 分。打分标准：差 =20%，中 =40%，良 =75%，优秀 =90%。最终结果 85 分以上属于机遇，50 分以下属于威胁。

注：打分非考试内容。

科技/技术评估（technology assessment）

任何行业都会受到科技的战略影响。科技对任何一个公司都至关重要，波特 MBA 总结了科技评估的五个步骤。

1. 确定关键科技。首先确定影响组织的所有科技，包括现在的科技、未来的科技、企业内部使用的科技以及其他公司使用的科技。科技分类为：

- 产品科技；
- 生产过程和/或服务过程科技；
- 支持性部门（如财务、人事、信息管理等）使用的科技。

2. 分析现在以及将来潜在可能的科技变革。评估上面确认的所有科技短期以及长期的变革。

3. 分析科技在组织竞争力方面的影响。分析什么科技或科技变革可以让组织有明显的竞争优势，分析竞争对手手里有什么科技或科技变革会对组织构成最大的威胁，分析什么科技或科技变革会重大影响整个行业结构等。按不同科技的竞争力方面的影响分为：

- 基础科技：行业里公司都普遍在使用的科技，相应的也不会给其中任何组织带来竞争性的优势。举例，在电动汽车行业普遍都在使用高性能电池技术。

- 关键科技：可以使得组织比竞争对手有差异化的优势。比方说目前特斯拉在电动汽车续航里程方面的关键科技优势。

- 领跑科技/领航科技（pacing technologies）：能颠覆整个行业竞争力排名的重大科技变革。举例，21 世纪初的苹果公司的智能手机科技横空出世，让诺基亚失去绝对优势，颠覆了整个行业。领跑科技会替代原来的关键科技，成为新的关键科技。

4. 分析组织科技方面的优势和劣势。经理们必须客观、准确地分析组织自身的每一种科技方面的优势和劣势。骄傲自大或不情愿去做此项工作会对组织非常危险。

5. 建立组织的优先科技。通过上面的分析和评估，组织应建立一份购买、研发、使用相关科技的优先顺序计划。

第二，SWOT 之内部环境分析

分析内部环境的主要目的是确定企业的优势和劣势。优势能让企业在运营方面产生卓越的业绩，劣势会导致企业不好的业绩。

第三，通过 SWOT 矩阵分析选择和确定战略

SWOT 分析是用来制定公司战略的工具。企业（通过对外部和内部环境的分析）确定内部优势、劣势和外部机遇及威胁后，企业进行 SWOT 分析。SWOT 分析可通过矩阵列出企业的内部优势、劣势和外部环境的机遇及挑战，然后将企业能够做的（即企业内部优势和劣势）与外部环境客观存在的（即环境的机遇和威胁）有机地结合，从而产生一系列可选战略，企业从中选择最佳、最适合企业自身的战略。具体见下图：

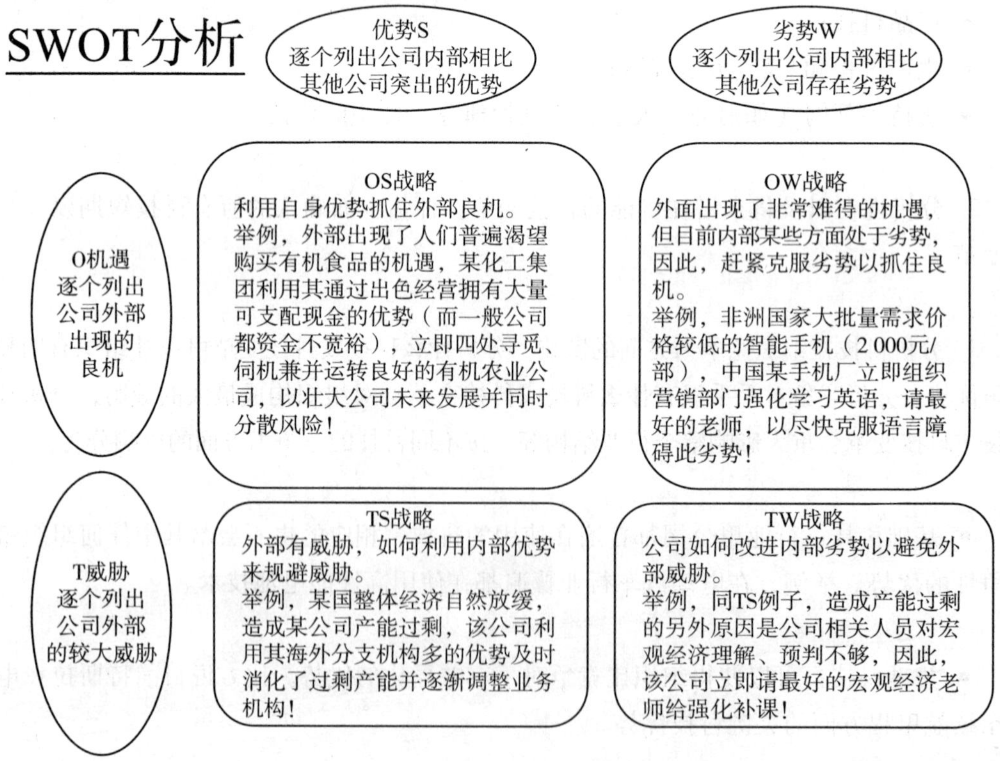

SWOT 成功的案例。牛根生当年成为首富就是因为敏锐地看到了外面市场的机遇，即人们非常渴望想喝到安全绿色的奶，而牛根生扎根内蒙古大草原，得天独厚的奶牛生

产基地。马云成为首富也是马云前瞻地看到人们现在都很忙碌，没时间逛商场，而且天气不好时不愿意出门逛商场，遇到流行病，例如非典、禽流感等也大大地影响了人们出来逛商场的意愿等，马云利用了他多年的 IT 行业积淀的出色能力，从而发明了网上购物，快捷、方便、便宜，一下子得到巨大发展。

挑选战略

战略选择：通过 SWOT 分析获取若干备选方案，然后从中选择最佳战略。挑选战略时，管理层考虑的战略范围主要有（从高到低）：公司总部层面战略（corporate level，如 GE 美国总部）、业务层面战略（business level，如 GE 众多战略业务单元（SBU）里的医疗设备 SBU）、职能层面战略（functional level，如 GE 在北京亦庄的医疗设备公司）。

公司总部层面/集团层面战略（也有人翻译成公司层面战略）

公司总部层面战略：主要涉及集团/总公司层面长期的经营模式的战略。集团层面战略如：

■ 并购：

▲ 横向并购：从事同样业务，例如都是做汽车的或做电视机的；

▲ 纵向并购：上下游企业的兼并；

▲ 混合并购：不存在上述关系。

■ 国际化/全球化等。

国际化的 5 个战略/模式：出口、技术许可、特许、合资、独资。

战略业务单元评估、分析

战略业务单元（strategic business unit，SBU）是指具有单独的任务和目标，并可以单独制订计划而不受公司其他业务影响的企业的一个单位，如通用电气公司下分 SBU：发动机部、照明部、新闻业部等。采用 SBU 的企业往往是分权制而不是集权制，另外，每个 SBU 独立会计核算、独立考核各自的业绩、有很大程度的决策权。SBU 一般代表着一个大的产品线，比如通用电气公司下面的照明 SBU，又分公共照明、体育照明、家庭照明等一系列产品。

业务组合建立后，企业要定期对各个战略业务单元进行评估以确定是加大力度发展、利润最大化还是撤出等。波士顿咨询集团（BCG）业务组合模型是对业务组合进行评估的一个很好的工具，它将业务的机遇分成四类：明星（star）、金牛/摇钱树（cash cow）、问号（question mark）和瘦狗（dog），每一种都需要不同的公司战略和营销方法，同时 BCG 业务组合模型认为针对上面的四种类企业有四种标准的策略措施：

■ 建造（build）：即企业全力打造市场，增加市场份额，这时可能会暂时牺牲短期利润和现金流；

■ 保持（hold）：企业要全力、集中各种优势力量保持市场份额及竞争地位；

■ 收割/收获（harvest）：最大化经营利润和现金流；

■ 退出/撤出（divest）：决定去除某个业务：清算或直接卖掉等。

下面逐一讲解战略业务单元的机遇类型以及相应的战略对待：

■ 问号类——建造：是指整个大市场增长率的潜力大，但目前本公司的市场占有率（或称市场份额，即本公司业务额占整个市场业务额的比例）低的业务，之所以叫作问号，是因为目前本公司的市场份额低，此现象意味着本公司产品等相关方面的竞争力相对较弱。公司未来是否能发展出出色的产品以及拥有其他方面优异的能力等还不得而知。

这些业务应给予充分重视，企业需要对问号类业务进行大力资金支持来提高市场占有率，因为整个大市场增长潜力巨大，这样的业务单元有可能未来会成为明星或最终金牛。但毕竟现在还是问号，企业不应该因而影响公司的核心业务，问号类业务销售金额较小，企业不会有太多的利润来自问号类业务。举例，大众公司的电动汽车业务就属于问号类，因为整个电动汽车市场发展潜力巨大，而大众公司的电动汽车业务占有的市场份额很小，大众应大力扶植电动车业务单元。

■ 明星类——保持：是指整个大市场增长率很快、本公司的市场占有率（市场份额）也增长很快的业务或产品。这时企业应加大投资、集中各种优势力量（如在研发、生产、人力资源等方面）来支持这些业务在快速增长的市场中给客户多多增添附加值，以及发展和保持市场份额及竞争优势。举例，比亚迪电动汽车属于明星类，因为整个电动汽车市场增长率很猛，比亚迪的电动汽车的市场份额增长很快。

■ 金牛类/摇钱树类——收获：是指整个大市场经过迅速增长到达了可观规模后增长率开始放缓或降低但本公司的市场占有率（市场份额）很高的业务或产品。这类业务因目前行业规模可观而且目前公司的市场份额很高，这时属于成熟期，企业应利润最大化，因为这时巨大的产销量形成了有效的规模经济，单位成本迅速降低而且此时因为市场领先地位已经很高，因而不像明星和问号时发生那么多营销、促销等成本，因此，此时企业可收获巨额利润和现金流，企业要努力实现利润最大化，但同时积极地捍卫市场份额。举例，HP 的打印机业务，整个打印机市场经过井喷到达了可观的规模，现在增长率放缓了，HP 是这个行业的老大，市场份额很高。

■ 瘦狗类——退出：整个大市场下滑厉害，而且本公司的市场占有率很低的业务或产品，企业可能要选择退出该业务了。

选择业务层面战略（business level）也称业务竞争战略（competitive），即明确企业的核心业务后，对每一个业务（又称战略业务单元）进行经营的战略定位．三个通用竞争战略：

（1）主打成本领导者。主要体现在超低成本、超高效率。当然绝对不能牺牲质量，质量同时要不错。

（2）主打产品差异化战略。产品明显比竞争对手好。

（3）聚焦成本领导者或聚焦差异化（focused cost leadership or focused differentiation），举例，某集团有5个SBU，其中英语培训SBU，只做儿童英语培训，学费贵但教学及服务质量出类拔萃。注：如果聚焦战略也可以分开成两个，则一共四个通用竞争战略。

上述主要针对每一个战略业务单元（SBU）或业务单元（BU）。

然后制定**职能层面（funcitonal level）的战略**以最终实现企业长期运营目标。职能层面战略是指在SBU下面的各个子公司的战略，职能层面的战略涉及公司各职能部门如产品研发、生产、营销等。

SWOT应用总结

1. 深刻剖析和确定公司外部的机遇和威胁以及内部优势和劣势。

2. 通过SWOT矩阵列示出公司外部的机遇和威胁以及对内部优势和劣势进行分析，将企业内部优势和劣势（能够做的）与外部环境的机遇和威胁（客观存在的）之间进行睿智、有机的结合，具体有：

（1）面对外部的绝佳机遇，企业利用内部的某些优势来抓住此机遇。（好比有金刚钻揽瓷器活）

（2）面对外部的绝佳机遇，但现在企业某些方面有劣势，此时企业立即采取措施克服此劣势从而抓住出现的难得的机遇；

（3）面对外部的威胁企业应利用内部优势来规避威胁；

（4）面对外部的威胁企业应立即改进劣势来规避威胁。

3. 通过上述工作产生一系列可选的战略，企业从中选择、确定最佳、最适合企业的战略。

SWOT案例分析——美国苹果公司

为苹果公司的S，W，O，T每个方面确定2~3项

（个人意见，仅供参考）

外部机遇：（1）非洲大批量需求价格中下等的智能手机；（2）世界气候问题被放在很突出的位置，清洁能源、电动汽车等会在未来几十年有极佳的机遇等。

外部威胁：（1）手机、电脑都属于技术变革非常快的产品；（2）全球经济放缓问题突出等。

内部优势：（1）出色的产品研发能力；（2）资金雄厚。

内部劣势：（1）公司成立到现在不足50年，尚年轻，内部管理的有些方面存在美中不足，例如，①产品定价，定位方面，举例，计算机产品定价太高，定位太高，苹果从历史上就出现过类似问题；②避税措施过于激进，对公共影响考虑不够充分等。（2）苹果本身是一个科技型公司，公共关系上做的好像有所欠缺（公众对其的认知主要在产品上），例如，很少见到苹果赞助过一些慈善，没有出现在一些重大会议或论坛等，苹果更像一个一心专心科研的工程师。

战略：

1. 苹果应利用自身资金雄厚的优势并购清洁能源或/以及电动汽车方面的公司以扩大业务发展机遇，同时分散企业业务较单一的风险，但苹果现在存在一大劣势，即自公司成立以来只接触电脑和手机业务，对清洁能源、电动汽车知之甚少，苹果为了抓住此良机，应立即聘请相关优秀的顾问团队以及招聘有清洁能源和电动汽车方面丰富经验的新业务发展人才。

2. 苹果应利用自身在手机方面的专业优势迅速发展中端（不做低端）智能手机抓住非洲新兴市场的巨大机遇，同时丰富苹果手机过于单一的产品线。

3. 针对全球经济明显放缓的外部环境威胁，苹果应继续扩大自己在智能手机方面的优势，创造更大的差异化，赢得更多客户和市场份额以对抗经济放缓的威胁。

4. 针对产品技术变革快的威胁，苹果应保持研发新产品方面的优势，随时应对产品技术的变革，另外考虑做别的业务，例如上面提到的进军清洁能源或电动汽车，以分散风险。

5. 苹果应立即改进公司内部所有劣势，例如上述的定价、定位的问题等，以提高企业竞争力并同时增强自身对外部威胁的免疫力。苹果电脑定价过高，老百姓很难负担得起，因而苹果电脑销售不好，而且花费了大量广告费用，几乎所有的电影、电视剧里都有苹果电脑。苹果历史上就出现过定价太高等的问题，苹果应从一个科技公司转变成科技加优秀运营和管理的公司，否则苹果会遇到不少麻烦。日用品如手机、电脑、矿泉水等，定价、定位太高在世界历史上极少有长期成功并壮大的案例，因为世界上绝大部分是老百姓，老百姓才是消费的主体。欧美很多奢侈品企业相继衰落，或将公司卖给第三世界国家，例如印度等，即使存在也是规模很小的企业。

作业：鉴于SWOT分析既是考试重点又是工作中非常实用的技能，为了彻底掌握，要求每位学员线下做三个SWOT分析案例，可做本企业的，也可以做公众公司的。

战略规划和平衡计分卡

将战略制定从泛泛描述转换成更具体更务实的平衡计分卡

最初平衡计分卡只是用于绩效评估，近些年，平衡计分卡被延伸用于战略规划，此时的平衡计分卡一般叫作战略平衡计分卡，也叫作战略地图。传统的战略规划经常容易务虚、泛泛而流于口号和形式，实操性差，例如，我们要做什么中的战斗机等。

平衡计分卡综合地反映了财务、非财务、短期和长期的企业关键成功要素。平衡计分卡强调的是平衡、长期可持续发展。

平衡计分卡样表：

	实际 201×	预算 201×	差异额	差异率（%）	行业最佳	上年实际
财务指标						
销售收入 销售价格-2 净利润-5 净利润率-2						
资产负债率-2 *DSO+DSI-DPO-5						
EVA-3 ROF-3						
市场指标						
*市场总量 市场份额-15 *客户满意度-5 客户投诉次数 *新客户个数-2 老客户保持率-2						
内部运营指标						
*新产品上市数量-15 产品质量合格率-10 产品生产周期-2 生产力指标-2 *WO按时完成率-5 EHS事故数量-2						
学习及成长指标						
员工满意度-10 关键员工流失率-8 员工建议次数-2 员工技能培训时间-3						

下面介绍如何将平衡计分卡用于战略规划、战略管理系统：

1. 转化企业使命、愿景到操作性强的战略。管理层将公司（较为泛泛、笼统）的使命、愿景转换成更容易理解的、更具体可操作的战略，并设计出在运营层面可操作的一系列衡量指标和目标。举例，公司的愿景是成为世界上最大的科技公司。此愿景过于泛泛，没有体现具体做什么能实现此愿景，因此，管理层将此愿景转换成具体可操作的战略：企业招聘顶尖科技人才，每年将利润的 1/5 用于新产品研发等，具体的衡量指标和目标为：新专利数量达到多少、新产品数量达到多少、每年来自新产品的销售收入达到多少等。

2. 组织内部逐级传达战略并分别逐级制定平衡计分卡，界定部门及个人的责任。

3. 业务规划。制订财务及运营计划，例如预算等，界定措施实施的优先顺序，合理分配资源。

4. 反馈与学习。对比平衡计分卡各项指标的实际结果与计划数据，得出差异，剖析原因，持续改进。

通过平衡计分卡模式，企业可以将总公司的长期战略更具体、实操性更强的体现到具体指标上，如平衡计分卡样表里的关键成功指标。通过平衡计分卡模式形成的企业战略规划以及战略管理系统可以帮助企业（也称作使用平衡计分卡进行战略规划的优点/作用）：

- 更容易将公司战略在整个公司范围内进行沟通；
- 将战略业务单元目标及个人目标，与公司战略形成一致性；
- 将公司战略目标、预算连接在一起；
- 不断地监控绩效；
- 将持续学习纳入运营改进中（即通过不断学习促进运营改进）。

战略规划的益处和局限

战略规划的益处：

- 作为一个系统的机制，定期来分析企业内部优势、劣势和外部环境的机遇与威胁，指导组织应对新形势、新情况等；
- 为制定有效的预算奠定基础；
- 为制定财务和非财务绩效指标提供基础；
- 是一个很好地在管理层各层级人员中进行公司战略、公司目标、营运计划等方面的沟通渠道。

战略规划的局限/弊端：

- 制定战略规划的过程会花费大量的时间、精力；
- 战略规划有可能只是流于形式，缺乏新鲜的见解和战略性的思考等。

战略规划的其他工具和技术

分析市场环境的 5C 情境分析法（situational analysis）

5C 情境分析法被认为是最有用、最常用的分析市场环境的方法，因为它提供了大量的相关信息。5C 包括围绕着公司（company）、竞争对手（competitors）、客户（customers）、合作者（collaborators）、经营环境（business climate）5 个微型分析。

1. 公司分析：评估组织的目标、战略和能力；

2. 竞争对手分析：评估竞争对手在行业内的地位以及竞争对手可能带来的威胁；

3. 客户分析：分析范围较广，重点分析客户人群的特征，例如客户的需求、购买动力、购买的数量和频率等。

4. 合作者分析：确定可能能帮助组织得到更多业务机会的"中间人"，比如代理商、分销商等。

5. 经营环境分析：研究经营环境中可能对组织产生影响的因素。经营环境分析也叫作 PEST 分析，即：

（1）政治和监管环境分析（political and regulatory environment，简称"P"）：分析政府对市场进行政策监管的活跃程度以及这些监管对企业经营的影响。

（2）经济环境分析（economic environment，简称"E"）：分析可能影响企业的宏观经济因素（如汇率、利率、通胀率等）的趋势。

（3）社会/文化环境分析（social/cultural environment，简称"S"）：分析社会趋势，包括人口特征、教育和文化方面的研究。

（4）科技分析（technological analysis，简称"T"）：评估目前科技现状以及未来的科技发展，以能够让组织保持竞争力及取得比竞争对手强的优势。

应急规划（contingency planning）

完整的战略规划应该包括一种特别的规划，叫作应急规划，即预测企业遭受严重不测的可能从而规划相应的应对措施，这样企业在万一出现严重不测事件时可以及时采取应对措施，将损失最小化。

应急规划中可能出现的不测事件包括：（1）低于预期的销售收入和利润；（2）核心管理人员的离去；（3）关键设施遭破坏；（4）政府法规；（5）利率突然变化；（6）银根紧缩；（7）兼并等。企业可能无法就所有可能的事件进行应急规划，一般企业会对六个及以下最严重的事件制定应急规划，当然这也因企业和具体形势而定。

应急规划的步骤：

- 确定需要制定应急规划的可能发生的事件；

- 估计这些事件产生的潜在影响，例如财务方面、公司的竞争地位方面等；
- 制订应对每一个可能发生事件的战略和战术计划；
- 制定预警信号或又叫应急规划实施的触发点（即什么时候或者发生什么事件后应立即实施应急规划）；
- 异地储备应急规划（防止企业遇到不测时，应急规划也找不到了）；
- 定期检查计划，必要时修改计划（频率为至少每次作战略规划时进行应急规划评估）。

方案规划（scenario planning）

方案规划，又叫情景规划，是用来提供更为灵活、更有弹性的战略计划，因为常规的战略规划只预测了一种情景。方案规划可以提供几种可能性的战略规划方案。但方案规划的预测重点是组织外部环境的机遇和威胁以及进而制定相应的应对机制（并不涉及内部的优势和劣势）。影响公司环境的主要动因可以总结为“STEEEEA”，即社会（social）、科技（technical）、经济（economic）、自然环境（environmental）、教育（educational）、审美标准（aesthetic）。

竞争力分析

竞争力分析也叫作竞争对手分析，旨在重点了解组织的竞争力。组织应该非常详尽地作调研、通过获得的资料和信息来分析谁是真正的竞争对手，而不能简单地通过“拍脑门”判断。此分析需了解竞争对手的历史、产品、财务状况、营销战略、人事等。竞争力分析的步骤有：

1. 确定组织所在的行业以及行业的业务范围及性质；
2. 确定组织的竞争对手是哪些；
3. 确定组织所在行业的关键绩效指标（例如销售收入、产品质量、资产回报率等）；
4. 对关键绩效指标进行分级、排序。例如经过综合评估，销量指标排第一，产品质量排第二，资产回报率排第三。
5. 根据关键绩效指标对组织及行业内的竞争对手进行竞争力的排序（比如通过打分形式）。举例，20××年通过对中国家用汽车公司进行分析，按照综合竞争力的排序为：D公司排第一，A公司排第二，F公司排第三。当然也可以就某项指标进行排名，例如按照销量排名，按照资产回报率排名。

2.2 预　算

现在很多企业都认为编制预算是件特别简单的事情，对企业作用和意义不大，另外还有不少人以“没有人能准确预测未来”或“我很忙，我得赶紧去干正事”等作为托词而敷衍做预算。实际上，过去很多企业虽然表面上看因为成本太高、亏损严重、资不抵

债等原因破产，但实际上不少企业的一个隐藏的很重要的原因是做预算不当而“做死的”。传统编制预算的方法（增加量预算+整体做预算而不细分做预算等）会很容易导致预算松弛、成本费用不断增加、机构臃肿、绩效考核严重误导、为眼前利益牺牲未来的发展等严重问题，企业因此走向衰退，甚至破产。

预算实际上非常之不简单，预算实际上是一门艺术、一门很严谨并覆盖面很广的科学，而且预算对企业的意义非常重大，得好预算的企业得未来，敷衍做预算之企业路不归（衰退、破产）。（注意：黑体+斜体+下划线+非宋体字的文字是属于非直接考试内容，但对实际工作非常重要，建议认真学习！）

2.2.1 预算的概念

预算定义：受战略规划指导，预算是指一个组织对未来的一段时间（预算不一定只是一年期间，也有5年或10年等的预算）进行资源获取和分配的量化的计划和控制工具。注意：预算是量化的而不是定性的。

预算的目的或意义：

- 迫使经理主动计划未来和应对未来。中国有句老话“人无远虑，必有近忧”。
- 有利于企业建立运营目标，企业不能没有目标。并且定期对比实际和预算进行运营的跟踪和控制。
- 有利于对经理/员工进行绩效评估。预算的目标和经理/员工的责任联系起来，预算目标完成的情况为考核经理/员工提供了很好的基础。
- 促进公司内部的协调与交流。体现在：（1）部门在做预算时需要彼此之间的协调、交流、合作，例如，生产预算来自销售预算、采购预算来自生产预算等。（2）另外通过做预算，组织可以将公司目标传达给公司的所有经理/员工。
- 有利于计划和分配资源。预算会告知什么地方需要什么样的以及多少资源，例如，生产方面需要资金投资生产设施，需要扩招人力资源以满足产量增加的需求等。

注意：预算可以促进企业更好的运营，但不能保证一定能实现运营目标（例如降低成本、盈利等企业目标的实现）。

预算周期：最常见的是一个财政年度，也有的公司做5年或10年等的预算。

董事会：董事会需最终审核和批准预算。董事会如果对递交上来的预算不满意，可将其打回去重做。通常董事会任命预算委员会。

预算委员会：大公司一般都设立预算委员会，预算委员会由高级管理层组成，一般由 CEO 或一个副总裁领衔。预算委员会是用来：（1）制定公司的整体目标；（2）指导预算的准备和编制，例如制定预算时间表（日历）、制定预算指导手册等；（3）出现分歧进行协调；（4）批准预算（预算委员会进行批准后，但需交董事会进行最终审批）；（5）跟踪预算的执行，审核实际执行结果（即审阅实际和预算的差异对比）；（6）批准预算执行过程中的更新调整等。

预算协调人：参与制定预算的人越多，就越需要一个人或一个团队进行有效的协调，协调不同部门、解决分歧。

预算编制的步骤：

1. 预算提案（budget proposal）。公司战略确定后，CEO 接下来将公司战略向下传达给各责任中心。各责任中心经理们根据战略规划的指导，编制初版预算。

2. 预算商议（budget negotiation）。初版预算编制完后，送至更高层经理直至预算委员会进行审阅（例如，组装车间主任将预算递交给生产部经理进行审核，各层汇总后交预算委员会审核）。期间审核人会跟预算编制者进行问询、意见交流，如果审核者对初版预算不满意，则预算需要修改，如果修改后审核者还是不满意，则需要进一步再修改，此步骤是整个预算过程中相对耗时的一个环节，当然，现实中这种来回修改不会进行太多次。

3. 预算审批（budget review and approval）。预算逐级审查直至预算委员会审查后，交董事会进行最终审批。

4. 预算修正（budget revision）。经营中若出现了重大变化（如重大自然灾害、重大科技变革、经济危机等），仍然过于严格地按最初版的预算执行可能会导致严重的不良后果（例如，严重影响正常运营，或严重影响企业未来可持续发展等），因为最初的预算已失效，不能适用于现在的情况。另外预算不应该是唯一指导企业运营的指令工具。但若预算经常修正也可能会导致经理们因而不认真编制预算（因为他们会想“没准等哪一天预算又改了”），或者不坚决执行预算（因为他们可能会想“不行，就改预算”），而且每次修正预算都非常费时费力，并且这样会失去公司预算目标的权威性。因而建议的具体解决方案是：

（1）在预算执行期间，公司运营若发生重大改变，公司应修正原来的预算。企业接下来的运营应按照修正后的预算进行，否则若仍然用原来的预算进行指导运营可能会发生严重问题。

（2）但公司不能在没有发生重大运营改变的情况下很轻易地就允许修正预算，因为这样会造成经理们不认真编制预算或不坚决去执行预算，并且每次编制预算费时费力。

（3）虽然若企业遇到了重大改变，企业的运营需按照修改后的新预算执行，但在年度绩效考核时，公司仍需按照最初版的运算进行年度绩效考核，以树立预算目标的权威性（否则经理们还是可能会想方设法地找理由去修正预算），当然如有不可控的差异可以解释。

（4）不要过于僵硬地、百分百“严格”地执行预算，在执行预算和企业最优化运营和长远可持续发展发生矛盾时，一般后者应该是比预算更高的指导指令。

预算流程/预算循环（也可称为企业管理控制系统）的步骤：

- **建立**预算。
- **贯彻实施**预算。
- **控制**：
  - ■ 反馈（feedback）实际业绩（反馈是预算和控制之间的主要链条！）；
  - ■ 分析和比较实际结果与预算；
  - ■ 调查差异；
  - ■ 制定和执行改进措施（若需要）；
  - ■ 修正预算（必须时）。
- 总结经验及教训，展望未来，然后来年建立新的预算，又开始下一个循环，周而复始。

成功预算的主要特点：

- 预算要和公司战略紧密联系起来，预算受战略规划指导。

- 最高管理层必须完全支持预算，并对预算的目标负责。注：最高管理的坚决支持是跨部门工作（如预算、内控、全面质量管理等）能否成功的最重要的因素。考试中经常会考此知识点。

- 预算做得要够细致，而且必须有关键的假设（key assumptions）作为预算的支持。举例，销售费用和管理费用预算的内容需要很详细，而且必须有关键的假设（assumptions）作为支持，例如，销售费用按费用科目做预算，如差旅费、交际招待费、工资费用等。预算的数据背后都应该有合理的假设做支持，例如，差旅费的根据是预计出差的次数及原因、每次出差的费用等。

- 预算的数据必须严谨、准确、合理。

- 预算一定要由高层人员进行严格的审批。这样更便于预算的客观性、准确性以及和公司整体目标一致等。

- 预算必须被员工看作是一种计划、沟通和控制的工具，而不能被看作是惩罚的手段。也就是说企业不要过分渲染达不到预算带来的问责、惩罚，否则人们会失去做预算的积极性和创造性，而且在做预算时会人为制造大量预算松弛，而且执行预算时会过分的死板等，这些可能会严重影响企业运营。虽然事实上预算确实是绩效考核的工具，但不宜过分渲染，不能让预算成为员工心头沉重的焦虑。

- 预算必须被看作是一种激励，引领员工更加努力的工作以实现组织目标。

- 目标一致性，即各部门经理和最高管理层的目标是一致的。与之相反的是次优决策。次优决策是指有些决策对某个部门有利，但对整个公司不利，部门自己做对自己部门利益有利的决策，但此决策对其他部门以及整个公司的利益可能造成伤害。

- 预算必须被看作是一个很好的内部控制工具（根据预算指导进行运营，对比预算和实际进行控制），**员工的绩效评估一定建立在可控或可支配（或也有人翻译成任意）成本的基础上**。

- 预算要能指导资源的合理分配，减少企业运营中“瓶颈”的出现（举例，产量需要提高，但熟练工没及时招聘到位）。

预算松弛

预算松弛：是指人们一般都有一种内在害怕失败的心理，怕完不成预算，因而会给自己留出余地，例如销售收入预算少做些、成本费用预算多做些等，这样可以容易完成预算目标。预算松弛危害非常大（不少公司倒闭的根本原因是预算松弛）：（1）预算松弛能导致企业的成本费用过大，利润降低；（2）预算松弛可能会导致总预算错误，从而影响企业运营；（3）预算松弛会扭曲绩效考核。例如，表面看某年业绩非常好，实际上不是，这是因为当事人做了较大的预算松弛，例如，本来可以销售 5 亿元，而他只做了 3 亿元的预算。

预防预算松弛需要：（1）高管层制定有一定挑战性的预算目标；（2）非常严格的预算审批；（3）零基预算；（4）作业基础预算；（5）管理层以身作则杜绝预算松弛；（6）对预算松弛恶性事件进行追责。

目标管理

目标管理（management by objective，MBO）：是指为公司、部门及个人设定具体目标以最终达到总预算的目标的一种机制。MBO 是一个连续机制，强调各级人员的参与以制定组织的共同目标，同时建立每个部门以及每位员工的责任和目标，以指导他们最终完成总预算，并在未来运行期间进行定期业绩评估。另外，MBO 的目标里同时包括财务指标和非财务指标。

MBO 另外一个要素是责任会计核算（responsibility accounting），责任会计包括四个方面：

■ 建立责任中心：预算按责任中心编制，责任中心所应负责的是可控成本。责任中心一般包括投资中心、利润中心、成本中心等。

■ 建立具体的责任中心的目标。

■ 业绩评估。

■ 相应的奖惩。

MBO 的优点：（1）下属员工的积极参与，基层的员工更知晓具体经营细节，而且这样可以提升下面员工的责任感（“我做预算、我负责”）和积极性；（2）MBO 非常重视非财务目标的实现，实际上非财务目标最终是为了实现财务目标。

预算的批评与变革

• 批评 1：过多地依赖对过去趋势的测算；变革建议：明确将预算和企业未来发展战略联系起来。

• 批评 2：如果初步预算没达到公司的期望目标，一般简单的“一刀切”，降低一个固定的比率，例如，销售费用总体上再减少 15%；建议：用作业基础预算法较准确地确定需要减少费用的区域。

• 批评 3：各部门自己做自己的预算，互不交流；建议：部门之间应明确采用跨部门合作的方式做预算。

• 批评 4：视野短视的过于强调预算覆盖的固定期间，例如一年。将完成这一年的目标作为主要任务，从而为了短期利益牺牲了公司长远发展；建议：在评估和执行当期预算时要明确考虑相关联的未来的影响。长期创造价值是最重要的，而不是死板地只盯着一个期间；例如，为了只完成当期的预算，但因而并没有对机器进行及时维修、维护，并没有花精力和财力去发展新客户等，因此，为了短期利益牺牲了公司的长期发展。

• 批评 5：做预算太专注于该预算期间的财务方面要素；建议：平衡财务和非财务的要素（例如质量、新产品的数量、新客户的数量、客户满意度等）。

• 批评 6：直到预算期结束时（例如只有到年末）才对比实际与预算进行业绩评估；建议：整个预算期间要及时并持续的（例如可以每月）对比实际和预算进行评估和改进（增加收入、降低成本等）。

• 批评 7：在过去的实际费用发生额基础上，根据对未来简单的评估，乘以一个大概的百分比来作为未来期间的预算。这叫作增量预算方法。这样做问题很多：现代社会变化很快，过去的经验可能并不适合未来，另外过去可能有不好的经验，这样不便于预算审核，可能会产生预算松弛等；建议：使用零基预算。

• 批评 8：在很大的成本池的基础上做预算，并没有细分到作业成本中心。这样很难作出较准确的预算，并且不便于预算审核，容易产生预算松弛。建议：作业基础预算。

2.2.2 编制预算的主要方式、方法和预测技术

企业普遍编制的预算一般叫作年预算或总预算（master budget），也叫作全面预算，是指在战略规划指导下，一年或更短时间内，建立在一个目标产出（如销量或产量）上的一个企业的全面的量化的预算。总预算是静态预算，这是因为总预算是建立在一个目标产出的预算（与之相反的是弹性预算，稍后讲解）。尽管有其他预算形式，例如弹性预算、滚动预算等，但静态总预算是不可代替的，因为尽管企业会在未来面临诸多变化因素，但企业需要在一个财政年度建立一个有权威、有挑战性的目标（预算）。企业不能没有目标。

总预算包括：经营预算（销售、生产、采购等一直到最后的经营结果表，也叫作损益表，但不包括利息，利息受资本结构影响，不属于经营范畴，而是财务管理范畴）以及财务预算（包括资本支出预算、现金预算、资产负债表预算、现金流量表预算）。我们在后面会详尽讲解每一种预算表的编制。

下面介绍编制的预算的方式、方法以及预测技术。

编制预算的方式

制定预算的方式可分为：（1）权威式（或值得商榷地翻译成官方式）；（2）综合式；（3）参与式。

权威式预算

特点：（1）由上而下。公司的运营目标及预算内容由高层少数人制定；（2）没有低级别经理及员工参与，下面人的责任只是去遵照执行；（3）员工可能因而得不到激励甚至会不满；（4）而且员工可能不会严格地贯彻执行他们并没有参与制定的预算；（5）适合较稳定、变化不多的企业或规模小的企业。

优点：（1）避免不同的目标和意见，容易保持做预算时的目标一致性；（2）快速、省力；（3）可一定程度上避免预算松弛。因为下面人参与很少，一般来讲参与人越少相对（而不是绝对）预算松弛的可能性越小；（4）高层人员一般高瞻远瞩、能力更强，因而作出的预算可能质量更高。

缺点：（1）不够准确合理，因为最掌握运营细节的人并没有参与做预算，高层一般对具体信息缺乏了解；（2）在执行预算时，下面人因为没有参与编制预算，可能会抵触预算，不去很好地执行；（3）不便于双向交流；（4）不太能激励和发展员工；（5）不利于将来员工的绩效考核等。

参与式预算，也叫作自编预算（self-imposed budget）或者纯参与式预算

特点：(1) 员工被充分授权去做预算；(2) 下面专业人士制定出细节预算，专业人士的相关决定可能会更好；(3) 和管理层全面、充分交流，包括就生产、销售等方面；(4) 高层往下传达和沟通战略目标不是很重要，或很少发生。这是因为这样的预算主要依赖下面非常专业的人士去做，因为他们更专业，高层因不懂而不太能进行指导；(5) 预算审批会比较容易（因为高层充分放权，尽管高层一般保留最后的审批权），可能会产生较大的预算松弛。

适合：那些未来面临很多变数的不稳定运营情形，而且下面人员掌握了更为专业和完整的信息的一些责任中心。这种预算形式在实际工作中很少见。

优点：(1) 员工被充分授权，员工会非常受激励；(2) 较准确、合理，因为最了解信息的人具体做预算；(3) 提高员工的责任感（自己做的预算从而有压力要实现预算的目标，因而增强了责任感）；(4) 下面人参与有助于发展员工。

缺点：(1) 缺乏高层战略规划目标的指导；(2) 较容易产生预算松弛，因为参与人多，而且审批较容易；(3) 容易出现下面员工和公司目标不一致现象；(4) 预算审批过于容易，可能会造成预算制定的没有挑战性，员工因此缺乏压力和动力。

综合式预算

从内容上来看，综合式预算也可以称作是参与式预算的一种，只是不是上面那种纯参与式的预算。综合式预算结合了权威式和参与式。

特点：(1) 战略目标是由上往下传达，但制定预算是由下而上；(2) 高层制定目标时参考中低层经理的意见，制定出目标后发布下去；(3) 预算的参与者包含了各级经理及某些区域的专家，如管理会计师、工程师等；(4) 下面经理及人员根据目标的指导编制预算内容，然后递交高层经理审核；(5) 公司最高管理层负责审批预算，审批严格且公平；(6) 双向交流：公司了解参与者的难处和需求，参与者理解管理层的处境。

适合：绝大多数企业，是目前较受推崇的一种做预算的方式。注：经常人们将综合式预算看作参与式预算的一种形式，有时将此叫作参与式预算。

优点：(1) 有助于双向交流，员工了解和体谅高层，高层知道下面的具体情况及难处；(2) 通过交流和协调保持公司和员工的目标一致性；(3) 较准确、合理，因为最了解具体信息的人做预算；(4) 提高员工的责任感（“我做预算，我负责”）；(5) 下面人

参与有助于激励和发展员工；(6) 便于事后员工的绩效考核。

缺点：(1) 较费时费力，来回审批；(2) 预算松弛（参与人多了，怕完不成任务而各留一手）；(3) 可能出现下面参与人员和公司目标不一致；(4) 做预算时间太长可能影响正常业务运营等。

编制总预算的方法

企业较常见的编制总预算的方法有：

- 零基预算；
- 作业基础预算（ABB）；
- 持续改进预算；
- 增量预算。

零基预算

零基预算，顾名思义，是一切从零经验、零值开始，不参考过去的经验，即使企业已经运营多年！而传统的预算往往只是在过去实际发生额的基础上，根据未来变化的预测作出简单的调整，比如乘以 1.1 或 1.2。

零基预算目的是：(1) 为了防止企业过去运营中不好的因素在未来继续存在；(2) 有效适应未来变数较大的经营环境；(3) 可以利用最新的成本节约的科技或工具（举例，视频会议或者视频培训代替传统高昂成本的出差集中开会/培训等）。

零基预算编制的步骤为：(1) 做零基预算时，即使企业已运营多年，但仍然视同刚成立，没有以前的任何经验可参考，一切从零开始；(2) 列出所有预算项目清单（彻底全面）；(3) 对于每一个预算项目，都要深入仔细地分析和论证所有可选择的方案，从中选择最佳方案（彻底全面）。通过零基预算，企业可以彻底做一个客观、正确的预算。举例，旅馆的选择，飞机或高铁，常规集中式到另外一个地方开会或电视会议等。当今世界变化太快、太大，而且社会整体在不断提高效率，零基预算可以让企业发现很多可以节约成本的地方，有时候只是做零基预算，企业就可以节省几百万元甚至上千万元，相反"简单粗暴"的增量预算可能会导致企业费用猛增，人员道德操守下滑（因为这样的增量预算会引发相关经理和人员"打各自小算盘进行预算松弛"），最终企业走向破产。

零基预算适合的情形：

(1) 过去运营有问题，例如，成本费用太高等，想改善。

(2) 未来经营环境变化较大，即使过去没有不好的运营行为，但因为未来变化可能较大，过去的已不再适合。

(3) 对于一些刚加入公司的新管理层，新管理层可能愿意自己彻底、明晰地做一个全新的预算。

注：其实现在有些企业的运营环境一直变化很大，有些企业一直坚持每年用零基预算的方法来主动防止过去不好的东西在未来延续，并与时俱进，适应未来的变化。另外，零基预算因为较为费时费力，有些企业选择几年做一次，或有意针对问题较突出的部门或子公司做零基预算。因此，不同的企业根据自身不同的情形使用零基预算。

零基预算的优点：(1) 更准确，一项项地去研究分析，去除了过去的不好的东西以及贴近将来的实际情况；(2) 可发现企业经营不利的事项（对比过去的运营行为以及新的选择）；(3) 可一定程度上防止预算松弛。零基预算能减轻预算松弛，但不能完全排除预算松弛。

零基预算的缺点：(1) 做零基预算的成本较高，因为较为费时、费力；(2) 而且过去的好经验可能会被忽略（因为彻底抛开了过去的做法）。

注：零基预算在花费预算要求非常严格的政府和非营利目的的组织很受欢迎。

作业基础预算（activity based budgeting，ABB）

作业基础预算的定义/步骤：

(1) 将大的部门（举例，整个生产部）细分成作业中心。作业中心是指其成本具有同一属性，例如，设备调试作业中心，此作业中心发生的成本都完全是设备调试相关成本。

(2) 然后每一个作业中心或又叫作作业成本池确定其成本动因（即驱动成本变化的因素或变量）。成本动因既可能涉及数量型成本动因，也可能涉及作业基础成本动因（我们在成本一章里会细讲这些知识）。因为作业中心成本具有同一属性，因此，一个作业中心只有一个成本动因。举例，设备调试作业中心的成本动因是产品的设备调试次数。调试次数越多，发生的设备调试成本就越多。

(3) 然后确定每个成本动因的成本，举例，每次调试发生的成本，此数据可以通过测算或其他方法得到。

(4) 预测未来发生的成本动因数量。举例，未来一年生产的产品需要多少次调试。

(5) 每成本动因的成本乘以成本动因的数量从而得出此作业中心的预算。举例，每次设备调整发生的成本为500元，一年生产的产品需要600次调试，因此，设备调试作业中心的预算 $=500\times600=300\ 000$（元）。

注：在作业基础预算中，固定成本和变动成本一定是分开的，因为它们不是同一成本属性。

<u>实际工作中，企业更多地采用了理念相同但做法微调的方法，举例，(1) 很多企业将传统的大部门细分成作业中心或者更多地叫作成本中心，但考虑到成本收益原则，每个作业中心/成本中心很难完美的具有完全的同一成本属性，但比传统的大部门或大成本池已经纯了很多，举例，生产部门细分成为制造车间、组装车间、工程师部、质检部、管理会计部等。(2) 然后每个作业/成本中心，按照常规费用科目，例如工资、办公费、差旅费、折旧费等编制预算。而且随着ERP 的日益成熟，ERP 现在完全可以支持细分成作业中心/成本中心的预算编制以及会计核算。</u>

<u>注：学员千万要非常重视这些黑体且斜体且楷体且下划线的文字。这些特殊内容会出现在整个讲义一些部分，这些内容是非常珍贵的！一般很难在其他地方看到！这些特殊内容的好处是：(1) 可以很大程度上提升员工的实际工作能力和工作价值。没有这些，很多学员在工作中可能会错误应用学到的有些不能落地的理论知识，对学员可能会产生非常不利的影响；(2) 可以帮助学员彻底理解所学的知识点，并且容易巩固记忆，对实际工作和考试都有利！否则学员学了半截的知识，大多数停留在大脑皮层，很容易忘掉！（注意：黑体+斜体+下划线+非宋体字的文字是属于非直接考试内容，但对实际工作非常重要，建议仔细阅读！）</u>

作业基础预算的优点：

（1）预算会更准确。因为作业中心具有同一成本属性，容易确定成本动因，另外，每成本动因的成本以及成本动因发生的数量都较容易确定，因此，预算会更准确。相对比，传统的预算是基于一个大部门或大成本池，里面成本动因数量众多，成本发生的因素众多，很难作出准确的预算。举例，整个生产部门的办公费预算的编制，因为里面因素众多，很难作出准确预算。

（2）有利于对企业经营更细致深入的分析，从而发现哪些是不增值或者需改进的行为，便于改善企业运营并提高客户满意度。举例，通过细分作业中心可能发现材料整理部门成本太高，企业可考虑能否让供应商直接交付组装好的半成品，或供应商直接发料到车间以节省从仓库到车间的搬运。

（3）有利于预算审核，同时可一定程度上防止预算松弛。审核者很容易审核成本动因选择的准确性，以及审核每成本动因的成本以及成本动因数量的正确性，从而容易鉴定提交预算的准确性，从而也可以减少隐匿的预算松弛。

作业基础预算的缺点：（1）较复杂、费时间、成本较高；（2）可能出现部门协调困难，因为涉及的作业中心或部门数量多；（3）可能没有相应的会计系统做支持等。

注：作业基础预算（ABB）、作业基础成本核算（ABC）、作业基础管理（ABM）核心理念有相同之处：将大程序细分成作业。一句话总结，ABB、ABC、ABM 分别是精细化预算、精细化成本核算和精细化成本管理。我们会在后面详尽讲述 ABC 和 ABM。

持续改进预算

持续改进预算（kaizen budgeting），有时候也被值得商榷地翻译为改善预算，是指每年的预算需体现企业运营方方面面的不断改进，例如，在成本控制和节约上、开箱合格率上、客户满意度上等，例如每年减 1% 的成本以体现持续改进。持续改进预算一般多用在成本预算上。企业可以从最高层宣布决定采用持续改进预算的方法编制预算，当然持续改进一定建立在合理的基础上，不能用之太过。

持续改进预算的优点：（1）持续改善企业经营；（2）带动良好的企业文化，激励人心。

持续改进预算的缺点：（1）持续改进的比率设定比较主观；（2）另外有时候已经做得很好了，持续改进可能会让员工感觉很累，从而挫伤士气。

增量预算

增量预算：根据对未来销售和经营环境的展望，在前一年实际发生额基础上进行调整从而形成明年的预算，比如乘以 1. 1、1. 2 等。

增量预算是比较传统的编制预算的方法。增量预算的优点：（1）简单、快速；（2）能充分利用过去发生的好的经验。增量预算的缺点：（1）过去存在不好的因素在未来延续；（2）容易引起预算松弛，导致企业成本费用不断增加（因为简单的百分率调整很难看出深入的问题）。综合来讲，增量预算只适合规模很小或者经营环境非常稳定的企业等。注：零基预算和增量预算正好相反。

总结

过去传统的编制总预算的方法是建立在较大部门或成本池（举例，生产部、销售部等）上，然后使用增量预算的方法。但这些方法有很多严重的弊端，现在企业流行使用作业基础预算、零基预算。

静态总预算以外的其他预算形式

静态总预算本身存在一定的问题，例如：

（1）静态总预算只关注一个财政年度的企业运营，随着时间的推移，关注的时间段越来越狭窄。举例，3 月过后，企业只关注 4 ~ 12 月的预算，9 月过后，只能关注 10 ~ 12 月的预算。

（2）一年下来进行业绩考核时，实际运营结果和静态总预算运营结果对比，因为销量不一致，无法得出有效的分析信息，而且常常会误导决策。

（3）很多企业是以客户定制的方式进行项目服务和运营，举例，建筑行业等，另外普通行业也可能会在某段时间有一些项目去实施，因此，这些企业除了编制静态总预算外，还需要编制项目预算，项目预算是总预算无法取代的。

(4) 静态总预算主要关注财务指标，而忽略了企业长远可持续成功发展的关键成功要素指标，例如，市场指标、学习与成长指标、企业内部运营指标，这些都是非财务指标。（注意：黑体+斜体+下划线+非宋体字的文字是属于非直接考试内容，但对实际工作非常重要，建议仔细阅读！）

因此，下面讲述静态总预算以外的一些特殊预算形式：

- 弹性预算；
- 连续/滚动预算；
- 项目预算；
- ***平衡计分卡预算。***

弹性预算

弹性预算是指：先设定预算/标准的单位变动生产成本，包括直接材料、直接人工、变动制造费用（变动成本一般来讲是不随着产出数量变化而变化），以及在一特定产出基础上设定预算/标准的总的固定成本预算（如固定销售费用、固定管理费用、固定制造费用等），另外设定预算/标准的单位售价。随着每个期间实际产量和实际销量数据出来，乘以预算/标准的销售单价和单位变动生产成本（直接材料、直接人工、变动制造费用），再加上预算的总固定费用，从而产生弹性预算报告。

举例，某个月预算的产量是 6 000 吨，实际产量 4 000 吨，预算单位变动生产成本 85 元，包括单位直接材料成本 40 元，单位直接人工成本 20 元，单位变动制造费用 25 元。预算单位售价 230 元，预算单位销、管费用（销售运费等）为 9 元。预算总固定成本为 400 000 元。静态预算销量 5 000 吨，实际销量 3 900 吨。

弹性预算变动生产报告如下：

4 000 吨 × 预算/标准的单位直接材料成本 40 元 = 160 000（元）
4 000 吨 × 预算/标准的单位直接人工成本 20 元 = 80 000（元）
4 000 吨 × 预算/标准的单位变动制造费用 25 元 = 100 000（元）
合计变动生产成本 = 340 000 元

弹性预算损益表如下：

销售收入　3 900 吨 × 230 元 = 897 000（元）

减 变动销货成本：
3 900 吨 × 预算/标准的单位直接材料成本 40 元 = 156 000（元）

3 900 吨 × 预算/标准的单位直接人工成本 20 元 = 78 000 （元）
3 900 吨 × 预算/标准的单位变动制造费用 25 元 = 97 500 （元）
合计变动销货成本　　　　　　　　　　　　　= 331 500 元
减 变动销售、管理费用：
3 900 吨 × 预算/标准的单位直接材料成本 9 元 = 35 100 （元）
= 边际贡献：530 400 元

减 预算总固定费用：400 000 元

= 息税前利润：130 400 元

一般来讲，固定成本预算是不随着产出变化而变化的。

我们会在成本管理一章详细讲解上面的变动成本法损益表。

在弹性预算中，不同产出所形成不同的成本预算之间比较，因为固定成本部分不变，因而反映了边际成本的变化，即因产出量的变化而带来的增量成本的变化。举例，单位变动成本为 200 元，总固定成本为 100 万元，若某月实际产出是 1 万件产品，则弹性成本预算为 200 元 ×1 万件 + 100 万元 = 300 （万元），若某月的产出是 1. 2 万件，则弹性成本预算为 200 元 ×1. 2 万元 + 100 万元 = 340 （万元），两者之间的差额为 40 万元（340 万元 − 300 万元），此差额就是反映了边际成本/增量成本，即增加了 2 000 件产出（1. 2 万件 − 1 万件）所额外发生的成本 40 万元。

弹性预算的作用/优点：

（1）更科学地进行绩效评估中的差异分析。因为绝大多数情况下销量不同，实际损益表和静态预算损益表直接比较无法得到客观、准确的信息，中间放置一个弹性预算即可。举例，实际卖了 3 900 吨，每吨实际售价 120 元，每吨实际销售成本是 80 元（即损益 = 3 900吨 ×120 元 − 3 900 吨 ×80 元），静态预算分别预算销量 5 000 吨、预算单位售价 115 元、预算单位成本 85 元（即损益 =5 000 吨 ×115 元 − 5 000 吨 ×85 元），直接两个报表相减很难准确地发现问题，如果中间放置一个弹性预算，即 3 900 吨 ×115 元 − 3 900 吨 ×85 元，从而左右逢源，如下所示：

直接对比实际损益表和静态预算损益：

	实际损益表（A）	静态预算（C）	差异（D）
销售收入	3 900 ×120 元	5 000 ×115 元	
销售成本	3 900 ×80 元	5 000 ×85 元	

其他 ... ...

中间放置弹性预算进行分析：

	实际损益表（A）	弹性预算（B）	静态预算（C）
销售收入	3 900 × 120	3 900 × 115	5 000 × 115
销售成本	3 900 × 80	3 900 × 85	5 000 × 85
其他	...	...	...

结果：弹性预算放置中间后“左右逢源”，实际损益表和弹性预算损益表之间实际销量是相同的，从而得出售价和成本差异，弹性预算和静态预算之间单位售价和单位成本是相同的而且总固定成本是相同的，从而得出销量差异。更为具体的差异分析，我们在绩效考核里会详尽介绍。

（2）可以帮助企业规划在不同产出所应该需要的资源。在经营环境变化很大的情形下，更能发挥作用。续用上例，在生产量是 4 000 吨时，企业应该需要和准备的直接材料成本、直接人工成本和变动制造费用的成本如下：

4 000 吨 × 预算/标准的单位直接材料成本 40 元 = 160 000（元）
4 000 吨 × 预算/标准的单位直接人工成本 20 元 = 80 000（元）
4 000 吨 × 预算/标准的单位变动制造费用 25 元 = 100 000（元）
合计变动生产成本 = 340 000 元

若产量变为 5 000 吨，则企业应该需要和准备的直接材料成本、直接人工成本和变动制造费用的成本如下：

5 000 吨 × 预算/标准的单位直接材料成本 40 元 = 200 000（元）
5 000 吨 × 预算/标准的单位直接人工成本 20 元 = 100 000（元）
5 000 吨 × 预算/标准的单位变动制造费用 25 元 = 125 000（元）
合计变动生产成本 = 425 000 元

若产量变为 8 000 吨，则企业应该需要和准备的直接材料成本、直接人工成本和变动制造费用的成本如下：

8 000 吨 × 预算/标准的单位直接材料成本 40 元 = 320 000（元）
8 000 吨 × 预算/标准的单位直接人工成本 20 元 = 160 000（元）
8 000 吨 × 预算/标准的单位变动制造费用 25 元 = 200 000（元）
合计变动生产成本 = 680 000 元

注：弹性预算不能取代静态预算，这是因为企业需要给自己设定一个有挑战性的目标激励整个团队去努力实现。弹性预算会让企业失去这样的目标，因为弹性预算没有确切的一个目标，而是“打哪指哪”，而不是像静态预算那样“指哪打哪”。

弹性预算的缺点是：（1）弹性预算不能完全取代静态预算，因为弹性预算不能为企业设定一个固定的目标，而静态预算能起到这个作用；（2）另外弹性预算有时候不太好被理解，因为不是传统的预算形式，它更多的意义在于帮助进行绩效管理中的差异分析。

项目预算

项目预算中的项目是指不具长期和连续性，是暂时的行为。举例，开发某种独特产品的项目，六个西格玛项目等。当然也有的公司的主营业务就是做项目，例如一些建筑、飞机制造等分批法类型的企业，但这些企业的每个项目仍然是不具备长期性以及连续性。

项目预算的主要特点：

（1）项目预算一般不重复；

（2）有明确的项目起始和结束的日期，非常强调时效性，而且有明确细致的项目时间进度表；

（3）有不同技能的跨部门人员组成一起，项目经理须有很强的跨部门协调能力。很多时候做项目要临时抽调常规部门的资源，因而可能会比较麻烦；

（4）项目预算一般非常重视成本支出的预计和控制；

（5）项目经理一般不会出现在公司正式组织结构图中，很少看到有企业其正式组织结构里有项目经理部门。

滚动预算（rolling budget）

滚动预算，也叫作连续预算（continuous budget）：定期（如每个月、每季度、每年等）滚动做往前固定时间段（12 个月、18 个月、10 年等）的预算。举例，每个月做往前固定 12 个月的预算，即：20×1 年 3 月末做 20×1 年 4 月到 20×2 年 3 月，20×1 年 4 月末再做 20×1 年 5 月到 20×2 年 4 月的预算，时间段始终是 12 个月。

滚动预算的优点：相比静态预算来说，（1）有更强的相关性，可反映最新当前发生的事项并估计未来的影响（比如每个月都做滚动预算，而静态预算已经是很长时间前做的了）；（2）经理们展望未来的视角更长。例如，滚动预算每次都能往前看 12 个月的期间，而静态预算只能看一年中剩下的月份，比如到了 9 月，静态预算只看未来 3 个月，但滚动预算可往前看 12 个月；（3）适合没有一大块时间和精力做静态预算的企业，因为做滚动预算每个月做，每次可以在上一次的基础上调整，每次用的时间和精力就少了；（4）比静态预算更灵活，根据业务需要可做 12 个月、15 个月或 18 个月等的滚动预算。

滚动预算的缺点：（1）费时、费力。经理每个月都要牵扯精力做这些事情。*在实际工作中，很多公司选择在做静态预算的同时，就某重要的运营要素，比如销售预测，做滚动预测，比如每月往前做18 个月滚动销售预测；*（2）很难像静态预算那样为公司设立一个权威的固定目标。

平衡计分卡预算表

传统的预算核心一般是财务报表的预算，即损益表（也叫作经营结果表）、资产负债表和现金流量表等。预算过分注重财务指标从而直接导致企业忽视了企业可持续发展的根本源动力，即人才满意度、人才培训、新产品和新专利、客户满意度等，这些都是非财务指标。一旦企业没有了可持续成功发展的根本，如上述的尖端新产品、关键人才、客户的喜爱等，企业势必会走向衰败、倒闭。因此，企业应同时编制平衡计分卡预算，平衡计分卡预算包含了财务指标、市场及客户指标、内部运营指标、学习与成长指标。平衡计分卡样表如下（注意：黑体+斜体+下划线+非宋体字的文字是属于非直接考试内容，但对实际工作非常重要，建议仔细阅读！）：

	实际201×	预算201×	差异额	差异率%	行业最佳	去年实际
财务指标						
销售收入 销售价格-2 净利润-5 净利润率-2						
资产负债率-2 *DSO+DSI-DPO-5						
EVA-3 ROF-3						
市场指标						
*市场总量 市场份额-15 *客户满意度-5 客户投诉次数 *新客户个数-2 老客户保持率-2						
内部运营指标						
*新产品上市数量-15 产品质量合格率-10 产品生产周期-2 生产力指标-2 *WO按时完成率-5 EHS事故数量-2						
学习及成长指标						
员工满意度-10 关键员工流失率-8 员工建议次数-2 员工技能培训时间-3						

我们会在绩效考核一章中非常详尽的讲述平衡计分卡。

案例分析

案例，假设你是一个公司总部的财务总监，下面有6 个战略业务单元，共计27 个分公司。通过学习了上述编制预算的方式、方法，请建立一个你认为合理的预算编制方式、方法的指导书。请务必认真做，此举非常有助于准确地理解和掌握各种编制预算的方式、方法，对考试及实际工作都非常有好处。

解答（供参考）：

1. 公司应该采用综合式预算编制方式，让中低层经理及一些领域的专家（如工艺工程师、管理会计师等）参与，这样可以更准确地做预算以及提高下面员工的积极性和责任感。在实际工作中，在传统的部门下面设置细分的成本中心，如销售部下分：销售一部——大众，销售二部——通用，销售三部——福特等（按大客户分），生产部下细分：制造车间、组装车间、工程师部、质检部等成本中心，下面的成本中心制定预算就可以很好地体现综合式预算编制方式。当然对于规模尚小的企业等，从成本收益原则上考虑，可以使用权威式预算。纯参与式预算不建议使用，因为缺乏严格、有效的审批，除非出现特别特殊的情形能证明纯参与式预算更有效。

2. 公司应该使用作业基础预算方法编制静态总预算。将传统的“大部门”细分成作业基础中心，或近似于作业基础中心的成本中心。举例，生产部进一步细分为制造车间、组装车间、工程师部、质检部、管理会计部等。作业基础预算便于更精准的做预算，便于发现运营中不合理的问题、便于预算审核。

3. 企业应合理地使用零基预算方法编制静态总预算。零基预算非常有助于预算的准确性和客观性，有时候只是做零基预算就可以为企业节省几百万元甚至上千万元（比如传统的出差集中到一个地方开会或培训改为使用视频会议形式等），相反“简单粗暴”的增量式预算可能会导致企业成本费用猛增，员工道德操守败坏（因为这样的预算可能会引发相关经理和人员“打各自小算盘”进行预算松弛），最终企业走向破产。

但因零基预算方法较为复杂、费时，建议：(1) 公司可对成本等方面控制不力的企业或部门临时使用零基预算，彻底做一个真实、准确的预算；(2) 零基预算也可以在整个集团范围内每隔几年（如5年）做一次。

4. 公司采用持续改进预算方法编制静态总预算。每年做预算都要对企业运营的方方面面进行挖掘潜力，持续改进，但目标要合理，交流要充分，使得员工备受激励而不是有其他不好的感受。非常关键的是让员工的利益和公司的利益绑定在一起！没有人是圣人！

5. 鉴于增量预算的颇多问题，对增量预算的使用要格外小心。综合来讲，增量预算适合规模较小、经营环境非常稳定的企业。尽管这样，但实际工作中还是有不少企业想采取增量预算方法，因为这是最省力的办法，但为了尽可能防止增量预算可能出现的问题，企业应：(1) 采用作业基础预算，避免大的成本池出现，另外，每个成本中心都要细分费用科目做预算；(2) 零基预算；(3) 采用持续改进预算，激励人们尽可能地控制减少成本而不是搞预算松弛；(4) 高层非常严格的审查；(5) 对恶性、欺骗性预算松弛事件，公司将严惩等。

6. 除上述每年制定静态总预算以外，鉴于静态总预算的美中不足，如：(1) 总预算只关注一个财政年度的企业运营，随着时间推移，关注的时间段会越来越狭窄，例如，9 月份过后，只能关注10～12 月的预算等。(2) 一年下来进行业绩评估与考核的时候，实际运营结果和总预算运营结果对比，因为销量不一致，无法得出有效的分析信息。(3) 很多企业是以客户定制的方式进行项目服务和运营的，举例，建筑行业等，另外普通行业也可能会在某段时间有一些项目去实施，因此，这些企业需要编制项目预算，项目预算是总预算无法取代的等。(4) 静态总预算只做了一种可能性的预测，这样对企业的风险分析、管控不太有利，因为万一运营会特别好或特别糟呢？(5) 另外传统的总预算过于重视短期的财务指标而忽视了更决定企业长远发展的源动力指标，这些源动力指标很多都是长期的、非财务指标等，因此，下面讲述总预算以外的一些特殊预算形式：弹性预算、滚动预算或预测、项目预算和情景预算（scenario budget）、平衡计分卡预算：

• 在目前竞争激烈而且变化快的经营环境下，公司应该做10 年的滚动预算，往前看得更远！没有远虑，必有近忧！每年做未来10 年的预算，其中第一年作为来年的静态总预算，指导该年的企业运营。举例，2×15 年9～10 月做2×16－2×25 年的10 年预算，2×16 年做2×17～2×26 年的10 年预算，以此类推。公司首先要制定此静态总预算，即建立在一个产出基础上的预算，因为任何企业都需要为自己建立一个明确的努力方向（目标）。静态总预算是必不可少的！弹性预算或滚动预算等不能取代静态总预算，但它们是静态总预算的很好的补充。

• 企业在每年制定十年滚动预算的基础上，鉴于静态总预算的往前展望期较短（举例，9 月结束后，企业只看10～12 月三个月的预算），企业应在销售、生产等方面每月做未来18 个月的滚动预测，以更好的应对未来。企业每个月或每季度都做往前12 个月的预算一般来讲不太现实，因为这样太费时、费力，有可能会影响企业常规运营，而且编制上面讲的少数几个关键运营要素（如销售等）的滚动预测实际上已经很大程度上能改善静态预算的往前展望期短的缺点，而且每月或每季度做滚动预算对企业需在一个财政年度建立一个权威性的目标不利，除非下属企业能证明每个月或每季度做往前12 个月的滚动预算是正确的选择。

• 另外，企业如果只做个别职能方面的滚动预测，如18 个月的销售滚动预测，而没有做更复杂、全面的滚动预算，则企业应该做一个每季度和静态总预算期限等同（往

往是一个财政年度）的展望预测（outlook）。举例，6 月下旬做7～12 月的展望预测，9 月下旬做10～12 月的展望预测，从而可以追踪该财政年度静态预算和实际该年度展望预测（即已发生的月份的数字加展望一直到年底的数字）的差异，企业可以知道是否能完成静态总预算以及应该就此做些什么。相对于静态预算的编制，展望预测一般较为简单，当然不能因而牺牲其准确性。

- *企业必须同时制定弹性预算，以能够准确、客观地进行业绩评估与考核，没有弹性预算的经营结果差异分析很容易发生错误并误导很多重大决策！*

- *针对以项目为基础的下属企业，如建筑、装修等，以及针对企业在某段期间可能有特殊项目要上马，如上ERP 项目、车间改造项目等，企业应编制项目预算，以尽可能准确预测和控制这些项目对企业产生的影响。*

- *如果企业面临着未来变数可能会非常大的情形，企业可考虑编制情景预算，往往分三种，较悲观的、正常的、较乐观的，以对未来可能发生的较意外情况有一个提前评估和制定相应的应对措施。*

预测技术

下面介绍一些预测技术，可以帮助做预算。

期望值/期望平均值（expected value）

期望值法是指企业对某项指标（如销售收入、成本等）进行预测时：（1）预测几种可能发生的方案和结果；（2）然后给各自方案设定发生的概率（概率相加 = 100%）；（3）最后各自方案的预测数乘以其发生的概率然后相加 = 期望值。举例：

方案/可能的结果	概率（%）	销售收入（万元）	销售收入 × 概率（万元）
经济萧条	20.0	2 000	400
正常	45.0	6 000	2 700
经济繁荣	35.0	9 000	3 150
期望值			6 250

例题： BG 公司正在进行一项市场调研，以便决定是否推出一款新产品。管理层相信，调研得出有利结果的概率为 60%，得出不利结果的概率为 40%。如果结果有利，则产品成功的概率为 70%；如果结果不利，则产品失败的概率会达到 75%。如果产品成功，公司预期年利润将达到 10 000 000 美元，但如果产品失败，公司每年将损失 4 000 000 美元。那么，这款新产品的年利润期望值为（　　）美元。

A. 3 000 000　　B. 3 280 000　　C. 4 000 000　　D. 5 300 000

题解：选 B。[10 000 000 ×70% −4 000 000 ×(1 −70%)] ×60% +[10 000 000 ×(1 −75%) −4 000 000 ×75%] ×40% =5 800 000 ×60% −500 000 ×40% =3 280 000（美元），考试一定、一定、一定看仔细！

线性回归分析

线性回归法：经常用来分析混合成本（确定其中单位变动成本和总固定成本）从而预测未来要发生的成本，或通过营销成本预测未来销售收入等。具体步骤是：

（1）找出过去的数据（时间不要太短但也不要太长，比如过去 15 个月发生的广告成本和销售收入数据）；

（2）然后每组数据在坐标上画点，形成回归线；

（3）最终得出 Y = A + BX（A，B 有具体的数据，X，Y 是未知数，Y 叫作因变量、X 叫作自变量）；

①Y = 预测的指标（如销售收入）；

②和 Y 轴的交点为 A，代表当 X = 0 时，Y = A；

③B = 回归系数，代表每变动 1 单位的 X，Y 会变动 B 个单位。

当然，现在有了线性回归的计算机软件后不再用手工绘图，只要在软件中输入相关数据，就会自动出图而且自动得出公式 Y = A + BX。

在回归分析预测法中，需要对 X、Y 之间相关程度作出判断，从而确定回归分析预测的准确性和可靠性，方法有：计算（1）R^2，r = 相关系数；（2）T 值；（3）标准误差值。

（1）R^2 的特征有：

- R^2 的取值范围为：$0 \leq R^2 \leq 1$。
- $R^2 = 1$，完全确定的线性相关关系；$0 < R^2 < 1$，X 与 Y 存在一定的线性相关关系；$R^2 > 0.7$，为高度线性相关；$0.3 < R^2 \leq 0.7$，为中度线性相关；$R^2 \leq 0.3$，为低度线性相关。

因此，R^2 在 0 ~ 1，R^2 越大，则表明分散的数据点越靠近回归线，则相关程度越高，因果关系的联系越强则预测的准确度越高。

注：R = 相关系数。相关系数是用于测量两个变量的相关性，即是否一起移动（move together）。R = 1，代表着正相关；R = 0，代表着不相关；R = −1，代表着负相关。R = 0.75，代表着两个变量在 75% 的时间里是一起移动。

（2）T 值。一般来讲，T 值需大于 2。如果 T 值较小，则表明自变量和因变量关联程度不高，此时应该停止预测，因为可能会误导。

（3）标准误差计算。利用置信区间原理，在正态分布中，一般 68% 的概率会在正负一个标准差之间，95% 的概率在正负两个标准差之间。

线性回归分析的假设：（1）因变量和自变量之间是线性关系；（2）因变量和自变量的关系是稳定不变的；（3）因变量的实际结果和预测结果的差异是正态分布的，平均值 = 0。因变量不是自相关性，即和其本身不具关联性；（4）在多元回归分析中（即有多个自变量），各自变量之间是相互独立的，不存在多重共线性；（5）过去的趋势能延续到未来而且自变量和因变量有直接因果的关联关系。

线性回归的好处和缺陷（优缺点）：

好处：（1）能帮助较准确的就某项指标对未来进行预测，有过去客观数据支持；（2）操作简单，容易制作线性回归，尤其现在都可以通过简单的计算机软件进行；（3）预测速度快、方便，可以变化任意变量 X 去试算 Y。

缺陷：

（1）若有很特殊的数据（即代表着一些特殊的事件），预测将受影响。

（2）过去未必能延续到将来，虽然线性回归的假设是过去代表着未来。

（3）线性回归假设变量之间是线性关系，但实际中不一定是，例如，因为学习曲线原因，有些成本呈非线性。

（4）对未来的预测所使用的自变量必须是在过去数据使用的自变量范围内，否则预测的因变量是无效的。举例，在销售成本与销售收入高度关联的线性回归公式分析中，使用的过去 15 个月的广告成本和销售收入数据里，广告成本的区间是 30 万 ~ 190 万元，进行预测时自变量的选择也要在此范围内，若预测广告成本在 210 万元时销售收入是多少，此时是无法通过此线性回归公式预测，因为自变量超出了过去数据的范围！

（5）自变量和因变量之间须有关联关系，即自变量的变化能直接引起因变量的变化，预测时要注意评估自变量和因变量的相关性。

（6）相对其他一些预测方法来讲，线性回归需要的数据信息较多，此方法相对较为复杂、费时。

多元回归分析

一个自变量称作简单线性回归分析或一元线性回归分析，而多个自变量称为多元回归分析。如果是多元回归分析还需评估自变量之间的关联程度，一般来讲，两个自变量之间的关联系数在 0.7 或以下是没问题的，但如果任何两个自变量之间的关联系数超过 0.7，则其中一个自变量需被剔除，回归分析需重新运行。因此，在多元回归分析中，两个自变量之间关联系数越高越不好。

学习曲线

学习曲线（Learning curve），是表示单位产品生产时间与所生产的产品总数量之间的关系的一条曲线。一般来讲，在一定范围内，最初时人工对做某事陌生、不熟练，但随着操作的次数的增加，因为熟能生巧，则产出增加，从而单位产出用时相对减少。注意：学习曲线是针对人工做事，而不是机器作业。

学习曲线有两种计算方法：增量法和累积法.

增量法：产出每达到两倍时的那一个产出的单位用时比两倍前的那一个产出用时少

10%～20%，或表达为产出每达到两倍时的那一个产出的单位用时是两倍前的那一个产出用时的80%～90%，此比率叫作学习率。实际工作和考试中一般用的是90%或80%。举例如下：

产出	单位用时
第1个	10分钟
第2个	8分钟（=10×0.8）
第4个	6.4分钟（=8×0.8）
第8个	5.12分钟（=6.4×0.8）

上面只显示双倍时产品的单位用时，但并没有告诉倍数中间那些产品的各自的单位用时，倍数中间的产品的各自的单位用时的计算很复杂（不在考试范围内），但可以查表查出。得知这些数据后，累计总用时等于每个产品的单位用时相加，包括倍数中间的产品。累积平均单位用时=累计总用时除以产品个数。

累积法。累积法是较常用的方法。产出每达到两倍则累积平均（从产出第一个到目前最后一个产出的累积总平均）的单位产出用时会比两倍前的累积平均单位用时平均少10%～20%，或表达为是上一次累积平均单位用时的90%～80%。实际工作和考试中一般用的是90%或80%。另外，最近一批的每个产出平均用时=2×这次累积平均单位用时－上次累积平均单位用时。累积法举例如下：

累计产出数（A）	累积平均单位用时（B）	累积总用时（=A×B）	每批平均用时
累计生产1个	10分钟	1×10=10分钟	
累计生产总数2个	8分钟（=10×0.8）	2×8=16	2×8－10=6（第2个用时）
累计生产总数4个	6.4（=8×0.8）	4×6.4=25.6	2×6.4－8=4.8（第3～4个，两个的平均用时）
累计生产总数8个	5.12（=6.4×0.8）	8×5.12=40.96	2×5.12－6.4=3.84（第5～8个，4个的平均用时）

这种方法并没有告知倍数中间的产品的累积平均单位用时，倍数中间的产品的累积平均单位用时的计算很复杂（不在考试范围内），可以查表查出。得知这些数据后，第N个产品的累计总用时=第N个产品的累积平均单位用时乘以N。如果计算第N个产品的单位用时，则等于达到第N个产品后的累计平均单位用时乘以N－达到第N－1个产品后的累计平均单位用时乘以N－1。

练习题

练习题 1：假设学习率为 80%，生产 2 个产品的单位平均用时是 8 分钟，生产另外 6 个的总用时以及平均单位用时是多少？

解析：遇到此类题的解题思路是：

（1）即先算 2 +6 等于几，答案是等于 8；

（2）再计算出目前的 2 需要乘几次倍数后等于 8；

（3）计算生产总计 8 个的累积平均单位用时，方法为：上面乘几次倍数，就用起始数（即此题中为 2）的平均单位用时乘以几次 0. 8；

（4）计算生产 8 个的累积用时；

（5）减掉生产前两个的累积用时（注意：一定是减掉前两个的累计用时而非平均用时！）从而得到生产另外 6 个的总用时，然后除以 6，得出这 6 个产品的单位平均用时。

解析：

（1）2 +6 =8；

（2）2 ×2 =4，乘一次了，4 ×2 =8，乘两次了，共乘两次倍数然后等于 8；

（3）2 乘以两次倍数后就等于 8 了，因此，生产 8 个的平均用时 =8 ×0. 8 ×0. 8 = 5. 12（分钟），即乘以两次 0. 8！

（4）累计生产 8 个的总用时 =5. 12 ×8 =40. 96；

（5）因此，生产另外 6 个的总用时 =40. 96 －8 ×2 =24. 96，生产另外 6 个产品的单位平均用时 =24. 96 ÷6 =4. 16。

一定记住此类题型及如何解答！

练习题 2：生产第一个产品用时是 10 分钟，问再生产另外 7 个的总用时以及该 7 个的单位平均用时是多少？

解析：

（1）1 +7 =8；

（2）1 乘以 3 次倍数后等于 8，即 1 ×2 =2，2 ×2 =4，4 ×2 =8；

（3）因此，生产 8 个（注意不是生产第 8 个，而是累计生产 8 个！）的平均单位用时 =10 ×0. 8 ×0. 8 ×0. 8 =5. 12（分钟），即乘以 3 次 0. 8；

（4）累积生产 8 个的总用时 =8 ×5. 12 =40. 96；

（5）生产另外 7 个的总用时 =40. 96 －10 =30. 96；生产这个七个产品的单位平均用时 =30. 96 ÷7 =4. 42。

练习题3：生产一件用500个小时，学习曲线率是90%，生产另外3件用多少时间？

解析：500×0.9×0.9×4－500＝1 120（小时）。做题也会体现出学习曲线的效应，即题做多了后，越做越熟练。

批次学习曲线

注意： 还有另外一种情形，即：不是按个数的情形，而是按批的情形，每批里面有固定数量的产品。举例，BD公司生产第一批50个产品，人工用时1 000个小时，生产第二批50个产品人工用时600个……此时无法使用上面按个的方法进行计算了。此时可以将批视为“个”，即：第一批是第一“个”，第二批是第二“个”等，从而继续用上面按个的方法计算。但注意，此时的“个”是批的意思，它下面有一定数量的产品。

续用上面BD公司的例子，第一批50个产品的用时为1 000个小时，生产第二批50个产品的用时为600个小时，因此，两倍后的（即两批后）的累计每批平均用时＝(1 000＋600)/2＝800，学习率＝800/1 000＝80%。因此，达到第四批后，累计平均每批用时＝800×0.8＝640（人工工时）。生产四批产品总计用时＝640×4＝2 560（小时），平均单个产品用时＝2 560/200＝12.8（四批的总生产量是200个）。生产第101个至200个产品的用时＝640×4（200个的总用时）－800×2（前100个总用时）＝960（小时）。

练习题1：一个制造公司需要100个直接人工工时来生产第1批4单位的新型发动机。管理层相信再生产接下来的4批时会经历80%的学习曲线。生产接下来的12单位产品需要多少直接人工工时？

解析：将批视作“个”。12单位产品＝3批，因此：1＋3＝4，1×2×2＝4，共经历2个倍数，达到第四批时，累计单批平均用时＝100×0.8×0.8＝64（小时），四批的累计用时＝64×4＝256（小时），因此，生产接下来的12单位产品需要多少直接人工工时＝256－100＝156（小时）。一定记住此类题型及如何解题！

练习题2：BD公司在喀麦隆两个城市建了两个工厂生产同样的产品。IA工厂生产100个产品需要500个小时，学习率为0.8，IB工厂生产100个产品需400个小时，学习率为0.9，则（　　）。

A. IA生产400个产品需要的时间更少，IB生产800个的时间更少

B. IA生产400个和800个需要的时间更少

C. IB生产400个产品需要的时间更少，IA生产800个的时间更少

D. IB生产400个和800个需要的时间更少

解析：选B。此题无法使用单个法，因为单个法倍数乘，要乘太多次才能达到上百

的数字，只能将批视为“个”。IA 工厂生产一批 100 个需要 500 小时，生产 4 批 400 个的累计用时 =500 ×0.8 ×0.8 ×4 =1 280（小时），生产 800 个时间是：500 ×0.8 ×0.8 ×0.8 ×8 ×8 =2 048（小时）。

IB 生产 400 个的时间是 400 ×0.9 ×0.9 ×4 =1 296（小时），生产 800 个时间是：400 ×0.9 ×0.9 ×0.9 ×8 =2 332.8（小时）。

注：学习曲线是根据企业过去的经验来确定未来的学习率，如 90%、80%，或 63% 等。

学习曲线的优缺点

优点/作用：

1. 有利于预算/标准的制定，例如制定人工小时数、员工人数、人工成本等预算；

2. 通过学习曲线计算，可更好地估算出产品用时及产品成本，从而有利于制定产品价格；

3. 有利于业绩考核，因为学习曲线可用来考核员工的效率是否达标；

4. 学习曲线可延伸到生产以外的其他领域，例如销售、财务等。随着工作的熟练和越有经验，效率会提高，用时会越短，这叫作经验曲线。

学习曲线的缺点：

1. 学习曲线不太适合机器密集型的企业，学习曲线更适合人工密集型的企业；

2. 学习曲线里用的降低率（如 80%）是固定的，但实际中不同阶段的产量的人工用时降幅可能会有变化；

3. 效率的提高可能会混杂着其他因素，例如人工组合变化、产品组合变化等，这样可能会导致学习曲线的误判；

4. 人工的生产效率不能总是不断提高，人的效率会随着年龄、疲劳、生病及枯燥等因素下降。到那时即使产量再成倍增长，但人工效率也可能不会继续提高了。

2.2.3 编制总预算表格

企业普遍编制的预算一般叫作年预算或总预算（master budget），是指在战略规划指导下，一年或更短时间内建立在一个目标产出（如销量及相应的产量）上的一个企业综合全面的量化的预算。总预算是静态预算，这是因为总预算是建立在一个目标产出的预算。尽管有其他预算形式，例如弹性预算、滚动预算等，但建立在一个财政年度的静态总预算是不可代替的，因为企业会在未来面临诸多变化因素，企业需要在一个财政年度建立一个有权威、有挑战性的目标（预算）。企业运营不能没有目标！

总预算包括经营预算和财务预算。经营预算包含（按基本顺序排）销售预算（预算的第一个）、产量预算、材料采购预算、直接材料成本消耗预算、直接人工成本预算、制造费用预算、生产成本预算、完工产品成本预算、销货成本预算、期间费用（销售、管理费用等）预算等，最终形成损益表预算，此表也叫作经营结果预算表。之所以此损益表并没有包含在财务预算中，是因为此损益表中并不涉及利息费用，因为利息费用受资本结构影响（CMA P2 具体讲），属于财务管理范畴，不属于经营范畴。

财务预算包含：

（1）资本支出预算（capital expenditure budget，CAPEX budget）。资本支出预算是指金额大而且时间影响大于一年的投资预算（即需达到固定资产的规模），例如办公设备、厂房等固定资产投资。

资本支出预算对企业而言战略意义重大，它关系到未来企业是否能可持续发展，因此，资本支出预算一定要基于企业战略规划的指导。我们会在 P2 非常详尽地讲述资本支出预算的决策，资本支出预算是 P2 的重要考点。但谨防 P1 在资本支出预算方面考 P2 的知识。因此，我们在此简单介绍资本支出预算的基本要素，如下：

● 资本支出预算决策要对比企业的初始投资金额与投资在未来带来的折现后的现金流收益。一定要用现金流而不是利润。另外，因为涉及的时间超过一年，甚至达到 10 年，因此要对现金流进行折现来体现货币的时间价值。现金流会涉及：（1）项目初始现金流，包括初始投资额、旧设备处理现金流、净营运资本的增加额等；（2）项目期间所产生的经营现金流，但不包括融资现金流以及利息费用。

● 现金流模型建立好后，需计算净现值法（NPV）、内部收益率/内含报酬率（IRR）、折现回收期等来初步判断项目是否可以接受。从理论上来讲，NPV >0，内部收益率 > 要求回报率，项目初步可以接受*(但实际工作中必须NPV 和内部收益率和折现回收期同时使用，否则会有问题，具体在CMA P2 中有详细解释)*。之后，还要进一步作风险分析，如敏感性分析、模拟分析、情境分析/方案分析等，来进一步确定项目是否被批准。

注意：研发费用预算列示在经营预算/损益表预算中，而不会出现在资本支出预算中。但研发需要的固定资产支出需列示在资本支出预算中。

（2）现金预算，也叫作现金收支预算。包括现金收入、现金支出、现金富余/短缺（cash excess or deficiency）、融资需求四大块。做现金收支预算主要是为了及时发现融资需求（若缺钱）或安排投资挣取收益（若有富余钱）。

（3）资产负债表预算。

（4）现金流量表预算。与现金预算形式不太一样，现金流量表预算将现金流进一步细分成三部分，分别是经营现金流、投资现金流和融资现金流。

注：一般来讲，现金流量表应该是最后一张预算表格，因为在确定了资产负债表预算后，企业还需制订分红计划，分红计划要体现到现金流量表中。当然资产负债表和现金流量表是最后两张预算表。在一些考试中，如果没有现金流量表选项，可选择资产负债表为最后一张预算表格。

有的资料上将总预算分为三种，即：将资本支出预算从财务预算中剥离，则经营预算、资本支出预算、财务预算。

实际工作中，我强烈建议总预算还应包括平衡计分卡预算，平衡计分卡是最后完成的一张预算表。我们在战略规划中简单介绍过平衡计分卡，我们会在绩效考核详尽讲解。编制平衡计分卡预算表就是为了有效防止预算过于重视财务指标这一重大弊端。平衡计分卡同时重视了非财务指标、长期指标，举例，新产品数量、新专利数量，客户满意度等，这些才是企业长久成功的源动力，是“本”，财务指标只是结果的体现，是“标”，平衡计分卡因此标本兼治。平衡计分卡样表如下（注意：黑体＋斜体＋下划线＋非宋体字的文字是属于非直接考试内容，但对实际工作非常重要，建议仔细阅读!）：

	实际 201×	预算 201×	差异额	差异率%	行业最佳	去年实际
财务指标						
销售收入 销售价格-2 净利润-5 净利润率-2						
资产负债率-2 *DSO+DSI-DPO-5						
EVA-3 ROF-3						
市场指标						
*市场总量 市场份额-15 *客户满意度-5 客户投诉次数 *新客户个数-2 老客户保持率-2						
内部运营指标						
*新产品上市数量-15 产品质量合格率-10 产品生产周期-2 生产力指标-2 *WO按时完成率-5 EHS事故数量-2						
学习及成长指标						
员工满意度-10 关键员工流失率-8 员工建议次数-2 员工技能培训时间-3						

接下来我们详细讲解如何编制一系列总预算表格。

总预算顺序流程（简单版）

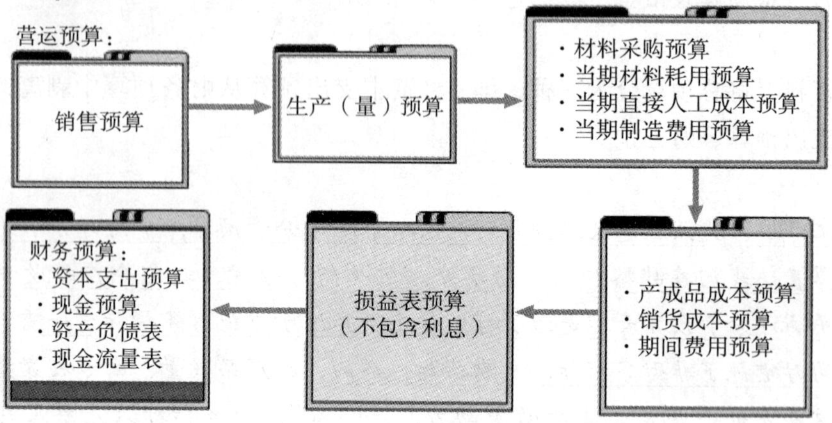

资产负债表编制完成标志着企业完成了资产配置以及资金来源的配置（包括企业对股东的分红计划）等，此时可以按照营运现金流、投资现金流和融资现金流来编制现金流量表。

编制总预算分两种方法，即“定期盘存制”和“永续盘存制”。

定期盘存制法编制总预算

定期盘存制需通过 N 次的计算公式“挤出来”预算的销货成本（具体见下表）。定期盘存制的相关公式如下表，其中，直接材料耗用、完工产品成本、销售成本都是“被挤出来的”。始终记住“A + B = C + D”，即期初 + 购进/产入 = 耗用/售出 + 期末。知道其中三项会推出另外一项，如果忘了具体何公式，记住 A + B = C + D 即可。

（1）当期耗用直接材料成本：
直接材料期初余额
+ 直接材料采购额
- 直接材料期末余额
= 当期（耗用）直接材料成本
（2）当期直接人工成本
（3）当期制造费用
（4）当期总生产/制造成本（4 = 1 + 2 + 3）
+ 在产品期初存货
- 在产品期末存货
= 当期完工产品成本

产成品期初存货
+ 当期完工产品成本
- 产成品期末存货
= 当期销售成本

损益表（P/L）
销售收入
- 销售成本
= 毛利
- 销售及管理费用等
= 经营利润

注：当期总生产成本和完工产品成本（有时候被值得商榷地翻译为产品生产成本）

容易混淆，判断的窍门是：看是否有产品或产成品两个字，如果有则指后者（即完工产品成本/完工产成品成本），若没有指前者（即当期总生产成本）。注：总生产成本又叫作总制造成本。

另外，在实际发生额的会计核算里，定期盘存制的机制是每月末定期盘点产成品、在产品、直接材料等库存，然后：

（1）期初直接材料库存 + 当期采购 − 月末实际盘点期末直接材料库存从而“挤出”当期直接材料消耗；

（2）产成品期初库存 + 当期完工产成品 − 月末实际盘点的期末产成品库存从而“挤出”销售成本等。

请牢记上面表中定期盘存制的相关计算公式。考试中一般一遇到求销售成本、完工产品成本、原材料消耗等，就马上联想到看看是不是在考定期盘存制的公式。

注意：可供销售存货 = 期初产成品存货 + 当期产入/购进产成品存货。可供生产的原材料存货 = 期初原材料存货 + 当期购入原材料等。请记住，可供 × × 的含义。

定期盘存制法编制总预算

MNO 公司正在准备编制明年的总预算，因篇幅限制，我们节选了 4 月、5 月、6 月做演示。

总预算的第一个预算是销售预算，销售部负责编制。

销售预算

$K=1\ 000$

	销量	单位售价	销售收入
4 月	20 000	$1 000	$20 000K
5 月	50 000	$1 000	$50 000K
6 月	30 000	$1 000	$30 000K
7 月	25 000	$1 000	$25 000K

注：7 月数据是用来计算 6 月底的期末存货。

当然，实际工作中销售预算应该按客户编制，每个客户里又体现具体销售的不同的产品，以及每个产品的销量以及售价。

生产预算也叫作产量预算

销售预算编制完后，生产部根据销售预算编制生产预算以满足销售的需求。注意：

生产预算只涉及量，不涉及金额，因而也叫作产量预算（完工产成品生产成本预算在后面讲解）。MNO 公司要求每个月产成品的期末存货是下个月销量的 20%。产量需满足销售需求以及满足期末需有一定量存货的需求。期末一定量的存货是为了下个月初销售以及不测情况。如果此时还有期初存货，产量预算 = 销量 + 期末产成品库存 - 期初产成品库存。始终记住 A + B = C + D 这个恒等式，即期初 + 进 = 出 + 期末。

注意：案例中并没有告诉 3 月底的库存，那 4 月初的库存如何计算呢？实际 4 月初的库存等于 3 月底的库存，而 3 月底的库存等于 4 月的销量乘以 20%。因此，4 月初的库存等于 4 月的销量乘以 20%。因此，工作中和考试中要对此非常熟悉，即当期的期初库存 = 当期的销量 × 规定的期末库存百分比！比如此案例中 4 月初库存 = 4 月销量 20 000 × 20% = 4 000（个）。

延续上面的例子，编制生产预算，如下：

	4 月（A）	5 月（B）	6 月（C）	7 月（D）
预算销量（E）	20 000	50 000	30 000	25 000

要求的期末库存（F）= B × 20% = 10 000 = C × 20% = 6 000 = D × 20% = 5 000

（F = 下个月销量 × 20%）

总需求量（G = E + F）　30 000　56 000　35 000

（记住，考试中若问当期总需求量，知道其含义）

减期初库存（H）　4 000　10 000　6 000

（H = 上一个月的期末库存，或者 = 当月的销量乘以要求期末库存百分比）

生产量（I = E + F - H）　26 000　46 000　29 000

注意：如果要计算连续几个月（如连续 3 个月，连续 5 个月，连续 8 个月等）总的生产量，此时若分别每个月计算生产量，然后相加，计算会很麻烦，我们在这样的计算过程中会发现有些期末库存和期初库存可以抵消，续用上面的案例，4 月的生产量 = 4 月的销量 + 4 月末的产成品库存 - 4 月初产成品库存，5 月的生产量 = 5 月的销量 + 5 月末的产成品库存 - 5 月初产成品库存，6 月的生产量 = 6 月的销量 + 6 月末的产成品库存 - 6 月初产成品库存，如果三者相加，其中，4 月的期末库存和 5 月的期初库存可以抵销，5 月的期末库存和 6 月的期初库存可以抵销，最终 3 个月的产量合计 = 3 个月的销量合计 + 最后一个月的期末库存 - 第一个月的期初库存。**因此，总结一个窍门：N 个月的产量预算合计 = N 个月的销量合计 + N 个月中最后一个月的期末产成品库存量 - N 个月中第一个月的期初产成品库存量！**另外，为了防止记混了是加期末库存还是减期末库存，加期初库存还是减期初库存，一个记忆窍门是：此处和计算产量预算的公式一致（即 = 销量 + 期末产成品库存 - 期初产成品库存），因此，N 个期间合计的窍门公式也是加期末，减期初。其实，后面涉及的原材料采购量预算（公式为：原材料耗用量 - 期末原材料库存 - 期初原材料库存），完工产成品成本预算（公式为：销货成本 + 期末产成品成本 - 期初产成品成本）等，都可以使用上面的窍门。

在恒等式 A + B = C + D 中，我们上面总结的是计算连续 N 个月“B”合计的窍门，“B”的例子如生产量、材料采购量/额、完工产成品成本等，但如果要计算连续 N 个月的“C”的合计，“C”的例子如：材料耗用量/额、销货成本等，在分别计算中也会产生彼此之间的抵销，**由此总结的窍门为：连续 N 个月合计“C” = 连续 N 个月“B”的合计 + N 个月第一个月的期初库存 - N 个月最后一个月的期末库存。**

材料采购预算

生产部编制完产量预算后，采购部根据产量预算编制材料采购预算以满足生产需求。

材料采购预算

材料采购预算源于生产量的需求以及要求的原材料的期末存货水平
（期末存货是备下个月初用或备不测）

生产量
× 每件产品需要的原材料数量（BoM）
= 生产需求的原材料数量
+ 要求的期末原材料库存
= 总的需求的原材料数量
— 原材料的期初库存
= 需要采购的原材料数量

注意：实际工作中，一般产品都需要多种原材料，甚至上百种，因此，材料采购预算要每种材料每种材料的计算，当然现在有了 MRP/ERP，这些都很简单了。篇幅有限，我们下面的例子假设产品只有一种材料。继续上面的案例，生产每件产品需要 5 磅原材料。MNO 公司要求原材料的期末库存是下个月生产需求的 10%。原材料在 3 月底是 13 000 磅。7 月预算的生产量为 23 000 件。

材料采购预算

	4 月	5 月	6 月
生产量	26 000	46 000	29 000
每件产品的原材料量	5	5	5
原材料需求	130 000	230 000	145 000
要求的期末库存	23 000	14 500	11 500

总原材料需求	153 000	244 500	156 500
减原材料期初存货	13 000	23 000	14 500
需要采购的原材料量	140 000	221 500	142 000

期末存货 = 下个月生产所需原材料的 10%；

6 月的期末存货 = 0. 10 ×（23 000 ×5）= 11 500 磅

期初存货是上个月的期末存货

注意： 期初原材料库存也等于本月的原材料需求量 × 要求的期末库存百分比。

每期总生产成本预算

材料采购预算编制完后，接下来编制每月的总生产成本预算，包括预计当期耗用直接材料成本预算、预计当期耗用直接人工成本预算和预计当期耗用制造费用预算。

预计当期耗用直接材料成本预算

***K* = 1 000**

	4 月	5 月	6 月
直接材料采购量（A）	140 000	221 500	142 000
直接材料的单位成本（B）	$80	$80	$80
直接材料采购成本（C = A × B）	**11 200K**	**17 720K**	**11 360K**
期初直接材料数量（D）	13 000	23 000	14 500
期初直接材料成本（E = D × B）	**1 040K**	**1 840K**	**1 160K**
期末直接材料数量（F）	23 000	14 500	11 500
期末直接材料成本（G = F × B）	**1 840K**	**1 160K**	**920K**
直接材料耗用成本（H = E + C − G）	**10 400K**	**18 400K**	**11 600K**

当期直接人工成本预算

当期直接人工成本预算是由生产部和人事部共同完成。当期直接人工成本预算为：确定每个产品平均耗用的直接人工工时，然后乘以当期生产量，得出完成当期生产量所需要的总直接人工工时，然后乘以每直接人工小时人工成本，从而得出当期预计耗用直接人工成本。

另外一种方法：确定每个产品平均耗用的直接人工工时，乘以当期生产量得出完成当期生产量所需要的总直接人工工时，然后除以每位直接人工的标准工作时间（如一天

<u>8 小时、一个月22 个工作日等），从而得出需要的直接人工人数，然后乘以每位直接人工的平均工资，从而得出当期直接人工成本预算。（注意：黑体+ 斜体+ 下划线+ 非宋体字的文字是属于非直接考试内容，但对实际工作非常重要，建议仔细阅读！）</u>

编制预算时，有些企业会把直接人工分为熟练工人、半熟练工人、非熟练工人等级别。

直接人工福利费（又称作附加福利费），主要包括工资以外的各种福利，例如，各种保险、养老金等以及企业要因此缴纳的税赋（如果有）。直接人工福利费有两种会计处理：一是进直接人工成本；二是进制造费用。

延续上面的例子：

当期直接人工成本预算

	4月	5月	6月
每个产品平均直接人工用时（A）	0.2	0.2	0.2
当期生产量（B）	26 000	46 000	29 000
当期总直接人工小时数量（C = A × B）	5 200	9 200	5 800
每直接人工小时成本（D）	$5	$5	$5
直接人工成本（E = C × D）	$26 000	$46 000	$29 000

制造费用预算

制造费用：包括了**生产部门**除了直接材料成本和直接人工成本以外的所有其他成本，主要分类有间接材料、间接人工、能源费（比如水电费等，注意能源费有时候被值得商榷地翻译为公共事业费）、办公费、折旧、租金、保险等，其中，间接材料、能源费、车间用品/车间低值易耗品（production/shop supplies）、设备维护费、直接人工福利费（如果放在制造费用里，而不是放进直接人工成本）等为变动制造费用，其余为固定制造费用。

延续上例：

制造费用预算

	4月	5月	6月
变动制造费用	$260 000	$460 000	$290 000

固定制造费用	$700 000	$700 000	$700 000
总制造费用	$960 000	$1 160 000	$990 000

注：此处因篇幅限制原因省去了具体细节。

当期总生产成本预算

K = 1 000	4 月	5 月	6 月
直接材料耗用成本（A）	$10 400K	$18 400K	$11 600K
直接人工成本（B）	$26 000	$46 000	$29 000
变动制造费用（C）	$260 000	$460 000	$290 000
固定制造费用（D）	$700 000	$700 000	$700 000
总制造费用（E）	$960 000	$1 160 000	$990 000
当期总生产成本预算（D = A + B + E）	$11 386K	$19 606K	$12 619K

完工产品成本预算

因篇幅限制，简单起见，假设在产成品成本期初存货为：4 月 100K，5 月 150K，6 月 120K，7 月 140K，则产成品成本预算为：

K = 1 000	4 月	5 月	6 月	7 月
期初在产品成本存货（A）	$100K	$150K	$120K	$140K
当期投入总生产成本（B）	$11 386K	$19 606K	$12 619K	
期末在产品成本存货（C） （C = 下个月的期初存货）	$150K	$120K	$140K	
完工产品成本（D = A + B − C）	$11 336K	$19 636K	$12 599K	

注意：虽然下面销货成本预算公式中，也能推算出完工产品成本预算，即完工产品成本 = 销货成本 + 期末产成品存货 − 期初产成品存货，但编制产成品成本预算时，不能用此公式，因为此公式的顺序不对，又因为先有生产后有销售，因此不能通过销售倒推算出完工产品成本预算。所以完工产品成本预算 = 期初在产品存货 + 当期生产成本 − 期末在产品存货。

销货成本预算

因篇幅限制，简单起见，假设产成品期初存货为：4 月 1 720K，5 月 4 300K，6 月 2 580K，7 月 2 150K，则销货成本预算为：

K = 1 000	4 月	5 月	6 月	7 月
期初产成品存货（A）	$1 720K	$4 300K	$2 580K	$2 150K
完工产品成本（B）	$11 336K	$19 636K	$12 599K	

期末产成品存货（C）	$4 300K	$2 580K	$2 150K
（C = 下个月的期初存货）			
销货成本（D = A + B − C）	$8 756K	$21 356K	$13 029K

经营费用预算（包括销售费用、管理费用、研发费用等）

销售费用主要是销售部门发生的费用，研发费用主要出自研发部门。管理费用主要是指除了生产部、销售部和研发部等以外的其他部门，例如总经理办、财务部、人事部、行政部等，发生的费用。费用预算要具体，而且都要有相应的假设/依据，这样才会更准确。这些费用预算要按具体的费用科目进行编制，例如工资、差旅费、办公费、交际招待费、折旧等。

因篇幅有限，简单起见（省略了细节），经营费用预算的总数为：

	4 月	5 月	6 月
K = 1 000			
变动销售费用	$400K	$1 000K	$600K
（如销售运费、销售佣金等）			
固定销售费用	$2 000K	$2 000K	$2 000K
销售费用合计	$2 400K	$3 000K	$2 600K
变动管理费用	0	0	0
管理费用（全是固定费用）	$1 000K	$1 000K	$1 000K
研发费用（全是固定费用）	$4 000K	$4 000K	$4 000K
合计	$7 400K	$8 000K	$7 600K

损益表预算

预算损益表分两种形式：完全成本法和变动成本法，其中，完全成本法的损益表是传统的损益表，是目前各国法律上要求对外披露的损益表格式。而世界 500 强欧美顶尖公司一般都要编制变动成本法的预算损益表作为内部运营管理使用。关于变动成本法和完全成本法的定义和区别，我们会在成本管理一章里细讲。

完全成本法预算损益表

		4 月	5 月	6 月
K = 1 000				
	销售收入	$20 000K	$50 000K	$30 000K
−	销售成本	$8 756K	$21 536K	$13 029K
=	毛利	$11 244K	$28 464K	$16 971K
	毛利率（%）	56.2	56.9	56.6

-	销售及管理费用	$3 400K	$4 000K	$3 600K
-	研发费用	$4 000K	$4 000K	$4 000K
=	息税前利润	$3 844K	$20 464K	$9 371K
	息税前利润率（%）	19.2	40.9	31.2

变动成本法的预算损益表

简单起见，假设变动销售成本为完全成本法的销售成本的90%，数据不一定准确，重点是演示变动成本法损益表预算的格式及意义。

		4月	5月	6月
K = 1 000				
	销售收入	$20 000K	$50 000K	$30 000K
-	变动销售成本	$7 880K	$19 382K	$11 726K（=13 029K×90%）
-	变动销售、管理费用	$400K	$1 000K	$600K
=	边际贡献	$11 720K	$29 618K	$17 674K
	边际贡献率（%）	58.6	59.2	58.9
-	固定制造费用	$700K	$700K	$700K
-	固定销售及管理费用	$3 000K	$3 000K	$3 000K
-	固定研发费用	$4 000K	$4 000K	$4 000K
=	息税前利润	$4 020K	$21 918K	$9 974K
	息税前利润率（%）	20.1	43.8	33.2

经营预算编制完后（即包括销售预算、产量预算、材料采购预算等一直到经营利润预算的形成），企业需要编制财务预算，即资本支出预算、现金预算、资产负债表预算、现金流量表预算，以确定资产以及资本（债务资本及权益资本）的需求来支持企业的营运预算。

注意：上述讲解的是生产型企业的预算编制。如果是零售、贸易公司，则只需编制销售预算、采购量及采购成本预算、销货成本预算以及销售费用、管理费用等预算以及最后的经营利润预算。其中，采购量预算 = 销量 + 期末商品库存量 - 期初商品库存量。采购成本预算 = 销货成本 + 期末存货成本 - 期初存货成本，切记，此时不能直接用销售额，因为整个公式里都必须用成本数据，如果考试中给出了毛利率，则销售成本 = 销售金额 ×（1 - 毛利率）。做题时如果给了成本率，则销售收入直接乘以成本率即可！销货成本预算 = 期初存货成本 + 当期采购金额 - 期末存货成本。

资本支出预算

我们前面已介绍，不再赘述，我们将在P2重点、详尽地讲解资本支出预算。

现金收支预算（也叫作现金预算）

现金收支预算是指用直接法列示企业的现金收入以及现金支出。通过编制现金预算，企业知晓资金过剩和短缺的期间，并相应地作出投资或融资计划。编制现金预算可以促使企业流动性得到保持。注意：在国外，现金一般是指现金以及银行存款等的统称。

现金收入

现金收入最主要的来源是主营业务销售收入的回款。

在 CMA 考试中一些预算回款题经常会将回款模式表达为：当月收款 A%，下月收款 B%，下下月收款 C% 等，相加后为 100%，计算某月销售回款。注意，这种回款模式是企业连续分析过去一定时期的回款情况（比如分析过一年的销售回款）从而总结出销售回款的规律，比如经观察 1 月销售了 600 万元，销售客户 15 个，发货 20 批次，开具 20 张发票，从而观察这 20 笔销售何时收回款，有多大比例是当月，多大比例是下月，多大比例是下下月，然后经观察 2 月的销售，多少比例当月回款，多少比例下月回款等，3 月，4 月等然后总结出一个平均回款模式。但实际工作中，*销售的赊账信用期一般都是特定天数，如30 天，45 天，60 天等，然后客户按照约定的天数付款。注意，实际工作中客户付款可不是按照当月支付多少比例，下月支付多少比例，下下月支付多少这样的模式，这样太麻烦、不现实，这种模式一般是在作预测时用。*

上述题型的解题思路是：先计算本月销售在本月的收款，再计算上月销售在本月的收款，然后再计算上上月销售在本月的收款……直到以前的月份的销售都已在本月之前的月份已收回。举例，JDL 公司计划分别在 1、2、3、4 月的销售收入为：210M（M = 100 万元）、350M，425M，225M。公司的回款规律是销售额的 50% 于当月收回，40% 于下个月收回，10% 于下下个月收回。因此，4 月的回款额为：

4 月的销售在 4 月的回款 = 225M × 50%

3 月的销售在 4 月的回款 = 425M × 40%

2 月的销售在 4 月的回款 = 350M × 10%

1 月的销售已经在 3 月份就全收回了，因而就不再计算了。

因此，4 个月合计收款 = 225M × 50% + 425M × 40% + 350M × 10% = 317.5M。

另外一种题型是：每个月现金销售比例是 A%，赊账销售即意味着是（1 – A%），其中，赊账销售的收款计划是当月收 B%，下个月收 C%，再下个月收 D%，坏账比例为 G%。然后计算某个月现金汇款金额。举例，JKL 公司销售回款的规律是：销售中有 20% 是现金销售，80% 是赊账销售。赊账收款为：70% 的应收账款在销售的当月收到现金，25% 在销售的下个月，5% 是坏账。解题思路是：先计算收款的那个月的现金销售收款（如果有）+ 销售收入 × 赊账销售比例 × 赊账收款的当月收款的比例 + 上个月的销售收入 ×

赊账销售比例×赊账收款计划的第二个比例＋上上个月的销售收入×赊账销售比例×赊账收款计划的第三个比例……依次往前走直到赊账收款计划比例用完，坏账比例不用计算。

同时计算某月应收账款余额：先计算所求的那个月的销售收入截至该月底形成的应收账款，然后加上个月销售截至该月底所形成的应收账款余额，直到出现零。举例，ABC 公司正在编制明年的预计资产负债表。公司预计 50% 的销售额将在销售当月收款，40% 将在销售后的第一个月收款，10% 将在销售后的第二个月收款。如果公司下一年 10 月、11 月和 12 月的预算销售额分别为 200 000 美元、350 000 美元和 450 000 美元，那么公司的预算年底应收账款将为（　　）美元。

A. 260 000　　B. 285 000　　C. 299 000　　D. 385 000

解析：选 A。12 月销售截至 12 月底形成的应收账款＝450 000×（1－0.5）＝225 000（美元），11 月销售截至 12 月底形成的应收账款＝350 000×（1－0.5－0.4）＝35 000（美元），下个月不用再计算了，因为（1－0.5－0.4－0.1）＝0，因此，答案＝225 000＋35 000＝260 000（美元）。

上述公式的道理是：当求某个月的应收账款余额时，先看当月的赊账销售截至此月底还剩多少未收回，然后看上个月的赊账销售到这个月底还有多少未收回，再看上上个月的赊账销售截至此月底还有多少未收回。注：计算多少还未收回时，之所以要减坏账比例，是因为既然是坏账应该计提坏账准备或核销，应收账款净额不包括坏账部分（即减掉坏账部分），因此，应收账款余额计算时要减掉坏账比例。

练习如下：

销售中有 20% 是现金销售，80% 是赊账销售；ALAY 公司的赊账收款计划为：70% 在销售的当月，20% 在销售的下个月，10% 是坏账，3 月底应收账款余额为 3 万元。下面解题时可推断此 3 万元余额只能是 3 月的销售未收的，因为 2 月的销售到 3 月底不可能有余额（因为赊销收入在两个月内都能收回，70% 和 20%），3 月销售未收的金额会在 4 月收回。

	4月	5月	6月
预算销售收入	200 000美元	500 000美元	300 000美元
现金收款	182 000美元	412 000美元	308 000美元
应收账款余额	32 000美元	80 000美元	48 000美元

现金收款如下（坏账的比例不用算）：

4月：20万美元×20%+20万美元×80%×70%+3万美元=18.2（万美元）；

5月：50万美元×20%+50万美元×80%×70%+20万美元×80%×20%=41.2（万美元）；

6月：30万美元×20%+30万美元×80%×70%+50万美元×80%×20%=30.8（万美元）；

应收账款余额如下：

4月：20万美元×80%×（1−70%−10%）+3万美元×0=3.2（万美元）；

5月：50万美元×80%×（1−70%−10%）+20万美元×80%×（1−70%−20%−10%）=8（万美元）；

6月：30万美元×80%×（1−70%−10%）+50万美元×0=4.8（万美元）。

<u>注：实际工作中还有一种很常用的方法来预测应收账款余额，即反推应收账款周转天数（DSO）的公式，即 DSO = 应收账款余额/每天的赊销收入，因此，应收账款余额 = 每天的赊销收入 × DSO。举例，假设预测平均应收账款的周转天数为 69 天，则每月的应收账款余额 = （当月赊销收入/30）× 69。此方法虽不够精确，但简单。（注意：黑体 + 斜体 + 下划线 + 非宋体字的文字是属于非直接考试内容，但对实际工作非常重要，建议仔细阅读！）</u>

注意：应收账款期初余额 + 赊销销售收入 = 赊销销售回款 + 应收账款期末余额。举例，1 月总销售 50 000 美元。如果它在 1 月 1 日的应收款（A/R）余额是 40 000 美元，在 1 月 31 日的应收款余额是 80 000 美元，则它在 1 月收回了（　　）美元现金。

A. 40 000　　B. 250 000　　C. 10 000　　D. 290 000

解析：选 C。此题并不严谨，因为没有说明销售收入中赊销和现销的组成。此月销售回款 = 40 000 + 50 000 − 80 000 = 10 000（美元）。

现金支出预算

现金支出中最大的一块应该是购买存货（如原材料、半成品等）的支出。其他方面支出，如利息支出、购买固定资产支出等，相对较容易。下面我们重点讲述购买存货的现金支出。

根据历史付款记录总结出付款的规律，在 CMA 考试中经常表达为：采购中 A% 是现金采购，即当时采购当时付款，另外（1 − A%）的赊账采购，其中，赊账采购当月付 B%，下月付 C%，下下月付 D%……根据上述总结的规律来预测某月采购现金支出。计算某月（假设 Y 月）采购现金支出的窍门公式为：从求采购现金支出的那个月（即 Y 月）开始：先计算 Y 月的现金采购付款（如果有）+ 采购额 × 赊账比例 × 赊账采购的当月付款的比例 + 上个月的采购额 × 赊账比例 × 赊账付款的第二个比例 + 上上个月的采购额 × 赊账比例 × 赊账付款的第三个比例……直到赊账付款计划比例用完。

有一种更简单的题型，即采购付款的规律总结为：当月付款 A%，下月支付 B%，下下月支付 C%…… 相加 = 100%. 从而计算某月存货采购付款的现金支出。答案为：当月采购额 × 当月支付的比例如 A% + 上个月的采购额 × 下个比例如 B% + 上上个月的采购额 × 下下个比例……直到以前的月份在要计算现金支出的那个月的前一个月以前都支付完。举例，JDL 公司计划分别在 1 月、2 月、3 月购买存货：350 000 美元、425 000 美元、225 000 美元。公司的付款规律是采购额的 50% 于当月支付，40% 于下个月支付，10% 于下下个月支付。因此，3 月份的存货采购支付额 = 225 000 × 50% + 425 000 × 40% + 350 000 × 10% = 317 500（美元）。

应付账款余额。计算某月应收付款余额：从求应付账款余额的那个月开始：求应付账款的那个月（假设是A月）的赊账采购额×(1－截至当月，即A月，底已付款的比例)＋上个月赊账采购额×(1－截至A月底已付款的比例)＋上上个月如此一直往前推。推到当月的采购额截至A月底付款的比例已达到100%（即1－截至A月已付款比例＝0）为止。举例，续用上例，JDL公司计划分别在1月、2月、3月购买存货：350 000美元、425 000美元、225 000美元。公司的付款规律是采购额的50%于当月支付，40%于下个月支付，10%于下下个月支付．则3月的应付账款余额＝225 000×(1－50%)＋425 000×(1－50%－40%)＝155 000（美元）。

实际工作中还有一种很常用的方法来预测应付账款余额，即反推应付账款周转天数(DPO)的公式，即DPO＝应付账款余额/每天的销售成本，因此，应付账款余额＝每天的销售成本×DPO。举例，假设预测平均应付账款的周转天数为90天，则每月的应付账款余额＝(当月销售成本/30)×90。此方法虽不够精确，但简单。(注意：黑体＋斜体＋下划线＋非宋体字的文字是属于非直接考试内容，但对实际工作非常重要，建议仔细阅读！)

现金收支及应收账款/应付账款预算题型大汇总

现金收款预算

题型1：题中给了几个月的销售收入金额。销售的当月收款A%，下月（售后第一个月）收款B%，下下月（售后第二个月）收款C%，A%＋B%＋C%＝100%。注意：有的题描述为售后第一个月，售后第二个月，售后第一个月就是下月，售后第二个月是指下下月，以此类推。

题型2：给了几个月的销售收入数。现金收款比例为A%，赊账销售为B%（＝1－A%），赊账销售回款的计划为当月回款C%，下月收D%，下下月收E%，C%＋D%＋E%＝100%。

解题思路：题中所求的那个月的销售收入×A%＋当月销售收入×B%×C%＋上个月的销售收入×B%×D%＋上上月的销售收入×B%×E%

题型3：在求某个月收款时，该月并没有给出销售收入数据，但告知了该月月末的应收账款余额，并告知应收账款余额是哪些月的销售形成的，例如，12月末的应收账款是10万元，其中，4万元是11月销售收入未收回的，6万元是12月销售未收回的。

解题思路：先通过应收账款推出销售收入数，方法是：假设12月的销售收入为Y12，则Y12×(1－12月销售到12月底已收回的比例%)＝6万元，则12月的销售收入＝6万元/(1－12月销售到12月底已收回的比例%)。同理，假设11月的销售收入为

Y11，则 Y11 ×（1 ~11 月销售到 12 月底已收回的比例%）=4（万元），则 11 月的销售收入 =4 万元/（1 ~11 月销售到 12 月底已收回的比例%）。例题：NW 公司估计各月的月度销售额如下：1 月 100 000 美元、2 月 150 000 美元、3 月 180 000 美元。以前的经验表明，销售额的 40% 当月收回，50% 下个月收回，剩下的 10% 售后第二个月收回。截至 12 月 31 日公司应收账款余额为 80 000 美元，其中 72 000 美元来自 12 月份的销售，8 000美元来自 11 月份的销售。则公司在 1 月预计能收回（　　）美元现金。

A. 76 800　　B. 84 000　　C. 108 000　　D. 133 000

解析：1 月的上一个月是 12 月，但 12 月并没有告诉赊账销售的数字，上上个月是 11 月也没告知赊账销售额，但告诉了 12 月底的应收账款余额的构成。则假设 12 月的销售收入为 Y12，则 Y12 ×（1 －40%） =72 000，则 Y12 =120 000。同理假设 11 月的销售收入为 Y11，则 Y11 ×（1 －40% －50%） =8 000，则 Y11 =80 000。因此一月收回的现金 = 当月 100 000 ×40% + 上月 120 000 ×50% + 上上月 80 000 ×10% =108 000。选 C。

题型 4：给了几个月的销售收入数。销售的当月现金收款比例为 A%，赊账收款比例为 B%（=1 －A%）．赊账销售当月回款 C%，下月 D%，下下月 E%。但不像题型 B，C% +D% +E% 并不等于 100%，而 C% +D% +E% =B%，或者没直接告诉赊账销售的比例，但告诉了赊账销售当月回款 C%，下月 D%，下下月 E%，但不像题型 B，C% +D% +E% 并不等于 100%，而 A% +C% +D% +E% =100%。

解题思路：将收款比例调整成：销售当月收回 A% +C%，下月收回 D%，下下月 E%。例题：公司以往的收款模式为：现金销售 35%，当月赊账销售回款 15%，销售的次月赊账销售回款 45%，销售后的第二个月销售回款 5%，公司 1 月销售 100 000 美元，2 月份销售 120 000 美元。1 月份的期初余额为 50 000 美元，其中包含 12 月的 40 000 美元和 11 月的 10 000 美元。则 2 月的现金收款为（　　）美元。

A. 145 000　　B. 109 000　　C. 107 000　　D. 67 000

解析：遇到这种情况（即赊账回款比例加起来不是 100%，而是 = 赊账的比例 = 65% =1 －35%），其实就可以从另一个角度理解成这些比例都是在总销售收入（即现金销售 + 赊销销售）基础上的回款比例，即总销售收入当月收回 35% 和 15%，下个月收回 45%，再下个月收回 5%，因此直接用总销售收入乘以这些比例即可，因此，答案 = 120 000 ×（0. 35 +0. 15）+100 000 ×0. 45 +［40 000/（1 －35% －15%）］×5% =109 000。记住此题型及题解。选 B。

因此，在考试中，一定要先看赊销回款的比例加总是否等于 100%，然后采取不同的解题方法。

题型 5：每月回款的比例月份之间并不连续，中间缺了一个月，例如当月收回 60%，售后第二个月35%，坏账5%。售后第一个月并没有回收比例，即中间月份并不连续。此时只能用笨方法一个月一个月往前试算。

现金付款预算

题型1：计算采购在某月的付款额。题型一般为：给了几个月的采购金额数，付款方式为：当月付款A%，下月付款B%，下下月付款C%. A% +B% +C% =100%。

解题思路：月份从题中要求的那个月开始往上一个月一个月地计算。

题型2：计算采购在某月的付款额。给了几个月的采购金额数，付款方式为：当月现付A%，赊账付款B（=1 -A%），赊账付款的付款计划为当月C%，下月D%，下下月付款E%，C% +D% +E% =100%。

解题思路：和收款道理一样，即当月采购额×A% +当月采购额×B% ×C% +上月采购额×B% ×D% +上上月采购额×B% ×E%。

题型3：给了几个月的采购数。现金采购的比例为A%，赊账采购比例为B%（=1 -A%），赊账采购当月付款C%，下月D%，下下月E%。C% +D% +E% =B%，或题中给出的付款比例A% +C% +D% +E% =100%。

解题思路：将付款比例调整成：采购当月支付A% +C%，下月支付D%，下下月E%。然后使用总采购额（即包括了现金采购和赊账采购）去计算。

应收账款/应付账款预算

1. 计算某月的应收账款余额。题型一般为：给了几个月的销售收入数，销售的当月收款A%，下月（售后第一个月）收款B%，下下月（售后第二个月）收款C%，坏账比例为D%。A% +B% +C% +D% =100%。

解题思路：从题中求的那个月开始，月份往上走，每月用该月的销售收入乘以该月截至求应收账款余额的那个月月底未收回来的比例（计算方法 =1 -收款的比例，注意每次都要减掉坏账的比例）直到减成零为止，每月计算出来的数相加即可。

2. 计算某月的应付账款余额。题型一般为：给了几个月的采购金额数，当月付款A%，下月付款B%，下下月付款C%。A% +B% +C% =100%。

解题思路：从题中要求的那个月开始，月份往上走，每月用该月的采购金额乘以该月截至求应付账款余额的那个月月底未付款的比例（计算方法 = 1 − 已付款比例）直到减成零为止，每月计算出来的数相加即可。

例题：给出连续 6 个月的销售额：4 月 300 万元，5 月 350 万元，6 月 400 万元，7 月 500 万元，8 月 320 万元，9 月 300 万元。采购成本为销售的 75%，提前两个月备货。付款方式为，采购当月 40%，次月 50%，采购后第二个月 10%。7 月应付账款余额为（　　）万元。

A. 260.5　　B. 247.5　　C. 290　　D. 600

解析：提前两个月备货即提前两个月采购，因此，先重新归置一下每月的采购额，即 7 月 = 9 月的 300 × 0.75 = 225（万元），6 月 = 8 月的 320 × 0.75 = 240（万元），5 月 = 7 月的 500 × 0.75 = 375（万元）。因此，7 月的应付账款余额 = 225 ×（1 − 0.4）+ 240 ×（1 − 0.4 − 0.5）= 159（万元），若问的是 7 月付款金额，则 = 225 × 0.4 + 240 × 0.5 + 375 × 0.1 = 247.5（万元）。答案：选 B。

其他题型

1. 计算某段期间（如某季度或某年）的销售收入的收款。题型一般为：告诉了某段期间内总销售收入是 A，均匀销售，然后告诉收款期是 B. 例题：BD 清洁用品公司在库房中的各项用品很是丰富，这给它在同行中带来了竞争优势。下面是公司下一年度的第一季度的部分预算资料：

销售额	$ 855 000
产品销售成本	$ 425 000
租金和工资费用	$ 375 000

从过去经验看，销售全都采取赊销形式，且季度内的销售额很平均。销售额的 5% 确定为收不回来的坏账，被注销掉。应收账款（扣去坏账损失后）的余额部分将在 50 天内回款。这样的销售情况和收款方式估计在明年第一季度还会持续。该季度的第一天的预计资产负债表包括如下的账户余额：

现金	$ 10 000
应收账款（净额）	$ 450 000
存货	$ 900 000
应付账款	$ 800 000

请问公司在第一季度预计回款现金为（　　）。（以每年 360 天计）

A. $ 830 000　　B. $ 901 250　　C. $ 902 500　　D. $ 811 000

解题思路：此期间总的销售收入 ×（此期间总天数 减 收款期天数）/此期间总天数。千万不能想当然地直接 = 此期间总的销售收入 × 收款期天数/此期间总天数！上面例题的解析：注意这种题型！50 天收回，千万别直接用 $ 450 000 + $ 855 000 ×（1 − 5%）×

50/90！应该是 \$450 000 + \$855 000 ×（1 − 5%）×（90 − 50）/90，因为只有前 40 天卖的可以在本季度收回，第 41 天卖的需要在第 91 天收回，即下季度收回，因此在第 41 天及以后的赊销只能在下季度收回。因此，1 季度的现金回款 = 450 000 + 855 000 ×（1 − 5%）×（90 − 50）/90 = 811 000（美元）。选 D。

2. 计算某月底现金余额（或某期间现金增加额）。题型一般为：给了几个月的销售收入数及采购数，给了期初的现金数，收款和付款的模型，当月 A%，下月 B%（A% + B% = 100%）等。

解题思路：只能一步一步仔细的计算，分别计算每月的收和支。

3. 计算某月或某个期间的销售收入数。题型一般为：告知某月或某期间每月的收款数，而且告诉了收款数的组成（即收当月销售的是多少，收上月的是多少），然后告诉了收款模型如当月 A%，下月 B%，下下月 C%，然后求某月或某期间的销售收入。

解题思路：假设要求的某个月的销售收入为 Y，然后通过公式推算。举例，MNO 公司 2 月、3 月、4 月的收款额分别为 100 万元、150 万元、120 万元、其中，3 月收款的 150 万元中，100 万元是当月销售收入的收款，50 万元是上月销售收入在本月的回款。收款模式为当月 50%，下月 40%，10% 为坏账。则 2 月、3 月、4 月的销售收入是多少？

解析：因为题中说 50 万元是 2 月的销售在 3 月的回款，另外收款模式：当月 50%，下月 40%，10% 为坏账。因此，假设 2 月的销售收入为 Y2，则 Y2 × 40% = 50 万元，Y2 = 125 万元。假设 3 月的销售收入为 Y3，则 Y3 × 50% = 100 万元，则 Y3 = 200 万元。假设 4 月的销售收入为 Y4，则 Y4 × 50% + 200 万元（3 月的销售收入）× 40% = 120 万元，则 Y4 = 80 万元。如果要计算某期间（比方说 3 个月的）的销售收入数，则如此算完此期间的每月的销售收入数，然后相加即可。这样的题有可能延伸至计算某个期间的损益，则用刚才方法计算的销售收入减去相应的成本即可。

考试中如果实在没有解题思路则通过设未知数，列等式，然后解等式。

4. 如下：已知一季度采购额：1 月：230 000 元，2 月：250 000元，3 月：270 000 元。现金支付情况如下：采购当月：支付 60%；采购后第一个月：支付 30%；采购后第三个月：支付 10%，问 3 月末应付账款余额是（　）元。

A. 15 600　　B. 22 000　　C. 156 000　　D. 8 000

解析：这个题很有意思，采购后第 2 个月不付款，采购后第 3 个月支付最后的 10%。解题：3 月的采购截至 3 月底有 1 − 60% = 40% 未支付，因此：270 000 × 0.4 = 108 000（元）；2 月的采购截至 3 月底剩 1 − 60% − 30% = 10% 未支付，因此：250 000 × 0.1 = 25 000（元）；

1 月的采购截至 3 月底有 1 - 60% - 30% = 10% 未支付，因此：230 000 × 0.1 = 23 000（元），则答案 = 108 000 + 25 000 + 23 000 + = 156 000（元）。选 C。记住此题型及题解。

另外，现金收支预算做完后，如果发现有资金缺口，假设金额是 A，则企业考虑需要融资，此时企业一般都会有一个安全现金库存要求，假设金额是 B，一定记住：企业需要最终融资的金额是 A + B。考试中，A 一般是负数，此时一定不能和 B 相互抵消，它们是相互累加增多的关系，举例，JKL 企业做完现金收支预算后，资金缺口显示 -1 000万元，要求安全现金库存为 150 万元，则 JKL 企业最终需要融资是 1 000 + 150 = 1 150 万元，而不是 -1 000 + 150 = 850 万元！

资产负债表预算

资产负债表的样本如下：

ABC 公司资产负债表

	2010	2009		2010	2009
流动资产：			流动负债：		
现金及现金等价物	$ 140	$ 107			
应收账款	$ 294	$ 270	应付账款	$ 213	$ 197
存货	$ 269	$ 280	应付票据	$ 50	$ 53
其他	$ 58	$ 50	预提费用	$ 223	$ 205
总流动资产	$ 761	$ 707	总流动资产	$ 486	$ 455
固定资产/非流动资产：			长期负债：		
固定资产/PPE	$ 1 423	$ 1 274	递延所得税	$ 117	$ 104
减：累积折旧	$ (550)	$ (460)	长期负债	$ 471	$ 458
净固定资产	$ 873	$ 814	总长期负债	$ 588	$ 562
无形资产及其他	$ 245	$ 221	所有者权益：		
总固定资产/非流动资产	$ 1 118	$ 1 035	优先股	$ 39	$ 39
			普通股（S1 面值）	$ 55	$ 32
			资本公积	$ 347	$ 327
			留存收益/未分配利润	$ 390	$ 347
			减：库存股	$ (26)	$ (20)
			总权益	$ 805	$ 725
总资产	$ 1 879	$ 1 742	总负债及权益	$ 1 879	$ 1 742

资产负债表格式：流动资产 + 长期/固定资产 = 流动负债 + 长期负债 + 所有者权益。我们前面已经讲了流动资产中的存货及应收账款的预算以及流动负债里的应付账款的预算，其余的科目相对都很简单，这里不再一一细讲。如果题中给出相关数据，要会编制资产负债表预算，即知道什么数据该放在什么资产负债表的什么位置，最终总资产必须

等于总负债加权益，这样才证明题是做对了。资产负债表每个科目的定义请详见对外财务报告一章。

现金流量表预算

现金流量表可用直接法和间接法，直接法就是列举出现金的每项收入，以及现金的每项支出，很简单不再赘述。关于间接法，我们会在对外财务报告一章中详尽讲解。

永续盘存制法编制预算

永续盘存制是先确定预算的单位产品生产成本，此时经常会使用标准成本或参考标准成本，下面我们会讲解标准成本的建立。然后销量乘以预算的单位产品成本计算出销售成本（即销量乘以单位产品成本），从而编制出损益表。*就编制预算而言，永续盘存制和定期盘存制方法的最主要区别就是销售成本、直接材料耗用（永续盘存制用BOM材料清单）和完工产品成本（永续盘存制用产成品库存量乘以单位预算成本）的计算，其他部分都一样！一样的部分包括销量预算、产量预算、直接人工成本预算、制造费用预算、材料采购预算、损益表编制、资产负债表编制、现金预算、现金流量表预算、资本预算等都是一样的！实际工作中一般都是使用永续盘存制法编制预算，因为实际工作中定期盘存制很少使用。*考试中很多都是在考定期盘存制的预算编制方法。

产品标准成本的制定

下面我们讲解如何制定产品的标准成本。标准成本即每生产一个产品所期望发生的直接材料成本、直接人工成本和制造费用成本，合计起来就是生产一个产品的标准生产成本。计算和确定标准成本的方法有：

1. 作业分析法：对整个生产流程细分成同一成本属性的各个作业。工程师、管理会计等跨部门团队一起精细化分析、计算标准成本。另外，有些公司还经常用时间和动作法（time and motion study）去实物测量和计算标准成本。

2. 市场预期或目标成本法：迎合和抓住市场价位的预期，考虑合理的利润率从而推出目标成本。

3. 战略决策：例如，公司零废品战略或持续改进战略等会影响标准成本的建立。

4. 标杆：行业内（公司以外的其他公司）的最佳或集团公司内部的最佳等，来帮助制定标准成本。

5. 历史数据：过去的历史数据。过去平均数或最佳数可用来制定标准成本，这样做简单，但可能包含了过去的低效率及忽略了未来的变化。注：这往往是不太提倡的。

6. 其他：如学习曲线（标准成本的建立需考虑学习曲线的影响）。

当然企业可能同时使用上面一种以上的方法。

标准成本建立的方式：

■ 权威式：自上而下，高层建立，没有下面人参与，下面人只是执行；

■ 参与式：下面人参与标准成本的建立，这样可以增强员工的承诺和责任感；

注：上述和权威式及参与式预算方式类似，在此不再赘述。

标准成本的形式（按内容含义分）：

■ 理想标准成本（ideal standard），也称作理论标准成本或完美标准成本：最完美的境界，没有病假、机器损坏维修等。此方法不太建议被使用，因为员工因极少能达到目标从而产生很强的挫折感。

■ 目前可达到的标准成本：有一定的挑战性，需努力，但是是可以达到的（很多公司使用此标准）。

注：标准成本的表达方式往往是单位产品标准成本而不是产品总数量的总的标准成本。另外标准成本往往是一年制定一次，最多是一季度。每月调整标准成本是不可以的，因为第一太麻烦，第二失去了目标的权威性。

直接材料标准成本是指生产一个产成品所期望消耗的直接材料的成本［实际企业中，产成品都有一个标准的材料清单（bom-bill of materials）］。

直接人工标准成本：主要取决于每生产一个产成品需要的直接人工小时数以及招聘的人工的成本。每小时直接人工成本 = 平均月工资（假设 5 280 元）除以每月的标准工时（如 22 天 ×8 = 176 小时） = 30 元/每小时。然后乘以标准的每个产品的用时从而得出单位产品直接人工成本（举例，加工一个产品耗用 0.5 个直接人工小时，则单位直接人工成本 = 30 ×0.5 = 15 元）。

标准制造费用成本：预算生产部门的制造费用，如间接人工工资、折旧、租金等。假设选择直接人工小时为成本动因（即驱动成本变化的因素/变量），则总预算制造费用除以预算的总的产品耗用直接人工小时数量 = 预算的每直接人工小时的制造费用，然后乘以每个产品耗用的标准直接人工小时数 = 每个产品的标准制造费用。更详尽的讲解，请见成本核算章节。一般来讲，预算的生产量或相关的直接人工小时/机器小时数量有以下四种选择。

- 理论（或理想）产能：没有假期，没有停工时间等，属于完美、太理想化的产能（一般不采用）。
- 实际产能：考虑一定的不可避免的一些因素（如机器维修、废品等）的基础上机器设备的实际产能，完全从机器的能力考虑，没考虑市场的需求（一般也不采用，因为实际产能很多时候和实际产量不太一样，实际产量取决于实际市场需求）。
- 正常产能：未来一定时期内，如未来两三年，市场需求的平均值（或平均的销量），这会和实际发生的产能更接近。这适合未来不好确定、市场有较大波动的情形。
- 总预算产能：即根据总预算做出的未来一年预算的产量，这是根据未来一年的预算销量做出的。使用得比较多。

总结：前两者侧重机器供给方面的能力而没有考虑市场的需求，因而实际工作中很少用。实际工作中，总预算产能用得比较多，因为它既考虑了产能又考虑了市场需求，而且用的是未来一年的数据。另外，在后面章节的成本核算中的正常成本法里也涉及同样的问题，解决方案一样。

注：这里的生产量或产能一般是指产量或者生产产品耗用的直接人工小时数量或机器小时数量等。在多种产品的企业，每种产品耗用的制造费用的资源是不一样的，因而不能用预算的总的制造费用直接除以生产各种不同的产品的合计数量，除非企业只有一种产品，但此类企业实际工作中存在的太少了。对于多种产品的企业，单位产品所耗用制造费用＝每成本动因（如直接人工小时或机器小时等）制造费用成本 × 每种产品所耗用的成本动因数量。产品的生产量和产品所耗用的直接人工小时数量或机器小时数量是成正比的，产量越大则后者也越大。

形式财务报表预算及关键财务指标分析

预算财务报表，又叫作模拟财务报表，或者叫作形式财务报表（翻译的值得商榷）。预算编制完后，企业应提炼关键财务指标以进行分析和总结。常见的财务指标有：

- 流动比率＝流动资产/流动负债；
- 速动比率＝（流动资产－存货－待摊费用）/流动负债；
- 资产负债率＝总负债/总资产；
- 利息保证倍数＝息税前利润/利息费用；
- 资产回报率（ROA）＝净利润/平均总资产，其中，平均总资产＝（年初总资产余额＋年末总资余额产）/2；
- 权益回报率（ROE）＝净利润/平均普通股东权益。这里的平均普通股权益＝（年存权益余额＋年末权益余额）/2；
- 毛利率＝毛利/销售收入；
- 营运利润率＝营运利润/销售收入；
- 净利润率＝净利润/销售收入。

注意：CMA P2 会详尽介绍财务指标及相关的分析。CMA P1 此处考得比较简单。

2.2.4 预算的风险分析及其他

预算的风险分析

预算编制完后，企业应该做一些风险分析，看看达到预算目标的把握度。方法有敏感性分析等。

敏感性分析

敏感性分析概括：

■ 先确定影响预算的主要变量，比如影响损益表预算的主要变量有售价、单位产品成本、销量、销售费用、管理费用等。

■ 每次挑选一个变量计算其变动对预测结果的影响。举例，若售价降低 10%，损益表结果会怎样？若销量下降 10%，损益表结果会怎样？

■ 总结出预算对哪些变量最敏感，即哪些变量的变化最容易引起预算结果较大变动，这些变量是影响企业预算结果的最危险的因素。假设测试 8 个变量后发现最敏感变量为售价、销量、单位产品成本。

■ 公司同时预测最敏感变量发生的概率以评估企业能否最终实现预算目标的风险。举例，售价是最敏感变量，公司相关人员协商预测价格下行变化的概率，如果可能很大，则实现预算目标风险较大；反之，风险较小。

■ 企业因此协商是否重新修改预算。如果无法修改预算，企业则制定应对措施，比如紧密监控售价，更高层经理审批售价。在实际运营时做好上述应对措施。

敏感性分析的优/缺点：

■ 优点：(1) 容易理解，管理层容易做出评估和判断；(2) 能找出影响预算成功的关键变量，然后密切跟踪这些参数。

■ 缺点：(1) 每次只能试一个变量；(2) 每个参数的变化是独立的，不影响其他参数，实际上不太可能。举例，原材料价格提高，很可能公司销售价格也要提高。

编制损益表和资产负债表预算的捷径方法

上面我们详尽介绍了总预算的编制，下面介绍一个捷径方法来编制损益表和资产负债表，企业应根据自身情况谨慎使用，因为捷径方法虽快捷，但不够准确。

损益表预算——捷径法

根据历史发生额或预测额等方法，首先确定损益表中除了销售收入以外的其他科目占销售收入的百分比从而编制损益表。举例，销售成本占销售收入的 55%，销售费用占 10%，管理费用占 15% 等，然后用预算的销售收入乘以上述比例即可快速编制损益表。举例，假设明年预算的销售收入为 2 亿元，则明年损益表预算为：

	销售收入	2 亿元
-	销售成本	2 亿元 ×55%
=	毛利	
-	销售费用	2 亿元 ×10%
-	管理费用	2 亿元 ×15%
=	营运利润	

<u>虽然这样编制损益表预算很快速，但问题也很明显，因为销售费用和管理费用等中很大一部分是固定成本，它们和销售收入之间没有固定的百分比关系，而且一般来讲，销售收入越大，销售、管理费用占的比例越小，反之越大。（注意：黑体+斜体+下划线+非宋体字的文字是属于非直接考试内容，但对实际工作非常重要，建议仔细阅读！）</u>

预测资产负债表及额外融资需求的一种简便方法

预测下一年度资产负债表及额外融资额的一个简便方法叫作销售百分比法。

（1）视流动资产及（固定资产等）非流动资产和销售收入之间有一定的固定比例。

（2）自发性短/长期负债和销售收入有一定固定的比例。注：自发性/自然性负债是指应付账款、预提费用、预收账款等，它们随着业务（采购/销售）增加或减少的变化而自然变化，例如，公司规定的赊账期，随着业务额不同而产生相应不同金额的负债。上述这些负债不包括人为的负债，例如，银行贷款、发行商业票据或银行承兑汇票等融资手段或债券等。

（3）留存收益是在上年末的基础上加上下一年的利润减计划发放的股利。

（4）其他，如：股本和人为短/长期负债等保持不变。

（5）下一年的销售额预算出来后，则通过上述的百分比来预计总资产额和总负债加权益，总资产和总负债加权益之间的差异就是下一年预计额外融资金额。

（6）企业根据自身的融资渠道和其他方面考虑去选择合适的融资方式。

案例，MNO 公司打算购买一台新机器，这台新机器可以使公司销售额从 2 000 万美元增长到 2 200 万美元，公司认为其资产和负债都将随销售额同步变动，其中流动资产占销售收入的 30%，固定资产占销售收入的 120%，自发性负债额占销售收入的 30%，公司的销售利润率为 10%，股利支付率为 60%，公司目前资产负债表和预算资产负债表对比如下：

科目	目前 资产负债表	预算下一年的 资产负债表	占销售额的比例
销售额　（M = 百万元）	20M	22M	
流动资产	6	6.6 = 22 × 30%	30%
固定资产	24	26.4 = 22 × 120%	120%
总资产合计（A）	***30***	***33***	***150%***
自发性短/长期负债	6	6.6 = 22 × 30%	30%
（非自发性）短期负债	2	2	不变的常数
（非自发性）长期负债	8	8	不变的常数
普通股股本	4	4	不变的常数
留存收益	10	×10.88[10 + 22 × 10% × (1 − 60%)]	
负债+权益合计（B）	***30***	***31.48***	
额外融资额（= A − B）		**1.52（33 − 31.48）**	

在计算下一年度额外融资额时若用上面的方法比较麻烦，有一个简单公式得出的结果是一样的。这个简单的公式叫作 EFN（额外融资需求）。注：EFN = external financing needed。EFN = 增加的销售额 ×（资产/销售额）－增加的销售额 ×（自发性负债额/销售额）－预算的销售额 × 销售利润率 ×（1－股利发放率）。就上例而言 EFN =（22－20）×150% －（22－20）×30% －22×10% ×（1－60%）= 1.52M，结果一样！

资产负债表和额外融资的此捷径方法比损益表的捷径方法要更有些道理，因为流动资产、流动负债等跟销售收入在某种程度上存在一定的关系，但不是完全正比关系，因此在实际工作中也需慎用。（注意：黑体 + 斜体 + 下划线 + 非宋体字的文字是属于非直接考试内容，但对实际工作非常重要，建议仔细阅读！）

例题：一个公司总资产占销售收入的 80%，应付账款占销售收入的 9%，年收入 14 000 000 元，明年预计销售收入增加 35%，净利润率为 6%，计划红利发放率为 40%，问明年增加外部融资是多少？

解析：EFN = 14 000 000 ×35% ×80% －14 000 000 ×35% ×9% －14 000 000 ×（1 + 35%）×6% ×（1－40%）= 3 479 000－680 400 = 2 798 600（元）

计划、预算和预测　练习题与解答

注意：请务必另外大量做题！大家每做一道题都要记住题的特点、题型，以便遇到类似的题很容易解答。而且要学会将知识点举一反三，融会贯通，甚至自己主动挖掘可能出现的新题型，以能很快适应新题型。考试总会时不时地有新题型出现，不要题型一变就找不到解题思路了。

1. 连续（滚动）预算是（　　）。

A. 仅显示一个作业水平，并且并不随着作业水平的变化而变化的计划

B. 每月或每季度被修改，去掉一期同时加入一期

C. 显示一个范围的作业，这样可以根据作业的改变而调整的计划

D. 长期战略计划的组成部分，只有在公司战略变化的情况下才变化的预算

答案：选 B。

2. 在一种预算方法中，每个项目的成本必须被证明是有必要的，并从对公司最重要的那个开始是（　　）。

A. 弹性预算　　B. 零基预算　　C. 滚动预算　　D. 增量预算

答案：选 B。

3. 在公司目标被建立和沟通之后，计划流程的下一步是制定（　　）。

A. 生产预算　　B. 直接材料预算

C. 销售和管理预算　　D. 销售预算

解析：选 D。在公司目标被建立和沟通之后，预算流程开始了。预算流程的第一步是完成销售预算。

4. 以下（　　）不是资本投资预算。

A. 工厂机器的采购价格　　B. 研发成本

C. 工厂机器的安装成本　　D. 被替换老机器的处置成本

解析：选 B。研发成本在美国一般是期间费用，在当期被费用化，应在经营预算/损益表预算中出现，因而不会出现在资本投资预算表中。但研发成本投资一般都比较巨大，在正式投出资金前都要进行资本预算决策分析或者叫作长期投资决策分析。只是，在每年的预算编制中，研发成本出现在经营预算/损益表预算中，而不是出现在资本支出（即国际上俗称的 CAPEX）预算中。

5. 现在是 1 月 1 日，会计师正在编制公司的现金预算，获得如下的信息：

去年 11 月和 12 月的销售额分别是 50 000 美元和 52 000 美元。

1 月和 2 月的预计销售额分别是 55 000 美元和 57 000 美元。

直接材料（DM）采购大约是销售额的 40%。

公司的政策是 DM 在用于生产那个月的前一个月采购。过去的支付规律是 30% 的 DM 采购在采购当月支付，50% 在采购的下一个月支付，20% 在采购的下两个月支付。1 月份预计支付的直接材料的费用是（　　）美元。

A. 22 800　　B. 22 000　　C. 23 840　　D. 26 160

解析：选 B。首先要计算 DM 的采购。11 月采购 20 800（52 000 × 40%），12 月采购 22 000（55 000 × 40%），1 月采购 22 800（57 000 × 40%）。接下来根据支付的规律，在 1 月，6 840（22 800 × 30%）的 1 月采购被支付，月份往前走，11 000（22 000 × 50%）的 12 月采购被支付；4 160（20 800 × 20%）的 11 月采购被支付。预计直接材料合计支付了 6 840 + 11 000 + 4 160 = 22 000（美元）。

6. W 公司在 1 ~ 4 月的预计销量如下：

1 月	300 000
2 月	340 000
3 月	370 000
4 月	390 000

公司在每个月末时为本月销售开具账单；

应收账款以总额记账，信用条件为“2/10，n/30”；

销售额的 50% 在折扣期内回款，30% 在月末回款，15% 于下个月月末回款，5% 为收不回来的坏账。

请问公司在 4 月预计回款（ ）美元现金。

A. 343 300　　B. 347 000　　C. 349 300　　D. 353 000

解析：选 A。因为每个月在月末才给客户开账单，因而回款会在下个月开始。因此，4 月的预算现金回款 = 50% ×98% 的 3 月销售额 +30% 的 3 月销售额 +15% 的 2 月销售 = 0.5 ×0.98 ×370 000 +0.3 ×370 000 +0.15 ×340 000 = 181 300 +111 000 +51 000 = 343 300(美元)。

7. 和静态预算相比，弹性预算（ ）。

A. 为经理人员提供了更加切合实际的可控固定成本的预算和实际比较

B. 能更好地理解考核期间的产能差异

C. 为经理人员提供更加切合实际的可控收入及成本项目的预算和实际的比较

D. 鼓励经理人员少耗用固定成本以及多耗用可控变动成本

解析：选 C。A 不对，因为可控固定成本无需使用弹性预算也可以准确分析差异。B 不确切，产能差异无需使用弹性预算也可以了解；D 无依据。C 叙述正确。

8. BD 是一家家族餐饮连锁店。一项意想不到的道路建设项目，使得经过位于 N 市的饭店的客流量大为增加。结果，饭店的业务量也异乎寻常地显著增加。（ ）最适合用帮助饭店经理计划好人工成本。

A. 零基预算　　B. 滚动预算　　C. 弹性预算　　D. 作业预算

解析：选 C。由于弹性预算根据作业水平的波动来调整预算，因而可以在业务量大增的情况下，用实际的业务量乘以预算的单位人工成本来立即规划人工成本。A 和 D 肯定不对，B 也不太贴切。

9. 在对 BD 公司的运营情况做了全面的调研以后，一位独立的咨询顾问认为公司的劳动力标准设定可能过紧。下列提到的（ ）的事实和该咨询顾问的结论不一致。

A. 对业绩报告的审查，显示存在着很多生产效率的不利差异

B. 管理层注意到最近几期的激励奖金支付很少

C. 公司的预算编制流程规定得明白清晰，且遵循自下而上的理念

D. 生产管理人员发现产量波动显著，大起大落

解析：选 C。C 不会产生劳动力标准设置过紧的问题。A、B 容易判断。D 的原因是员工对过紧的标准产生不满、抵触。

10. 一公司已经收集了过去24个月的数据以确定是否存在一自变量，可以用来估计送货费用。正在考虑的3个可能的自变量是送货数量、送货里程和送货重量。应用来确定这些自变量是否能为送货成本提供有效估计的定量技术是（　　）。

A. 弹性预算　　B. 线性规划　　C. 线性回归　　D. 变动成本法

解析：选C。注意，线性规划和线性回归别弄混了。

11. BD公司使用活动件和一个内置音盒生产兔子玩具。预计的销售额如下：

月份	预计销售量
1月	30 000美元
2月	36 000美元
3月	33 000美元
4月	40 000美元
5月	29 000美元

每个兔子玩具所需要的基本材料都是从一个外部供应商那里采购的，每个兔子玩具是3.50美元。音盒则从另一个供应商那里采购，每个1.00美元。装配人工成本是每个兔子玩具2.00美元，变动间接费用是每个兔子玩具0.50美元。分摊给兔子玩具的固定生产间接费用是每月12 000美元。公司的政策是在从1月开始的基数月里生产下月预计销售量1.5倍，在偶数月里生产下月预计销售量的0.5倍。这样可以将偶数月的生产资源用于生产其他需要的产品。2月份兔子玩具的生产预算金额是（　　）美元。

A. 127 500　　B. 327 000　　C. 390 000　　D. 113 500

解析：选A。2月生产的预算成本是将单位变动生产成本（每个兔子玩具的基础材料、音盒、装配人工和变动间接费用）乘以兔子玩具的生产数量，再加上月度固定生产间接费用12 000美元。每个兔子玩具的变动成本是3.50美元（基础材料）+1.00美元（音盒）+2.00美元（直接人工）+0.50美元（变动间接费用），总计每个7美元。2月预算产量（偶数月）是：0.5×(33 000个)=16 500(个)。2月份的预算成本=7美元×16 500个+12 000美元=115 500美元+12 000美元=127 500美元。

12. BD公司预测今年前6个月的销售如下：

1月	5 150美元
2月	5 200美元
3月	5 250美元
4月	6 000美元
5月	5 800美元
6月	5 500美元

BD的政策是产成品期末存货保持在下一个月销售额的10%。而且假设BD的政策是直接材料的期末存货保持在下一个月直接材料使用预算的20%。去年12月的销售额

是 4 800。BD 一般在月底前将产品都做完工，因此，在期初和期末都没有在产品。一个产品的标准生产成本是：

直接材料：每个产品 3 磅，每磅 $ 20

直接人工：每个 5 小时，每小时 $ 15

间接成本：10% 的直接人工成本

合计： $ 142. 50

使用以上案例的信息，2 月必须采购（　　）磅直接材料？

A. 15 630　　B. 15 660　　C. 15 695　　D. 15 687

解析：选 D。首先，2 月和 3 月的生产量必须先计算出来：

2 月：5 200 + 525（10% 的 3 月销售）- 520（10% 的 2 月销售）= 5 205（个）

3 月：5 250 + 600（10% 的 4 月销售）- 525（10% 的 3 月销售）= 5 325（个）

接下来，计算每个月的直接材料使用预算。

2 月：5 205 × 3 = 15 615（磅）

3 月：5 325 × 3 = 15 975（磅）

DM 的采购预算 = DM 的使用预算 + DM 期末存货（20% 的下月的使用预算）- DM 期初存货（20% 的当月使用预算）

2 月 DM 的使用预算是 15 687 磅 = 15 615 + 3 195（20% 的 15 975）- 3 123（20% 的 15 615）

13. BD 公司预测今年前 6 个月的销售如下：

1 月	5 000 美元
2 月	5 100 美元
3 月	5 300 美元
4 月	6 000 美元
5 月	5 800 美元
6 月	5 500 美元

公司的政策是产成品期末存货保持在下一个月销售额的 10%。而且假设公司的政策是直接材料的期末存货保持在下一个月直接材料使用预算的 20%。上年 12 月的销售额是 4 800 美元。公司一般在月底前将产品都做完工，因此，在期初和期末都没有在产品。

一个产品的标准生产成本是：

直接材料：每个产品 3 磅，每磅 20 美元

直接人工：每个 5 小时，每小时 15 美元

间接成本：10% 的直接人工成本

合计：142. 50 美元

使用以上案例的信息，2 月的预算直接人工成本是（　　）美元。

A. 382 500　　B. 383 250　　C. 384 000　　D. 383 500

解析：选C。2月的预算产量 = 预算销售 + 期末存货 - 期初存货 = 5 100 + 530（5 300的10%） - 510（5 100的10%）= 5 120。每个产品需要 \$75（5×15）的直接人工，总共是5 120 × \$75 = \$384 000。

14. 以下选项中（　　）是编制经营预算的正确次序。

A. 销售预算、产品销售成本预算、生产预算、生产成本预算（包括直接材料、直接人工、工厂间接费用预算）

B. 生产预算、生产成本预算（包括直接材料、直接人工、工厂间接费用预算）、销售预算，以及产品销售成本预算

C. 生产预算、生产成本预算（包括直接材料、直接人工、工厂间接费用预算）、产品销售成本预算，以及销售预算

D. 销售预算、生产预算内、生产成本预算（包括直接材料、直接人工、工厂间接费用预算），以及产品销售成本预算

解析：选D。销售预算导致生产预算，再产生生产成本预算，完成之后再编制产品销售成本预算。

15. BD公司预测今年前6个月的销售如下：

1月	5 000美元
2月	5 100美元
3月	5 300美元
4月	6 000美元
5月	5 800美元
6月	5 500美元

公司的政策是产成品期末存货保持在下一个月销售额的10%。而且假设公司的政策是直接材料的期末存货保持在下一个月直接材料使用预算的20%。上年12月的销售额是4 800美元。公司一般在月底前将产品都做完工，因此，在期初和期末都没有在产品。

一个产品的标准生产成本是：

直接材料：每个产品3磅，每磅20美元

直接人工：每个5小时，每小时15美元

间接成本：10%的直接人工成本

合计：142.50美元

使用以上案例的信息，1月、2月、3月的预算产品生产成本是（　　）美元。

A. 2 183 100　　B. 2 184 525　　C. 2 208 750　　D. 2 194 500

解析：如果分开每个月计算，然后相加，会出现几个期初存货和期末存货的抵销，因此一个窍门方法是：3个月内的销售额是15 400个（5 000 + 5 100 + 5 300）。产品生产数量等于销售量（15 400），加上3月的期望期末存货量600（6 000×10%），再减去

1 月的期初存货量 500（5 000 × 10%），得到 3 个月生产 15 500 个。预算产品生产成本是 15 500 × 142.50 = 2 208 750（美元）。

16. 以下（　　）如果做得不准确，就会导致总预算中的其他预算也不准确。

A. 现金预算　　B. 生产预测　　C. 销售预算　　D. 资本预算

解析：选 C。没有准确的销售预算，其他预算也不会准确，销售预算是总预算的第一个要做的预算，总预算的其他预算都和销售预算的信息有直接或间接的联系，如果销售预算错，总预算的其他预算都会跟着错。

17. 在制定销售预算时，以下（　　）不是重要的步骤。

A. 研究经济预测　　B. 编制预算损益表

C. 分析长短期公司目标　　D. 分析产能

答案：选 B。

18. 如果一家公司期望的直接材料（DM）期末存货是 20% 的下月 DM 的使用量，那么以下（　　）是错误的。假设 DM 的成本没有变化。

A. 当销售在以后的月份里交替地增加和减少，DM 采购预算的波动将大于 DM 使用预算的波动

B. 当销售每月都增长时，DM 的采购预算也将每月都增长

C. 当销售每月都增长时，DM 采购预算将大于 DM 的使用预算

D. 如果销售额每月都下降的话，DM 的采购预算将小于 DM 的使用预算

解析：选 A。预算 DM 采购 = 预算 DM 使用 + 期望的期末存货 − 期初的 DM 存货。如果销售增加（然后接着下降），DM 使用增加，但是期末 DM 存货下降（这样就增加了一个较小的值），然后减去一个较大的期初存货（因为当前月份的销售量大）。这个规律导致 DM 采购的波动小于 DM 使用的波动。另外根据上面的公式，即预算 DM 采购 = 预算 DM 使用 + 期望的期末存货 − 期初的 DM 存货，因此，当销售每月增加时，DM 使用肯定增加，而且期望的期末存货总会大于期初存货，因而 DM 采购也每月增加，而且 DM 采购会大于 DM 的使用，同理如果销售每月下降，则 DM 采购会小于 DM 使用，因此，B、C、D 都对，A 是错的。

19. 当生产预算汇总到季度水平，以下（　　）是正确的。

A. 三个月的销售额汇总，但是期末存货只需要最后一个月的，期初存货只需要第一个月的

B. 三个月的销售、期初存货、期末存货都需要汇总

C. 销售、期初存货和期末存货不需要汇总，但是最后一个月的数据用于季度汇总

D. 销售汇总，但是期初存货和期末存货取季度的平均值

解析：选 A。我们讲过产量汇总的窍门公式，即季度产量合计 = 季度销量合计 + 期末存货 - 期初存货。

20. 直接材料预算经常分解为（　　）。

A. 一个直接材料的混合预算和一个直接材料的产出预算

B. 一个直接材料使用预算和一个直接材料的采购预算

C. 一个直接材料的混合预算和一个直接材料的采购预算

D. 一个直接材料的产出预算和一个直接材料的使用预算

解析：选 B。直接材料的使用预算加上直接材料的采购预算等于直接材料预算。

21. 以下（　　）正确地描述了直接材料采购预算的计算。

A.（预测销售量（个）×每个产品的直接材料×直接材料成本）+期望期末直接材料存货 - 期初直接材料成本

B.（生产数量×每个产品的直接材料×直接材料成本）+期初直接材料存货 - 期望的期末直接材料存货

C.（生产数量×每个产品的直接材料×直接材料成本）+期望的期末直接材料存货 - 期初直接材料存货

D.（预测销售量（个）×每个产品的直接材料×直接人工成本）+期初直接材料存货 - 期望的期末直接材料存货

答案：选 C。

22. 以下（　　）正确地从最一般到最具体地分解了预算。

A. 经营、生产、销售、间接费用

B. 生产、经营、间接费用、销售

C. 经营、销售、间接费用、生产

D. 经营、销售、生产、间接费用

解析：选 D。此题的描述有些问题，一般实际上是指概括的意思。经营预算包括销售预算，销售预算包括生产预算和销售与行政预算。生产预算又分解为直接材料、直接人工、间接费用预算。

23. 一个制造型企业的产品销售成本预算主要包含（　　）。

A. 预算的直接材料采购，预算的直接人工和预算的工厂间接费用

B. 产品生产成本和产成品存货的余额

C. 产品生产成本和直接材料存货的余额

D. 预算的直接材料使用和预算的直接人工

解析：选 B。一个制作型企业的产品销售成本（COGS）等于期初产成品存货加上产品生产成本减去期末产成品存货。

24. 以下（　　）不是直接人工预算的一种质量。

A. 直接人工预算允许有工会的企业在有必要作出改变时通知工会

B. 直接人工预算能够使整年的生产更加平稳，以保持工人规模的稳定

C. 直接人工预算可以分解为固定和变动直接人工

D. 直接人工预算可以分解为不同的等级，如半熟练工、非熟练工或熟练工

解析：选 C。此题语言表述有些问题，质量实际是属性或特征、特点的意思。直接材料预算不能分解为固定和变动，因为所有直接材料都是变动的。

25. 一个饮料摊在某一天要么销售软饮料，要么销售咖啡。如果饮料摊在热天销售软饮料的话，它将赚 2 500 美元，如果是冷天的话，它将赚 1 000 美元。如果饮料摊在热天销售咖啡的话，它赚 1 900 美元，如果是冷天的话就赚 2 000 美元。某天冷天的可能性是 60%。销售咖啡的期望收益是（　　）美元。

A. 1 960　　B. 1 360　　C. 2 200　　D. 3 900

解析：选 A。期望收益是每个可能的收益的概率分别乘以这个收益，然后加总。销售咖啡的期望收益是天气热的收益乘以天气热的概率加上天气冷的收益乘以天气冷的概率。

销售咖啡的期望收益 =（天气热的期望收益 × 天气热的概率）+（天气冷的期望收益 × 天气冷的概率）= 1 900 ×（0.4）+ 2 000 ×（0.6）= 760 + 1 200 = 1 960（美元）

26. BD 公司是设在大城市社区里的企业配件更换代理商。公司正在准备来年的销售预测。关于过去 10 年里公司的更换配件的销售数据和行业的更换配件销售数据，以及这个社区里二手车和新车的销售数据都被收集。如果公司要想判断它的更换配件的销售与行业的销售或者与二手车和新车的销售之间是否存在一定的规律，公司应该采用（　　）。

A. 模拟技术　　B. 相关和回归分析

C. 统计抽样　　D. 时间序列分析

解析：选 B。相关和回归分析是确定一个应变量与一个或多个自变量之间的关系。

27. 在不确定的条件下做决定，期望价值指的是（　　）。

A. 不同选项行动的现值　　B. 一个建议行动的一个既定结果的概率

C. 一个行动可能结果的加权平均　　D. 一个选项行动的潜在影响

答案：选 C。

28. 以下的数据中的概率显示出一种新产品销售的估计：

销售	概率
0 ~ 100	15%
101 ~ 200	45%
201 ~ 300	25%
301 ~ 400	15%

这个公司的新产品销售在 101 ~ 300 的概率是（　　）。

A. 70%　　B. 11%　　C. 25%　　D. 20%

解析：选 A。销售 101 ~ 300 个的概率是 101 ~ 200 个的概率（0.45）加上 201 ~ 300 个的概率（0.25）=（0.45 + 0.25）= 0.70，或 70%。

29. 以下（　　）不是制定现金预算的原因。

A. 确保维持一定的流动性

B. 识别现金过剩的期间，以便准备将这些资金进行可能的投资

C. 识别现金短缺的期间，以便准备寻找资金的来源

D. 将所有其他预算汇总起来

解析：选 D。现金预算是确保流动性得到保持的一种计划。在编制现金预算时，企业将识别资金过剩和短缺的期间，并相应地作出计划。是总预算将其他预算汇总起来，而不是现金预算。

30. BD 公司的所有销售都是赊账的。来年前 6 个月的预计销售额是：

1 月	72 000 美元
2 月	74 000 美元
3 月	75 000 美元
4 月	73 000 美元
5 月	74 000 美元
6 月	70 000 美元

过去收款的规律是 70% 的销售额在销售的当月被回款，20% 在销售后的下一月被回款，8% 在销售后的第二个月被回款。估计 2% 的销售额不能被回款。

第二季度总的回款现金估计是（　　）美元。

A. 215 580　　B. 217 000　　C. 214 060　　D. 218 400

解析：选 C。4 月的回款 = 73 000 × 70%（来自当月销售）+ 75 000 × 20%（来自 3 月销售）+ 74 000 × 8%（来自 2 月销售）= 51 100 + 15 000 + 5 920 = 72 020（美元），5 月的

回款 = 74 000 × 70%（来自当月销售）+ 73 000 × 20%（来自 4 月销售）+ 75 000 × 8%（来自 3 月销售）= 51 800 + 14 600 + 6 000 = 72 400（美元），6 月的回款 = 70 000 × 70%（来自当月销售）+ 74 000 × 20%（来自 5 月销售）+ 73 000 × 8%（来自 4 月销售）= 49 000 + 14 800 + 5 840 = 69 640（美元），因此，第二季度回款 = 72 020 + 72 400 + 69 640 = 214 060（美元）。

第3章　成本管理

得成本者得天下!!! 外部市场一般是公司本身无法左右的，但成本管理是公司自己完全可以把控的。成本对于企业运营至关重要，直接影响企业的盈利、现金流和财务健康。

通过这一章学习，大家可以掌握世界上所有类型企业的成本核算，这对于每位会计人员都极为重要。现在所有企业都在进行业务多元化以求发展、抗风险，但不同业务的成本核算可能迥异，因此，不提前学习相关知识可能随时会遇到大麻烦而影响职业发展。

另外通过本章学习，大家可以学到欧美顶尖公司常用的标准成本法，标准成本法可巨大地提升企业效益。除此之外，大家还可以学习到世界上最先进的成本管理和控制方法等，例如，适时生产，约束条件下利润最大化、变动成本法经营报告、作业基础管理、作业基础成本法、后推成本法等。（注意：黑体+斜体+下划线+非宋体字是属于非直接考试内容，但对实际工作非常重要，建议仔细阅读!）

本章分为：

- 成本会计核算
- 战略成本管理

注意：成本管理按照IMA颁布的考纲的考试比重是15%，但在此书中为了更好地呈现完整的标准成本系统而将生产成本差异部分从绩效管理那一章中拿过来放到此章中，因此，本书中成本管理的考试比重会占到25%左右，相应的绩效管理的考试比重会下调10%。这样安排对考试没有任何影响。

3.1　成本会计核算

3.1.1　成本的基本概念

成本有很多种措辞不太一样的定义，但基本上来讲，成本是指组织为了获得（能为组织带来现在或将来收益的）资产及劳务，而牺牲现金、现金等价物等形式的资源。

产品生产成本与期间费用

一般来讲，企业中的成本可分为生产成本和期间费用两大类。虽然在广义上，成本和费用都可以叫作成本，但实际工作中一般有习惯的叫法，例如，在实际工作中，没有期间成本的叫法，一般称为期间费用；同样，一般不会将销售费用和管理费用叫作销售成本和管理成本，另外产品生产成本的组成一般称作直接材料成本、直接人工成本和制造费用。本书中的术语的称呼和实际工作中是一样的。

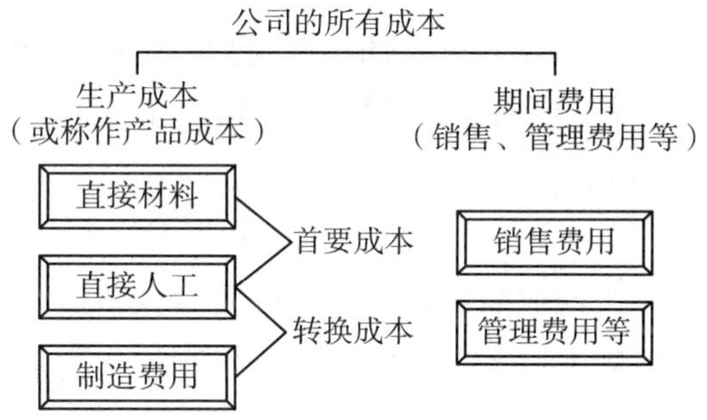

下面是各自科目的定义。

产品生产成本具体构成及定义

（1）直接材料成本。直接材料成本是指能容易且较经济地追溯到单个产品的原材料成本。原材料除了直接材料之外，还包括间接材料（比如胶带、胶水、螺丝等），这些间接材料成本很难较容易且经济地核算到每个产品上去。例如，有些间接材料本身不值几毛钱，但核算到每个产品上可能要花几百元，费时费力经济上不划算。间接材料属于制造费用的一个明细科目，应先进入制造费用，再分摊到不同产品上。

购进原材料或其他形式存货的成本包括存货本身的成本，以及将存货运至仓库进行储存、达到可使用状态前发生的各种杂费，如运费、保险费、清关费等。

（2）直接人工成本。直接人工又叫作触摸人工，即直接而且天天触摸产品的工人，直接人工成本能直接和不同产品联系起来，可以较容易且经济地追溯到不同产品上，举例有的是直接追溯，有的是通过直接人工工时追溯到不同产品上。例如，保洁、监工、生产部经理等属于间接人工。间接人工成本先进入制造费用，然后再分摊到不同产品上。

（3）制造费用。制造费用基本包括了生产部门中除了直接材料成本和直接人工成本以外的所有其他成本，主要有间接材料成本、间接人工成本、能源费、机器维护费（machine maintenance）、折旧、租金、保险、培训费、办公费等。从理论上来讲，机器相关的能源费（有时也被译为公共能源费）、间接材料、工程师支持成本（engineering support）、机器维护费、车间用品、排污水费等是变动成本。当然，现实中企业应根据其具体情况以及成本收益原则来定义什么是变动成本，什么是固定成本。变动成本和固定成本的定义在后面会有更详细的解释。

车间用品（shop supplies / production supplies）是指生产车间的钳子、扳手、抹布、砂纸等，这些应该是变动成本。办公用品或办公费（office supplies）具体包括纸张、笔、订书器等，办公用品/办公费一般不属于变动成本。这里的“supplies”经常被错误地翻译成供应。

以上是俗称的生产成本“三大件”，其中，直接材料成本和直接人工成本传统上称作首要成本（prime costs），当然现在这样的称谓受到一定的挑战了，因为现在很多工厂更多的是生产机械自动化，直接人工使用很少。直接人工成本和制造费用被称作加工成本/转换成本（conversion costs）。

注意：购置原材料、生产产成品等相关的融资的利息费用不属于生产成本，而应该属于期间费用。但内部建造固定资产，如房屋等，把直接相关的利息费用先资本化，然后再提取折旧。

目前，制造费用占整个生产成本的比例越来越大，因为越来越多的企业大量购买机器以提高产品质量、效率、代替人工等，大量机器的投入会产生巨额的制造费用，例如巨大的折旧费、维修费、保险费等。过去，企业多数是人工密集型的，人工成本高、制造费用低。而现在，企业多为机器密集型的，这不仅因为企业可以大幅提高生产效率及产品的质量和竞争力，也因为近年来人工成本大幅增加，且在一些地区或行业不太容易招到合适的人才。

制造费用的提高会带来一系列会计核算的变化，例如，为了更准确地计算产品成本，分摊制造费到不同产品上的方法经历了由全厂分摊率到部门分摊率再到作业基础成本法的变化。另外，为了既可以更快地进行会计核算又可以得到较平稳的单位产品成本，越来越多的企业将成本核算方法由过去的实际成本法转变成现在的正常成本法或标准成本法。这些我们在后面会详细讲解。

期间费用具体构成及定义

期间费用当期直接进入损益表，一般包括销售费用、管理费用、研发费用等。这是一级科目，向下往往又分为工资费用、差旅费、培训费、办公费等。

生产成本和期间费用里的一些特殊项目如下：

- 除了直接材料和直接人工成本以外，不是所有发生在车间或生产部门的费用都属于制造费用。企业正常经营以外的特殊项目应该直接进入损益表，例如，非正常损失（举例，未保险火灾损失等）、非正常废品、固定资产处理损益等，上述不进入制造费用。这些费用直接进入损益表的一个原因是能让这些特殊费用在更醒目的地方显示，从而引起管理层的注意。如果这些特殊费用进入制造费用，然后经过绕来绕去的成本归集、结转和分配过程，容易隐匿起来，从而无法让管理层知晓。

- 按照国际惯例，一般将采购部门发生的费用及产成品或原材料的仓储成本计入期间费用即销售、管理费用，不计入生产成本，例如，其中产成品的仓储成本属于销售费用。
- 对于包装成本的归类，一般来讲，若是生产最终达到可供销售状态的产成品所必须使用的包装，则属于生产成本，而且属于变动生产成本，举例，手机的外包装盒，油漆的包装桶等。若是销售过程中需要额外增加的包装，应作为销售费用，例如，更大的包装箱、塑料桶等。实际工作中，具体情形要具体分析。

练习1：查看MNO公司上年的会计资料，揭示如下一些信息：

变动成本：耗用直接材料56 000元；直接人工成本179 100元；制造费用154 000元；销售费用108 400元。

固定成本：制造费用267 000元；销售费用121 000元；管理费用235 900元。此外，公司这一年还遭受工厂大火损失了27 700元，且此项损失并未保险。请问上年公司的产品成本和期间费用分别是（　　）元。

	产品成本	期间费用
A.	235 100	914 000
B.	497 500	651 600
C.	656 100	493 000
D.	683 800	465 300

解析：选C。不是所有在生产车间的费用都是制造费用，虽然绝大多数情况是。特殊的情况包括非正常废品、固定资产处理损益等。此题中的27 700元的火灾损失应该直接费用化，因此期间费用是121 000（固定销售费用）+235 900（固定管理费用）+108 400（变动销售费用）+27 700 =493 000（元）。产品成本=耗用直接材料56 000元+直接人工成本179 100元+变动制造费用154 000元+固定制造费用267 000元=656 100（元）。

产品成本和期间费用的会计核算流程

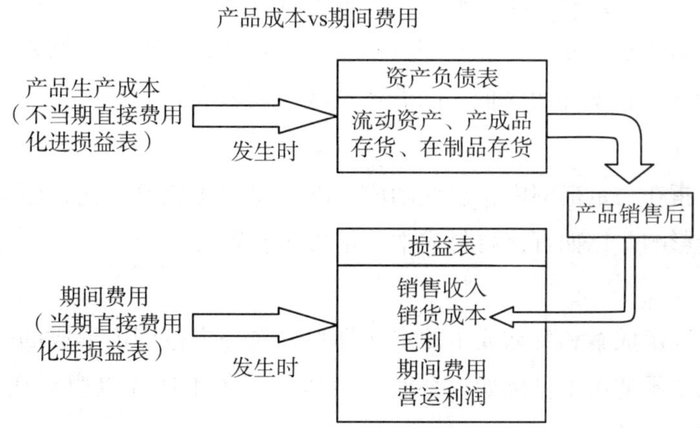

企业成本发生及流程图

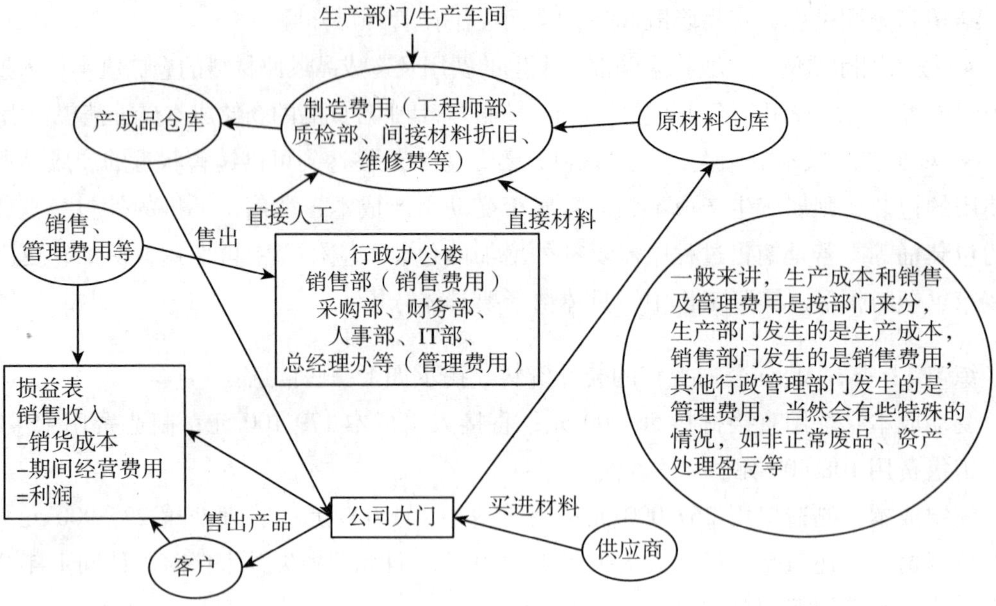

注意：期间费用，也叫作经营费用（operating expenses）。

固定成本、变动成本

从成本形态上来讲，企业所有的成本/费用可分为固定成本和变动成本。区分固定成本和变动成本对于成本控制、预算、定价、自制与外购等很多重大决策至关重要。

固定成本是指在一定范围内（比如一定时间范围内或一定产量范围内等），业务量变化时，总的固定成本保持不变。单位固定成本则随着量升而下降，随着量减而上升，即与量反方向变动。此处的业务量在企业中指生产量或销售量，比如生产方面成本要对应生产量，销售费用要对应销售量。

固定成本举例，一般来讲，企业生产部每月的折旧费（如果企业采用直线折旧法）、生产部经理的薪水、办公费等用并不随着产量上升或下降而变动，而单位产品的折旧费用、生产部经理的薪水、办公费（=当月的折旧费、生产部经理的薪水、办公费除以当月的产量）会随着产量增加而降低，随着产量减小而增大。

变动成本是指在一定范围内，总变动成本随量变而正比例变化，而单位变动成本保持不变，不受量影响。比如直接材料成本、销售运费等。

注意：以上固定成本和变动成本的定义都强调在一定范围内形成的规律。超出此范围，此规律可能就不适用了。例如，企业又增建了一条生产线以应对猛增的市场需求，此时的折旧费用变大了。

注意： 理论上，企业中的主要变动成本包括直接材料、直接人工、变动制造费用（间接材料、能源费、间接人工、机器维修费等）、销售和管理费用里的销售佣金、销售运费等。但实际工作中，要根据重要性原则定义什么属于变动成本，例如在实际工作中，有些企业并不把间接人工成本和机器维修费、间接材料看作变动成本，原因可能是金额太小，或者变动的关系并不明显。另外，直接人工成本是否是变动成本有较大的争议。在很早以前，很多企业都实行计件工资，无疑那时的直接人工成本属于变动成本。但现在大多数企业都不再使用计件工资。而且很多国家有明确的法律规定不能随意解雇员工。因此即使产量低时，直接人工成本也基本不变。

练习2： MNO公司的营销经理已经了解到公司正在引进的一种新产品的下列情况。这种产品第一年的销售额预计为100 000元。销售佣金预计为销售额的8%。另外销售额的0.5%作为奖励用以激励营销经理。编制一份产品宣传册将会花去营销部门领薪水职员的20小时（平均工资率为每小时20元）和一位公司外部插图人员10小时的努力（工资率为每小时20元）。则这种新产品的变动销售费用是（　　）元。

A. 8 000　　B. 8 500　　C. 10 000　　D. 10 500

解析：此题很好，判断是否是变动营销成本要看是否随着销售收入或销量变化而相应变化。准备一个产品手册所花的内外部人员的成本仅指这一本的花费，虽然此成本会随着手册的数量变化而变动但不是随着销售变化而变动，因而不是变动销售费用。公司的变动成本一般有两个参照物：一是销量；二是产量。因此，答案是100 000×(8% + 0.5%) = 8 500（元）。

混合成本

在企业的运营管理中一般只需将所有的成本区分为变动成本和固定成本。但在一些特殊情形下，比如做成本预测时，需要将所有成本分为变动成本、固定成本和混合成本。混合成本也称半变动成本，是指其中有一部分成本是固定的，总固定成本不随业务量的变化而变化，另一部分成本是变动的，总变动成本随着业务量的增减而正比例增减。

总混合成本随着业务量增加而增加，但不是正比例增加，因为其中总固定成本部分不变，而总变动成本部分正比例变化。同理，总混合成本随着业务量减少而减少，只是非正比例减少。单位混合成本随着业务量增加而减少，但不是正比例减少，因为其中单位固定成本随业务量增加而减少，而单位变动成本随业务量增加不变。同理，单位混合成本随着业务量减少而增加，只是非正比例增加。

现实中混合成本的例子很多，很多成本都属于混合成本，例如电费，其中行政办公楼部分是固定的，车间中生产机器相关的电费是变动的；销售人员的工资中底薪部分是固定的，销售佣金部分是变动的；总制造费用包括固定制造费用和变动制造费用；维修费包括固定的例行大修费和变动的维修费等。

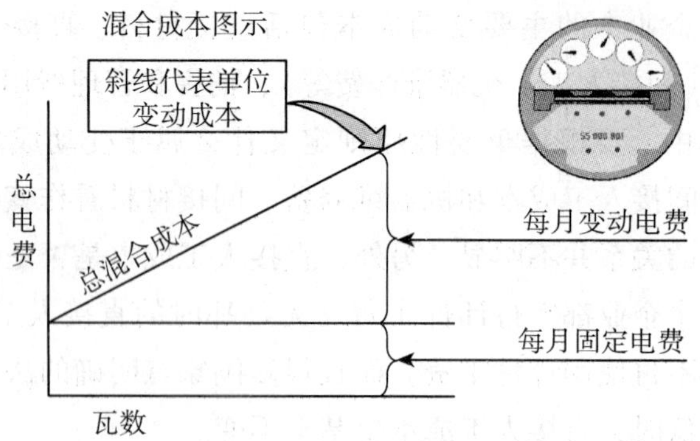

练习3：本杰明是一家旅馆的经理，该旅馆是一家遍布欧洲的汽车旅馆连锁店。以下（　　）是此公司半变动的经营成本。

A. 保安的工资

B. 电费

C. 向顾客确认订房所花费的短信费

D. 在当地工商企业电话号码簿上做广告的费用

解析：首先，无论实际工作中还是做题中，要先找出该企业的主要业务是什么，从而以此业务量做参照物来判断是变动成本还是固定成本。此企业的业务是吸引住旅店的客人，因而客人的数量是参照物。企业一般是以主营业务的销量或产量作为参照物来判断是变动成本还是固定成本。电费是混合成本，因为有无客人大堂的灯都是亮的，有客人时再成比例的增加客房的电费。A 一般是固定成本，保安一般不会随着客人的增加而增加，而是根据饭店的规模确定；C 是变动成本，或固定成本若包月；D 是固定成本，黄页广告不随着客人增多而增大。因此选 B。

有些企业可能会通过解析混合成本从而确定出混合成本的等式以进行未来成本的预测。混合成本的公式表达为：混合成本 = 总固定成本 + 单位变动成本 × 业务量，$Y = A + BX$。

解析混合成本公式的主要方法：

- 高低点法：（1）找出过去一段时期的数据，包括成本动因（即引起成本变化的因素）数量及其相应发生的成本数据，覆盖的区间不要太短也不要太长；（2）找出成本动因的最高点和最低点及其相对应的成本，下面详细讲解。
- 线性回归法：和高低点法一样先找出过去的数据，然后将每组数据在坐标上画点（现在计算机软件已经取代了手工画点），最后形成回归线，和 Y 轴的交点为固定成本，然后求变动成本，最终得出 $Y = A + BX$。

高低点法案例解析

结合下面案例，高低点法解析混合成本公式的步骤如下：

第一步，准备一组数据，不要太少，也不要太多。

第二步，找出成本动因（即：引起成本变动的因素）的最高点和最低点，以及相对应的成本数据。例如下面表中成本动因是维修小时数，最高点是6月的800小时，对应的成本是9 800元；最低点是2月的500小时，对应成本是7 400元。

第三步，用最高点成本动因数量对应的成本减最低点成本动因数量对应的成本作为分子，用最高点的成本动因数量减最低点的成本动因数量作为分母，相除得出单位变动成本，即（9 800 - 7 400）/（800 - 500）= 8。

第四步，用最高点或最低点数据，根据公式 Y = a + bX，算出总固定成本。比如 9 800 = 800 × 8 + 总固定成本，所以总固定成本 = 3 400元。

第五步，最终确定混合成本公式为：Y = 3 400 + 8X。

确定混合成本的公式后可以进行对未来的预测，续用此例，可以根据此公式预测明年若维修小时数达到1万小时，则明年维修费 = 3 400 + 8 × 10 000 = 83 400（元）。

维修时间与相应发生的维修成本

	1月	2月	3月	4月	5月	6月
维修小时数（X）	625	500	700	550	775	800
维修成本（元）（Y）	7 950	7 400	8 275	7 325	9 100	9 800

练习题：如果销售人员销售80 000件产品的薪水是10 000元，销售120 000件产品的薪水是14 000元，那么销售人员的固定工资或者底薪是（　　）元。

A. 2 000　　B. 4 000　　C. 10 000　　D. 12 000

解析：单位变动成本 =（14 000 - 10 000）/（120 000 - 80 000）= 0.1，因此，14 000 = 固定成本 + 120 000 × 0.1，则固定成本 = 14 000 - 120 000 × 0.1 = 2 000（元）。

变动成本、固定成本、混合成本都属于线性成本，都是在一定范围内才有这些规律。一旦超出这个范围，比如时间上超出了，或者量上超出了，线性的规律可能就不存在了。下图展示了四种非线性成本。其中，图C和图D代表的阶梯成本是典型的非线性成本。阶梯成本在一定范围内不变，超过此范围后发生变化，然后又在此一定范围内保持不变。例如，销售人员的工资（假设没有销售佣金）、财务部人员的工资等，在一定范围业务量上保持不变，当业务量大增时，要多招人，成本增加，然后在未来的一定范围的业务量范围内保持不变，如果业务量又大增，则成本又会继续增加。

成本概念、术语

非线性成本：即表现形式不是在一条笔直的直线上；变动成本、固定成本、混合成本都属于线性成本，而且都是在一定范围内才会有这些规律，一旦超出这个范围，如时间上超出了，或量上超出了，线性规律就不存在了，下面展示了四种非线性成本。

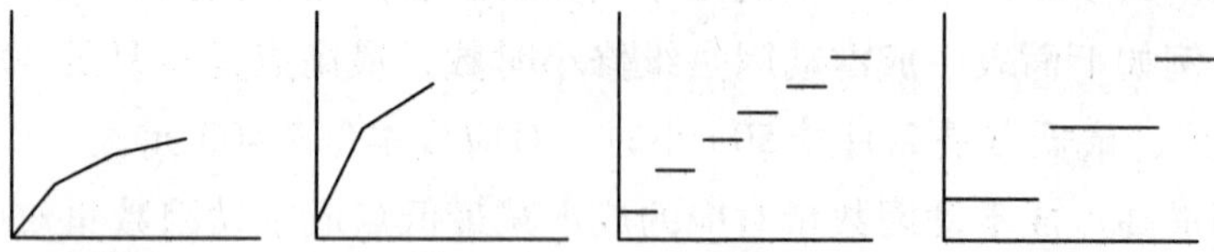

图A　　图B　　图C　　图D

注：阶梯成本，如图 C 和图 D 所示，是典型的非线性成本；阶梯成本在一定范围内不变，超过此范围后发生变化，然后又在此一定范围内保持不变，如销售人员的工资（假设没有销售佣金）、财务部的工资等，在一定范围业务量上保持不变，当业务量大增时，要多招人，成本增加，然后在未来的一定范围的业务量范围内又保持不变，如果业务量又大增则成本又变化，阶梯成本分为变动阶梯成本和固定阶梯成本，前者指变化的频率大、间隔小，如图 C 所示，后者指变化的频率低、间隔大，如图 D 所示；非线性成本的原因很多，又如学习曲线、材料采购批量打折，如图 A、图 B 所示。

非线性成本的原因很多，如材料批量采购打折等，如图 A、图 B 所示。

练习题：下面是 MNO 公司在三个产量水平上预算的生产成本总额的摘要：

	1 000	1 500	2 000
成本 A	$ 1 420	$ 2 130	$ 2 840
成本 B	$ 1 550	$ 2 200	$ 2 900
成本 C	$ 1 000	$ 1 000	$ 1 000
成本 D	$ 1 630	$ 2 445	$ 3 260

则成本 A、B、C、D 的成本习性分别是（　　）。

A. 半变动、变动、固定、变动　　B. 变动、半变动、固定、半变动

C. 变动、固定、固定、变动　　D. 变动、半变动、固定、变动

解析：成本 B 虽然也随着量变而变化但不是正比，因而是混合成本/半变动成本。但混合成本不会在一定范围内不变了然后再变化，停停走走是阶梯成本。另外，混合成本有一块固定成本，即使没有量的变化，固定成本还是存在的。一般销售费用、电费、租车费都是混合成本。通过计算，产品 A 和 D 的变化比例和产量的变化比例一样，因此是变动成本。最终选 D。

其他成本概念

直接成本和间接成本

直接成本指能容易且方便（较经济）地追溯到单个产品或其他成本对象上的成本，例如，对于不同产品来讲，产品的直接材料成本、直接人工成本是直接成本。间接成本是指不能容易且方便（较经济）地追溯到单个产品或其他成本对象上的成本，如：对于不同产品来讲，制造费用属于间接成本。

注意：直接成本和间接成本不是绝对的，而是相对的，主要看成本对象是什么，制造费用相对不同产品来讲是间接成本，但针对生产部来讲是直接成本。成本对象是指给谁计算成本，谁就是成本对象。

增量成本

增量成本又称边际成本，是指增加一个单位数量的产品所额外发生的成本。一般变动成本是增量成本，而固定成本不是增量成本。

例题：目前生产了 100 个商务盒饭，再生产下一个商务盒饭，增量成本是菜、油等变动成本。折旧、租金、管理人员的费用等固定成本不会因为再生产下一个盒饭而额外增加，因此不是增量成本。假设生产 5 个产品的成本是 500 元，生产 6 个产品的成本是 575 元，那么生产第 6 个产品的增量成本或边际成本是 75 元（=575－500）。

注意：将增量成本描述成必须发生的成本是不太正确的，因为固定成本如折旧、租金等，严格意义上来讲，也属于必须发生的。

沉没成本（sunk costs）：是指已经发生的成本，即过去的成本，一般在决策中不予考虑。

承诺成本（committed costs）**又称既定成本**，是指虽然还没有发生但不可撤销，根据相关法律或合同规定将来要发生的成本，如折旧（根据会计法）、租金（根据签订的租赁合同）等。承诺成本在短时间内无法改变，在做预算时不用进一步分析这些成本，但要将其考虑在内。

酌定成本（discretionary costs）：又称弹性成本，指不是当期非要发生不可，可以挪到后面期间发生的成本，如差旅费、一些营销费用等。原材料、直接人工不是酌定成本，因为没有原材料和直接人工，产品就生产不出来了，就严重影响运营了。

机会成本：是指在有限资源下，选择了一个方案而放弃了其他方案而因此放弃的其中最大的潜在收益，有时也称机会收益。机会成本一般在有选择余地时考虑，如果没有选择余地，就没有机会成本了。机会成本在经济学和管理实践中应用广泛。

成本分摊

成本分配是指将成本分配到指定的成本对象上。直接成本的分配一般称作追溯，间接成本的分配一般称作成本分摊。

成本分配的目的：

- 为作决策提供信息，如产品定价等决策。

- 用来确定存货价值以及经营损益，以符合对外财务报表的需求等。

成本分摊的原则：

- 因果关系分摊。
- 受益比例原则（如按销售收入）。
- 可承受能力分配原则（如按照经营利润）。
- 公平、透明原则（多用在政府合同中）。

成本管理　练习题与解答

1. 一个工厂以部门水平测量电力的使用。这个部门有几个产品在生产，包括网球。对一罐网球来说，用电应该被认为是（　　）成本。

A. 变动间接成本　　B. 变动直接成本　　C. 固定间接成本　　D. 固定直接成本

解析：A 项因为网球的生产增加，用电成本也会上升，因此用电是变动成本。又因为用电是在部门的水平上测量的，不能用成本有效的原则直接追溯分配到每一罐网球，因此应该算间接成本。

2. 一个制造公司拥有网球的生产设备。它每期会产生维护成本、直接人工成本和折旧成本。以下描述中正确的是（　　）。

A. 维护和直接人工是期间费用，而折旧是产品成本

B. 维护、直接人工和折旧都是产品成本

C. 维护和折旧是期间成本，而直接人工是产品成本

D. 折旧是期间成本，而维护和直接人工是产品成本

解析：B 项所列的成本都是产品成本，因为它们都与制造过程相关。维护成本和折旧是制造费用。

3. 以下（　　）不是期间费用。

A. 公司副总裁汽车的折旧　　B. 销售佣金

C. 钻床的钻头　　D. 数据输入成本

解析：C 项钻床的钻头是产品成本，因为他们直接与生产相关。A 项属于管理费用，B 项属于销售费用，D 项一般属于管理费用，A、B、D 都属于期间费用。

4. 一个企业有 $100 000 的直接材料成本，$50 000 的直接人工成本，以及 $80 000 的制造费用。以下（　　）是正确的。

A. 主要成本是 $130 000；转换成本是 $150 000

B. 主要成本是 $180 000；转换成本是 $150 000

C. 主要成本是 $ 150 000；转换成本是 $ 130 000

D. 主要成本是 $ 150 000；转换成本是 $ 180 000

解析：C 项主要成本是直接人工成本加直接材料成本。转换成本是直接人工成本加制造费用。

5. 如果一个公司有产品销售成本 $ 180 000，销售和管理费用 $ 40 000，产品生产成本 $ 220 000，以及销售收入 $ 450 000，营业收益是（　　）。

A. $ 10 000　　B. $ 230 000　　C. $ 20 000　　D. $ 190 000

解析：B 项销售收入减去产品销售成本再减去销售与管理费用等于营业收益（$ 450 000 - $ 180 000 - $ 40 000 = $ 230 000），产品生产成本是不相关的。

6. 以下（　　）最好地描述了直接材料成本。

A. 主要成本　　B. 期间成本

C. 产品成本　　D. 既是产品成本，也是主要成本

解析：D 项产品成本包括直接材料、直接人工、间接生产成本。主要成本的定义是直接材料加直接人工。

7. 在相关范围内以下（　　）关于固定成本、变动成本和总成本的表述是正确的。

A. 当生产数量上升，单位固定成本上升没有变化

B. 当生产数量上升，单位变动成本下降

C. 当生产数量上升，单位总成本下降

D. 当生产数量上升，单位变动成本上升

解析：C 项由于总固定成本在相关范围内是不变的，当产出增加时，单位固定成本下降。由于单位变动成本是不变的，因此单位总成本一定是下降的。

8. 本杰明是某旅馆的经理，以下（　　）是此公司的半变动的经营成本。

A. 房间里电视的折旧　　B 大楼的财产保险费

C. 保安的工资　　D. 电费

解析：D 项电费是混合成本是因为有无客人大堂的灯都是亮的，然后增加客人再额外成比例地增加客房的电费；A、B 项一般是固定成本，C 项也是固定成本，因为保安一般不会随着客人的增加而增加，而是根据饭店的规模一开始就定好的。

9. MNO 公司记录了过去两周的以下生产成本：

	第 1 周	第 2 周
维修费用	\$17 000	\$19 500
间接人工成本	\$25 000	\$28 000
生产的件数	5 000	6 000

假定这两周的相关范围相同，如果第三周生产数量是 4 000 件，发生的维修费用和间接人工成本是（　　）。

A. \$5 500　　B. \$14 500　　C. \$25 000　　D. \$36 500

解析：D 项这是一个求解混合成本/半变动成本的题。此题的混合成本是维修费和间接人工成本，因为间接人工成本，通过观察也不是纯变动的，应该属于混合成本。实际工作中不排除间接人工成本是混合成本，如：有固定薪水，然后加计件补贴工资等。另外，销售人员的工资往往是混合成本，即：一部分底薪，然后加销售佣金。

其实在实际中，很多成本都是混合成本，有固定的部分，有随着产出变动的部分。$(19.5+28-17-25)/(6-5)=5.5$，因此，固定成本 = $(17+25)-5\times5.5=14.5K$，因此 $Y=14.5K+5.5X$，如果第三周生产 4 000 件，则维修费用和间接人工成本合计为：$Y=14.5K+5.5\times4\ 000=\$36\ 500$。

如果将其他制造成本当作混合成本，计算的结果在此题中没有相应的选项。

10. 下面（　　）可能不会归入生产成本。

A. 冰激凌制造厂商用的奶油　　B. 汽车制造商支付的工人的加班费

C. 家具制造厂商机器设备的保险费　　D. 汽车制造商总经理的出差餐补

解析：很简单，D、A 项是直接材料成本，B 项是直接人工成本或制造费用，C 项属于制造费用，D 项属于管理费用。

3.1.2　生产成本核算概述

产品生产成本核算在实际工作中经常简称为成本核算。产品生产成本核算在整个会计学科里应该是最难、最复杂的一部分，为数众多的人选择知难而退。实际上，科学整理归纳起来，产品生产成本核算非常非常简单。世界上所有生产型企业的产品生产成本核算方法可以主要归纳为：“1-2-3”，即：一条基本线、两个企业基本类型法（分批法、非分批法）、三个核心成本核算方法（实际成本法、标准成本法、部分标准成本法），因此可总结为“1-2-3”，非常简单、好理解。即使没有会计基础的人都可以很容易掌握。

一条基本线——“1”

一条基本线。世界上所有生产型企业的产品生产成本核算都要贯穿一条基本线。这条基本线很简单、易操作。先确定企业有几种产品。生产成本核算必须按每种产品分别进行其生产成本核算，因为涉及每种产品的定价、每种产品的各自存货成本等。生产成本核算最根本的核算对象是不同的产品，每种产品的生产成本核算基本都履行下列程序（简称“一条线”）：

- 通过在制品会计科目归集每种产品当期发生的生产成本，即三大件：直接材料、直接人工和制造费用。生产成本核算必须按不同的产品分别进行核算！

- 归集中当期的“三大件”然后除以各自产品当期的生产数量可以计算出每种产品的单位产品生产成本。计算单位产品成本是整个成本核算的核心。计算出单位产品成本后，随着产成品的产出，产成品的数量乘以单位产品成本，从而从在制品科目结转到产成品科目形成资产负债表产成品存货科目，期末在制品如果有余额，从而形成资产负债表在制品存货科目。

- 随着产成品售出，销量乘以单位产品成本从而从产成品科目结转到损益表的销货成本科目。

以后讲述的所有生产成本核算系统都要贯穿这条基本路径。简单一句话总结为：按产品归集期间发生的总生产成本—计算单位产品生产成本—结转分配成本到产成品存货和在制品存货—随着产成品销售结转到损益表，更简单的可以描述为归集成本—计算单位产品成本—结转分配成本。

以上都是极为简单的数学计算，没学过会计的人也很容易理解和掌握。在学习全世界所有类型的成本核算中，掌握了一条基本线就相当于成功了一半。

注意：上面的一条线是遇到不同类型企业、不同管理需求的企业，具体成本核算会在“一条基本线”上有微调，具体我们下面会详尽讲解。

另外切记！企业的核心思想和理念是企业的每个运营行为细节都要体现增值、可持续财富最大化和持续改进！生产成本核算系统也不例外！

分批法、非分批法——“2”

世界上所有生产型企业可归纳为两大不同的类型（每种类型的具体特点在下面有详细介绍），这两种类型的企业根据自身特点的不同从而形成两种不同的生产成本核算方法。

分批法（有些资料或书籍上称之为订单法）。一般适合产品定制化的企业，如：一些专门从事定制家具的企业、专门从事定制的造船企业等。每个订单代表一种不同的产品。即使产品名称一样，但根据客户定制的需求其具体规格、材料等可能会不一样，如此不同订单需当成不同产品对待。因此每个订单要分别进行生产成本核算。

非分批法。一般适合非产品定制的企业，因此一般是常规的一种或多种产品大批量进行重复生产，例如手机企业、电视机企业、办公文具企业等。而相对比，产品定制企业一般是每个订单涉及的产品数量相对较小，即使有批量也一般是小批量。

这两种成本核算方法相应地代表了这两种不同类型的企业。每个企业根据自身的特点只能固定地选择一种特定的成本核算方法，不能任选其中一种。

这两种方法贯彻了上面讲述中成本核算的一条基本线，只是在生产成本归集方面进行了微调。另外，这些微调很简单，一般都是无师自通的，即使没学过会计的人也很容易制定出这两种类型企业的成本归集的规则，举例，在高度定制类型的企业，即分批法类型的企业，为了准确计算不同产品的成本，即直接材料、直接人工和制造费用三大件，直接材料可通过领料单上代表不同产品的订单号准确归集直接材料成本，同样根据派工单上代表不同产品的订单号准确归集不同产品各自的直接人工成本，而制造费用是公共的，只能通过分摊的方法归集到不同产品上。但到了非定制类型的企业，直接材料可通过领料单上代表不同产品的工单号准确归集直接材料成本，但在非定制的企业为了节省成本一般是同一个团队的工人生产多种产品，比方说手机厂、电视机厂等，因此，直接人工成本只能通过直接人工工时的耗用量分配到不同产品上，而制造费用是公共的，只能通过分摊的方法归集到不同产品上。

原则是：对待任何类型企业，首先要想办法将生产成本的三大件“一对一”地准确归集到不同产品上，如果想尽了任何办法都无法准确“一对一”地归集到不同产品上，则只能通过分摊方法分摊到不同产品上。“一对一”举例如上述定制企业里的通过领料单上代表不同产品的订单号归集直接材料、通过派工单上代表不同产品的订单号归集直接人工成本等。

相对比，非分批法之混合成本法只有直接材料可以准确地归集到不同产品上，直接人工和制造费用是公共的，只能通过分摊方法分摊到不同产品上。我们在后面会细讲。

因此，大家只需要判断企业是否是实质上进行产品订制的企业类型与否即可。

实际成本法、标准成本法、部分标准成本法三选一——“3”

传统的成本核算是实际成本法，即所有成本数据都是实际发生的，但近几十年来，欧美顶尖公司意识到实际成本法有诸多重大缺陷，具体为：

（1）严重影响定价决策。单位产品成本 = 期间总生产成本 ÷ 期间产量。分子中一般有一大块制造费用是固定的，但分母的产量每个月可能有较大的变化，因为产量随着市场走，市场会时常有较大波动。因而每个月的单位产品成本常出现很大的变动，有时候甚至犹如过山车一般，企业管理层在进行定价决策时很困惑，有时候会严重误导定价决策。

（2）单位产品成本不够准确。有些费用只有在一年里的某些月份发生，比如季节性机器大修费、冬天的暖气费等。另外，某些国家在某月份有较长的公共假期，比如中国的春节、西方的圣诞节和新年等，此时产量有较大幅度降低，但制造费用变化甚微，因为折旧、租金、保险、工资等费用照常发生。因此，这些原因会导致有些月份的单位产品成本是不准确的，不能代表产品的正常生产成本。

（3）对绩效评估与考核及成本控制不利。因为没有明确、有效的目标参照物，从而无法判断实际发生的产品成本是高了还是低了。

（4）实际成本法，相对于标准成本法，较为费时、操作成本高。

目前欧美生产型企业现在基本不再用实际成本法，而选择使用标准成本法或部分标准成本法。遗憾的是，中国目前绝大多数企业还在使用实际成本法。

总结

世界上所有类型的生产型企业的产品成本核算方法基本上来讲都会贯穿一条线——“1”，然后分为分批法/订单法和非分批法/非订单法——“2”。另外因为传统的实际成本法存在重大缺陷，因此上述各种类型的企业根据自身管理需要可选择标准成本法、部分标准成本法、实际成本法——“3”中的最适合的一种。因此将世界上所有类型企业的生产成本核算总结为“1－2－3”。

下面通过图示来总结生产成本核算法，因为像一棵树，因此可称作“成本树”。

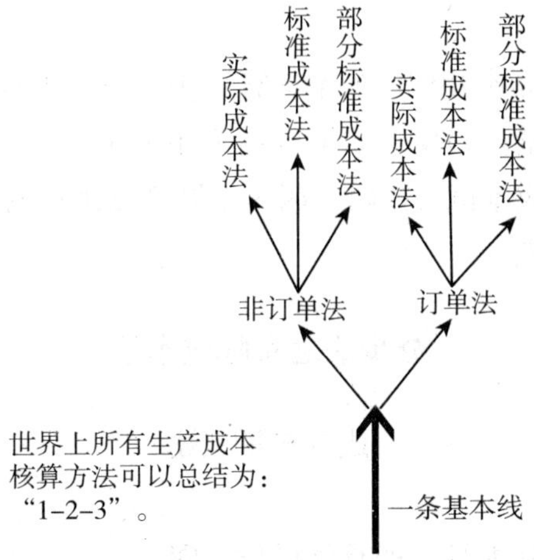

生产成本核算完后，企业需要进行销货成本核算（在中国一般有加权平均法、先进先出法等），销货成本出现在损益表中。至此损益表中最复杂也是至关重要的一个科目（销货成本）核算完毕。销售收入和期间费用核算相对较为简单。企业至此完成了损益表核算，但损益表的编制又有两种方法：完全成本法（法定）和变动成本法（对内）。

3.1.3 生产成本核算之分步法

我们先讲非分批法，后讲分批法，这是因为非分批法的企业占了全世界企业中的绝大多数，而且很多都是大家更加熟悉的行业和产品，例如手机、汽车、自行车等。而且为了让大家由易到难、更好地学习和吸收知识，我们先讲非分批法之分步法（即企业只有一种产品），然后讲解非分批法之混合成本法也叫作工序法（即企业有两种及以上产品）。生产成本核算在整个会计学科里是比较复杂、比较难的，因此，我们选择由易到难地、一步一步地讲解，这样更便于读者理解和掌握。本可以将非分批法一次性地进行讲解，但担心学员不太好理解和吸收，因而做此调整。

分步法是最基础的一种成本核算方法，它较简单，只涉及一种产品。混合成本法和分批核算法都会涉及多种产品，成本核算方法原理基本和分步法一样（只是因为有多种产品），从而每种不同的产品分别按照分步法的成本核算方法进行核算，同样也是归集生产成本三大件（直接材料成本、直接人工成本、制造费用）、计算约当产量、计算单位产品成本、结转分配成本到完工产品和期末在产品上！因此学会了分步法，基本上也就学会了混合成本法和分批法。

分步法的具体特点：

（1）非客户定制。针对大众客户。产品相同或非常相似，产品标准化程度高。

（2）连续批量生产，时间较长（因为不是定制，不会总是停工切换到别的订单）。

（3）生产成本归集、分配的核算是按整个生产部门细分的几个基本生产车间（多个在制品科目）进行。

（4）因为产品相同或非常相似，成本核算可用大平均来计算单位产品成本，即期间的生产成本除以期间的产量。相反，如果有明显不同的多个产品，就不能用大平均了，否则不同产品的单位产品成本就会出错，因为不同产品消耗的生产成本资源会不一样！

（5）成本核算按月进行。

分步法之实际成本法

成本核算概述

分步法贯穿的“一条基本线”的具体操作步骤：

第一步，将生产部门分成基本生产车间和辅助生产部门。基本生产车间比如：制造车间、组装车间等。辅助生产部门比如工程师部、成本会计部、质控部等。

划分基本生产车间的目的是：（1）划分责任中心，以更好地监控运营，控制成本及产品质量；（2）激励、发展员工，因为可以让员工承担更多的责任和管理等；（3）某生产工序的半成品可能会出售，从而需计算其成本（如手机厂的主板对外销售）等。另外，设立多个辅助生产部门的主要目的是更好地服务基本生产车间和控制成本等。

第二步，每月的产品生产成本核算一般是在月末或下个月初进行。产品生产成本核算是按基本生产车间的顺序进行，而辅助生产部门的成本要先分摊到各个基本生产车间。产品生产成本核算按基本生产车间而不是按辅助生产部门的主要原因是：（1）产品的实物流转基本不经过辅助生产部门；（2）在企业有多种产品时，产品生产成本核算如果在每个基本生产车间和辅助生产部门都进行则太复杂和费时。当然生产多种产品的企业在条件成熟的情况下，为了更准确地计算不同产品的成本，也可以选择直接将辅助生产部门的成本分配到不同产品上（具体请看后面讲述的作业基础成本法）。

第三步，首先从第一个基本生产车间开始，归集产品在该车间、该月发生的总生产成本。因为企业就一种产品，因此，在归集三大件时都是百分之百准确地归集到该产品上。其次统计该车间该月产量，从而计算该车间的单位产品成本。最后，将生产成本结转、分配到该车间当月总的完工产品和期末未完工的在制品上。

第四步，第一个基本生产车间的成本核算完毕后，进行下一个基本生产车间的产品生产成本核算。同样归集产品在该车间、该月、总发生的生产成本三大件。与第一个车间不同的是，该车间的总的生产成本还要包括该月从上一个车间转来的半成品的生产成本，又称作转入成本（transferred in costs），这样才可以不断累加每个基本车间发生的生产成本从而最终累加计算出产成品的所有生产环节的生产成本（即产成品的生产成本）。然后，统计该车间该月产量，从而计算该车间的单位产品成本，最后将生产成本结转、分配到该车间当月总的完工产品和期末在制品上。

注意：也可以把上个车间转过来的半成品，当作本车间的一种直接材料。例如，手机厂的生产部门分为：（1）三个基本生产车间：主板制造车间、手机组装车间、产品包装车间（产品包装车间是将组装好的手机，连同充电器、说明书等包装成要上市的商品）；（2）多个辅助生产部门，如工程师部、成本会计部、质检部等。其中，在第二个基本生产车间（组装车间），可将第一个基本生产车间（主板制造车间）转过来的半成品（即手机主板），当作组装车间的一种直接材料，然后在此直接材料基础上再加上其他直接材料成本如手机壳、屏幕等，以及直接人工成本和制造费用成本。

第五步，基本以后每个车间的产品成本核算和第二个车间的产品生产成本核算方法一样。记住：如此一个车间、一个车间的核算，最终到最后一个车间。产品成本经过每个车间的累加，最终形成产成品的总生产成本。实际工作中和考试中，基本生产车间的数量非常有限。

每个车间当期发生的生产成本的三大件如何统计归集？

- 直接材料：领料单上注明车间名称从而可以精确统计和归集。
- 直接人工：每个车间的直接人工是固定的，可以精确统计和归集。
- 制造费用：通过对所有基本生产车间和辅助生产部门设立不同的成本中心进行归集。每个基本生产车间可每月归集其发生的制造费用。辅助部门归集的各项生产成本要通过一定的方法分摊到各个基本生产车间，之后每个基本生产车间才按顺序进行产品生产成本核算。

辅助生产部门的费用向基本生产车间分摊

在欧美很多现代化的工厂里，为了更好地提升质量和提高效率，生产部门除了基本的生产车间（如制造车间、组装车间等）外，还有辅助生产部门（也叫作支持性生产部门），例如工程师部门（包括设备工程师和工艺流程工程师）、质检部、成本会计部等。有些欧美公司将计算机部完全放在生产部门下面，这是因为使用计算机软、硬件最多的部门是生产部门，当然计算机部也同时会为其他非生产部门提供服务。具体如何安排计算机部，每个企业根据自身情况确定。

因为产品生产成本核算是按基本生产车间进行的，所以需要先将辅助生产部门的费用分配到每个基本生产车间，然后将基本车间发生的成本加上分配而来的辅助生产部门的成本合在一起进行产品成本核算。如果企业生产多种产品，则需将基本车间发生的成本加上分配而来的辅助生产部门的成本按照合理的成本动因分配到不同产品上。

将辅助生产部门费用分配到基本生产车间的目的：

- 给基本生产车间负责人一定的压力，使基本生产车间尽可能经济地使用辅助部门的费用，因为基本生产车间负责人的业绩考核包含这部分费用。
- 激励基本生产车间给辅助生产部门经理压力以减少向基本生产车间分摊的费用。若辅助部门往下分摊的费用太高，基本生产车间负责人有可能会抱怨。
- 有的企业生产的某个阶段的半成品有可能同时需要销售或与同行业成本进行对比等，因此需要准确地计算不同基本生产车间的总成本。
- 在考虑某个基本生产车间是否外包时，若分配过来的辅助生产部门的成本是相应可避免成本或一部分相应可避免，因此在做外包决策时需要考虑辅助生产部门分摊过来的成本。

注意：在有多个产品的企业，即分批法和混合成本法的企业，将支持性生产部门的成本分配到基本生产车间还有另外一个目的，即：为了计算不同产品的成本。具体方法是：先将支持性生产部门成本分配到基本生产车间，然后基本生产车间本身的成本再加上分摊过来的支持性生产部门的成本一道通过合理的成本动因分摊到不同产品上。这种做法叫作部门分摊法。在有多种产品的企业，如果每个支持性生产部门费用通过合理的成本动因直接分摊到不同产品上也可以，但相对比较麻烦，这种做法叫作作业基础成本法，我们会在后面细讲。

生产服务部门费用分配到基本生产车间

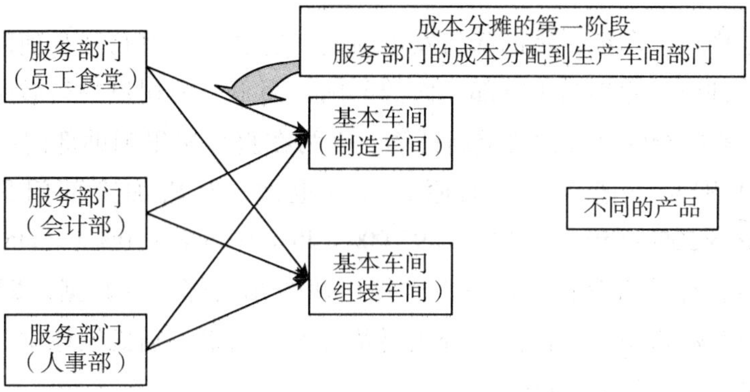

生产服务部门费用分配到基本生产车间

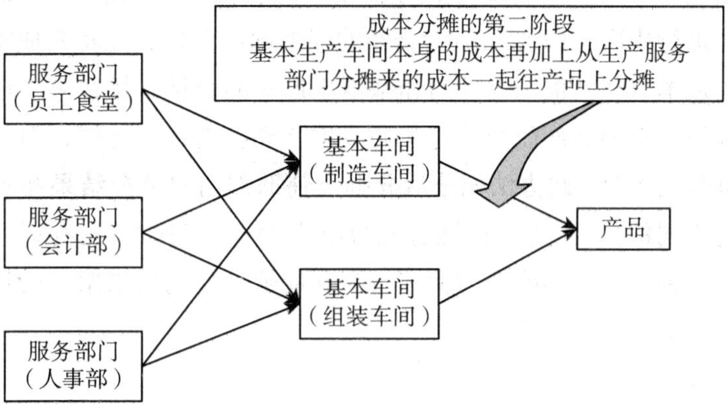

辅助生产部门成本分配方法有直接法、阶梯分配法、交叉分摊法。

直接法：辅助生产部门之间不互相分摊费用，而是各自按不同的成本动因将费用直接分摊到基本生产车间。此方法的优点是简单，缺点是没能考虑辅助生产部门之间的交互服务及相应的成本分配。**注意：直接法中，先分或后分哪个辅助生产部门对分配结果无影响。**

例题：MNO公司从事电脑桌的生产制造，该公司下一年度预算的制造费用为：

	辅助部门		经营部门		合计
	维修部	IT系统部	机加工部	装配部	
预算的间接费用	¥360 000	¥95 000	¥200 000	¥300 000	¥955 000

提供的辅助服务					
来自维修部		10%	50%	40%	100%
来自系统部	5%		45%	50%	100%

若 MNO 公司采用直接分配法将辅助部门的成本分配至生产部门，则最终机加工部有多少间接成本可以往产品上分摊？

解析：从题中可以印证，辅助部门发生的是制造费用，因此这些辅助部门或又称为支持部门或服务部门，它们是生产部下面的部门，而不是公司里的行政部门。另外，题目一定看仔细！题中给的百分比要重新计算，因为在直接法里辅助部门的费用只往基本生产车间分摊！别忘了把本部门的原有成本也加上！机加工部门最终的成本是：200 000 +360 000 ×50%/(50% +40%) +95 000 ×45%/(45% +50%) =445 000（元）。

注意：在重新计算百分比时，可以直接用两个相关部门的数据，即 50%/(50% +40%)，45%/(45% +50%)。注意百分比要及时进行调整，别机械地拿过来用，如应为 45%/(45% +50%)，而不是 45%。

阶梯分配法也称顺序分摊法或按步向下法。机制为：（1）按照发生的成本金额对辅助部门从大往小进行排序；（2）从最大金额的辅助部门开始，先将其成本进行分摊，第一个辅助部门的成本需往其他辅助部门和基本生产车间分摊，排在第二位的辅助部门将其本身的成本加第一个辅助部门分摊过来的成本之和接着往下分摊，但不会往已经分摊完的上一个辅助部门再分。**此方法先分后分哪个辅助部门对分配结果是有影响的（即最终的分配结果是不同的）**。注意：在挑选先分哪个辅助部门时，先看哪个辅助部门的金额最多，另外有一种方法，即哪个辅助部门为其他辅助部门提供服务的比例最大，就先分哪个辅助部门。

例题：MNO 公司从事电脑桌的生产制造，该公司下一年度预算的制造费用为：

	辅助部门		经营部门		合计
	维修部	IT 系统部	机加工部	装配部	
预算的间接费用	\$ 360 000	\$ 95 000	\$ 200 000	\$ 300 000	\$ 955 000
提供的辅助服务					
来自维修部		10%	50%	40%	100%
来自系统部	5%		45%	50%	100%

若 MNO 公司采用阶梯分配法将辅助部门的成本分配至生产部门，则最终机加工部门有多少间接成本可以往产品上分摊？

解析：此题应该先分配维修部门的费用，最终机加工部门的成本为：

200 000 + 360 000 × 50% + (360 000 × 10% + 95 000) × 45%/(45% + 50%) = 442 053 (元)。

交叉分摊法：此方法是最能体现辅助部门之间交叉服务的方法。具体方法为：先通过辅助部门的交叉等式求出辅助部门各自要分配的费用，然后分别向其他所有辅助部门以及基本车间分配，此时先分或后分哪个辅助部门对分配结果无影响。假设有A、B两个辅助部门，各自的费用已知，其中A部门有20%费用分摊到B部门，B部门有15%费用分摊到A部门。假设A部门最终向其他所有部门分配的费用为AF，而B部门最终向其他所有部门分配的费用为BF，则有如下两个等式：AF = A本部门的费用（已知数）+ BF × 5%；BF = B本部门的费用（已知数）+ AF × 20%，从而可以计算出AF和BF。然后AF、BF分别向其他所有辅助部门和基本车间分摊。

例题：MNO公司从事电脑桌的生产制造，该公司下一年度预算的间接制造成本资料如下：

	辅助部门		经营部门		合计
	维修部	IT系统部	机加工部	装配部	
预算的间接费用	$ 360 000	$ 95 000	$ 200 000	$ 300 000	$ 955 000
提供的辅助服务					
来自维修部		10%	50%	40%	100%
来自系统部	5%		45%	50%	100%

若MNO公司采用交叉分配法将辅助部门的成本分配至生产部门，则最终机加工部门有多少间接成本可以往产品上分摊？

解析：维修部F = 360 000 + 5% × 系统部F，系统部F = 95 000 + 维修部F × 10%。解两个等式，则：系统部F = 131 658（元），维修部F = 366 583（元）。因此，机加工部的总成本 = 200 000 + 366 583 × 50% + 131 658 × 45% = 442 537（元）。

交叉法的优点是：(1) 若辅助部门之间确实有交叉服务（一般企业都如此），则此方法应该是最准确的；(2) 通过解两个等式重新计算了辅助部门的成本，即在原来自己成本基础上加别的辅助部门提供并分配过来的成本，此信息在考虑辅助部门是否外包的决策时很重要，即外包的成本应该小于此辅助部门本身的成本加其他辅助部门分配过来的成本，如果该分配过来的成本是可避免成本的话。当然如果分配过来的成本是不可避免的，则外包决策时不必考虑这部分成本。此信息是直接法和阶梯法无法提供的。缺点是计算较复杂。

注意：这三种方法最终分配到基本生产车间部门的总成本是一样的，另外最终将所有服务部门的费用都分摊出去，但具体分配到不同车间的成本会不同。对于直接法和交叉法，先分哪个服务部门的成本，后分哪个服务部门的成本，对分配到基本生产车间的结果没有影响，但顺序法是有影响的。

练习题： Lo 公司有两个辅助部门（系统部和设施部）向三个生产部门（机加工部、组装部和精整部）提供服务。系统部的间接成本按电脑使用小时来向其他部门分配，设施部的间接成本按占用的平方面积（以万平方米来表示）来分配。Lo 公司的资料见下表：

Lo 公司相关资料

部门	间接费用（元）	电脑耗时（小时）	面积（万平方米）
系统部	200 000	300	100
设施部	100 000	900	60
机加工部	400 000	3 600	200
组装部	550 000	1 800	300
精整部	620 000	2 700	500
合计		9 300	1 160

Lo 公司采用顺序法分配辅助部门的成本，从系统部开始。请问系统部分配到设施部和设施部分配到机加工部的间接成本分别是多少？

解析：注意本部门的成本动因数据要忽略，这是干扰项，本部门的成本不向本部门分！从系统部分配到设施部门的成本是 200 000 × 900/(9 300 − 300) = 20 000（元）；从设施部分配到机加工部的成本是：(100 000 + 20 000) × 2 000/(2 000 + 3 000 + 5 000) = 24 000（元）。

前面讲述了生产部的辅助部门需要往基本生产车间分配成本，由此延伸，现实中很多企业经常会将其总部的一些职能部门（如人事部、财务部、法务部等）的费用向下面分公司分配。为什么公司会把总部的费用分配给分公司？原因有：

- 给分公司利润中心经理施加压力。利润中心的经理们要积极开拓市场赚取足够的收入，只有把这些费用覆盖才算真正盈利。提醒利润中心的经理这些支持费用是存在的，不要忽略这部分费用。分公司不消耗总部的这些资源也要去外部公司购买、消耗这些资源。
- 分公司会尽可能经济地使用总部辅助部门的资源，因为其要承担使用总部资源的费用。这样可以提高公司运营效率。
- 激励利润中心经理给总部经理们压力，减少他们往下分摊的费用。若总部往下分摊的费用太高，利润中心的经理有可能会抱怨或寻求第三方提供优质价廉的服务，若寻求第三方的服务，总部资源将形成浪费。
- 鼓励下属公司利用总部的资源（因为有些总部的固定费用总是要分摊下来），否则就造成资源浪费了。
- 为了计算产品的全部成本以更好地定价及进行其他决策等。

总部费用的分摊有两种形式：一是总公司向分公司开发票、收钱，可能会涉及税务上的问题；二是分公司业绩考核时包含这部分费用，但不具体开发票、收钱。当然公司要考虑保密性、合资企业其他股东的意见等，最终决定是否将总部的费用向分公司分摊。

单分摊率 vs 双分摊率

很多辅助部门费用既包含固定费用又包含变动费用。例如，总部在某地的人事部，20×8 年的预算是：年固定费用 1 500 000 元，包括工资、租金、办公费等，共 2 个人。总部有三个下属企业，2 个人到分公司提供支持时，每天花费 1 000 元，包括差旅费等，预计共对下属企业支持 90 天，其中，A 企业 20 天、B 企业 40 天和 C 企业 30 天。因此，总部人事部的总预算是 24 万元，即 1 500 000 元的固定费用 +90 000 元的变动费用（90×1 000）。

辅助部门费用分摊可以使用下面两种方法：

单一分摊率：每天分摊的费用是 17 667 元（240 000/90），此结果容易把下面的企业吓倒：成本太高了！他们可能会很不满，从而选择其他公司，结果是总部人事资源闲置。将所有成本都视为变动成本，这样分摊不太合理。

双分摊率（适合混合成本，即辅助部门既包含固定费用也有变动费用）：分两步分摊，首先，报价部分只包括变动成本，即每天 1 000 元，最终发生的费用等于实际的天数乘以每天的变动成本。其次，固定费用按预计的各企业对辅助部门资源的需求情况或按最终发生的实际天数的权重分摊。续用上面的例子，并且假设实际每天的花费为 1 200 元，实际的天数分别为 22 天、35 天、40 天，共 97 天，实际的固定费用为 1 600 000 元，则分配到 A 企业的费用是：（1） 1 000×22 =22 000（元）；（2） 1 500 000×20/90 =333 333（元），或者次选 1 500 000×22/97 =340 206（元）。

分摊费用时，变动费用部分中的变动成本分摊率（例如每天去下属企业支持时的出差花费）是标准的/预算的，而发生的天数用实际的。而固定费用分摊时，首选是总固定成本是预算的，且进行分配所使用的成本动因也是预算的（如果没有成本动因的预算项），次选总固定成本是用预算的而分配使用的成本动因是实际的。原因是：（1）使用标准或预定的变动成本分摊率及使用预算的总的固定成本会让服务提供方有节约和控制成本的压力，否则实报实销可能会造成成本的不节制。（2）用预算或标准值对做计划有利。

分步法生产成本核算过程详解

产品成本核算遵循如下步骤（也称作一条基本线）：

第一步，产品实物流转图。无论在哪个基本生产车间，均有恒等式，即：期初未完

工存货数量 + 当期投入产品数量 = 完工转出产品数量 + 期末未完工存货数量。其中，数量是指“无论完工程度为多少都算一个”的概念。

第二步，生产成本归集。每种产品分别归集其在某个会计期间耗用的生产成本的三大件（即直接材料、直接人工、制造费用）。因为分步法就一种产品，归集很容易。注意：每个基本生产车间在会计核算上需设置一个在制品科目（work in process，WIP），在国内一些企业经常也称作生产成本。但生产成本的称呼容易误导，让人误以为是损益表之成本/费用类科目。

第三步，计算当月产出的约当产量。约当产量是指，为了可比性及可加性，将未完工的产品折算成相当于已完工产品的数量。例如，未完工的产品有 200 个，其完工率为 60%，则约当产量为 200 × 60% = 120。假设当月所有从此工作站产出的存货为：900 个完工产品及 200 个未完工的产品（60% 的完工率），则约当产量为 900 + 200 × 60% = 1 020，而不是 900 + 200 = 1 100 个！计算约当产量有两种方法：一个是计算毛产量（加权平均法）；另一个是计算净产量（先进先出法）。后面会详细分析这两种方法。

第四步，计算单位约当产量生产成本，即生产成本除以产出的约当产量。

第五步，结转、分配总生产成本（即期初的存货成本加当期发生的生产成本）到完工转出的产品以及期末未完工的在制品上。这样做是因为资产负债表上要呈现在制品存货成本和产成品存货成本。随着产成品的售出，损益表中销售成本将增加，产成品存货在资产负债表上将减少。

第六步，生产成本报告。验证“期初在制品存货成本 + 当期发生成本 = 转出完工产品成本 + 期末在制品存货成本”是否成立，也就是结转分配的成本（即分配到完工转出产品的成本 + 分配到期末未完工在制品的存货的成本），是否等于此在制品账户的期初存货成本 + 当期投入成本。

注意：实际会计核算中，并不需要结转分配生产成本到期末在制品上，只要结转分配生产成本到完工产品上后，在制品科目的余额就是在制品存货成本。

产品成本核算可用一句话总结：将在制品借方的期初存货成本 + 当期发生投入的成本结转分配到已完工产品和期末（未完工的）在制品上，从而每月形成资产负债表和（随着产品售出的）损益表科目。此成本核算形式月月进行，年年操作，周而复始。

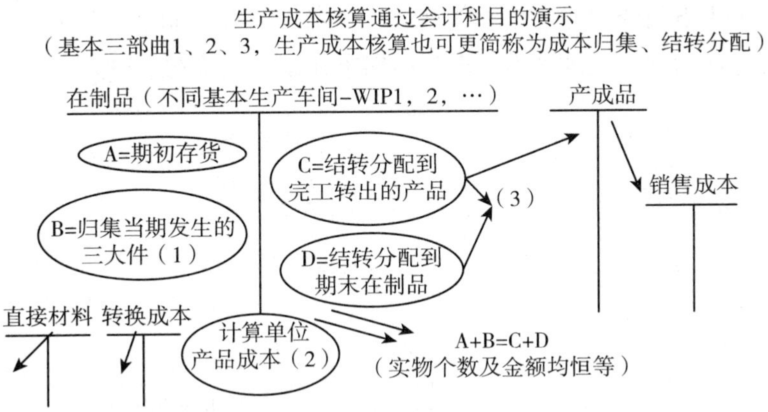

例题：JE 公司生产大型专用挖掘机，假设目前只生产一种型号的大型挖掘机。挖掘机经历两个工作站：一个是发动机制造，或称在制品之发动机制造车间（在国内很多企业也称为生产成本之发动机制造车间），后续简称"WIP1"；另一个是组装车间，后续简称"WIP2"。具体信息如下：

WIP1：20×7 年 10 月初工作站有 125 个期初未完工在制品存货，完工程度：直接材料完工率 60%，转换成本完工率 50%。转换成本 = 直接人工成本 + 制造费用。这 125 个未完工产品的总成本是 4 250 万元（上月末结转过来的），其中，直接材料 3 000 万元，转换成本 1 250 万元。工作站当月投入直接材料 33 250 万元，发生的转换成本是 18 375 万元。注意：为了简便，此处只用了转换成本，没有将其分成直接人工成本和制造费用，实际工作中，如果企业需要，可自行分解。

10 月此工作站新投入 875 个产品，到 10 月末共有 900 个完工产品转到 WIP2，剩下 100 个未完工产品，完工程度：直接材料完工率 20%，转换成本完工率 40%。

WIP2：10 月初工作站有 100 个期初存货未完工，完工程度是：转入成本 100%，直接材料 80%，转换成本 40%。这 100 个未完工产品的总成本是 8 400 万元，其中，转入成本 6 100 万元，直接材料成本 1 500 万元，转换成本 800 万元。当月累计从 WIP1 转入 900 个完工产品。

当月共有 950 台挖掘机完工转入成品仓库，剩 50 台未完工，完工程度：直接材料 80%，转换成本 50%，转入成本 100%。工作站当月实际发生原材料成本 18 000 万元，转换成本 20 000 万元。从 WIP1 转入的半成品在此工作站还要继续投料（比如加车轮、车棚方向盘等）、加工才可以形成产成品。

注意：第一个 WIP 的月初存货量及当期累积生产投入量决定了整个生产部此月的生产量，其他 WIPs 只是结转第一个 WIP 的生产量，不再新投入生产量，而是逐一继续加工最终成为产成品。实际工作中，每天每个 WIP 完工的产品都要马上转到下一个 WIP 继续加工。

以上表述可用下图的“T”型账户表示。注意：期末在制品放置在“T”型账户右边是为了更好地演示整个核算过程，现实中期末在制品应该在左边。

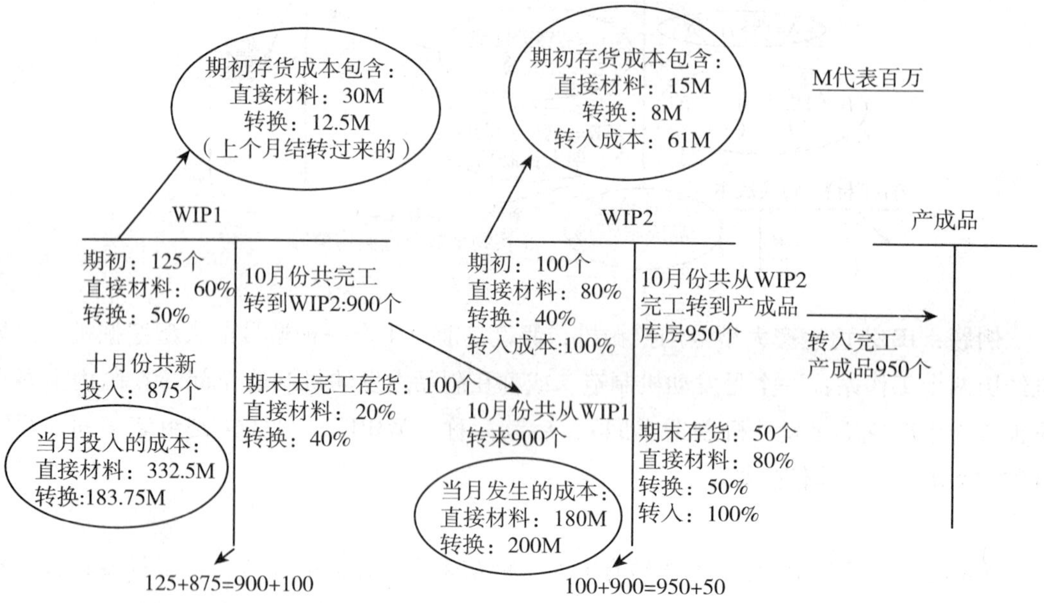

分步法之加权平均法成本核算

WIP1 成本核算

第一步，实物流程图等式：125 + 875 = 900 + 100。

第二步，生产成本归集。案例中已给出的数据，WIP1 当月发生的直接材料成本为 33 250 万元，转换成本为 183 750 万元。每个基本生产车间（如 WIP1 和 WIP2）归集的生产成本包括基本生产车间当月发生的生产成本以及辅助生产部门分配过来的生产成本。

第三步，计算约当产量。计算当月一共产出多少毛约当产量，即由期初的存货成本及当月投入成本总共形成的产出。**约当产量一定要把直接材料和转换成本分开进行，因为直接材料和转换成本的完工率可能不同**。约当产量计算有两种方法：一种是直接法；另一种是等号后法（即上述毛数量等式的等号后法）。因为直接法过于复杂而且不好理解，简单起见，以下只使用等号后法。

直接材料的约当产量 = 900 × 100% + 100 × 20% = 920（完工的永远是 100%，熟悉后可省略 100%）。在做题时，若题中没有告诉完工转出的数量，则可用第一步的实物流程图等式（即非约当产量表示的数量等式）倒挤出来。

转换成本的约当产量：900 +100 ×40% =940。

第四步，计算单位约当产量产品成本。再次提醒：直接材料和转换成本一定要分开计算。单位约当产量产品成本 = （期初在产品的存货成本 + 当月发生的生产成本）/当月产出的总的毛约当产量（即第三步计算出来的约当产量）。

单位约当产量直接材料成本：(3 000 +33 250)/920 =39. 40（万元）

单位约当产量转换成本：(1 250 +18 375)/940 =20. 88（万元）

因此，在 WIP1 单位约当产量产品的生产总成本（即每台发动机的生产成本）：39. 40 +20. 88 =60. 28（万元）。

在制品的直接材料完工率的判断方法：

- 直接材料一开始加入，则完工率肯定是 100%。
- 直接材料在检测点后加入，通过期初和期末存货的转换成本的完工率和检验点的百分比（即转换成本的完工率）的对比来判断是否已加料：

■ 正常品（即非废品）的完工率若超过了检测点的百分比，则直接材料完工率为 100%；若没超过检测点的百分比，则直接材料完工率是 0%。

■ 若是废品，则此时废品的直接材料的完工率是 0%，因为检测点是用来检查产品是否合格，若检测不合格，则产品是废品。检查出废品后不可能再加料。

- 加料后进行检测情形。题中肯定告知检测点的百分比，与上述相同，通过期初和期末存货的转换成本的完工率和检验点的百分比的对比来判断是否已加料。不同的是，此时废品的完工率是 100%，因为是加了料后再检测。
- 直接材料在完工百分之多少的时候加入，道理同上，即通过期初和期末在制品存货的完工比例和此加料百分比进行对比来判断加料是 100% 还是 0。
- 前面讲的均是投料一次性发生的情形。如果是多次分阶段投料，比如直接材料在完工 30% 时加入 40%，在完工 80% 时加入 60%，道理同上但稍复杂，也是通过期初和期末在制品存货的完工率来判断，比如期末在制品存货的完工率是 50%，介于 30% ~ 80%，则直接材料的完工率是 40%；若期末在制品存货的完工率是 90%，90% >80% > 30%，则直接材料的完工率是 100%。

第五步，结转分配生产成本。实际上，生产成本核算非常简单，即通过计算单位产品成本，从而实现将在制品左边的生产成本（即期初加当期发生）结转分配到右边的完工产品和期末未完工产品上。月复一月，年复一年。

结转、分配到完工产品上：

- 直接材料：900 ×39. 40 =35. 46（万元）
- 转换成本：900 ×20. 88 =18. 79（万元）

合计结转：900 ×60.28 =54.25（万元）

结转、分配到未完工的期末存货上（切记：一定要乘以约当产量而不是实物个数!）：

- 直接材料成本（=约当产量×单位约当产量成本）：100 ×20% ×39.40 =788.04（万元）
- 转换成本（=约当产量×单位约当产量成本）：100 ×40% ×20.88 =835.12（万元）
- 合计：788.04 +835.12 =1623.16（万元）

第六步，生产成本报告或验证。在制品科目左面的成本为：3 000 +1 250 +33 250 +18 375 =55 875（万元），通过计算、结转分配到在制品科目右边的成本是：54 252 +1 623.16 =55 875.16（万元），结果是一样的，极小的微差是小数点四舍五入引起的。

WIP2 成本核算

分步法成本核算方法只能是一步步核算，即每个月末或下月初核算完 WIP1 的成本后再核算 WIP2 的成本，因为 WIP2 的成本要涵盖两部分：一是从 WIP1 转入的半成品成本，简称转入成本（transferred in costs），代表的是上一个工作站完工产品的成本；二是 WIP2 当月继续加工需要投入的直接材料成本（如果有）和转换成本。成本每经历一个 WIP，就越滚越大，直到产成品出现，从而产成品可以累加并包括了所有 WIPs 的成本。

注意：实际上，任何企业在 WIP1 后的所有工作站（或称基本生产车间）都会有三种成本需要核算，即转入成本、直接材料成本和转换成本，而在 WIP1 只有两种，即直接材料成本和转换成本。在一个生产流程中原材料可能不只在一个工作站加入，但转换成本一般在每个工作站都发生，而且假定在每个工作站都是均匀发生。

WIP2 成本核算的具体步骤如下：

第一步：实物流程图 100 +900 =950 +50（熟练以后可以忽略这一步）。

第二至四步：归集当月生产成本（数据已给出）、计算约当产量以及单位约当产量生产成本。

单位约当产量之直接材料成本 =（期初半成品存货的直接材料成本 + 当期发生的直接材料成本）/约当产量 =（1 500 +18 000）/（950 +50 ×80%）=19.70（万元）。

单位约当产量之转换成本 =（800 +20 000）/（950 +50 ×50%）=21.33（万元）。

单位约当产量之转入成本 =（6 100 + 900 × 60. 28）/（950 + 50 × 100%）= 60. 35（万元）。

因此，WIP2 车间单位产品的生产成本是：19. 7 + 21. 33 + 60. 35 = 101. 38（万元）。

注意：计算转入成本的约当产量时，转入成本的完工率永远是 100%，因为转入成本代表的是上一个工作站的成本，只要出现在这个工作站就意味着已在上一个工作站 100% 完工了，否则不可能转下来。而本工作站现投入的直接材料或转换成本又不是 100% 的可能。

第五步，结转、分配成本。

- 结转分配到产成品的成本 = 950 × 101. 38 = 96 312. 9（万元）
- 结转分配到期末在制品成本是：
  - ■ 直接材料：50 × 80% × 19. 7 = 787. 88（万元）
  - ■ 转换成本：50 × 50% × 21. 33 = 533. 33（万元）
  - ■ 转入成本：50 × 100% × 60. 35 = 3 017. 6（万元）
  - ■ 合计：787. 88 + 533. 33 + 3 017. 6 = 4 338. 81（万元）

这些数据会作为 11 月初 WIP2 的期初半成品存货的成本组成，由此可以更好地理解 10 月初 100 个期初半成品存货的成本构成。

第六步，生产成本报告或验证。

- 期初存货成本 + 当月发生的成本 = 1 500 + 800 + 6 100 + 54 252 + 18 000 + 20 000 = 100 652（万元）
- 结转分配的成本 = 96 312. 9 + 4 338. 81 = 100 651. 71（万元）。
- 结果是一样的，极微小的差别是小数点四舍五入导致的。

总结：10 月底财务报表因上述核算的影响是：资产负债表上产成品存货 950 台手机，价值 96 312. 9 万元，在产品存货 5 961. 97 万元，即 WIP1 的 1 623. 16 万元以及 WIP2 的 4 338. 81 万元。

分步法之先进先出法成本核算

原理：先进先出法计算单位产品（约当产量）成本时不考虑期初在制品存货成本，只考虑当期发生的生产成本，同样约当产量的统计也只考虑当期投入成本产出/对应的约当产量数量（即：不包含月初在制品中已完成的百分比部分的产品数量）。

WIP1 生产成本核算

第一步，实物流转等式：125 + 875 = 900 + 100（熟练后可省略此步）。

第二至三步，归集当期生产成本（数据已给出）、计算约当产量。约当产量有两种计算方法：一种是直接法；另一种是等号后法。鉴于直接法较为复杂，以下我们都用等号后法。

直接材料的约当产量：900×100%＋100×20%－125×60%＝845。其中，900＋100×20%＝920是加权平均法计算的当月约当产量数量。加权平均法计算的数量代表当月的毛数量或毛产出，即此产出包括了期初在制品在上个月就已加工的那部分。毛产出减去期初在制品在上个月已加工的部分（即125×60%），就是净产出，也就是当月投入的生产成本所产出/所对应的约当产量数量，这也就是先进先出法需要的约当产量的数量。

转换成本的约当产量：900＋100×40%－125×50%＝877.5

第四步，计算单位约当产量的生产成本。

- 单位约当产量的直接材料成本：33 250/845＝39.35（万元）
- 单位约当产量的转换成本：18 375/877.5＝20.94（万元）
- 合计单位约当产量的生产成本：39.35＋20.94＝60.29（万元）

第五步，结转、分配成本。

- 结转、分配生产成本到900个完工产品：

■ 直接材料成本：3 000＋(900－125×60%)×39.35＝35 462.93（万元）

■ 转换成本：1 250＋(900－125×50%)×20.94＝18 787.25（万元）

■ 总计转出：35 462.93＋18 787.25＝54 250.18（万元）

- 未完工的期末在制品的成本分配：

■ 直接材料成本＝约当产量×单位约当产量成本＝100×20%×39.35＝786.98（万元）

■ 转换成本＝约当产量×单位约当产量成本＝100×40%×20.94＝837.6（万元）

- 总计：786.98＋837.6＝1 624.58（万元）

注意：先进先出法下结转成本到完工转出产品时一定要先包括（先转）期初存货成本，而不能用转出的数量简单地乘以当期的单位产品成本，转出的数量既包含期初的数量又包括当期的产出，当期的单位成本可能和期初存货成本中的单位成本（代表上月的）不一样。但期末在制品约当产量可以直接乘以当月的单位成本，因为期末在制品的数量不包含期初的数量，而都是本月的数量。

第六步，生产成本报告或验证。

- 期初未完工存货成本＋当期发生成本＝3 000＋1 250＋33 250＋18 375＝55 875（万元）

- 完工产品成本 + 期末未完工存货成本 = 54 250. 18 + 1 624. 58 = 55 874. 76（万元）
- 结果一样，微小差异是小数点四舍五入导致的。

加权平均法和先进先出法成本核算小结

加权平均法和先进先出法的主要区别是：

（1）在计算单位约当产量成本时的区别。加权平均法：在制品期初存货成本加上当期新发生（投入）的成本，然后除以该期间此工作站所有产出，包括了期初（在上个月）就已完工的那部分约当产量。而先进先出法计算单位约当产量成本时只用当期发生（或称投入）的成本除以当期的投入成本所生产的约当产量。

（2）结转成本时的区别：加权平均法结转成本时，完工产品成本 = 完工转出的产品数量 × 单位约当产量成本，未完工在制品的成本 = 未完工的产品的约当产量 × 单位约当产量成本。而先进先出法结转成本时，完工产品的成本 = 期初在制品存货的成本 + （完工转出的产品数量 - 期初存货的约当产量） × 当月的单位约当产量成本。期末在制品存货成本 = 本期单位约当产量成本 × 未完工产品约当产量。

加权平均成本法会形成相对比较平稳的单位成本，因为是用了两个期间的平均。在结转成本时比较简单。其缺点是，因为单位产品成本是混合了两个期间的成本，所以在考核经理当月业绩时容易误导。

先进先出法的单位成本完全是当期发生的，业绩考核客观。但成本不会像加权平均法那样平稳，且计算和结转成本相对比较复杂。

两种方法形成的单位产品成本有细微差别，但分配到存货的成本的总额（即完工转出产品成本 + 期末未完工在制品成本）是完全一样的，只是完工转出产品成本和期末未完工在制品成本两部分的金额会有些差别。当然由此引起的损益结果也会不同，但从会计的重要性原则上来讲，因为结果差别较小，所以这两种方法都可以被接受。

注意：如果没有期初存货，这两种方法的结果是一样的。

涉及废品的成本核算

废品及废品成本

以上讲述的产品生产成本核算中没有涉及废品。但实际工作中，废品是时常会发生的。废品是指不合格的半成品或产成品，但没有返工的价值。废品又分正常废品和非正常废品。正常废品是由于一些不可控的因素引起的，是正常生产的一部分，短期内不可避免，是不可控的。正常废品成本属于完工好产品成本的一部分。非正常废品是在正常废品基础上由于低效率或技术问题等引起的，是可避免的、可控的。非正常废品成本进入当期费用。如果废品还有些回收价值，则其成本计入完工好产品成本或期间费用时应为减掉回收价值后的净值。

正常废品数量的一般计算方法是：当期完工合格的产品数量乘以正常废品率。在此，乘以正常废品率的数量并不涉及废品数量以及期末在制品的数量。当期总废品数量减去如上述计算的正常废品数量后如果是正数，则此正数数量就是非正常废品数量，如果减完后是负数，在此期间没有产生非正常废品。

废品一般是在检测时发现，在完整的生产线上，有时候会在一个或几个不同工序上设置监测台。

练习题：70%时检验，期初在产品 190 件，完工率 60%，期末在产品 60 件，完工率 40%，完工产成品 162 000 件，废品 8 000 件，正常废品率为 4%。非正常废品的数量为（　　）件。

A. 290　　B. 15 200　　C. 370　　D. 1 520

解析：8 000 − 162 000 × 4% = 1 520（件）。注意：正常废品一定要乘以完工好产品的数量！所以选 D。

含有废品的成本核算分为两步，第一步，废品和正常品均须进行约当产量计算和成本分配，核算中将废品当成产出的一种，采用加权平均法或先进先出法核算均可。如果没有废品，产出是完工转出的产品和期末未完工的在制品。如果有废品存在，则产出是完工转出的产品、正常废品、非正常废品（如果有）和期末未完工的在制品。第二步，将正常废品成本计入完工好的产品成本中，将非正常废品成本计入期间费用。

例题：JE 公司生产大型专用挖掘机，挖掘机经历两个工作站，一个是 WIP1（发动机制造）；另一个是 WIP2（组装）。具体信息如下：

WIP1：20×7 年 10 月初有 125 个期初未完工在制品存货，完工程度：直接材料完工率 60%，转换成本完工率 50%。10 月新投入 875 个产品。公司规定正常废品率为 1%。10 月末，共有 900 个完工好的产品并转到 WIP2，产生废品 20 个，废品的完工率为：直接材料 60%，转换成本 40%。剩下 80 个未完工，完工程度：直接材料完工率 20%，转换成本完工率 40%。10 月初 125 个未完工产品的总成本是 4 250 万元（上月末结转过来的成本），其中，原材料 3 000 万元，转换成本 1 250 万元。当月投入直接材料 33 250 万元，发生的转换成本是 18 375 万元。

WIP2：10 月初有 100 个期初存货未完工，完工程度是：转入成本 100%，直接材料 80%，转换成本是 40%。当月累计从 WIP1 转入 900 个完工产品，期末共有 950 台挖掘机完工转入成品库；50 台未完工，完工程度：直接材料 80%，转换成本 50%，转入成本 100%。10 月初 100 个未完工产品的总成本为 8 400 万元，其中，转入成本 6 100 万元，直接材料 1 500 万元，转换成本 800 万元；当月实际发生直接材料成本 18 000 万元，转换成本 20 000 万元，因为从 WIP1 转入的产品还要继续投料、加工才可以形成产成品。

下面“T”型图简要概括了以上大型挖掘机例子的文字叙述。

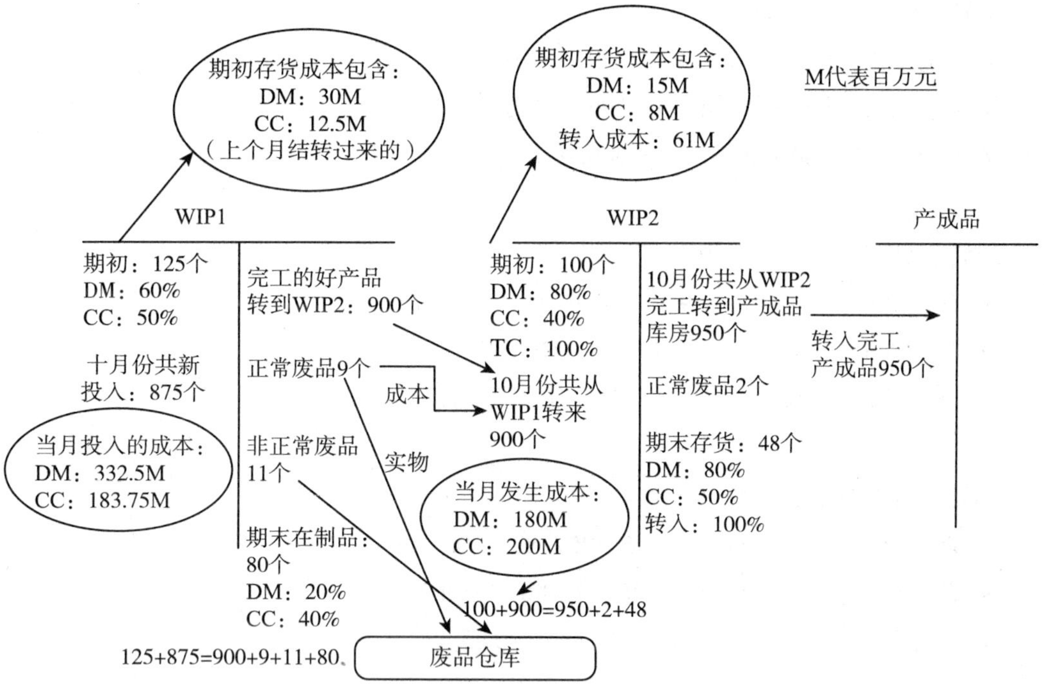

分步法之加权平均法成本核算（以 WIP1 为例）

第一步，实物流转等式。因为正常废品率为 1%，所以 10 月正常废品的数量是 900 × 1% = 9（个），非正常废品数量是 20 − 9 = 11（个）。因此，125 + 875 = 900 + 9 + 11 + 80。

第二步，归集当期生产成本的三大件：直接材料、直接人工、制造费用。

第三步，计算约当产量。计算当月一共产出多少（毛）约当产量。直接材料和转换成本的约当产量要分开计算。

直接材料的约当产量：900 × 100% + 20 × 60% + 80 × 20% = 928

转换成本的约当产量：900 × 100% + 20 × 40% + 80 × 40% = 940

第四步，计算单位约当产量成本。直接材料和转换成本的单位约当产量一定要分开计算。计算公式为：单位约当产量成本 = （期初在产品的生产成本 + 当月发生的生产成本）/当月产出的总约当产量。

- 单位约当产量之直接材料成本：(3 000 + 33 250)/928 = 39.06（万元）；
- 单位约当产量之转换成本：(1 250 + 18 375)/940 = 20.88（万元）；
- 合计每约当产量的生产总成本：39.06 + 20.88 = 59.94（万元）。

第五步——A，结转分配生产成本。结转、分配到完工转出的产品、正常废品、非正常废品以及月末在制品上。

结转分配到完工产品上：

- 直接材料：900 × 39.06 = 35 156.7（万元）；
- 转换成本：900 × 20.88 = 18 790.2（万元）；
- 合计结转：900 × 59.94 = 53 946.9（万元）。

结转、分配到正常废品上：

- 直接材料：9 × 60% × 39.06 = 210.94（万元）；
- 转换成本：9 × 40% × 20.88 = 75.16（万元）；
- 合计结转：210.94 + 75.16 = 286.10（万元）。

结转、分配到非正常废品上：

- 直接材料：11 × 60% × 39.06 = 257.82（万元）；
- 转换成本：11 × 40% × 20.88 = 91.86（万元）；
- 合计结转：257.82 + 91.86 = 349.68（万元）。

结转、分配到期末在制品上：

- 直接材料：80 × 20% × 39.40 = 630.43（万元）；
- 转换成本：80 × 40% × 20.88 = 668.1（万元）；
- 合计结转：630.43 + 668.1 = 1 298.53（万元）。

注意，接下来还要进行第五步——B。

第五步——B，结转分配到完工产品、非正常废品以及月末在制品上。

结转、分配到完工产品上：

- 直接材料：900 × 39.06 + 9 × 60% × 39.06 = 35 367.64（万元）。

■ 单位产品直接材料成本：35 367.64/900 = 39.297（万元），大于原来的 39.06 万元。

- 转换成本：900 × 20.88 + 9 × 40% × 20.88 = 18 865.36（万元）。

■ 单位产品转换成本：18 865.36/900 = 20.96（万元），大于原来的 20.88 万元。

- 合计结转：35 367.64 + 18 865.36 = 54 233（万元）。

■ 单位产品总生产成本 = 54 233/900 = 60.26（万元），大于原来的 59.94 万元。

会计分录：

借：WIP2——转入半成品　　900 ×60. 26

　　贷：WIP 1　　900 ×60. 26

结转、分配到非正常废品上：

- 直接材料：11 ×60% ×39. 06 =257. 82（万元）；
- 转换成本：11 ×40% ×20. 88 =91. 86（万元）；
- 合计结转：257. 82 +91. 86 =349. 68（万元）。

会计分录为：

借：管理费用——非正常废品　　349. 68

　　贷：WIP1　　349. 68

结转、分配到期末在制品上：

- 直接材料：80 ×20% ×39. 40 =630. 43（万元）；
- 转换成本：80 ×40% ×20. 88 =668. 1（万元）；
- 合计结转：630. 43 +668. 16 =1 298. 53（万元）。

第六步，生产成本报告或验证。

- 在制品科目左面的成本：3 000 +1 250 +33 250 +18 375 =55 875（万元）；
- 在制品科目右边的成本：54 233 +349. 68 +1 298. 53 =55 881. 21（万元）；
- 两者之差为小数点四舍五入影响。

分步法之先进先出法（以WIP1为例）

第一步，实物流转等式。因为正常废品率为1%，所以10月份正常废品的数量是900 ×1% =9（个），非正常废品的数量是20 −9 =11（个）。因此，125 +875 =900 +9 +11 +80。

第二、第三步，归集生产成本（数据已告知）、计算约当产量。

- 直接材料的约当产量：900 ×100% +20 ×60% +80 ×20% −125 ×60% =853。若没有明确告知废品数量，只告诉125 +875，转出好产品900个，期末在制品80个，则可以倒挤出废品数量，即125 +875 −900 −80 =20。
- 转换成本的约当产量：900 ×100% +20 ×40% +80 ×40% −125 ×50% =877. 5

第四步，计算单位约当产量的成本。

- 单位约当产量之直接材料：33 250/853 =38. 98（万元）；
- 单位约当产量之转换成本：18 375/877. 5 =20. 94（万元）；

- 合计单位约当产量成本：38.98 +20.94 =59.92（万元）。

第五步——A，结转、分配到完工产品、正常废品、非正常废品以及月末在制品上。

结转、分配到完工产品上：
- 直接材料：3 000 +（900 −125 ×60%）×38.98 =35 158.5（万元）；
- 转换成本：1 250 +（900 −125 ×50%）×20.94 =18 787.25（万元）；
- 合计结转：35 158.5 +18 787.25 =53 945.75（万元）。

结转、分配到正常废品上：
- 直接材料：9 ×60% ×38.98 =210.49（万元）；
- 转换成本：9 ×40% ×20.94 =75.38（万元）；
- 合计结转：210.49 +75.38 =285.88（万元）。

结转、分配到非正常废品上：
- 直接材料：11 ×60% ×38.98 =257.27（万元）；
- 转换成本：11 ×40% ×20.94 =92.14（万元）；
- 合计结转：257.27 +92.14 =349.40（万元）。

结转、分配到期末在制品上：
- 直接材料：80 ×20% ×38.98 =623.68（万元）；
- 转换成本：80 ×40% ×20.94 =670.08（万元）；
- 合计结转：623.68 +670.08 =1 293.76（万元）。

第五步——B，结转、分配到完工产品、非正常废品以及月末在制品上。

结转、分配到完工产品上：
- 直接材料：3 000 +（900 −125 ×60%）×38.98 +9 ×60% ×38.98 =35 368.99（万元）；
- 转换成本：1 250 +（900 −125 ×50%）×20.94 +9 ×40% ×20.94 =18 862.63（万元）；
- 合计结转：35 368.99 +18 862.63 =54 231.63（万元）。

结转、分配到非正常废品上：
- 直接材料：11 ×60% ×38.98 =257.27（万元）；
- 转换成本：11 ×40% ×20.94 =92.14（万元）；
- 合计结转：257.27 +92.14 =349.40（万元）。

结转、分配到期末在制品上：
- 直接材料：80 ×20% ×38.98 =623.68（万元）；

- 转换成本：80 ×40% ×20.94 =670.08（万元）；
- 合计结转：623.68 +670.08 =1 293.76（万元）。

第六步，生产成本报告或验证。

- 在制品科目左侧的成本：30 000 +1 250 +33 250 +18 375 =55 875（万元）；
- 在制品科目右边的成本：54 231.63 +349.40 +1 293.76 =55 874.79（万元）；
- 两者差异为0.21，为小数点四舍五入影响的差异。

其他

如果期末在产品存货的完成百分比是在检测点后，则应将正常废品的成本按比例分摊到完工转出的好产品和期末在产品存货上。如果期末存货的完工状态是在检测点之前，正常废品成本就全部分摊到完工转出的好产品上。如果企业的检测点是在完工时，则所有正常废品成本都分摊到完工好产品上。

非正常废品直接进入损益表，从而减少了利润；而正常废品首先分配进产成品存货，随着这些产品的售出，才通过销货成本科目进入损益表，从而增加销售成本，减少利润，因而正常废品对损益表的影响相对较慢。

在某个会计期间内，若非正常废品误当成了正常废品处理：

- 如果当期的产出并未当期全部售出，则产品存货成本加大（因为正常废品被分配进存货了），管理费用减少，利润加大。
- 如果当期生产的产品全部在当期出售，则损益表的结果是一样的，因为“殊途同归”，即无论非正常废品是否误当成正常废品处理，正常废品和非正常废品都进入当期损益，要么通过销售成本进当期损益，要么直接通过管理费用进当期损益。

相反，若正常废品误当成了非正常废品处理：

- 如果当期的产出并未当期全部售出，则产品存货成本变小（因为正常废品没有被分配进存货），管理费用增加，利润变小。
- 如果当期生产的产品全在当期出售，则损益表的结果是一样的。

返工的会计核算

返工是指半成品或产成品被检测时发现不合格，但有返工的价值，因此，经过再加工合格后，最终形成合格产成品。

返工也需界定为正常返工和非正常返工。(1) 非正常返工所产生的额外的成本直接进入损益表科目，当期费用化。非正常返工所产生的额外的成本是指返工时发生的料工费（不包含返工前的所发生的料工费）。返工前发生的料工费成本，还是按当时的核算，不用变动。(2) 正常返工发生的额外的料工费生产成本记入制造费用。返工前发生的料工费成本，还是按当时的核算，不用变动。

实际成本法的优劣势

到目前为止，我们已经完整地讲述了分步法企业按照实际成本法进行产品成本核算的过程，包括了废品的会计处理。之所以说按照实际成本法进行，是因为所有数据（比如当期每个基本生产车间发生的直接材料、直接人工、制造费用，期初、期末在产品成本，完工转出的产成品成本等）都是实际发生的，没有预计的数据。可是在近几十年，欧美公司基本上抛弃了实际成本法的会计核算系统，原因是实际成本法存在诸多重大缺陷。

第一，严重影响定价等重大决策。因为每个月的单位产品成本常出现很大的浮动，有时甚至犹如过山车一般，因为生产成本中很大一块是固定成本（固定制造费用），但每个月产量会因市场需求可能变化很大。企业管理层在进行定价等决策时很困惑，有时甚至会严重误导定价等决策。

第二，单位产品成本不够准确。有些费用只有在一年里的某个/些月份发生，如季节性的机器大修费、冬天的暖气费等；另外，某些国家在某月份有较长的公共假期，如中国的春节、美国的圣诞节等，从而这个月份产品产量会大幅地降低，但制造费用变化甚微，因为折旧、租金、保险、工资等费用照常发生。因此，有些月份的单位产品成本是不准确的，不能代表产品的正常生产成本。

第三，对绩效评估及成本控制不太有利。因为没有明确、有效的目标参照物，从而无法判断实际发生的产品成本是高了还是低了。

第四，实际成本法会计核算，相对于标准成本法，较为费时、核算成本高。

当然实际成本法也有其优点，比如模式简单、较好理解。因为实际成本法只有一条线，不像其他成本法那样两条线（实际和预计），从而需最后对比实际和预计，计算并结转差异。

现在欧美顶尖生产型企业一般都采用标准成本法或者部分标准成本法进行会计核算。下面我们先讲述标准成本法和部分标准成本法的运行机制，然后沿用大型专用挖掘机的例子进行演示。

分步法之标准成本法

标准成本系统的优点：

第一，标准成本系统可以有效地帮助企业控制生产成本。因为企业为产品设定了标准，从而限制随意浪费等。

第二，标准成本能更好地促进定价等相关决策。标准成本代表着一般情况下应该发生的成本，更能代表产品的“真实”成本。相对实际成本而言，标准成本比较平稳，更有利于进行定价等决策。决策者可以根据具体情况利用 CVP（本量利）等工具进行相应的调整。

第三，标准成本在很大程度上简化并加快了会计核算，省时省力，节省核算成本。实际成本法每个月需花费很多人力及时间用于计算存货成本和销售成本，而标准成本系统通过与 ERP 相结合，能自动产生绝大多数财务账目及明细账。

第四，标准成本系统可帮助制订计划和预算。因为标准成本可以作为预算的可靠的基础数据，比如静态预算、弹性预算等。标准成本从某种程度上来讲可以说是微型或精细化预算（相对比传统的预算比较粗糙），因为它细致到每个产品、每个原材料、每个工序等，而且成本又细分至单价和用量，这样细致的标准成本更能促进预算的准确性。

第五，标准成本系统有助于业绩考核。因为标准成本与责任会计相吻合，建立的标准成本可作为一些责任中心的目标，并通过差异分析来考核相应的责任中心的业绩。

第六，标准成本系统可以有效地降低成本。标准成本一般是具有一定挑战性的，经过努力才可以达到的，可以将其作为一个较高的合理标准来降低成本，提升公司的效率和业绩。另外，强烈建议标准成本制定结合持续改进机制，比如企业规定某段时期内每年企业应该降低 1% 的成本（当然如果实在降低不了可以进行说明）。

第七，有利于实时产生很多对管理层非常有用的报告。比如每天实时都可以产生相关的财务及经营报告，如存货报告、按产品以及客户的盈利分析报告等。

标准成本系统的缺点或有可能出现的潜在问题

第一，虽然每个月会计结账速度、最终编制出财务报表的时间较快，但制定产品标准成本较复杂、费时且有一定难度，而且后续的差异研究、分析和调查也较复杂、费时。

第二，相对于传统的实际成本法，标准成本法比较难理解，比如双线制成本核算、存货成本以标准成本计价、差异核算等部分。有些企业可能选择知难而退。

标准成本核算制度的运行机制

第一，预先设定产品标准成本。

比如年末制定下一年的标准成本。产品标准成本一般一年更新一次或者根据需要的频率或时间更新，但不宜太频繁（比如说每月）。

企业为每种产品成本的六个要素分别设定有挑战性但努力可以达到的标准。六个要素包括直接材料单价、直接材料用量、直接人工每小时工资、直接人工小时用量、单位成本动因制造费用（成本动因如直接人工小时或机器小时等）、成本动因耗用数量。最终形成直接材料标准成本、直接人工标准成本和制造费用标准成本。有的企业将制造费用又细分为变动制造费用和固定制造费用。

制定的机制是：按照基本生产车间顺序分别制定车间产品的标准成本。例如，上面专用大型挖掘机的例子中，在发动机制造车间制定发动机的标准成本，即一台发动机标准耗用的直接材料、直接人工和制造费用；在组装车间制定发动机以外的该车间标准耗用的直接材料、直接人工和制造费用。

下面我们具体讲解如何制定产品的标准成本。标准成本即每生产一个产品所期望发生的直接材料成本、直接人工成本和制造费用成本，合计起来就是生产一个产品的标准生产成本，计算和确定标准成本的方法有：

1. 作业分析：对整个生产流程细分成同一成本属性的各个作业，比如细分出制造车间、组装车间、设备调试、工艺流程维护、材料整理等。工程师、成本会计等跨部门团队一起精细化分析、研究、计算标准成本。另外，有些公司还经常用时间—动作研究法（time and motion study）去实物测量和计算标准成本。

2. 标杆：行业内（公司以外的其他公司）的最佳，或集团公司内部的最佳等。

3. 市场预期或目标成本（目标定价法）：迎合和抓住市场价位的预期，考虑合理的利润率从而推算出目标成本。

4. 战略决策：如公司零废品战略或持续改进战略等会影响标准的建立。

5. 历史数据：过去的历史数据。过去平均数或最佳数可用来制定标准成本，这样做简单，但可能包含了过去的低效率及忽略了未来的变化。注：这只是标准成本建立的一个来源，但往往是不太被提倡。

6. 其他：如学习曲线（学习曲线会影响标准成本的建立）等。

标准成本建立的方式：

1. 权威式：自上而下，高层建立，没有下面人参与，下面人只是执行。

2. 参与式：下面相关人（如工程师、车间主任、成本会计等）参与标准成本的建立，这样可以增强员工的承诺和责任感以及提高标准成本的准确性，但相对较麻烦。

标准成本的形式（按内容含义分）：

1. 理想（也叫作完美）标准成本：最完美的境界，没有停工、机器损坏维修等。此方法不太建议被使用，因为员工因极少能达到目标从而产生挫折感。

2. 目前可达到的标准成本：有一定的挑战性，需努力，但是是可以达到的。很多公司使用此标准。

注意：标准成本的表达方式往往是单位产品标准成本而不是产品总数量的总的标准成本。另外，标准成本往往是一年制定一次，最多是一季度。每月调整标准成本是不可以的，因为第一太麻烦；第二失去了目标的权威性。有问题可在差异解释中阐明。

直接材料标准成本是指生产一个产成品所期望消耗的直接材料的成本。实际企业中，产成品都有一个标准的原材料清单（bom-bill of materials）。直接材料成本一般受以下因素影响：

质量。原材料的质量越高，成本（或价格）越高。但质量不好的原材料可能价格低但耗用的可能要多；

数量。数量主要取决于生产一个产成品需要多少数量的原材料；

价格。很显然材料的采购价格会影响标准成本，价格除了受质量影响外，还受采购的数量影响（批量打折）等。

直接人工标准成本（由生产部和人事部一起制定）：主要取决于每生产一个产成品需要的直接人工小时数以及招聘的人工的人工成本。每小时直接人工成本 = 年度总工资（假设 10 个人，共 633 600 元）除以年度标准总工时（如：10 × 12 × 20 × 8，即一年 12 个月，每月平均 20 天（工作日），每天平均 8 小时）等于 33 元/每小时。然后乘以标准的每个产品的用时从而得出单位产品直接人工成本（举例，加工一个产品耗用 0.5 个直接人工小时，则单位直接人工成本 = 33 × 0.5 = 16.5（元））。

标准制造费用成本：预算生产部门的制造费用，如间接人工工资、折旧、租金等。假设选择直接人工小时为成本动因，则年度总预算制造费用除以预计年度总的产品耗用的直接人工小时数量等于每直接人工小时的制造费用，然后乘以每个产品耗用的标准直接人工小时数等于每个产品的标准制造费用成本。一般来讲，预算的生产量有以下四种选择。

1. 理论（或理想）产能：没有假期，没有停工时间等，属于完美、太理想化的产能（一般不采用）。

2. 实际产能：考虑一定的不可避免的一些因素（如机器维修、废品等）的基础上机器设备的实际产能。完全从机器的能力考虑，没考虑市场的需求（一般也不采用，因为实际产能很多时候和实际产量不太一样，实际产量取决于实际市场需求）。

3. 正常产能：在未来一定时期内，如未来两三年，市场需求的平均值（或平均的销量），这会和实际发生的产能更接近。这适合市场有较大波动的情形而且下一年预算因而很难确定。

4. 总预算产能：即根据总预算作出的未来一年预算的产量。

总结：前两者侧重机器供给方面的能力而没有考虑市场的需求，因而实际工作中很少用。实际工作中，总预算产能用得最多（如果预算的数据相对比较踏实），因为它既考虑了产能又考虑了市场需求，而且用的是未来的数据（标准成本是指向未来的）。相对比，正常产能虽然也同时考虑了产能和市场，但主要用于未来市场有较大波动从而很难确定明年预算的情形。另外，在后面章节的成本核算中的正常成本法里也涉及同样的问题，解决方案一样，即最佳方案是预算产能（如果预算的产量相对比较踏实），或者正常产能，但一般不用理想产能和实际产能。

注意：这里的生产量或产能一般是指生产产品耗用的直接人工小时数量或机器小时数量等而不是生产的产品数量，因为一般企业都有多种产品，每种产品耗用的制造费用的资源是不一样的，因而不能直接除以生产各种不同的产品的合计数量，除非企业只有一种产品。对于多种产品的企业，单位产品所耗用制造费用 = 每成本动因（如直接人工小时或机器小时等）制造费用成本 × 每种产品所耗用的成本动因数量。另外，产品的生产量和产品所耗用的直接人工小时数量或机器小时数量是基本成正比的，产量越大则后者也越大。

练习题：以下（　　）是采用标准成本体系最不可能的原因。

A. 将标准设置在理想水平可以激励员工

B. 标准成本体系确定应有的成本以及应由谁负责这些成本

C. 使用标准成本趋势可以简化记录的保存

D. 相对于使用实际成本法而言，使用标准成本法的成本较低

解析：实际上是问哪一项不是或者最不是做某事的目的/意义？记住此类型的题。理想标准是指完美标准，不考虑很难避免的机器维修、人员失误等，因而无法达到激励作用，相反员工会因此有挫折感。B、C、D 都有道理。最终选 A。

第二，双线制核算。

双线制成本核算

线 1：标准成本核算，“一标到底”

标准成本法第一条线的成本核算是按照基本生产车间的顺序进行。以 WIP1 为例，每月每种产品根据先进先出法计算实际约当产量，然后乘以 WIP1 车间预先制定的单位标准成本，从而计算出实际产出这些数量的产品当期应该耗用多少生产成本。从而，借 WIP1，贷原材料、直接人工成本、制造费用。因为标准成本已经预先设定好，因而省略了计算单位产品成本的环节。用完工转出的产品数量乘以单位标准成本得出“完工转出产品成本”，用期末在产品的约当产量乘以单位标准成本得出“期末在产品成本”，

WIP1 的成本核算完成了。

然后依次类推进行 WIP2 的核算，直到计算出产成品。产成品售出后同样以标准成本记账，借记“销货成本@实际销量×单位标准成本”，贷记“产成品存货@实际销量×单位标准成本”。

例题：续用大型挖掘机案例。假设在 WIP1 每个发动机的直接材料标准成本是 38 万元，直接人工标准成本为 6 万元，制造费用标准成本为 16 万元，共计单位标准转换成本是 22 万元，因此单位发动机的标准生产成本为 60 万元，即 =38 +6 +16。正常废品率为 1%。实际废品数量为 20 个。

在 WIP2 中当期投入的单位直接材料标准成本为 20 万元，直接人工标准成本为 7 万元，制造费用标准成本为 14 万元，因此，单位组装标准成本为 41 万元，即 =20 +7 +14。最终单位产成品的标准成本为 101 万元（60 +41）。另外，假设 WIP2 的正常废品率为 0.4%，实际运营中废品共两台，废品直接材料完工率 60%，直接人工和制造费用完工率为 40%。

之所以标准成本要将转换成本分成直接人工和制造费用，是为了更精确地控制生产成本差异。

WIP1 的具体成本核算

第一步，列出实物等式。正常废品率为 1%，所以 10 月份正常废品的数量 =900 ×1% =9（个），非正常废品数量 =20 −9 =11（个）。因此，125 +875 =900 +9 +11 +80。

第二步，标准生产成本归集。在标准成本核算系统，先归集当期实际产量应该发生的生产成本，即标准生产成本。方法是用**先进先出法**计算的约当产量乘以单位产品标准成本。具体如下：

- 标准直接材料成本 =（900 ×100% +20 ×60% +80 ×20% −125 ×60%）×38 =32 414（万元）
- 标准直接人工成本 =（900 ×100% +20 ×40% +80 ×40% −125 ×50%）×6 =5 265（万元）
- 标准制造费用成本 =（900 ×100% +20 ×40% +80 ×40% −125 ×50%）×16 =14 040（万元）
- 当期应该发生的标准总生产成本 =32 414 +5 265 +14 040 =51 719（万元）

会计分录：

借：在制品——车间××——产品 A@实际产量×A 产品的单位标准成本

　　贷：标准直接材料成本

　　　　标准直接人工成本

　　　　标准制造费用成本

另外，使用标准成本系统后，WIP1 月初的在产品存货成本用约当产量乘以单位产品标准成本计算。具体如下所示：

期初存货之标准直接材料成本 = 125 × 60% × 38 = 2 850（万元）

期初存货之标准直接人工成本 = 125 × 50% × 6 = 375（万元）

期初存货之标准制造费用成本 = 125 × 50% × 16 = 1 000（万元）

期初存货之合计标准成本 = 2 850 + 375 + 1 000 = 4 225（万元）

注意：在标准成本核算系统里，不再分加权平均法和先进先出法，而是只能用先进先出法。因为用加权平均法计算的约当产量是毛产出，其中包括了上个月部分完工的约当产量，用毛产出乘以单位标准成本所计算的生产成本就不是当期应该发生的生产成本。而先进先出法计算的产量是当月的净产量，不包括其他月份的产量，因而用此数量乘以单位标准成本代表着当月应该发生的标准生产成本。

第三步，结转分配生产成本。将成本结转、分配到完工产品、正常废品、非正常废品以及月末在制品上时，用相应的约当产量乘以预先设定的单位标准成本即可。

结转、分配到完工产品上：

直接材料：900 × 38 = 34 200（万元）；

直接人工：900 × 6 = 5 400（万元）；

制造费用：900 × 16 = 14 400（万元）；

合计结转：34 200 + 5 400 + 14 400 = 54 000（万元）或者 900 × 60 = 54 000（万元）。

结转、分配到正常废品上：

直接材料：9 × 60% × 38 = 205. 2（万元）；

直接人工：9 × 40% × 6 = 21. 6（万元）；

制造费用：9 × 40% × 16 = 57. 6（万元）；

合计结转：205. 2 + 21. 6 + 57. 6 = 284. 4（万元）。

结转、分配到非正常废品上：

直接材料：11 × 60% × 38 = 250. 8（万元）；

直接人工：11 × 40% × 6 = 26. 4（万元）。

制造费用：11×40%×16=70.4（万元）；
合计结转：250.8+26.4+70.4=347.6（万元）。

结转、分配到期末在制品上：
直接材料：80×20%×38=608（万元）；
直接人工：80×40%×6=192（万元）；
制造费用：80×40%×16=512（万元）；
合计结转：608+192+512=1 312（万元）。

在标准成本会计核算系统中，废品的核算有如下方法：

正常废品成本不结转到完工产品上，而是记录到差异中。

注意：CMA考试中，一般不用此方法。实际工作中，一般是将正常废品的成本记录到差异中。预先设定的标准成本里没有考虑废品，即此标准成本考虑的废品率为0，就像此例中的WIP1的直接材料成本是380K元，直接人工成本是60K元，制造费用是160K元。但注意：此标准成本虽然没考虑正常废品率，但已经考虑了直接材料、直接人工、制造费用正常的额外损耗，因为实际工作中不可能直接材料一点浪费都没有，没有事物和人是完美无缺的。

实际运营中，在这种情况下如果出现废品，应计入废品差异。

这样标准成本不会被正常废品成本调整，因而标准成本始终保持一致，在整个会计核算中可以“一标到底”，即产成品存货使用标准成本，随着销售的发生，借记销货成本时也用同一的标准成本，即销售数量乘以相应的标准成本。注意：即使标准成本核算系统产生差异，而且如果差异往产成品、在产品和销货成本上分摊时，也是总额调整到相应的存货里，单位标准成本并不调整，因为这样是为了避免实际成本法的较大的变动以及保存标准成本核算的简单性。

续用上面的例子，A、B：结转分配生产成本

结转、分配到完工产品上：
- 直接材料成本：900×380K=342 000K。
- 直接人工成本：900×60K=54 000K。
- 制造费用成本：900×160K=144 000K。
- 合计结转、分配到完工产品上的总生产成本为：342 000K+54 000K+144 000K=540 000K，或者900×600K=540 000K。

会计分录为：借：WIP2——转入半成品　　540 000K

贷：WIP1　　540 000K

注意：在结转分配成本时，因为单位产品成本只有一种，即标准成本，因此，也不存在像实际成本法里的先进先出的理念。

结转、分配到正常废品上：

- 直接材料：9×60%×380K＝2 052K；
- 直接人工成本：9×40%×60K＝216K；
- 制造费用：9×40%×160K＝576K；
- 合计结转：2 052K＋216K＋576K＝2 844K。

结转、分配到非正常废品上：

- 直接材料：11×60%×380K＝2 508K；
- 直接人工成本：11×40%×60K＝264K；
- 制造费用：11×40%×160K＝704K；
- 合计结转：2 508K＋264K＋704K＝3 476K。

正常废品和非正常废品合计起来制定会计分录为：

借：废品差异　　2 844K＋3 476K

贷：WIP1　　2 844K＋3 476K

结转、分配到期末在制品上：

- 直接材料成本：80×20%×380K＝6 080K；
- 直接人工成本：80×40%×60K＝1 920K；
- 制造费用：80×40%×160K＝5 120K；
- 合计结转：6 080K＋1 920K＋5 120K＝13 120K。

第三，生产成本报告或验证。

在制品科目左面的成本为：125×60%×380K＝28 500K（期初存货的标准直接材料成本）＋125×50%×60K＝3 750K（期初存货的标准直接人工成本）＋125×50%×160K＝10 000K（期初存货的标准制造费用成本）＋324 140K＋52 650K＋140 400K＝559 440K。

通过计算、结转分配到在制品科目右边的成本是：540 000K＋2 844K＋3 476K＋13 120K＝559 440K，结果一模一样！

将正常废品的成本转到完工产品上。

注：CMA 考试中一般用此方法。将正常废品的成本转到完工产品上，从而加大了单

位产品的标准成本。续用上例，进一步的会计核算为：

第四，结转分配生产成本。结转、分配到在 WIP1 完工产品、非正常废品上以及 WIP1 的月末在制品上。

结转分配到完工产品上：

- 直接材料成本：900 ×380K +9 ×60% ×380K =342 000K +2 052K =344 052K，从而单位直接材料成本变为：344 052K/900 =382. 28K，大于原来的 380K；
- 直接人工成本：900 ×60K +9 ×40% ×60K =54 000K +216K =54 216K，从而单位直接人工成本变为：54 216K /900 =60. 24K，大于原来的 60K；
- 制造费用成本：900 ×160K +9 ×40% ×160K =144 000K +576K =144 576K，从而单位制造费用成本变为：144 576K /900 =160. 64K，大于原来的 160K；
- 合计结转分配到完工产品上的总生产成本为：344 052K +54 216K +144 576K =542 844K，从而单位发动机成本变为：542 844K /900 =603. 16K，大于原来的 600K。

会计分录为：DR：WIP2——转入半成品@542 844K，CR：WIP1@542 844K。

结转、分配到非正常废品上：

- 直接材料：11 ×60% ×380K =2 508K；
- 直接人工成本：11 ×40% ×60K =264K；
- 制造费用：11 ×40% ×160K =704K；
- 合计结转：2 508K +264K +704K =3 476K。

会计分录为：DR：管理费用——非正常废品@3 476K，CR：WIP1@3 476K。

结转、分配到期末在制品上：

- 直接材料成本：80 ×20% ×380K =6 080K；
- 直接人工成本：80 ×40% ×60K =1 920K；
- 制造费用：80 ×40% ×160K =5 120K；
- 合计结转：6 080K +1 920K +5 120K =13 120K。

第五，成本核算检验。

在制品账户左边：42 250K +517 190K =559 440K，账户右边：542 844K +3 476K +13 120K =559 440K，完全相等。

注意：本人认为这种做法在现实中行不通，因为正常废品成本调整标准成本从而使得产品成本会不断发生变化，从而减弱了标准成本核算简单、成本稳定的优点。

线 2：记录实际发生的生产成本，然后核算差异

每月同时归集当月实际发生的直接材料成本、直接人工成本、制造费用成本。对比当月实际发生的生产成本和当月标准生产成本（即应该发生的生产成本），从而计算出差异。为了更符合实际工作，下面结合 ERP 计算机系统讲解标准成本差异的核算。因为使用标准成本制度的企业都必须使用 ERP 计算机系统来完成，手工核算不现实！

差异的基础知识

有利差异也叫作顺差，是指可以增大利润（即增加收入或降低成本）的差异；不利差异也叫作逆差，是指减少利润（即减少收入或增加成本）的差异。有时，有利差异用“F”（favorable 的首字母）来表示，不利差异用“U”（unfavorable 的首字母）来表示。对比差异时本书统一用实际减去标准。

真实情形一定是：生产成本差异是在实际产量基础上产生的，而非在实际销量基础上产生的！具体方法如下：每个月归集当期实际产量所耗用的实际生产成本（包括直接材料、直接人工、变动制造费用和固定制造费用），然后与实际产出同样数量应该耗用的生产成本（等于实际产量乘以标准的单位生产成本，包括直接材料、直接人工、变动制造费用和固定制造费用）进行比较，从而计算出差异并可以得知生产成本控制的好与坏。

注意：生产成本差异的计算是基于实际生产量，而非实际销量，原因在于这样能让管理层更早、更及时地发现问题，从而及时地改正改进。否则到了产品销售后才计算和发现差异，已经太晚。同样道理可用于解释为什么一般企业都用材料采购价格差异代替建立在实际材料用量基础上的材料价格差异。这些都同时符合了相应的会计准则（重要性原则）。

目前，企业基本都使用计算机会计核算系统，专业名称为 ERP。ERP 的使用大大促进了差异计算，差异基本都是计算机自动计算产生的，因而差异核算变得非常简单。

讲解差异计算公式

这些差异公式很重要，在选择 ERP 系统时可告诉 ERP 公司这些差异公式，让他们在 ERP 中自动计算，不用手工计算，非常简单、便捷。

生产成本差异

直接材料成本差异，包括：

- 直接材料价格差异；

- 直接材料用量差异。

■ 组合差异；

■ 产出差异。

直接人工成本差异，包括：

- 直接人工工资率差异。
- 直接人工效率差异。

■ 组合差异（高级工人/中级/低级）；

■ 产出差异。

变动制造费用差异，包括：

- 花费差异。
- 效率差异。

固定制造费用差异，包括：

- 花费差异。
- 产量差异。

差异公式记忆小窍门（适用于所有差异）：

- 差异统一用实际减去标准。
- 价格差异是先价格相减再乘以实际总量；用量差异则是先总量相减再乘以标准价格。
- “什么”差异就把“什么”的实际减标准放在前面括号里。举例，直接材料用量差异，则将直接材料实际总用量减标准总用量放在前面括号里，直接人工工资率差异，则将直接人工实际工资率减标准工资率放在前面括号里。
- 百分比差异，如组合差异等，与价格差异的规律相同。

为方便理解，下面结合案例讲解。此案例是大家非常熟悉的食品行业，之所以没有延续大型挖掘机的例子，是因为实际工作中或考试中可能会涉及直接材料组合差异和产出差异的计算，这在挖掘机的例子中无法体现。

案例：一中餐连锁店企业，公司中文名称为吃是福，英文名称为 NAD。公司与全世界各大知名饭店合作，在这些饭店中专供一道享誉全球的菜肴——宫保鸡丁（鸡腿肉做的，不是鸡胸肉做的），“一招鲜、走遍天”。公司因为只有一种产品，所以使用分步法成本核算体系。因篇幅有限，假设直接材料就三种：鸡腿肉丁、胡萝卜丁、油。一盘菜的标准配方需要 3 两鸡腿肉丁、2 两胡萝卜丁、3 两油，共计 8 两食材。直接材料的标准（采购）价格分别为：鸡腿肉每两 3 元，胡萝卜每两 0.5 元，油每两 2 元。

但在今年第二季度开始后，公司感受到巨大的成本压力，材料成本增加、人工成本增加、房租增加等。另外，考虑当今顾客青睐养生，不太喜欢吃太油腻的食品及太多的肉，而是喜欢多吃蔬菜。因此，相关经理决定尝试不同材料之间相互代替，让组合的比例发生变化，便宜的食材占比更大一些以削减生产成本，但同时菜品的口味和质量不能有任何降低。通过材料组合的变化，公司既能提升产品的吸引力又能大幅降低成本。

5 月，公司决定改变配方，改变后最终一盘菜的实际发生数据为：2.7 两鸡腿肉丁（每两实际价格 3.5 元）、5 两胡萝卜丁（每两实际价格 0.1 元）、2.5 两油（每两实际价格 2 元），共计 10.2 两食材。5 月共生产 18 620 份宫保鸡丁。

生产成本差异之直接材料成本差异：是指当期实际产量所耗用的实际直接材料成本，和当期实际产量标准/应该耗用的直接材料成本（即实际产量乘以单位产品直接材料的标准耗用数量，然后再乘以每计量单位直接材料的标准单价）之间的差异，比如刚才一盘宫保鸡丁标准耗用 3 两鸡腿肉，1 两鸡腿肉的标准采购单价为 3 元。直接材料成本差异分解成直接材料价格差异和直接材料用量差异。

直接材料价格差异公式。单种直接材料（即生产的产品只有一种直接材料）：

直接材料价格差异 =（单位直接材料实际采购单价 - 标准采购单价）× 该直接材料当期实际总耗用量。**多种直接材料**（基本上所有企业的产品都是由多种直接材料制成，使用单一直接材料制成的产品基本不存在）：直接材料价格差异按上述公式分别计算每种直接材料的价格差异，然后加总。

NAD 公司的直接材料价格差异计算如下：

鸡肉：(3.5 - 3) × 18 620 × 2.7 = 25 137（元）（不利差异）

胡萝卜丁：(0.1 - 0.5) × 18 620 × 5 = - 37 240（元）（有利差异）

油：(2 - 2) × 18 620 × 2.5 = 0（元）

合计：25 137 - 37 240 = - 12 103（元）（有利差异）

注意：在实际工作中一般都采用直接材料**采购价格**差异（purchase price variance, PPV），而不是上面讲的直接材料价格差异。PPV 公式和直接材料价格差异公式的唯一区别是：所乘数量是直接材料当期实际采购量，而不是当期在生产中的实际直接材料总耗用量。这样做是因为材料成本一般是企业所有成本中最重要的部分之一，采购价格的控制在整个企业成本控制中至关重要。很多企业材料采购一段时间以后才上生产线进行生产、耗用，PPV 是一经采购就可以计算的材料价格差异，比起传统的只有生产耗用后才计算的材料价格差异能为管理层更及时地提供信息，以便更快地采取改进措施。另外，根据会计的重要性原则，两种计算价格差异的方法对企业的影响不大，因为以时间来讲，每年材料采购量和材料消耗量差别不大。因此，PPV 完全可以在企业使用。

注意：现代会计人员应将为企业增值、为企业提升效益作为自己的根本使命，从而由传统的、机械的会计核算转型至管理会计，即使在会计核算中也要考虑如何能最大化为企业增值。PPV 就是其中一个典型例子，利用会计的重要性原则，由传统的材料价格差异改善至材料采购价格差异（PPV），这样既符合会计准则又帮助提升企业管理和提升企业绩效。同样在会计核算中通过革新来为企业显著增值提升效益的例子还有很多，例如标准成本法、后推成本法、作业基础成本法、正常成本法等。

直接材料用量差异公式。**单种直接材料**：直接材料用量差异 =（当期实际耗用的直接材料总量 - 根据当期实际生产量预计应该耗用的标准直接材料总量）×该直接材料标准采购单价。

多种直接材料：直接材料用量差异按上述公式分别计算各单种直接材料用量差异，然后加总。

直接材料用量差异计算如下：

鸡肉：(18 620 × 2.7 - 18 620 × 3) × 3 = -16 758（元）（有利差异）；

胡萝卜丁：(18 620 × 5 - 18 620 × 2) × 0.5 = 27 930（元）（不利差异）；

油：(18 620 × 2.5 - 18 620 × 3) × 2 = -18 620（元）（有利差异）；

合计：-16 758 + 27 930 - 18 620 = -7 448（元）（有利差异）。

练习题：一家企业生产某种产品，一件产品预算用 4 盎司的橡胶，每一盎司橡胶的预算金额是 0.0302 元。目前企业采购了 728 000 盎司的橡胶，采购价格是 0.0304 元，用了 725 000 盎司，生产出了 175 000 件产品。则材料的数量差异是（　　）元。

A. 7 550　　B. 8 000　　C. 1 280　　D. 755

解析：材料用量差异 =（实际总用量 - 标准总用量）× 标准价格 =（725 000 - 175 000 × 4）× 0.0302 = 755（元），选 D。

在手机、机械制造（如挖掘机等）等行业，不会出现直接材料之间的相互替代，比如不可能少用 2 个车轱辘，多增加 6 个后视镜等，但在化工、食品饮料、纺织品等众多行业，产品使用的直接材料经常是可以相互替换。比方说，在某产品中直接材料 A 减少些，直接材料 B 增加些，也就是说 A 的占比少一些，B 的占比大一些，由此不同直接材料的组合比例就发生了变化。很多企业经常巧妙、智慧地通过不同直接材料的组合比例的变化来降低成本，提升产品性能，增加产出效率。这里的不同直接材料的组合比例发生变化就是意味着企业的产品配方发生了变化。需要注意的是，企业为达到降低成本的目的而变化材料组合时，底线是不能引来客户的抱怨等负面影响。

直接材料组合比例发生变化后，直接材料用量差异可进一步细分为直接材料组合差异和直接材料产出差异。

组合差异：产品最初设定一个标准的直接材料用量组合比例，即每种直接材料用量占该产品所有直接材料总用量的比例，统一的配方是为了保证产品的质量和生产的效率。但产品配方的直接材料用量组合比例可能会因形势而发生变化。

组合差异公式：先计算每种直接材料的组合差异，然后加总。每种直接材料的组合差异 =（该种材料新的组合比例 - 该种材料标准的组合比例）× 当期所有直接材料合计实际总用量 × 该种直接材料的单位标准成本。注意：组合差异公式中千万不能用某种直接材料的实际总用量，而是用所有直接材料的合计实际总用量。

组合差异如下：

鸡肉：(2.7/10.2 - 3/8) × 18 620 × 10.2 × 3 = -62 675（元）（有利差异）；

胡萝卜丁：(5/10.2 - 2/8) × 18 620 × 10.2 × 0.5 = 22 791（元）（不利差异）；

油：(2.5/10.2 - 3/8) × 18 620 × 10.2 × 2 = -49 380（元）（有利差异）；

合计：-62 675 + 22 791 - 49 380 = -89 264（元）（有利差异）。

产出差异：先计算每种直接材料各自的产出差异然后加总。单种直接材料的产出差异 =（当期所有直接材料的实际总用量 - 当期实际产量的标准的所有直接材料总用量）× 该种直接材料的标准组合百分比 × 该种直接材料标准单位成本。

鸡肉：(18 620 × 10.2 - 18 620 × 8) × 37.5% × 3 = 46 084.50（元）（不利差异）；

胡萝卜丁：(18 620 × 10.2 - 18 620 × 8) × 25% × 0.5 = 5 120.50（元）（不利差异）；

油：(18 620 × 10.2 - 18 620 × 8) × 37.5% × 2 = 30 723（元）（不利差异）；

合计：46 084.50 + 5 120.50 + 30 723 = 81 928（元）（不利差异）。

上面公式也可以合为一个，即：直接材料产出差异 =（实际所有直接材料总耗用量 - 标准所有直接材料总耗用量）× 每两直接材料的标准加权平均成本，即：(18 620 × 10.2 - 18 620 × 8) × (37.5% × 3 + 25% × 0.5 + 37.5% × 2) = 81 928（元）。其中“(37.5% × 3 + 25% × 0.5 + 37.5% × 2)”是标准的每两直接材料的加权平均成本。另外，此等式左边第一个括号中的数据除以一个产成品（即一盘宫保鸡丁）的标准直接材料用量（即 8 两），第二个括号的数据乘以一个产成品（即一盘宫保鸡丁）的标准直接材料用量（即 8 两），则上述公式变为：(18 620 × 10.2/8 - 18 620) × (37.5% × 3 + 25% × 0.5 + 37.5% × 2) × 8 = 81 928（元）。此时公式的几个要素的寓意变为：①当期实际所有直接材料总投入量应该能产出的产成品数量。按标准，投入 8 两就可以炒出一盘宫保鸡丁，当期实际直接材料的总投入量为 18 620 × 10.2 = 189 924（两），因此，应该能炒出 18 620 × 10.2/8 = 23 740.5（盘）宫保鸡丁。②但实际产出是 18 620 盘宫保鸡丁。③每个产成品的标准直接材料成本 (37.5% × 3 + 25% × 0.5 + 37.5% × 2) × 8，因为每个产成品用 8 两直接材料，每两直接材料的平均成本为 (37.5% × 3 + 25% × 0.5 + 37.5% × 2)。因此，整个公式的寓意变为：（当期实际所有直接材料总投入量应该标准产出的产成品数量－实际的产成品产出数量）×标准单位产成品的直接材料成本，这就是为什么此差异被称为产出差异。

但个人认为上述差异叫作产出差异较为费解，因为人们很难理解直接材料用量差异怎么能分解出产出差异，直接材料用量差异和产出差异看似“风牛马不相及”。因此，个人建议产出差异应该称作直接材料纯用量差异或简称纯用量差异，因为此用量差异是建立在标准组合比例不变的情况下，意思是排除了材料组合差异的干扰。而直接材料用量差异相当于“毛用量差异”，即里面混合了直接材料组合比例变化的影响。

直接材料用量差异合计＝－89 264（有利组合差异）＋81 928（不利产出差异）＝－7 336（有利差异）

实际工作中可能还有进一步的差异分解，具体要视企业的需要。

生产成本差异之直接人工成本差异：是指当期实际产量所耗用的总的实际直接人工成本，和当期实际产量所标准/应该耗用的总的直接人工成本（即实际产量乘以单位产品耗用标准直接人工小时数，然后再乘以每直接人工小时标准的直接人工成本）之间的差异。直接人工成本差异分解成直接人工工资率差异和直接人工效率差异（也称直接人工工时用量差异）。

直接人工工资率差异＝（直接人工的实际每小时工资－标准每小时工资）×当期实际产量实际耗用的直接人工小时数总量

直接人工效率差异＝（当期实际耗用直接人工小时数总量－当期实际产量标准耗用直接人工小时数总量）×标准每小时直接人工工资

沿用上面案例，假设公司拥有30名厨师、配菜等操作工（直接人工数量），上年末制定的标准每工时人工工资为20元。另外，经过测算以及与行业标准进行对比，最终确定为每盘菜标准耗用直接人工工时为0.05小时。

该月实际发生的直接人工工资为115 200元，实际出菜18 620盘，人事部打卡考勤统计实际直接人工小时数为4 800小时。从而实际每直接人工小时工资为24元（115 200/4 800）。

直接人工成本差异计算如下：

直接人工工资率差异：(24－20)×4 800＝19 200（元）（不利差异）；

直接人工效率差异：(4 800－18 620×0.05)×20＝77 380（元）（不利差异）；

合计差异：19 200＋77 380＝96 580（元）（不利差异）。

另外，因为直接人工中也有不同类别的直接人工，比如高级的（如技术工种等）、中级的、低级的等，他们之间是可以相互替代的，所以直接人工效率差异可以进一步分为：组合差异（高级工人/中级工人/低级工人）和产出差异。其计算方法和直接材料的完全相同。

生产成本差异之变动制造费用差异：变动制造费用一般包括水电费、间接材料等。如果变动制造费用额度比较大，则将变动制造费用单独列示为产品标准成本的一部分，即产品的标准成本分为直接材料成本、直接人工成本、变动制造费用、固定制造费用。

变动制造费用差异和直接人工成本差异算法相同，只是称谓上改成每小时变动制造费用和直接人工小时数/机器小时数等，差异名称上工资率差改为**变动制造费用花费/开支差异**，而量差改成**变动制造费用效率差异**。一般来讲，企业的变动制造费用若绝大部分是水电费、机器维护费，则应选择机器小时为成本动因；如果直接人工相关的变动制造费用项目金额占比高，则应选择直接人工小时作为成本动因。

变动制造费用如果以直接人工小时作为成本动因，则变动制造费用效率差异和直接人工效率差异是同因的，即公式中都是（当期实际总耗用直接人工小时数量 - 当期实际产量标准的直接人工小时总耗用量），因而变动制造费用效率差异是有利差异，则直接人工效率差异肯定是有利差异，若直接人工效率差异是不利差异，则变动制造费用效率差异也是不利差异等。

变动制造费用差异的意义：在同一实际产出水平上，实际消耗的变动制造费用和标准消耗的变动制造费用之间的差异。因为变动制造费用差异是建立在当期同一实际产出基础上，因此，变动制造费用差异反映了可控成本控制的业绩以及企业内部管理效率的业绩。变动制造费用差异可分解为花费差异和效率差异。

变动制造费用花费差异，等于每成本动因其实际价格与标准价格的差额，然后乘以实际总投入成本动因的数量，体现了在价格开支方面的差异，反映了企业采购部门在采购价格方面控制的业绩。

变动制造费用效率差异，是指在同一实际产出基础上所实际投入的总的某成本动因（如机器小时或人工小时）的数量和预计所投入的标准的总的成本动因数量的差异，反映了相关运营部门投入和产出的效率，计算时后面乘上标准的该成本动因的价格。

下面通过案例讲解变动制造费用差异的计算。假设 MNO 企业 20×7 年的变动制造费用预算总额为 200 万元，预算产量为 2 万台电视机。公司选择机器小时为成本动因，因为变动制造费用里主要是电费等能源费，预算每台产品耗用 5 个机器小时，预计 20×7 年机器小时为 10 万个小时（2 万×5），因此预计的每机器小时变动制造费用为 20 元

（200 万/10 万）。

20×7 年底后，企业实际产量为 3 万台电视机，实际总变动制造费用为 280 万元，实际耗用机器小时为 12 万小时。则：当期生产 3 万台产品耗费的实际变动制造费用为 280 万元，当期实际生产 3 万台产品所分摊的标准变动制造费用（或者称作当期实际生产 3 万台产品所应该发生的标准变动制造费用）为 300 万元（3 万×5 小时×20 元），因此总变动制造费用预算差异为－20 万元（280 万－300 万）有利差异。进一步细分差异如下：

● 变动制造费用花费差异＝（每成本动因实际变动制造费用－每成本动因标准变动制造费用）×当期实际总耗用的成本动因数量＝（280 万/12 万－20）×12 万＝40（万元）（不利差异）

● 变动制造费用效率差异＝（当期实际总耗用的成本动因数量－实际生产 3 万台产品标准耗用总成本动因数量）×每成本动因标准变动制造费＝（12 万－3 万×5）×20＝－60（万元）（有利差异）

● 合计变动制造费用差异＝40－60＝－20（万元）（有利差异）

注意：标准成本差异一定不能用当期实际发生的总变动制造费用 280 万元直接和预算的当期总的变动制造费用 200 万元作对比。标准成本差异一定是建立在同一当期实际产量的基础上，即用当期实际产量实际发生的变动制造费用和当期实际产量所分摊的（也叫所应该发生的）标准变动制造费用作对比。所谓分摊，即当期实际产量乘以单位标准成本。

注：如果企业有多个产品，则先预计每个产品要发生的机器小时数量，然后加总得出预计的总的机器小时数量。

练习题：基本信息如下：

	产量（个）	单位机器工时	每工时变动制造费用（元）
实际	9 800	3.0	1.9
预算	10 000	2.5	2.0

问题：计算变动制造费用差异、变动制造费用效率差异、变动制造费用支出差异。

解析：变动制造费用差异＝9 800×3×1.9－9 800×2.5×2＝6 860（万元）（不利差异）。变动制造费用效率差异＝（9 800×3－9 800×2.5）×2＝9 800（万元）（不利差异）

开支差异＝（1.9－2）×9 800×3＝－2 940（万元）（有利差异）

生产成本差异之固定制造费用差异：固定制造费用差异是当月企业实际发生的固

定制造费用和根据当月实际产量分摊到产品上的标准固定制造费用之间的差异。假设一个产成品的标准固定制造费用为 280 元，如果当月生产了 1 500 件产品，则有 1 500 × 280 = 420 000（元）分摊到产成品上，这 420 000 元即为根据当月实际产量分摊到产品上的标准固定制造费用，相当于实际生产 1 500 件产品应该标准发生的固定制造费用。

但对比当月企业实际发生的固定制造费用和根据当月实际产量分摊到产品上的标准固定制造费用很难一下找到问题的症结，因为分摊到产品上的标准固定制造费用是随着产量变化而变化的，但固定制造费用是相对固定的，所以随产量分摊的标准固定制造费用看上去不尽合理，因为固定制造费用顾名思义是相对固定的，不应该随产量不同而正比例变化，这样对比得出的差异也很难说明问题。

因此，在分解差异时，将不可控的因素挖掘出来，便可找到问题的症结。方法是在当期实际发生的固定制造费用和根据实际产量分摊的标准固定制造费用中间放置预算的当期的固定制造费用。从而固定制造费用差异分解如下：固定制造费用花费/开支差异（有时候又称作固定制造费用预算差异） = 当期实际发生的固定制造费用 - 当期预算的固定制造费用。固定制造费用产量差异 = 当期预算的固定制造费用 - 根据实际产量分摊的标准固定制造费用。

注意：顺序一定是实际固定制造费用 - 预算固定制造费用，然后预算固定制造费用 - 根据实际产量分摊的标准固定制造费用。千万不要记错！

例题：假设 HJL 公司当月实际发生的固定制造费用是 360 000 元，实际生产了 1 500 件产品。当月预算的固定制造费用为 280 000 元，预算产量为 1 000 件，每件产品预算的固定制造费用分摊率为 280 元，因此形成：360 000 相比 280 000 相比 1 500 × 280（实际产量分摊的标准固定制造费用）。其中，360 000 - 280 000 = 80 000（元），这是花费差异，说明实际发生的固定制造费用比预算多花了 80 000 元。花费差异是可控的！另外，因为分摊率的计算 = 预算的固定制造费用/预算的产量 = 280 000/1 000 = 280（元），1 000 × 280 = 280 000（元），因此有：280 000 - 1 500 × 280 = 1 000 × 280 - 1 500 × 280 = （1 000 - 1 500）× 280 = -140 000（元），因此，产量差异的公式 = （预算产出 - 实际产出）× 单位标准的固定制造费用。这是固定制造费用因当初预算产量和实际产量不同产生的差异，简称产量差异。产量差异一般来讲是不可控的，但它反映产能的利用程度，即预计产量和实际产量的对比。

注意：固定制造费用差异产生较特殊，即分摊到产出产品时，固定费用变为变动成本形式了，因而分析要特殊对待！除了固定制造费用以外的其他生产成本差异不会这样做，因为其他成本（直接材料、直接人工、变动制造费用）本身就是变动成本，理应随着产量变化而变化，如果有差异存在就预示着可能有问题，而固定制造费用有差异不一定有问题，要先将不可控的产量差异分出来。

如果企业有多种产品，固定制造费用的标准成本不能简单地使用“年度总的预算的固定制造费用除以所有不同产品预计的总产量”来计算。因为不同产品消耗的固定制造费用的资源不同，比如高端智能手机制造需要耗用更多的机器小时和工艺流程的设计费用等固定制造费用，而普通手机对这些费用的耗用就少得多，因此，这样计算的单位产品标准制造费用成本不准确，也不合理。可取的方法是：第一，确定适合的成本动因，如机器小时、直接人工小时等；第二，预计所有产品一年耗用的总成本动因数量；第三，预计全年总的固定制造费用；第四，用预计全年总的固定制造费用除以全年所有产品耗用的总成本动因数量，得出每单位成本动因（如每直接人工小时/机器小时等）的预计固定制造费用；第五，用每种产品单位预计耗用成本动因数量乘以单位成本动因的标准制造费用，得出每种产品的标准的固定制造费用成本。

注意：分摊的标准固定制造费用千万不要用实际工时数量乘以标准单位工时的固定制造费用，应该是用实际产量乘以单位产品标准工时数量再乘以单位工时标准的固定制造费用。实际产量乘以单位标准工时不等于实际工时数量！

例题：假设选择直接人工小时作为成本动因，A、B 和 C 三种产品 5 月的实际产出分别为 400 件、500 件和 600 件，共计 1 500 件。预算全年的固定制造费用为 3 360 000 元，预计三种产品年总产量为 12 000 件，包括 A 产品 3 000 件，B 产品 4 000 件，C 产品 5 000 件；另外，A 产品每件预计消耗直接人工小时 1 小时，B 产品 2 小时，C 产品 3 小时。5 月实际固定制造费用为 32 万元。另外假设预算的固定制造费用每月相同。

因此，预算该年总直接人工小时 $=3\ 000\times1+4\ 000\times2+5\ 000\times3=26\ 000$，预算每直接人工小时固定制造费用 $=3\ 360\ 000/26\ 000=129.23$（元）。三种产品的标准固定制造费用成本分别为：A：$129.33\times1=129.33$（元），B：$129.33\times2=258.66$（元），C：$129.33\times3=387.99$（元），分摊到三种产品上的标准固定制造费用分别为：A：$400\times129.23=51\ 692$（元）；B：$500\times258.66=129\ 330$（元）；C：$600\times387.99=232\ 794$（元）。

注意：固定制造费用的差异分成固定制造费用开支差异和产量差异。产量差异很简单而且容易理解。固定制造费用开支差异，在实际工作中就体现在每个月的成本中心报告中。一般企业都会在各个职能部门设立成本中心，其中生产部一般都要细分到各个子部门。每年企业按明细费用科目（如工资、办公费、差旅费、培训费等）为每个成本中心做预算，每个月按明细费用科目记录实际发生额，每个月按费用明细科目对比实际发生额和预算额，然后分析原因。如此车间的成本中心报告实际上就可以反映固定制造费用开支差异。

另外注意：实际工作中，还可能有其他差异，例如标准成本调整差异（标准成本进行定期调整时就会产生标准成本调整差异）等。企业是否还需计算、分析其他差异，要视具体的运营及管理要求而定。实际工作中，不用担心如何计算这么多差异，只要告诉ERP公司，ERP会自动计算这些差异，但前提是你要知道和理解这些差异。

差异分摊

期末，差异科目都要清空。具体有以下两种处理方式：第一，差异金额如果不是很大，则直接进入损益表，放在标准销货成本下方；第二，如果差异金额很大，则按比例分摊到销货成本、产成品成本和在产品成本等。差异不同，分摊的对象也不同。例如，直接材料采购价格差异要分摊进原材料存货、在产品存货、产成品存货和销售成本，而直接材料用量差异只需分摊到在产品存货、产成品存货和销货成本。分摊方法有好几种，具体采用哪种方法要看会计准则的现行规定。**下面介绍差异分摊方法之权重分配法**。

案例，A公司某期间当期各种差异合计为有利差异500万元，期末产成品成本为1 000万元（标准成本计价），在产品成本为50万元（标准成本计价），当期销货成本金额为3 950万元（标准成本计价），则差异分摊如下：

期末产成品成本 = 500 × 1 000/(1 000 + 50 + 3 950) = 100（万元）

期末在产品成本 = 500 × 50/(1 000 + 50 + 3 950) = 5（万元）

当期销售成本 = 500 × 3 950/(1 000 + 50 + 3 950) = 395（万元）

标准成本核算过程总结

线1：产品一售出，ERP系统自动产生初版损益表，具体如下。

初版损益表

标准销售收入：实际销量 × 标准售价
减　标准销货成本，包括：
标准直接材料成本：实际销量 × 标准单位直接材料成本
标准直接人工成本：实际销量 × 标准单位直接人工成本
标准变动制造费用成本：实际销量 × 标准单位变动制造费用成本
标准固定制造费用成本：实际销量 × 标准单位固定制造费用成本
标准毛利

初版损益表可以被称为弹性预算损益表。

线 2：归集实际发生的产品生产成本。

标准成本差异（也叫作弹性预算差异），实质上是在实际产量（而不是在实际销量）基础上产生的，即实际产量所实际消耗的生产成本和实际产量所应该耗用的标准成本（也叫作分摊/分配的标准成本）的差异，包括直接材料、直接人工、变动制造费用和固定制造费用差异。如果差异较大，则在销售成本和存货之间分摊；如果差异不是特别大，则直接调整进入销货成本。这样最终损益表就完成了。

标准销售收入：实际销量 × 标准售价 +/ - 销售价格差异

－ 标准销货成本，包括：
标准直接材料成本：实际销量 × 标准单位直接材料成本
标准直接人工成本：实际销量 × 标准单位直接人工成本
标准变动制造费用成本：实际销量 × 标准单位变动制造费用成本
标准固定制造费用成本：实际销量 × 标准单位固定制造费用成本

+/ - 生产成本差异，包括：
- 直接材料价格差异
- 直接材料用量差异
■ 组合差异
■ 产出差异
- 直接人工工资率差异
- 直接人工效率差异
■ 组合差异（高级工人/中级/低级）
■ 产出差异
- 变动制造费用花费差异
- 变动制造费用效率差异
- 固定制造费用花费差异
- 产量差异

实际毛利

上面的差异也称作弹性预算差异（用 C 表示）+ 初版损益表（弹性预算损益表，用 B 表示）= 最终版损益表（用 A 表示），因此，**实际最终版损益表（A）－弹性预算损益表（B）= 弹性预算差异（C）**，即前面详细讲述的直接材料价差、直接材料用量差异、直接人工工资差异、直接人工效率差异、变动制造费用相关差异、固定制造费用相关差异、销售价格差异。

下面通过图示再完整地展示一下标准成本系统的运营过程。因篇幅限制，我们忽略了每个 WIP 的核算（否则内容太多，无法通过一张图展示），而是在产成品产出后，借记“产成品”，贷记“直接材料”“直接人工”“制造费用”等标准成本。这种方法叫作后推成本法，我们在后面会详细讲述。后推成本法之标准成本法在实际工作中应用很多。如果不用后推成本法，则是通过 WIP/在制品科目产生标准成本差异。每个 WIP 的核算与下面图中的产成品核算部分道理相同，学会了此图，也就意味着掌握了逐个 WIP 进行标准成本核算。

案例及图示：MNO 公司刚开始生产手机，规模尚小。20×7 年 11 月实际生产 1 500 台手机，卖出 1 200 台。相对应的预算为：11 月生产 1 000 台（假设企业使用后推成本法），卖出 900 台；标准成本：每台手机直接材料 500 元，直接人工 100 元，变动制造费用 20 元，固定制造费用 280 元（固定制造费用的分摊率是上年年末制定的，全年固定制造费用预算为 3 360 000 元，预计一年生产 12 000 台手机，均匀生产）。另外，每台手机标准售价 2 000 元，实际售价 2 100 元。

一台手机的标准成本是 900 元，其中包括：

原材料成本 500 元（一台手机标准耗用 100 个零件，每个零件平均 5 元）；

直接人工成本 100 元（一台手机标准耗用 5 人工小时，每人工小时 20 元）；

变动制造费用 20 元（一台手机标准耗用 5 人工小时，每人工小时的变动制造费用 4 元）；

固定制造费用 280 元（年固定制造费用预算为 3 360 000 元，年总产量预计 12 000 台）。

每天产成品一生产出来，计算机系统即“借：产成品@标准成本，贷：直接材料成本、直接人工成本、变动制造费用和固定制造费用@各自的标准成本”。假设一天生产了 60 台手机，一输进计算机，系统则自动产生“借：产成品@60×900，贷：原材料成本@60×500、直接人工成本@60×100、变动制造费用@60×20、固定制造费用@60×280”，随之产生产成品账。

计算机系统每天如此自动产生会计分录、形成产成品账，假设到了月底共生产出 1 500 台手机，因此“借：产成品@1 500×900，贷：原材料@1 500×500、直接人工@1 500×100、变动制造费用@1 500×20、固定制造费用@1 500×280”。贷方数值是根据实际产量分摊过来的标准生产成本，但这毕竟不是实际发生的生产成本，因此，要对比标准成本和当月各自实际发生的成本从而得出差异，差异分别是直接材料成本差异、直接人工成本差异、变动制造费用差异、固定制造费用差异等。

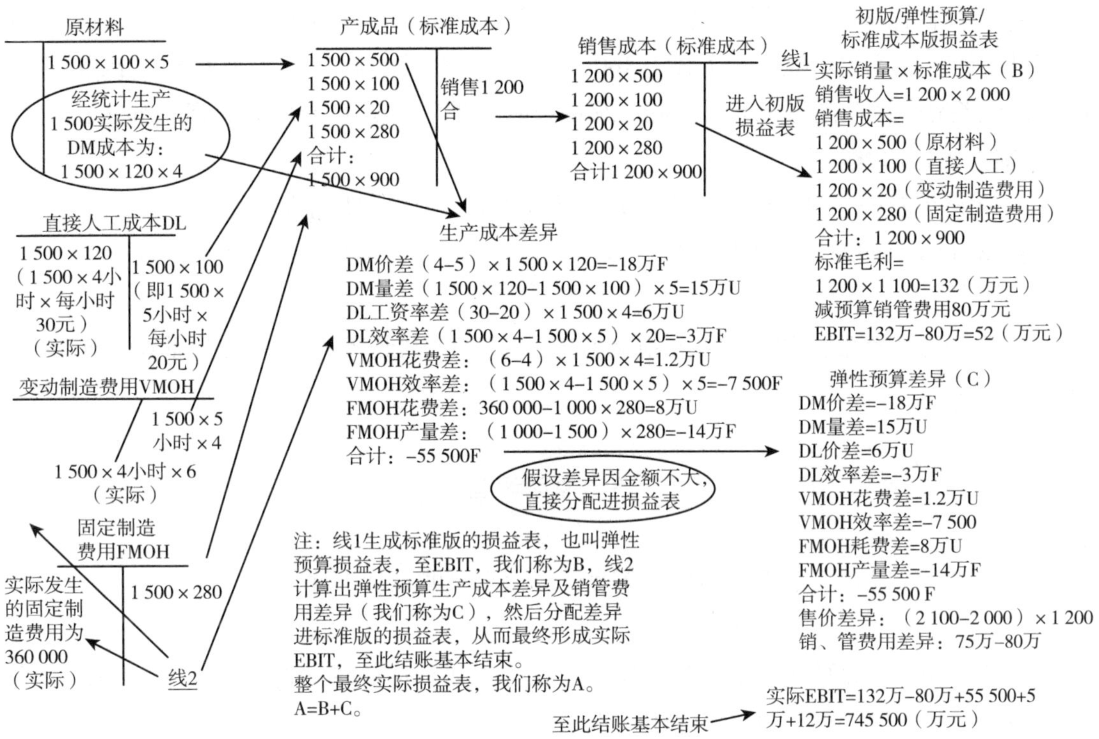

注：DM 代表直接材料；DL 代表直接人工；VMOH 代表变动制造费用；FMOH 代表固定制造费用。线 1 生成标准成本版的损益表，也叫作弹性预算损益表（B），线 2 计算出弹性预算生产成本差异、售价差异（C），然后分配差异至弹性预算损益表，从而形成实际最终版损益表（A），即 A = B + C。

差异按照车间/生产部门这样的责任中心归集，可以更好地计划、控制以及考核责任中心经理的业绩。另外，差异除了直接材料差异，其他差异如直接人工成本差异和制造费用差异是多种产品共同产生的，很难准确地追溯到某种产品上。

差异调查

企业应对当期产生的差异进行认真的分析、调查，必要时进行相应的纠正、改进。

差异例外管理：是否进行差异调查

例外管理（management by exception，MBE），是一种管理方式，主要用于差异分析或公司其他运营管理方面。例外管理可以让有限的人员及精力放在重要的事情上从而提高效率。差异例外管理形式举例如下：

- 差异占比（差异占标准成本的比例）> 5% 或差异金额 > 100 元的差异需要进行分析调查。这意味着差异占比超过 5% 或即使没有超过 5% 但差异金额大于 100 元都需要调查。例如，差异占比 1% 小于 5% 但差异金额 > 100 元，或虽然差异金额小于 100 元，假设只有 20 元，但差异占比超过了 5%，两种情况下差异均要调查。

- 差异占比 >5% 且差异金额 >100 元的差异需要进行分析调查。这意味着只有同时满足差异占比 >5% 和差异金额 >100 元的差异才需要调查。如果差异占比超过了60%，但差异金额没超过 100 元，则无须调查；如果差异是 10 000 元，但差异占比只有3%，则也无须调查。
- 无论涉及的差异金额是多少，只要差异占比 >5% 就要调查。
- 无论涉及的差异占比是多少，只要差异金额 >100 元就要调查等。

注意：例外管理形式中越是关系调查范围越大，则越严格；越是关系调查范围越小，则较松！

差异原因调查

在出现差异时，经常听到类似下面生产经理和采购经理下面这样的对话：

生产部经理：原材料用量不利差异不是我的责任！你们买的便宜货，质量差，我们的人被迫多耗用原材料，而且多耗用人工工时！

采购部经理：你们耗用了太多的原材料是因为你们的人员没有经过很好的培训，没有很好的监督，以及设备没有得到很好的维护。另外，你们糟糕的排产计划经常让我们被迫下紧急订单，造成采购价格上升，从而引起了不利的采购价格差异，我们因此被批评……

生产部经理：也许原材料和人工差异是因为人力资源部没招对人？

为了能更客观、准确地找到差异的原因，请记住以下规律：S + 4M + O = S4MO，其中，“S”代表 standard cost setting（标准成本的制定）；4 个“M”分别代表 macroeconomy（宏观经济）、man（人）、material（材料）和 machine（机器），O 代表 other reasons（其他原因）。只要有差异出现，就从 S4MO 方面找原因：（1）标准成本制定的问题，太宽松了或太苛刻了；（2）宏观经济的影响；（3）原材料的问题，如材料质量差等；（4）机器的问题，比如是否及时维修，或者机器本身就不好；（5）当事人的问题，如本人能力、培训、监督等；（6）其他原因，例如直接人工更换、原料更换或工艺流程变动等。

注意：不用担心下面讲解了这么多差异，实际上弄明白了直接材料不利差异和有利差异的原因，根据 S4MO 和常识对直接人工差异、变动制造费用差异和固定制造费用差异去发挥判断就可以。

各种不利差异的原因

直接材料价差不利差异的原因如下：

- 当初标准成本制定的不合适，制定的过于苛刻，很难完成。(S)
- 宏观经济等不可控因素引起的直接材料普遍涨价，无人为此承担责任。(macroeconomy)
- 采购部人员的能力有待提高造成的。采购部相关人员承担责任。(man)
- 买了更好质量、更高档次的原材料。需进一步调查这样做的原因。(material)
- 销售或生产方面的突然订单，导致使用紧急空运等方式从而引起价格上涨。普遍的做法是：突然订单是谁引起的，不利差异就由谁承担，例如，销售部突然下了紧急客户订单，由此引起的材料价格不利差异以及生产部的加班费等相关的不利差异由销售部承担；如果由于生产部排产混乱引起的突然订单，材料价格差异由生产部承担。(O)

注：此时机器是无关的因素。(machine)

注意：实际工作中，在进行差异调查过程中，最好先调查清楚当事人以外的各种因素（如标准成本制定、宏观经济、材料、机器等），然后再分析当事人的问题，这样避免对当事人的误解。

直接材料量差不利差异的原因如下：

- 当初标准成本制定的不合适，制定的过于苛刻，很难完成。(S)。注：不利差异此条描述都一样，关键词是标准成本制定得过于苛刻，相反若是有利差异则关键词改为标准成本制定得过于宽松。
- 招聘的直接人工技能水平低。人事部经理和生产部经理承担相应责任。(man)
- 没有适当地培训员工，从而因工作不熟练而浪费直接材料。生产部经理负责。(man)
- 没有很好地监督员工，造成员工浪费原料。生产部经理负责。(man)
- 采购部采购了低质量的原料。采购经理应负责。(material)
- 机器没有得到及时的维修维护，机器运转失常，造成原料浪费。生产部经理承担责任。(machine)

注意：在此项差异里，宏观经济的影响不太适合。(macroeconomy)

直接人工工资率不利差异的原因如下：

- 当初标准成本制定的不合适，制定得过于苛刻，很难完成。(S)
- 宏观经济不可控因素的影响，例如通货膨胀，无人需负责。(macroeconomy)
- 人事部招人工作不力。如工资议价技巧不够好等。人事部经理负责。(man)
- 直接人工人员结构变换了，如低级技工换成高级技工。(O)

注：此处原材料和机器的影响不太适合。

直接人工效率不利差异的原因如下：

- 当初标准成本制定的不合适，制定得过于苛刻，很难完成。(S)
- 生产部经理没有适当地培训员工。生产部经理负责。(man)
- 生产部经理没有很好地监督员工造成员工效率低下。生产部经理负责。(man)
- 招聘的人工的技能水平差。人事部经理和生产部经理都有责任。(man)
- 低质量原材料造成很多返工或低效率从而多用人工。采购部经理负责。(material)
- 机器因没有得到及时的维护维修而造成效率低从而多用人工。生产部经理负责。(machine)

变动制造费用花费不利差异原因：（1）标准制定得太苛刻；（2）相关的变动制造费用科目如电费、间接材料等负责人对价格控制不利；（3）采购了更高质量的间接材料等；（4）宏观经济因素（如通胀等）造成相关变动制造费用科目的价格高出预期等。

变动制造费用效率不利差异原因：（1）标准制定得太苛刻；（2）原材料质量差造成多耗用直接人工工时或机器小时等；（3）机器质量不好或机器维护不好造成多用直接人工工时或机器小时等；（4）工艺流程改变造成多耗用了直接人工工时或机器小时等。

固定制造费用花费不利差异原因：（1）固定制造费用相关科目的目标制定得太苛刻；（2）固定制造费用控制不利，如租金、办公费等；（3）购买了更高价格的机器以至于折旧费提高；（4）宏观经济（如通胀等）带来的相关固定制造费用花费提高。

固定制造费用产量不利差异原因：（1）预算的产出制定得过高了；（2）由于监管、培训等做得不到位的原因造成了生产效率降低从而实际产出小于预算产出；（3）买了质量不好的机器，质量不好的材料导致实际产出低；（4）宏观经济影响导致实际市场需求量减少从而实际产出减少等。

各种有利差异可能产生的原因

直接材料有利价差的原因如下：

- 标准成本制定得过于宽松，目标很容易达到并超越。注意一个规律：在标准成本制定原因上，不利差异过于苛刻，有利差异过于宽松。(S)
- 宏观经济因素影响，目前整个大市场材料价格普遍降低。(macroeconomy)
- 采购部经理技能提高了，工作很出色。(man)
- 采购部经理有可能会购买质量低的原材料，或多购原材料从而得到批量打折。但这样可能会对公司价值链的其他环节造成不利影响。(material)

注意：有利差异不一定是好事，要分析其原因，看其中原因是否会对整个企业的其他部门产生不利影响，从而综合来判断。有利差异必须同样调查分析！材料有利价差可能对价值链其他部分的影响。

- 质量低的材料虽然带来有利价格差异但同时可能会引起：材料用量不利差异；人工效率不利差异（因为人工耗时多了）；变动制造费用效率不利差异（因为人工耗时多了）；固定制造费用耗费差异（因为低质量的材料会损坏机器）；固定制造费用产量不利差异（因为低质量材料会降低实际生产量）等。
- 批量打折可能会引起管理费用等不利差异，因为过多的原材料会带来额外的保险、存储、报废等费用。

原材料用量有利差异的原因如下：
- 标准成本制定得过于宽松，目标很容易达到并超越。(S)
- 因为更好的培训、监督、招聘等方面的原因，员工的技能比预期增强了。(man)
- 使用了更好的原材料。(material)
- 可能偷工减料等。(O)

直接人工工资率有利差异的原因如下：
- 标准成本制定得过于宽松，目标很容易达到并超越。(S)
- 宏观经济因素，市场上人才的工资普遍降低了。(macroeconomy)
- 人事部经理招聘的能力更高了。(man)
- 人事部招聘低薪低能的人工。(man)

直接人工效率有利差异的原因如下：
- 标准成本制定得过于宽松，目标很容易达到并超越。(S)
- 因为更好的培训、监督、招聘等方面的原因，员工的技能比预期增强了。(man)
- 使用了更好的原材料。(material)
- 员工消极少付出（但因此可能会影响产品质量）等。(O)

有利变动制造费用花费差异，原因：（1）标准定得太宽松；（2）相关的变动制造费用科目如电费、间接材料等负责人对价格控制的出色；（3）采购了更差质量的间接材料等；（4）宏观经济等因素造成相关变动制造费用科目的价格低于预期等。

有利变动制造费用效率差异，原因：（1）标准定得太宽松；（2）人工监管，培训的好或机器维护的好等原因造成少用了直接人工工时或机器小时等；（3）购买了更高质量的材料以致少用了直接人工工时或机器工时等；（4）工艺流程改变等以致少用了直接人工工时或机器小时等。

有利固定制造费用花费差异，原因：（1）目标定得太宽松；（2）固定制造费用控制的出色，如租金、办公费、培训费等；（3）购买了更廉价的机器以至于折旧费降低；

(4) 人为的故意减少一些固定制造费用，如培训费、办公费等，但对将来可能产生不利影响。

有利固定制造费用产量差异，原因：(1) 预算的产出制定得过低了；(2) 由于监管、培训做得出色的原因生产效率提高了造成实际产出大于预算的产出；(3) 买了更好的机器，更高质量的材料带来了更高的产出；(4) 宏观经济等原因带来更大的市场需求从而实际产出加大。

差异调查和分析应建立在整个价值链基础上，而不是只局限于某个部门；有利差异和不利差异都要进行调查，因为有利差异可能会给价值链的其他部门带来不利差异，甚至综合起来净差异是不利的！

分步法之部分标准成本法

考虑到标准成本的相对复杂性，企业可根据自身实际情况灵活地采用部分标准成本法。部分标准成本法是指产品成本的三大件（直接材料、直接人工、制造费用）、六要素中一个或多个（但不是全部），采用标准数据。例如，有的企业直接材料成本占比较大，直接人工和制造费用相对占比较小，因此，可将直接材料价格和直接材料用量设定为标准数据，但直接人工和制造费用等用实际成本。

下面只讲述部分标准成本法中的一种：正常成本法，其他部分标准成本法核算机制道理相同。

正常成本法简介

正常成本法，顾名思义是计算正常情况下的产品成本的方法。这里的正常成本主要指的是单位产品成本里的制造费用部分，主要目的是克服实际成本法中使用每月实际制造费用和每月实际产量所计算（即当月制造费用除以当月实际产量）的单位产品制造费用以及相应的整个单位产品成本（目前很多企业的制造费用占整个产品成本的比例较大）可能无法代表产品真正的成本以及产品成本可能会出现“过山车”般剧烈变化的现象。实际成本法中这些问题会严重影响定价等决策。

单位产品成本呈现较大浮动的现象主要是由制造费用引起的，这是因为：(1) 现在越来越多的企业是机器密集型企业，这类企业会发生巨额的制造费用（其中，绝大多数是固定成本，如折旧、保险费等），制造费用在生产成本三大件里的比例非常大。因此，在计算单位产品成本时，由于每个月产量有可能出现较大波动，从而单位产品的制造费用有较大波动，又因为制造费用占整个产品成本的比例较大，从而单位产品成本也会有波动较大。(2) 直接材料和直接人工一般不会引起单位产品成本的较大波动，这是因为直接材料成本和直接人工成本是变动成本，单位变动成本是相对不变的。

正常成本法的原理如下：直接材料单价及用量、直接人工工资率及人工小时用量、制造费用成本动因的数量（成本动因如直接人工小时或机器小时等）五个要素都是用实际值，但单位成本动因的制造费用用的是预先设定值。

之所以称作正常成本法，主要是指预先设定的单位成本动因的制造费用分摊率是用的全年的预算制造费用除以全年的预计成本动因数量。使用预先设定的全年的单位成本动因制造费用就相当于正常情况下的单位成本动因制造费用，然后再乘以单位产品耗用的成本动因数量（如机器小时/直接人工小时）就得出了正常情况下的单位产品的制造费用成本。

注意：一般来讲，单位产品耗用的成本动因数量相对不会有大的波动，另外单位成本动因的制造费用是统一不变的，因此，这样单位产品的制造费用相对平稳，鉴于单位产品的直接材料成本和直接人工成本相对变化不大，在正常成本法下，单位产品的生产成本相对比较稳定。当然标准成本是更正常的产品成本。

注意：一定要用年度的预算制造费用，用每月的预算制造费用及相应每月的预计成本动因总数量是不对的。另外，正常成本法的成本动因一般是直接人工小时或直接人工成本或机器人工小时等。

正常成本法的具体核算机制

1. 预先设定年度制造费用分摊率

选择合适的成本动因，如直接人工小时或机器小时等，用下一年的年度预算总制造费用除以下一年预算耗用总成本动因数量，从而得出预先设定制造费用分摊率。

注意：无论是标准成本法还是部分标准成本法，制定标准选择成本动因时，一定要选和相应的成本有因果关系、直接联系的成本动因，而不能选择基本没有关联的成本动因！

2. 双线制成本核算

凡是会计核算使用预计数据的，都要使用双线制成本核算。

第一条线：首先，统计产品当月所实际耗用的成本动因数量（直接人工小时数或机器小时数等），然后乘以预先设定的制造费用分摊率得出该产品本月应该发生的制造费用，同时归集实际发生的直接材料成本和直接人工成本。其次，选择加权平均法或先进先出法计算每种产品的单位“正常”产品成本。最后，结转分配生产成本到产成品和期末在制品上。这两个科目都属于资产负债表的存货科目。产成品售出后以产品正常成本记入销货成本科目。

如何计算单位产品制造费用？考试中（像 ACCA——英国特许注册会计师，AICPA——美国注册会计师，CMA——美国注册管理会计师等），如果题中指明企业使用先进先出法，或虽然使用加权平均法，但没有期初数据，或者没明确使用先进先出还是加权平均法，但题中确实没有期初数据，而且题中告诉了产品的单位耗用成本动因数量，则有一种比较简单的计算单位产品成本的方法，即用每种产品的单位产品实际耗用的成本动因数量直接乘以预先设定的年度制造费用分摊率。例如，A 产品 9 月总计耗用 10 万个直接人工小时，产出数量为 5 万件产品，单位耗用直接人工小时数为 2 小时，预先设定的制造费用分摊率为每直接人工小时 20 元，产品没有期初存货，因此，A 产品的单位制造费用成本 =2 ×20 =40（元）。或者是先归集当月总的制造费用，然后再除以当月净产出数量。上例中，单位产品成本 =10 万 ×20 元/5 万 =40（元）。但如果企业采用的是加权平均法，而且期初存货有数据，则不能使用该简便方法，因为分子的成本数据还要加上期初的存货成本，分母需要用毛产出数量。

第二条线：每月同时通过相应的制造费用明细科目，如折旧、租赁费、办公费等，归集实际发生的制造费用。

月末对比两条线归集的当月实际发生的总制造费用和当月应该发生的总制造费用，并计算出差异。

例题：20 ×7 年底制定的 20 ×8 年总制造费用预算为 1 000 万元，总预算产能是 20 万台手机，以直接人工小时作为分摊基础，假设一台手机预计用半个人工小时，因此制造费用预期分摊率为：每直接人工小时 1 000/（20 ×0.5） =100（元），即一直接人工小时分摊 100 元制造费用。假设 20 ×8 年 11 月实际发生了 800 个人工小时，11 月的制造费用：800 ×100 =80 000（元）。

因为人工小时非常好统计，所以制造费用能够迅速地计算出，然后进行相应的产品成本计算、分摊，初版财务报表或财务数据很快就能出来，然后将实际发生的制造费用与正常成本法归集的应该发生的制造费用进行比较并求出差异，然后对差异进行调整就可以完成整个损益表的核算了！

注意：实行正常成本法的企业，其存货成本中单位产品成本一般是“一日正常成本，永远正常成本”，和标准成本道理一样。

差异分摊

计算出差异后，然后对差异进行分摊。基本方法是：如果差异金额不是很大，则将差异直接分摊到销货成本科目；如果差异金额很大，则将差异分摊到相应的存货科目和销货成本科目。与标准成本法中用的方法一致。

正常成本法的优劣势

正常成本法的优点：一是成本更正常更平稳，更有助于定价等决策；二是成本核算更快速等。

正常成本法的缺点：一是因为其他成本要素仍然使用实际数据，因此，产品成本还是不太能代表真正正常的产品成本；二是相对于标准成本法，正常成本法不太有利于成本控制，因为很多成本要素仍然使用实际的；三是相对于标准成本法，正常成本法核算仍然较复杂等。

分步法到此全部讲解完毕，实际上实行混合成本法、分批法的企业，其核算方法基本上是分步的罗列，即混合成本法、分批法是涉及多种产品，每种产品逐一单独进行成本核算，每种产品的成本核算方法基本都是按照分步法进行。下面我们具体讲解混合成本法、分批法。

分步法 练习题和解答

1. 一个公司使用加权平均法计算单位成本。所有成本是均匀地加入整个生产过程中的。某期的期初 WIP 存货是 5 000 个（完成 30%），期末 WIP 存货是 10 000 个（完成 60%），25 000 个在本期开始加工。这期的约当产量是（　　）个。

A. 26 000　　B. 22 500　　C. 24 500　　D. 25 000

解析：选 A。使用加权平均法，约当产量是完成的产品数加期末 WIP 存货的约当产量。由于期初有 5 000 个 WIP 加上 25 000 的开始，当期有 30 000 个产品要生产。这其中 10 000 个是期末 WIP 存货；因此 20 000 个一定在期内完成了。期末 WIP 存货完成 60%，约当产量就是 60% ×10 000 =6 000。因此，这一期的约当产量是 26 000 个。注意，此题中明确表示直接材料成本和转换成本都是均匀加入。另外 25 000 个在本期开始加工是指在本期新投入的数量。

2. 一家制造公司在期初开始生产一批产品，那时还没有在制品。在生产过程的一开始就加入直接材料，直接人工和间接费用在生产过程中被均匀地加入。因为特殊原因，耽误了生产很多天，在期末，产品完成了 60% 的转换成本。那么这些成本在（　　）。

A. 直接材料成本在材料存货中，所有转换成本在在制品存货中

B. 所有成本都在在制品存货中

C. 60% 的转换成本在在制品存货中，直接材料在产成品存货中

D. 60% 的转换成本在工厂间接费用中，直接材料成本在产成品存货中

解析：选B。在制品存货中包含所有已经开始生产，但在期末还未完工的直接材料成本和转换成本。虽然直接材料在生产过程开始时就加入，但由于产品没有完成，材料成本仍在未完成的产品中。

3. COSTK 制造公司生产采矿用的探头。以下是关于探头在制造车间在 11 月经营活动的信息：

期初在制品存货数量　16 000
当月开始的生产数量　100 000
当月结束的生产　92 000
期末在制品存货数量　24 000

期初存货是 60% 完成原材料和 20% 完成转换成本。期末存货是 90% 完成原材料和 40% 完成转换成本。期初存货成本是材料，$54 560；直接人工，$20 320，以及间接费用，$15 240。

11 月发生的成本是使用的材料，$468 000；直接人工，$182 880，以及间接费用，$391 260。

采用加权平均成本法，期末在制品存货中总成本是（　　）。
A. $156 960　　B. $153 168　　C. $154 800　　D. $155 328

解析：选 A。材料的约当产量：92 000 + 0.9(24 000) = 113 600。转换成本的约当产量：92 000 + 0.4 ×（24 000）= 101 600。单位约当产量成本 - 材料：（$54 560 + $468 000）/（113 600）= $4.60。单位约当产量成本 - 转换成本：（$182 880 + $20 320 + $391 160 + $15 240）/（101 600）= $6.00

期末存货的成本：0.9 ×(24 000 个) × $4.60 + 0.4 ×(24 000 个) ×6 = $156 960。

4. COSTK 公司使用标准成本系统，生产一个 TK 的标准成本如下所示：
直接材料——60 磅，每磅 $1.50 共 $90
直接人工——3 小时，每小时 $12 36
间接费用——3 小时，每小时 $8 24
每个的总标准成本 $150

预算的变动间接费用率是 $3/直接人工小时，固定间接费用是 $27 000/月。在 5 月，Ardmore 生产了 1 650 个 TK，而实际产能是 1 800 个。每个产品的实际成本是：
直接材料（采购和使用）——58 磅，$1.65/磅 $95.70
直接人工——3.1 小时，$12/小时 37.20

间接费用——每生产 1 650 个的成本是 $ 39 930 24. 20

总单位实际成本 $ 157. 10

5 月的总材料数量差异是（　　）。

A. $ 18 450，有利　　B. $ 4 950，有利

C. $ 18 450，不利　　D. $ 4 950，不利

解析：选 B。此题很简单，根据公式抓数据即可，很多信息都是干扰。材料数量差异 =（实际使用量 - 这个产出的标准使用量）×标准材料单价 = $ 1. 50[(58)(1 650) - (60)(1 650)] = $ 1. 50(95 700 - 99 000) = $ 1. 50(- 3 300) = - $ 4 950 或 $ 4 950 有利。因此，实际使用量少于这个产出的标准使用量，因而是有利的。

5. COSTK 一子公司生产一种水下探测用的仪器。下面是公司 7 月的数据：

月初在制品存货数量 1. 6 万个

7 月投入的数量 10 万个

完工数量 9. 2 万个

月末在制品数量 2. 4 万个

期初在制品存货是原材料 60% 完工率，成本是 54 560 加元，转换成本 20% 完工率，成本是 35 560 加元。期末在制品存货是原材料 90% 完工，转换成本 40% 完工。当月发生的材料成本是 46. 8 万加元，转换成本 574 040 加元。

（1）先进先出法，单位转换成本是?

（2）加权平均法，单位转换成本是?

（3）加权平均法，月末在制品存货成本是?

解析：

（1）单位转换成本 = 574 040/（9. 2 万 + 2. 4 万 × 0. 4 - 1. 6 万 × 20%）= 574 040/98 400 = 5. 83（加元）

（2）单位转换成本 =（574 040 + 35 560）/（9. 2 万 + 2. 4 万 × 0. 4）= 609 600/101 600 = 6（加元）

（3）期末在制品的转换成本 = 2. 4 万 × 0. 4 ×（574 040 + 35 560）/（9. 2 万 + 2. 4 万 × 0. 4）= 57 600（加元）；期末在制品的直接材料成本 = 2. 4 万 × 0. 9 ×（46. 8 万 + 54 560）/（9. 2 万 + 2. 4 万 × 0. 9）= 99 360（加元）；因此期末在制品的存货成本 = 57 600 + 99 360 = 159 960（加元）

6. COSTK公司的正常废品率是检测件数的4%。检测上发生在生产的最后阶段。公司是使用先进先出的存货计价方法。公司上个月的数据如下：

期初在制品存货数量24 600个
生产投入量470 400个
产品完成并检测合格的数量460 800个
检测不合格的数量22 600个
期末在制品存货数量11 600个

该月非正常废品数量是（　　）个。

A. 3 784　　B. 4 168　　C. 19 336　　D. 3 264

解析：选D。总检测的件数 = 460 800 + 22 600 = 483 400（个），因此，正常废品 = 483 400 × 4% = 19 336（个），因此非正常废品数量 = 22 600 − 19 336 = 3 264（个）。

7. COSTK制造公司生产采矿用的探头。以下是关于探头在制造车间在11月经营活动的信息：

期初在制品存货数量　16 000个
当月开始的生产数量　100 000个
当月结束的生产　92 000个
期末在制品存货数量　24 000个

期初存货是60%完成原材料和20%完成转换成本。期末存货是90%完成原材料和40%完成转换成本。期初存货成本是材料，$54 560；直接人工，$20 320，以及间接费用，$15 240。

11月发生的成本是使用的材料，$468 000；直接人工，$182 880，以及间接费用，$391 260。

采用FIFO法，11月30日的期末存货的总成本是（　　）。

A. $154 800　　B. $155 328　　C. $156 960　　D. $153 168

解析：选D。材料的约当产量：92 000 + 0.9 ×（24 000）− 16 000 × 0.6 = 104 000。转换成本的约当产量：92 000 + 0. 4 ×（24 000）− 16 000 × 0. 2 = 98 400

单位约当产量成本 − 材料：（$468 000材料）/（104 000材料的约当产量）= $4. 50/个
单位约当产量成本 − 转换成本：［$182 880（直接人工）+ $391 160（工厂间接费

用）]/（98 400 转换成本约当产量）= $5.83/个

期末存货成本：0.9×（24 000 个）×4.5 +0.4×（24 000 个）×5.83 = $153 168

8. 以下（　　）对生产控制主管来说是最可控制的。

A. 材料价格差异　　B. 固定间接费用预算差异

C. 固定间接费用产量差异　　D. 材料使用差异

解析：选 D。生产主管能够控制的事项是材料、人工、物资和水电煤的使用。主管能控制资源的使用，但不能控制资源的价格。B 不对，是因为固定制造费用里很多费用是生产部主管不可控的，如折旧是最初产能定下来的，人工工资有很多是人事部的参与以及市场大环境影响等。

9. 与实际成本计算制度相比，正常成本计算制度有些显著的优点。以下（　　）不是正常成本计算制度的优点。

A. 计算订单成本和产品成本更加及时

B. 使得本期内的产品成本自始至终更加平滑、波动性不大

C. 批次和产品成本计算的准确性提高了

D. 是一种把制造费用分配至批次或者产品的更加经济的方法

解析：选 C。选项里的 A、B、D 都是优点，即可以更快地核算和分配产品成本；较平稳的产品成本；制造费用分摊更简单从而做起来更经济；C 不是优点，正常成本法并不能提高产品成本的准确性；记住 A、B、D 这些优点。

10. 请根据下述预算数据，计算出在正常成本计算制度中采用的预算的间接成本分配比率为（　　）。

直接人工总工时 250 000；直接成本 10 000 000 元；间接人工总工时 50 000 与间接人工相关的成本总额 5 000 000 元；不与人工相关的间接成本总额 7 000 000 元。

A. 20　　B. 28　　C. 40　　D. 48

解析：选 D。正常成本法是针对制造费用算一个预先设定的分摊率；此题中制造费用应该是 1 200 万元，即其中 500 万元是间接人工相关的，700 万元是非间接人工相关等；正常成本法要找一个分摊的成本动因而不是找两个或以上，一般是直接人工小时或机器人工小时，数据方便得到、好计算。注意：正常成本法的成本动因不能是间接人工小时或间接人工成本！因为在有多种产品的企业，当一个订单完成时，或一批产品完成时，无法统计每种产品的间接人工工时或间接成本，因为间接人工或间接人工成本一般是公共的。另外，即使是分步法，即一种产品的企业，也无法用间接人工小时数或间接

人工成本作为成本动因，这是因为间接人工工时波动不大，乘以预算的分摊率后会形成每个月较平稳的制造费用，但每个月产量可能波动大，因此，仍然会形成波动较大的单位产品成本。

当然可以用以直接人工成本分摊，但此题没有相关信息，因此应选 D，即 1 200 万元/25 万元的直接人工小时数 =48。

11. 出现了人工效率不利，有可能是（　　）引起的。

A. 工资率不利差异　　B. 生产量大于销售量

C. 工人停工罢工　　D. 低质量材料

解析：选 D。工人停工罢工是属于制造费用而且停工罢工期间没有生产，因而不会往产量少上分摊直接人工成本，另外工资率有利差异可能和人工效率不利差异有联系，即花少的工资招来了不称职的人工，从而造成效率低。但此题中 A 是有利差异。

12. 一家企业生产某种产品一件产品预算用到 4 盎司的橡胶，每一盎司橡胶的预算金额是 0. 0302 美元。目前企业采购了 728 000 盎司的橡胶，采购价格是 0. 0304 美元，用了 725 000 盎司，生产出了 175 000 件产品。问材料的数量差异是（　　）。

A. 7 550 件　　B. 8 000 件　　C. 1 280 件　　D. 755 件

解析：选 D。材料用量差异 =（725 000 － 175 000 × 4）× 0. 0302 = 755（美元），即（实际用量 － 标准用量）× 标准价格。

13. 下列（　　）准确说明了标准成本法和正常成本法的差别。

A. 正常成本法的直接材料和直接人工成本是实际成本

B. 间接费用都是按照标准分配率进行分配

C. 标准成本法的产品按照实际成本计算

D. 正常成本法的材料和人工成本是标准成本

答案：选 A。

14. 购入质量较差的原材料，问对如下哪个差异无影响（　　）。

A. 材料价差　　B. 材料量差　　C. 人工工资率　　D. 人工效率

答案：选 C。

15. 某公司用复合材料生产高品质钻头。采用标准成本系统。复合材料的标准成本为每磅 10 元，每个钻头的标准材料使用量为 1. 5 磅。上个月，公司以每磅 11 元的价格，采购复合材料2 200磅，上月投产高品质钻头1 000个，使用复合材料1 900磅。复合材料的采购成本差异是（　　）。

A. 3 300元有利差异　　B. 2 200元不利差异

C. 1 900不利差异　　D. 1 500元不利差异

解析：选B。采购价格差异为：（实际价格 - 预算价格）×实际采购量 = （11 - 10）×2 200 = 2 200（元）。

16. 某企业实际用12 500直接人工工时来完成10 000个产品的生产，单位人工工时费率为18，该企业计划用12 000工时，192 000元的人工费用来完成10 000个产品的生产，求人工的价格差异为（　　）元。

A. 12 500　　B. 20 000　　C. 22 500　　D. 25 000

解析：选D。标准费率为192 000/12 000 = 16，人工价格差异为（实际费率 - 标准费率）×实际工时 = （18 - 16）×12 500 = 25 000（元）。

17. 某企业对实际与计划进行差异分析，一个董事提出应关注重大金额差异，并对差异比例进行分析。另一个董事提出应关注对预算与计划有明显不同的百分比不利差异，如果在实施改正措施前对差异进行优先排序，则应（　　）。

A. 只关注差异值大的不利差异

B. 只关注百分比大的差异

C. 既关注绝对值也关注百分比大的不利差异

D. 既关注绝对值也关注百分比大的不利差异和有利差异

解析：选D。例外管理既要关注绝对值也要关注相对值，而且有利差异和不利差异都要调查，因为即使有利差异也不一定是好事。

18. COSTK公司分摊卫生服务部门的成本给生产部门，以下（　　）最可能被用作成本动因。

A. 机器小时　　B. 生产个数

C. 直接人工小时　　D. 占用的平方英尺

解析：选D。卫生服务一般按清洁的面积来收费。所有选项中，平方英尺与提供的服务有最接近的因果关系。

19. COSTK公司的一个企业想要一个简便的方法来分摊服务部门的成本给生产部门，不需要分摊一个服务部门的成本给另一个服务部门。以下（　　）方法能满足这些要求。

A. 按步向下法　　B. 交叉法　　C. 作业成本法　　D. 直接法

解析：选 D。直接法是最直接和简单的分摊服务部门成本的方法。这种方法不会将一个服务部门的成本分摊给另一部门。

20. 一个公司使用加权平均法计算单位成本。所有成本是均匀地加入整个生产过程中的。某期的期初 WIP 存货是 5 000 个（完成 30%），期末 WIP 存货是 10 000 个（完成 60%），25 000 个在本期开始加工。这期的约当产量是（　　）个。

A. 26 000　　B. 22 500　　C. 24 500　　D. 25 000

解析：选 A。使用加权平均法，约当产量是完成的产品数加期末 WIP 存货的约当产量。由于期初有 5 000 个 WIP 加上 25 000 个的开始，当期有 30 000 个产品要生产。这其中 10 000 个是期末 WIP 存货；因此 20 000 个一定在期内完成了。期末 WIP 存货完成 60%，约当产量就是 60% ×10 000 = 6 000（个）。因此，这一期的约当产量是 26 000 个。注意，此题中明确表示直接材料成本和转换成本都是均匀加入。另外 25 000 个在本期开始加工是指在本期新投入的数量。

3.1.4　混合成本法

讲解了非分批法之分步法，我们下面讲解非分批法之混合成本法。混合成本法所代表企业类型无论在企业数量上还是产值上都是占非常大的比重，而且都是大家比较熟悉的行业（如手机、汽车、家用电器等）。

混合成本法对应的企业类型

混合成本法所代表的企业类型为：产品针对大众客户，非客户定制，并且企业生产明显不同的多种产品。生产部进行排产时，按时间批量生产不同的产品，例如，这个星期生产 A 产品 10 000 件，接下来的 3 天生产 B 产品 8 000 件，下个月的某星期可能又排产生产 A 产品。产品批量生产，产品寿命周期相对较长（不像分批法中每种规格的产品相对是临时的），因此混合成本法一般是有固定的工序，一步一步地，分不同产品批量去生产。

混合成本法与分步法的比较

相似之处：

- 都是分不同工序，工序或车间相对稳定不变。
- 都可以针对一个批次里的总数量进行大平均，因为每批次的产品都是一样的。

- 产品的标准化程度高，非定制。
- 产品生命周期长，大批量。
- 按月核算成本等。

区别是：混合成本法有截然不同的产品，而分步法只有一种产品。

注意：针对不同的企业类型，企业选择适合的成本核算方法：分步法、混合成本法、分批法，但这三种方法不能相互替代。

混合成本法产品成本核算

混合成本法的产品成本核算是按各批产品逐批进行，每批产品的成本核算方法和分步法一样，即在每个车间归集三大件、计算约当产量（若有未完工的）、计算单位产品成本、分配结转到产成品存货及期末在制品存货（若有）等。即：

首先，各批次产品分别进行成本核算，每批次生产一种产品。假设先核算 001 批次产品，生产的产品为 M9。

其次，每批产品按车间顺序进行成本核算。假设先从 WIP1 开始，归集 001 批次产品在 WIP1 车间发生的三大件：直接材料使用领料单，领料单上写明车间号和工单号从而精确地归集到每批次产品上；直接人工和制造费用需要每个车间确定一个合适的成本动因，如制造车间用机器小时、组装车间用直接人工小时，通过成本动因将直接人工成本和制造费用成本分配到不同批次的产品上。然后计算约当产量，计算单位产品成本，结转分配成本，然后 WIP2 一直到产成品，再然后下一种产品。

注意：极少有车间只有一种成本动因，判断某个车间合适的成本动因的一般规则是看哪种成本动因占主导。

企业一般都希望多种产品共用一条生产线，以便大幅节省投资及其他成本，因此，企业尽可能地让不同产品在标准化的基础上进行差异化，从而可以共享一条生产线。

其中直接人工成本、制造费用的归集

虽然企业分批次生产不同的产品，但为了节约投资、提高效率等原因，一般是不同批次的产品共用一条生产线和一批直接人工，也就是说，一条生产线和一批直接人工生产不同的产品，因而直接人工成本和制造费用（生产设备的折旧及维修费、厂房的折旧等）不能像直接材料那样准确地归集到不同批次的产品上，而是先归集直接人工和制造费用，然后通过成本动因分配到不同批次的产品上。

注意：直接人工成本应该以直接人工小时作为成本动因分配到不同批次的产品上，

而制造费用分配到不同批次的产品上的方法有全厂分摊率、部门分摊率、作业基础成本核算法三种。

制造费用的分摊

制造费用分摊到不同批次产品上的方法有全厂分摊率、部门分摊率、作业基础成本核算法，下面分别讲述。

全厂分摊率

生产部门的制造费用只有一个大的成本池，包括了支持性生产部门的制造费用和基本生产车间的制造费用。选择单一的数量级别的成本动因如机器小时或直接人工小时。当期总的制造费用除以当期总的成本动因数量 = 全厂制造费用分摊率。当期每批产品实际发生（消耗）的成本动因数量乘以全厂分摊率，得出分摊到该批次产品的制造费用。

优点：简单、快捷；常用于对外报告的会计系统，因为对外报告要求速度而且反映的是公司整体损益，无须计算每种产品的损益。

缺点：有多种不同产品的企业，若制造费用成本较大，而且制造费用由多个成本动因驱动，则不同产品的单位成本可能被严重扭曲。

全厂分摊率适用情形：（1）只有一种产品；或（2）有多种产品，但制造费用成本很小或只有一个主导成本动因；（3）对外财务报告。

例题：某手机工厂 11 月总制造费用是 4 500 万元，选择直接人工小时作为分摊基础，当月发生的直接人工小时数是 9 万小时，即 9 万台手机乘以每个手机耗用 1 个小时，则全厂分摊率为：4 500 万元/9 万小时 = 每人工小时 500 元。有两种手机 G9（高端手机，预计市价 5 600 元）和 D3（低端手机，预计市价 1 400 元）。假设期初存货均为零。

计算：G9 实际每台消耗 1.2 直接人工小时，而 D3 消耗 1 直接人工小时，则 G9 手机分摊的制造费用为 1.2 × 500 = 600（元），而 D3 是 1 × 500 = 500（元）。另外，G9 的直接材料和直接人工成本是 1 500 元，而 D3 是 700 元。因此，G9 总生产成本为 2 100 元，而 D3 为 1 200 元。这样看来 D3 不能投产，因为预计市价为 1 400 元，生产成本就达到了 1 200 元。

观察：如此分摊制造费用是非常不合理的，因为制造费用 4 500 万元中有很大一部分是和直接人工小时无关的，例如主板制造车间的制造费用很大，而且是和机器小时有关等。

改进方法：部门分摊率和作业基础成本法。

注意：如果期初有存货，则核算变为：根据每批次产品实际总耗用的成本动因数量乘以单位成本动因的制造费用，从而得出应分摊到此批次产品上总的制造费用，然后用加权平均法或先进先出法计算单位产品生产成本。

部门分摊率

先将支持性生产部门成本分配到基本生产车间，然后基本生产车间本身的成本再加上分摊过来的支持性生产部门的成本一道通过合理的成本动因分摊到不同产品上。举例，基本生产车间，比如包括制造车间和组装车间。每个基本生产车间找一个与产品有因果关系的成本动因，如制造部门选择机器小时、组装部门选择直接人工小时等，然后将成本分摊到不同的产品上。这种做法叫部门分摊法。在有多种产品的企业，如果不将支持性生产部门的费用分配进基本生产车间，然后基本生产车间本身的成本再加上分摊过来的支持性生产部门的成本然后一并通过合理的成本动因分摊到不同产品上，而是每个支持性生产部门费用通过合理的成本动因直接分摊不同产品上也可以，这种做法叫作业基础成本法，我们会在后面细讲。

优点：相比全厂分摊率能更准确地计算不同产品的成本；对成本池进行细分，能更好地分析和控制成本。

缺点：（1）相对全厂分摊率较复杂、费时；（2）而且如果细分的基本生产车间的成本池受多个成本动因影响，则不同产品的产品成本可能会不准确，解决方案就是采用作业基础成本法。

适用情形：存在多个不同的产品，制造费用较大而且受多个不同的数量成本动因影响，其中没有一个成本动因是主导；每个细分的常规生产部门只有一个或一个主导的数量成本动因。

续用上例。一个手机工厂 11 月实际发生总制造费用是 4 500 万元，有基本生产车间，一个是制造车间：生产主板；另一个是组装车间；制造费用分别是 3 000 万元和 1 500 万元；制造车间选择机器小时为其成本动因，而组装车间选择直接人工小时为其成本动因；假设最终制造车间的分摊率为每机器小时 2 000 元，而组装车间是每人工小时 200 元。假设期初存货均为零。

计算：G9 实际在制造车间每台消耗机器小时 0.8 小时，在组装车间直接人工小时为 1.2 小时；而 D3 每台分别是 0.05 小时（G9 手机高端和市价贵就是由于它的主板很复杂从而能大大地丰富手机的功能，因此制造耗时长，而 D3 相反）和 1 小时。通过计算，G9 分摊的制造费用是 $2\ 000 \times 0.8 + 200 \times 1.2 = 1\ 840$（元），加上原材料和直接人工成本的总生产成本为 3 340 元，而 D3 分摊的制造费用为 $2\ 000 \times 0.05 + 200 \times 1 = 300$（元），加上直接材料和直接人工后的总生产成本为 800 元。可见，与全厂分摊率计算的 G9 的

2 100 元、D3 的 1 200 元大相径庭，部门分摊率更合理。

一般来讲，很难通过每个部门预算耗费的直接人工小时和机器小时的结构来分析判断此部门是机器制造部门还是组装部门，或者说来分析判断应该使用机器小时作为主要成本动因还是人工小时作为主要成本动因。因为机器工时和人工小时计算的依据是不同的。机器小时的计算：一是计算多少台机器；二是每台机器一天使用的机器小时；三是机器是几班倒。直接人工小时的计算：一是计算一共有多少个直接人工；二是每个直接人工一天工作的时间；三是人工几班倒。直接人工小时数量和机器小时数量是不可比的。

作业基础成本核算法（activity based costing，ABC）

如果制造费用大且有多个不同的产品而且每个细分的基本生产车间的成本受多个成本动因影响，包括数量成本动因和非数量成本动因，其中没有一个成本动因是主导的，则用部门分摊率计算不同产品的成本可能不准确。这种情况在目前现代化的制造业公司很普遍，因为机器密集型企业越来越多，企业为了更好的生产运营，生产部下还细分出工程师部、质保部、成本会计部等。这种情形下，制造费用的分摊适宜用作业基础成本法。

ABC 相关术语

作业：一个完整流程按职能或步骤等细分的子程序或子部门，划分的每个子程序需是同一成本属性。作业基础成本动因：是指每个作业中心的和成本分配对象（比如说产品）有直接因果关系的成本动因。

ABC 适用情形

- 只针对间接成本（包括制造费用以及间接销售等），而且这些间接成本金额较大（要考虑成本收益原则）。
- 针对多个成本分摊对象，如五种产品，而且成本对象之间耗费资源或成本差别大。
- 部门分摊率不足以准确地将成本分摊到不同的成本对象上，即基本的生产车间内部有多个主要的成本动因，既有数量成本动因，也有非数量成本动因。
- 要有相应的会计系统做支持和强有力的高层支持以及部门协作，而且始终要衡量 ABC 所花费的成本及其带来的效益。

ABC 的具体操作

- 确定作业中心：细分整个流程至同一成本属性的多个不同的作业中心。例如，某工厂生产部的整个流程细分为材料整理、制造车间、组装车间、检验、设备调试等。注意，实际工作中很难做到同一成本属性，因而要因地制宜。实际工作中，一般分为制造车间、组装车间、设备工程师部、工艺工程师部、质检部等。

- 作业中心（或作业成本池）归集资源成本，一般是按费用科目归集，相当于成本中心每月按费用明细科目归集成本。
- 每个作业中心确定和成本对象有因果关系的作业成本动因。比如设备调试作业中心的成本动因是设备调试次数/生产批次。
- 计算该作业中心的单位作业成本动因的成本，即每个作业中心的当期制造费用除以当期该作业中心总的成本动因数量。
- 按照不同产品在此作业中心消耗的实际成本动因的数量乘以该作业中心的单位作业成本动因成本得出此作业中心应该分摊到各个成本对象的成本。然后每种产品使用加权平均法或先进先出法计算单位产品制造费用。
- 每个作业中心，每个作业中心如上述依次进行。

注意：如果生产部中的各个作业中心存在除了向不同的产品提供资源/服务外，还存在作业中心之间相互提供资源/服务，因此，将作业中心的成本往不同产品上分摊时可使用三种方法：直接法、按步向下法、交叉分配法。这三种方法我们在别的地方已经详细介绍了。例题：MNO公司生产两种产品，由两个支持部门提供支持服务。公司使用交叉分配法将支持部门的成本分摊给产品，信息如下所示。

	支持部门1	支持部门2	产品1	产品2
分摊基础	使用的小时数	平方英尺		
占用部门1的小时数		5 000	120 000	75 000
占地面积	3 000		40 000	20 000
直接成本	350 000元	200 000		

为了完成成本分摊，还需要哪些其他信息？

（1）产品1和产品2的直接成本。
（2）支持部门1使用的小时数和支持部门2的占地面积。
（3）支持部门的分摊顺序。
（4）无需其他信息。

解析：部门1 = 350 000 + 3 000/(3 000 + 40 000 + 20 000) × 部门2
部门2 = 200 000 + 5 000/(5 000 + 120 000 + 75 000) × 部门1
解方程即可，无需其他信息，选D。

一般情况下，制造费用细分以及各自因果关系的成本动因：

- 制造车间，对应的成本动因是机器小时。
- 组装车间，对应的成本动因是直接人工小时。
- 工艺工程师部门，对应的成本动因是工艺流程改变次数。
- 设备工程师部门（主要是机器调试成本），对应的成本动因是批次数量。
- 材料整理部门（材料整理是指材料的整理、码放、搬运等），其成本与不同产品的零部件个数较相关。因为零部件多了，相关的整理、码放、搬运等成本就会较多。另外与生产批次也有一定关系。注意，此处材料整理成本属于制造费用，其英文是 material handling costs，也有时候翻译为物料搬运成本。

原材料成本是相对来讲与制造费用最没有联系的，因此，一般不选择原材料成本作为制造费用的成本动因。

注意：很少有基本生产车间是完全机器小时（即整个车间都是机器）或完全人工小时（即整个车间都是人工），一个车间可能列出两种成本动因让你去选择，一般的规律是哪种成本动因占主导就将其成本动因作为成本分摊基础。但注意：此处的主导并不是以成本动因的数量来定义的（因为不同的成本动因数量可能是不可比的），而是以成本动因所引起的成本金额的大小来判断。

ABC 不仅可以用于分摊制造费用到不同产品上，还可以用于其他间接成本的分摊上，比方说将销售费用分配到不同客户上。可以说 ABC 专制间接成本这种“疑难杂症”。另外在实际工作中，很难准确地将制造费用分成完全同一成本属性的各个作业中心或成本中心，因而应因地制宜。

ABC 的优点：

- 准确地计算不同成本对象，如不同产品的成本，有利于准确地进行按产品的盈利分析、产品定价决策等。
- 有助于更好地分析成本形成的动因（因为成本池进一步细分）。

ABC 的缺点：

- 费时、费力（贯彻时一定要掌握成本收益原则）。
- 可能因缺乏相应的会计系统支持以及部门之间协调而影响其实施。

（间接费用中不同用户间的）
共同费用/共同成本分摊

不同用户间的共同费用/成本（common costs），是指两个或两个以上的用户（一般是指不同的战略业务单元或者不同的子公司，或者公司内部的不同部门，如销售部、生产部、人事部等）共同承担的一些间接成本。关键词是“用户”。此处的共同成本不是指不同产品间共同承担的成本。不同产品间共同承担的成本的分摊方法包括联副产品的共同成本分摊方法，以及非联副产品的共同成本的分摊方法（如ABC、部门分摊率、全厂分摊率等）。

不同用户间的共同费用在公司中很常见，例如销售部和生产部共同租一块场地开全年总结会议；北京总部的财务专家一次拜访、支持了长江三角洲不同城市的三个企业等。共同费用根据需要可能需进一步细分到具体到公司，或者具体到销售费用、管理费用、制造费用等，这样才可以进行接下来的生产成本核算或者其他会计核算及分析报告等。不同用户间共同费用的分摊方法有独立法和增量法两种。

独立法：先估算不同用户独立做某事应该发生的成本，然后共同成本乘以各自用户所占的那部分份额（即各自独立花费的成本占全部用户独立花费成本的总和的比重），就是应分摊到该用户的共同成本。例如，两个部门租用同一间办公室，其中信息部有3位老师，语文部有2位老师。信息部老师单独租办公室的话租金为18 000元，语文部老师单独租的话租金为6 000元。现这间共同办公室的成本为20 000元，问语文部和信息部应分摊多少钱？

解析：语文部＝20 000×6 000/(18 000＋6 000)＝5 000（元）；信息部＝20 000×18 000/(18 000＋6 000)＝15 000（元）。注意：在一些证书考试中优先使用上述方法，而不应该用老师的数量作为成本动因去分摊，如教育部＝20 000×2/(2＋3)＝8 000（元）。如果题中没有给出各自单独做这件事所花的成本，而只给了成本动因的数量，则用成本动因相关的比重分摊就可以。例如，生产部和销售部共同租一个会议中心，生产部参会人员为60人，销售部为40人，租赁费为10 000元，则生产部承担的共同成本为10 000×60/(60＋40)＝6 000（元）。实际工作中简单地用成本动因数量分配未尝不可，独立法较为复杂，当然具体看公司规定以及其他实际情况而定。

增量法：与独立法相对而言，其逻辑是：先找出谁是主要部门，谁是附属部门。主要部门一般是带头的或占主要部分的。主要部门承担自己独立做某事的全部成本，附属部门则用共同成本减去主要部门的成本。例如，两个部门租用同一间办公室，其中信息部有3位老师，语文部有2位老师。如果信息部老师单独租办公室则租金为18 000元，如果语文部老师单独租则租金为6 000元。现这间共同办公室的成本为20 000元。如果信息部为主要部门，则语文部和信息部各应分摊多少钱？

解析：如果信息部为主要部门，则信息部分摊18 000元，语文部分摊2 000元（20 000－18 000）。当然如果语文部为主要部门，则语文部分摊6 000元，信息部分摊14 000元（20 000－6 000）。

混合成本法之实际成本法、标准成本法、部分标准成本法

同样地，混合成本法也有实际成本法、标准成本法、部分标准成本法可选择。

实际成本法

假设 WIP1 车间选择机器小时为成本动因。企业通过成本中心归集此车间发生的实际总的制造费用，假设是 3 000 万元，然后统计所有经过此车间的这几批产品分别用的实际机器工时以及实际总机器工时，假设 M9 = 6 000 机器小时，M8 = 3 000 机器小时，M6 = 1 000 机器小时，因此，归集到 M9 这批手机的 WIP1 车间的制造费用 = 3 000 万元 × 6 000/(6 000 + 3 000 + 1 000) = 1 800（万元）；归集到 M8 批次上的制造费用 = 3 000万元 × 3 000/(6 000 + 3 000 + 1 000) = 900（万元）。

接下来计算约当产量、计算单位产品成本、结转分配生产成本到完工转出产品和期末在制品上等。产品成本核算必须按不同批次产品分别进行。如上例中，M9 从 WIP1 一直到产成品核算完后，再进行 M8 的核算，M8 核算完再进行 M6 的核算。

正常成本法

每个车间预先设定制造费用分摊率，每批产品实际消耗的成本动因数量乘以预定的分摊率 = 归集到这批产品上的制造费用（或也称作该车间分配到该批次产品上的制造费用）。假设 20×7 年末预计 20×8 年 WIP1 车间总的制造费用为 3 200 万元，预计总的机器小时为 11 000，则预计分摊率为每机器小时 2 909 元，期末统计每批次产品实际耗用的机器小时，假设 M9 批次为 6 000 机器小时，因此，M9 这批手机归集的制造费用 = 6 000 × 2 909 = 17 454 000（元）。

接下来计算约当产量、计算单位产品成本、结转分配生产成本到完工转出产品和期末在制品上等。产品成本核算必须按不同批次产品分别进行。

标准成本法

预先设定 M9 产品在 WIP1 的标准成本，假设直接材料为 380 元，直接人工和制造费用合计 220 元，则归集的成本 = M9 批次产品用先进先出法计算的当月的约当产量乘以预先设定的 M9 的标准成本。同理，M8 归集成本 = M8 用先进先出法计算的当月的约当产量乘以预先设定的 M8 的标准成本。M6 同理……

标准成本系统省略了单位产品成本计算环节，接下来结转分配生产成本到完工转出产品和期末在产品上。

混合成本法按不同批次产品分别进行成本核算，每种产品的成本核算实际上就是分

步法的呈现。当然混合成本法多了一些成本核算的元素，例如直接人工成本、制造费用成本向不同批次产品上分摊等。

混合成本法综合案例

PAM 公司是一家汽车生产厂商，主要生产两种车型：T8 为豪华型，商务家庭两用，定价在 35 万元；T3 为普通家用小轿车，定价为 12 万元。20×8 年预计产量 T8 为 100 000 辆，T3 为 200 000 辆。PAM 公司拥有一条现代化的汽车生产线，用于生产这两种车型。简单起见，假设公司生产部包括两个基本生产车间（发动机生产部和组装部）和三个辅助生产部门（分别为工程师部、质量保证部和工厂成本会计部）。当然实际工作中部门可能会更多，不过成本核算的道理是一样的。

下面分别用标准成本法、实际成本法、正常成本法进行生产成本核算。

标准成本法

设定产品的标准成本。

标准成本之直接材料成本。根据标准材料清单（bill of materials，BOM），假设 T8 共需要零部件 100 个，如保险杠、车轮、座椅等，各自有其标准用量及单位标准采购成本。T8 在发动机车间也叫制造车间（简称 WIP1）使用 40 个零部件，假设 T8 在制造车间的单位标准直接材料成本为 20 000 元；组装车间（简称 WIP2）使用 60 个零部件，假设 T8 在组装车间的单位直接材料成本为 60 000 元，因此，T8 的单位直接材料成本合计为 20 000＋60 000＝80 000（元）。实际工作中，标准直接材料成本的计算都是完全按照 BOM 上的所有部件分别计算各自零部件的标准成本，即各自的标准用量乘以每个部件的标准采购成本，然后加总。最终直接材料差异也是分别按照每个部件分别计算。注意：在制定标准材料用量时应考虑不可避免的损耗，例如，汽车后视镜每辆汽车理论上应该用 2 个，但实际工作中不可避免地会发生人为摔坏或划伤等，因此，标准用量可考虑制定为每辆汽车用 2.01 个后视镜。

根据 BOM，T3 共需要零部件 80 个，其中发动机车间使用 30 个零部件，合计单位标准直接材料成本为 6 000 元；组装车间使用 50 个零部件，合计单位标准直接材料成本为 30 000 元。因此，T3 的合计单位标准直接材料成本为 6 000＋30 000＝36 000（元）。

标准成本之直接人工成本。假设经过测算，参考历史经验以及同行业最佳等，最终确定：

- 一辆 T8：发动机车间耗用 5 个直接人工小时，每小时直接人工成本 30 元，合计 5×30＝150（元）；综合组装车间耗用 19 个直接人工小时，每小时直接人工成本 30 元，合计 19×30＝570（元）。合计：一辆 T8 需要 24 个直接人工小时，每小时平均直接人工成本 30 元，合计 720 元。

• 一辆 T3：发动机车间耗用 2 个直接人工小时，每小时直接人工成本 30 元，合计 2×30=60（元）；综合组装车间 18 个直接人工小时，每小时直接人工成本 30 元，合计 18×30=540（元）。合计：一辆 T3 需要 20 个直接人工小时，每小时平均直接人工成本 30 元，合计 600 元。

标准成本之变动制造费用。企业最终确定水电费（utilities）、间接材料等为变动制造费用。虽然这些费用存在至少两个以上成本动因，但因水电费占绝大部分，而其成本动因是机器小时，因此，最终选择机器小时为企业变动制造费用的成本动因。实际工作中是否把制造费用分成变动制造费用和固定制造费用要视具体情况而定，基于成本收益原则，很多企业并没有将制造费用细分成变动制造费用和固定制造费用，而是只保留一个总的制造费用，原因一是过于细分工作量及成本高；二是一般企业本来就有每个车间/成本中心的明细费用科目的划分和控制（实际对比预算），如水电费、维修费、租金等。成本中心报告可以起到一定成本控制的作用。但一些证书考试中一般都会涉及变动制造费用及其差异。

假设经过测算，参考历史经验以及同行业最佳等，最终确定：

• 一辆 T8：发动机车间耗用 3 个机器小时，每小时变动制造费用 70 元，合计 3×70=240（元）；综合组装车间耗用 2 个机器小时，每小时变动制造费用 90 元，合计 2×90=180（元）。合计：一辆 T8 需要 5 个机器小时，标准变动制造费用为 240+180=420（元）。

• 一辆 T3：发动机车间耗用 2 个机器小时，每小时变动制造费用 70 元，合计 2×70=140（元）；综合组装车间耗用 1.1 个机器小时，每小时变动制造费用 90 元，合计 1.1×90=99（元）。合计：一辆 T3 需要 3.1 个机器小时，标准单位变动制造费用为 140+99=239（元）。

标准成本之固定制造费用。假设企业选择机器小时作为制造车间固定制造费用的成本动因，选择直接人工小时作为组装车间固定制造费用的成本动因。实际上，每个车间都既有直接人工也有机器设备，因此，每个车间既发生直接人工相关的固定制造费用，如办公费、培训费、差旅费等，也发生机器相关的固定制造费用，如折旧、租赁费等，只是看在每个车间哪类固定制造费用占主导。传统来讲，在制造车间因为机器设备较多，而直接人工较少，因而发生机器相关的固定制造费用较多，因此，选择机器工时作为成本动因；而组装车间直接人工较多，机器设备较少，因而发生直接人工相关的固定制造费用较多，因此，选择直接人工小时作为固定制造费用的成本动因。当然实际工作中，应具体情况具体分析。例如，有些企业大量使用机器人或其他自动化设备进行组装，直接人工使用的较少，因此，即使在组装车间也选择机器小时作为固定制造费用的成本动因。

首先，预计基本生产车间和辅助生产部门的固定制造费用。其中，辅助生产部门的预算固定制造费用应首先分摊到基本生产车间，然后基本生产车间预算的固定制造费用加上辅助生产部门分配过来的固定制造费用，根据适当的成本动因分配到不同产品上。

假设20×8年辅助生产部门预计发生固定制造费用（假设辅助生产部门不发生变动制造费用，或者太小从而都称为固定制造费用）分别为：工程师部4 000万元；质保部1 000万元；工厂成本部600万元。公司采取直接法将这些辅助生产部门的费用分别分配到制造车间和组装车间。假设最终制造车间自身的固定制造费用加上辅助生产部门分摊下来的固定制造费用合计为14亿元，而组装车间合计为7.8亿元。

其次，预计每个车间每种产品的单位标准固定制造费用。假设发动机车间20×8年将共计发生700 000个机器小时，其中，T8型号10万辆×3个机器小时以及T3型号20万辆×2个机器小时，因此每机器小时140 000万/70万=2 000（元）。因此在制造车间T8的单位标准固定制造费用=3×2 000=6 000（元），T3的为2×2 000=4 000（元）。假设预计组装车间在20×8年发生固定制造费用合计为7.8亿元，预计发生直接人工小时合计为550万个直接人工小时，其中T8型号10万辆×19个直接人工小时以及T3型号20万辆×18个直接人工小时，因而每直接人工小时固定制造费用=78 000万/550万=141.82（元），因此，T8在组装车间的单位标准固定制造费用=141.82×19=2 695（元），T3在组装车间的单位标准固定制造费用=141.82×18=2 553（元）。

注意：实际工作中，辅助生产部门的成本也可以各自选择适当的成本动因直接分配到不同产品上，此方法称为作业基础成本法。具体选择哪种方法要结合成本收益原则。作业基础成本法相对较为准确，但较复杂。

注意：谨记，只有当企业只有一种产品，可以用产品产量直接作为成本动因来计算单位产品的固定制造费用成本，即用总的预算的固定制造费用除以总的产品产量。变动制造费用等同理，否则绝对不可以！企业只要存在两种及以上的产品，在制定标准成本时就不能直接用该车间总的固定制造费用除以总产品产量来得到单位产品的标准生产成本，这是因为产品不同，它们各自消耗的制造费用不一样，所以此时的产出不能用产品的产量来表达，应该选择一个合适的成本动因如直接人工小时或机器小时来表达。假设制造车间选择机器小时作为成本动因，因此，该车间预算固定制造费用先除以该车间预计总的机器小时数量得出单位机器小时的固定制造费用，然后此数乘以不同产品单位消耗的不同的机器小时从而计算出不同产品的单位标准固定制造费用成本。

因此截至目前：

T8的单位标准生产成本：

- 制造车间（WIP1）之单位直接材料成本20 000元+单位直接人工成本150元+单位变动制造费用240元+单位固定制造费用6 000元=26 390（元）。
- 组装车间（WIP2）之单位直接材料成本60 000元+单位直接人工成本570元+单位变动制造费用180元+单位固定制造费用2 695元=63 445（元）。
- 合计总单位标准成本为：26 390+63 445=89 835（元）。

T3 的单位标准生产成本：

- 制造车间（WIP1）之单位直接材料成本 6 000 元 + 单位直接人工成本 60 元 + 单位变动制造费用 160 元 + 单位固定制造费用 3 000 元 =9 220（元）。
- 组装车间（WIP2）之单位直接材料成本 30 000 元 + 单位直接人工成本 540 元 + 单位变动制造费用 99 元 + 单位固定制造费用 2 553 元 =33 192（元）。
- 合计总单位标准成本为：9 220 +33 192 =42 412（元）。

T8 和 T3 的售价分别为 35 万元和 12 万元，之所以售价比单位生产成本高出如此之多，是因为该公司每年都花费巨额的研发费用用以研发更高性能的发动机、汽油和电力混合动力、更好看的车型等。因此，企业在定价时采用了产品生命周期预算法。

另外，在实际工作中，有些企业可能不会将制造费用分为变动制造费用和固定制造费用，而只有一个制造费用。单位标准成本有一种表达形式是：直接材料 = A，直接人工成本 = B，制造费用 = B ×120%，即标准单位产品的制造费用 = 单位产品直接人工成本的一定百分比，如 120%。

下面我们结合此案例详细地讲解生产成本核算过程，先讲解标准成本法，后讲解实际成本法和正常成本法。

标准成本法

使用标准成本系统一定要同时使用较好的 ERP 计算机信息系统，通过人工是无法进行的。标准成本核算是双线核算制。线 1：“一标到底”，直至损益表；线 2：记录当期实际生产成本，与根据实际产量分摊的标准成本进行对比计算差异，然后进行差异分摊。

线 1：一标到底

先从 T8 开始，假设 20 ×8 年 5 月 1 ~10 日排产 15 000 台 T8，11 ~31 日排产 24 000 台 T3。从 5 月 1 日开始，随着每个基本生产车间完工产品交付下一个车间直至产成品，生产成本核算随之进行。例如，5 月 1 日上午 10 点完成了 100 台发动机，并将其转至 WIP2 车间，此时相关操作员将发动机的产品代码和完工数量输进 ERP 系统，ERP 系统会自动记账：借 WIP2@ 50 ×26 390（即上面制定的标准成本），贷 WIP1@ 50 ×26 390。假设上午 10 点 15 分，WIP2 完工了 90 辆 T8 汽车并转至产成品仓库，则相关操作员输进 ERP T8 的产品代码及完工数量，ERP 会自动记账：借产成品 T8@ 90 × 89 835，贷记 WIP2@ 90 ×89 835。每个车间每完工一定量的产品转到下一个车间或最终仓库，相关操作员都如上操作，然后 ERP 系统自动记账。到 10 号假设 15 000 台 T8 都完工，没有在制品，月初并没有 T8 的在制品，则 ERP 系统会出现：

借：WIP2	15 000×26 390
贷：WIP1	15 000×26 390

借：WIP1	15 000×26 390
贷：直接材料	15 000×20 000
直接人工成本	15 000×150
变动制造费用	15 000×240
固定制造费用	15 000×6 000

以及：

借：产成品——T8	15 000×89 835
贷：WIP2	15 000×89 835

借：WIP2	15 000×63 445
贷：直接材料	15 000×60 000
直接人工成本	15 000×570
变动制造费用	15 000×180
固定制造费用	15 000×2 695

因此，WIP1 和 WIP2 的余额均为零。

5 月伊始，随着 T8 的售出（假设在 5 月份第一个销售订单销售了 3 000 台 T8），相关操作员在 ERP 的发货模块以及开发票模块进行相关操作，则 ERP 会自动记账为：借应收账款@3 000×35 万（假设是赊账销售而且不涉及增值税），贷销售收入@3 000×35 万，借销货成本@3 000×89 835，贷产成品——T8@3 000×89 835。此时 ERP 也会自动产生损益表中的销售收入和销货成本科目，而且可以自动产生按产品、按客户的盈利分析报告。请注意，到目前为止，都是用的产品的标准生产成本，而且是"一标到底"，直接"标"到了损益表。

从 5 月 11 日开始生产 T3，计划生产 24 000 台。核算过程与 T8 一模一样。但 5 月下旬遇到特别恶劣的天气，在 5 月底（PAM 公司规定在每个月最后一个工作日的中午 12 点为月结截止日），一共完成了 23 945 台 T3，还有 55 台 T3 没有组装完，只能顺延到 6 月初生产。但在 WIP1，24 000 台发动机的任务已完成，5 月底在 WIP2 车间的 55 台在制品，直接材料完工率是 60%，直接人工、变动制造费用和固定制造费用的完工率均是 40%。因此截至 5 月底，T3 产生的会计分录：

借：WIP2	24 000×9 220
贷：WIP1	24 000×9 220

借：WIP1	24 000 ×9 220
贷：直接材料	24 000 ×6 000
直接人工成本	24 000 ×60
变动制造费用	24 000 ×160
固定制造费用	24 000 ×3 000

从而 WIP1 余额为零。

以及：

借：产成品——T3	23 945 ×42 412
贷：WIP2	23 945 ×42 412

借：WIP2	795 842 664
贷：直接材料	(23 945 +55 ×60% −0) ×30 000
直接人工成本	(23 945 +55 ×40% −0) ×540
变动制造费用	(23 945 +55 ×40% −0) ×99
固定制造费用	(23 945 +55 ×40% −0) ×2 553

注意：计算当期应该耗用的生产成本，如直接材料、直接人工等时，一定要用先进先出法计算约当产量！

5 月伊始，随着 T3 的售出（假设在 5 月第一个销售订单销售了 20 000 台 T3），相关操作员在 ERP 的发货模块以及开发票模块进行相关操作，则 ERP 会自动产生分录为：借记“应收账款@20 000×12 万”（假设是赊账销售而且不涉及增值税），贷记“销售收入@20 000×12 万”，借记“销货成本@20 000×42 412”，贷记“产成品——T3@20 000×42 412”。此时 ERP 会自动产生损益表中的销售收入和销售成本科目，而且可以自动产生按产品、按客户的盈利分析报告。

线 2：记录实际发生的生产成本，结算差异

在生产成本核算“一标到底”的同时，企业要记录实际发生的相应的生产成本从而结算差异。因为最终损益表应该体现实际成本。从控制角度来讲，生产成本差异要归属到专门的车间，以进行相应的奖惩机制。如果有可能，生产成本差异最好能归属到不同产品上，以方便差异分析、产品改进、未来标准成本调整。

直接材料

5 月一开始，生产部根据排产和标准的 BOM 去仓库领料，然后发到 WIP1 和 WIP2

车间，如果生产过程中实际用料超出了标准 BOM 的量，则相关人应该填写额外领料单（unplanned issue），由相关经理批准后去仓库领料，并由相关人员将这些额外用料输进 ERP，ERP 就会自动产生分录：借直接材料用量差异（明细科目是直接材料名称、产成品的名称，如 T8 还是 T3，以及发生的车间，差异的借方为不利差异），贷原材料。例如，在 T8 的生产过程中 WIP2 车间额外领料：10 个轮胎（标准单价 300 元）、8 个保险杠（标准单价 100 元），假设 WIP2 的成本中心号码为 520，则借记直接材料用量差异——轮胎——T8——520@ 10 × 300，借记直接材料用量差异——保险杠——T8——520@ 8 × 100，贷记"原材料——轮胎——T8 ——520@ 10 × 300"，贷记"原材料——保险杠——T8——520@ 8 × 100"。如果某批次结束后或到月末，没有额外领料，而且通过实物盘点，还有剩余的一些材料，则相关人员将这些信息输进 ERP，则 ERP 会自动产生和刚才完全相反的分录，即借记原材料，贷记直接材料用量差异（有利差异）。

另外，一般企业都是在材料采购时产生直接材料单价差异，具体为：当直接材料购买进来并验收入库后，相关人员将不同材料的编号和数量输进 ERP，因为 ERP 已事先输进了每种直接材料的标准采购单价，因而 ERP 会自动产生：借原材料@ 标准单价，贷应付暂估@ 标准单价，财务部收到相关发票后，输进 ERP，此时系统会核对采购订单、发票和收货单以确保无误，然后自动产生如下分录：借应付暂估@ 标准单价，贷应付账款@ 发票上的实际单价，借记或贷记材料采购价格差异@ 标准单价和实际采购价格的差异。

直接人工

企业一般只有在月底才可以统计实际本月生产部的直接人工员工应该发放的工资，因为需要先统计当月实际工作时间，然后才能计算工资。另外，工资是按月发放，而不是按批次发放。企业财务根据人事部的相关资料，输进 ERP 系统：WIP1 5 月的实际人工小时数以及单位直接人工小时实际工资。ERP 会产生如下分录：借记"工资费用"，贷记"应付工资"。因为在线 1 中 ERP 产生了根据实际产量所应该发生的标准直接人工小时数量以及标准单位直接人工小时的工资，因此，ERP 会自动计算直接人工工资率差异和直接人工效率差异，以及产生相关的会计分录。直接人工工资科目借方是实际发生的成本，贷方是分摊的标准成本，产生的差异最终将使此科目平衡从而无余额。产生的直接人工相关差异需归属到 WIP1 和 WIP2。因为 T8 和 T3 的直接人工共享一条生产线以及同一批直接人工员工，因此，将直接人工差异归属到 T8 和 T3 这两个不同产品上的意义不大，而且若分的话，工作较为复杂，工作成本较高。

变动制造费用

企业每月同时通过会计凭证记录实际发生的变动制造费用，此项工作只有到月底才可以全部完成，因为有些变动制造费用是不断地发生。然后每月统计出实际的成本动因数量，从而计算出实际的单位成本动因的变动制造费用，上述统计和计算一定要分 WIP1 和 WIP2 两个车间进行。相关人员将上述信息和数据输进 ERP，ERP 就会自动产生变动制造费用花费差异和变动制造费用效率差异，同时产生相关会计分录。

固定制造费用

企业每月同时通过会计凭证记录实际发生的固定制造费用，固定制造费用科目很杂，而且既涉及基本生产车间，又涉及辅助生产部门，企业一般都是对这些车间和部门设定不同的成本中心代码从而分别归集出实际的固定制造费用。

因为很多固定制造费用是不断地发生，所以此项工作只有到月底才可以全部完成。我们在生产成本差异部分讲过固定制造费用差异和其他生产成本差异的核算有所不同，固定制造费用差异包括花费差异和产量差异，因此，企业应提前将每月固定制造费用预算以及其分开的两个要素（即每种产品的预算产量乘以该产品预算的单位标准固定制造费用）输进 ERP，ERP 就会自动对比实际的固定制造费用和预算的固定制造费用从而得出花费差异，对比预算固定制造费用分开的两个要素与分摊到实际产品产出上的标准的固定制造费用从而得出产量差异。

差异处理

最后将所产生的生产成本差异月末进行处理，从而宣告生产成本核算过程结束。

实际成本法

实际成本法不用事先制定标准成本，而且不用两条线核算，它是会计最早、最原始的核算方法。实际成本法也是按基本生产车间的顺序进行核算，先核算 WIP1，然后再核算 WIP2，最终结转出产成品。

从 WIP1 开始，T8 的直接材料成本、直接人工成本、变动制造费用和固定制造费用的数据都有了以后，根据企业的规定使用加权平均法或先进先出法，对单位产品生产成本进行核算，然后结转到完工产品以及期末在制品（如果有）上。WIP2 同理，通过同样的核算最终结转生产成本到产成品以及 WIP2 的在制品（如果有）上。

实际成本法最大的缺陷就是：每个月如此计算的单位产品成本，可能会因每月实际产出数量的较大波动而出现较大不同的单位成本，从而会干扰定价等决策，而且由于不像标准成本那样有标杆可以对比、衡量，从而不利于成本控制。在此例中，显然 5 月实际生产的汽车数量 3.9 万辆（2.4 + 1.5）远远大于其他月份的平均 2.5 万辆（30/1.2），因此，5 月核算出来的单位产品成本会非常低。

如果 5 月有产成品销售，则企业要核算销货成本。实际成本法在此步骤要比标准成本法复杂很多，标准成本法可以“一标到底”，一直到损益表，而实际成本法要根据企业的规定使用先进先出法、加权平均法等的一种。

正常成本法

我们讲过实际成本法最大的一个问题就是单位产品成本在各月之间可能存在较大的波动，标准成本法可以彻底解决这个问题，正常成本法也可以在一定程度上改进此问题。正常成本法是预先设定单位成本动因（如直接人工小时或机器小时等）的预算制造费用，然后每月统计实际发生的成本动因数量，两者相乘得出应该发生的制造费用，然后计算单位产品成本，结转分配成本到已完工产品和期末未完工的在制品上。制造费用科目同时记录当月实际发生的信息，因此，月底需结算制造费用差异，即实际发生的和应该发生之差。注意：正常成本法的其他生产成本科目，即直接材料、直接人工都是按照实际发生的数据进行核算。

此例中，假设PAM公司制造费用使用正常成本法，其他生产成本科目均为实际成本法。20×7年末，预算20×8年WIP1、WIP2及辅助生产部门的制造费用，再将辅助部门的预算制造费用分配到WIP1和WIP2；然后预算20×8年的机器小时数，WIP2的直接人工小时数量。WIP1合计的预算制造费用（即本身的加辅助部门分配过来的）除以WIP1预计的机器小时数量得出WIP1每机器小时预计的制造费用，同理计算出WIP2每直接人工小时预计的制造费用。

5月底，统计WIP1中T8这批次实际发生的机器小时数量，然后乘以预先设定的单位机器小时预计的制造费用，从而得出T8这批次产品总应该耗用的制造费用。随着T8的其他各项生产成本要素都汇齐后，计算其单位产品成本，然后结转分配到WIP2，同理WIP2统计T8这批次产品实际耗用的直接人工小时数量，同理，核算T3，最后结算制造费用差异。

制造费用在现代企业中的比重（相对于整个生产成本）越来越大，因为现代企业很多都是机器密集型的，从而产生很大金额的制造费用，而过去人工密集型的企业较多。制造费用在实际成本法中是引起每月间单位产品成本波动较大的罪魁祸首，而正常成本法因为使用了统一的年度单位成本动因预算的制造费用，而单位产品实际耗用成本动因数量每月间波动不大，从而单位产品的制造费用每月间差别也不是很大，因此，正常成本法可在一定程度上改进实际成本法中每月间可能出现的单位产品成本波动较大的问题。

注意：企业无论是使用标准成本法、实际成本法还是部分标准成本法，都应同时每月对比和分析生产部每个成本中心（即制造车间、组装车间、工程师部等）实际发生的每个费用科目（如工资、办公费、水电费、差旅费、业务招待费等）的金额和相应的预算金额，以起到成本控制的目的。标准成本法和部分标准成本法中变动制造费用和固定制造费用差异不够细致、不够到位，成本中心的每个费用科目的实际发生额和预算金额的对比是一个非常好而且非常必要的补充！

混合成本法　练习题与解答

1. 使用作业基础成本法一般最不会导致（　　）。

A. 对低生产量的产品会减少生产调试成本的分配
B. 相对于传统的成本核算方法，会使得低产量的产品的单位生产成本增加
C. 相对于传统的成本核算方法，会使得低产量的产品的单位生产成本减少
D. 成本计算更不准确

答案：选 D。

2. COSTK 公司关于工厂范围的间接费用分摊率、部门间接费用分摊率和作业成本法（ABC），以下（　　）是正确的。

A. 三种方法的成本动因（分摊基数）都是根据与成本之间假设或确定的因果关系来选择的
B. 部门间接费用分摊率是三者中最准确的
C. ABC 间接分摊率是生产同质产品过程的最好选择
D. 每个方法都仅使用一种成本动因（分摊基数）但多个成本池

解析：选 A。成本动因（分摊基数）应该与成本有因果关系。显然，工厂范围间接费用分摊率最难实现这个目标。C 不对，同质产品是指产品一样或基本一样。ABC 最大的优点之一是将制造费用能尽可能准确地分配到消耗制造费用差异比较大的不同产品中去。

3. COSTK 公司一个工厂使用工厂范围的间接费用分摊方法和机器小时作为间接费用分摊基础。它正在考虑转向作业成本法（ABC）的间接费用分摊法。这一个期间有两个批次，总间接费用是 \$620 000。批次 1 使用 8 000 机器小时；批次 2 使用了 12 000 个机器小时。新的数据将间接费用分成三个成本池。对批次 1 来说，公用事业用机器小时来衡量，预先设定的分摊率是 \$10/机器小时；材料搬运成本池的成本动因是磅，批次 1 是 60 000 磅，每磅 \$3；机器设置成本池的成本动因是设置次数，批次 1 是 200 次设置，每次设置 \$300。使用工厂范围和 ABC 法，分摊给批次 1 的间接费用分别是（　　）。

A. 工厂范围：\$248 000；ABC：\$320 000
B. 工厂范围：\$310 000；ABC：\$320 000
C. 工厂范围：\$248 000；ABC：\$372 000
D. 工厂范围：\$310 000；ABC：\$372 000

解析：选 A。工厂范围分摊率是将总成本除以整个工厂的机器小时：＄620 000/20 000 = ＄31/机器小时。这个分摊率乘以 8 000 机器小时等于＄248 000，分摊给批次 1。

ABC 法的分摊方法是(＄10/机器小时 ×8 000/机器小时) +（60 000 磅 × ＄3/磅）+（200 设置 × ＄300/设置）= ＄80 000 + ＄180 000 + ＄60 000 = ＄320 000

题中特意用了一些不太好理解的术语，这是因为目前的一些国外证书的中文考试中经常会出现一些有待商榷的翻译，如果平常备考中不多练习，考试中可能会大量耽误时间并增加困惑。此处的间接费用原文英文是“overhead”，通俗的翻译应该是制造费用。另外公共事业的原文英文是“utilities”，应该翻译成水电费或者能源费。

4. COSTK 公司当分摊卫生服务部门的成本给生产部门，以下（ ）最可能被用作成本动因。

A. 机器小时　　B. 生产个数　　C. 直接人工小时　　D. 占用的平方英尺

解析：选 D。卫生服务一般按清洁的面积来收费。所有选项中，平方英尺与提供的服务有最接近的因果关系

5. COSTK 公司的一个企业想要一个简便的方法来分摊服务部门的成本给生产部门，不需要分摊一个服务部门的成本给另一个服务部门。以下（ ）方法能满足这些要求。

A. 按步向下法　　B. 交叉法　　C. 作业成本法　　D. 直接法

解析：选 D。直接法是最直接和简单的分摊服务部门成本的方法。这种方法不会将一个服务部门的成本分摊给另一部门。

6. COSTK 公司的成本会计员本杰明正在为公司的工模具部门和组装部门制定部门制造费用分配率。两个部门预算的生产成本和某批产品的数据如下：

部门

	工模具	组装
间接材料	850 英镑	200 英镑
生产主管工资	1 500 英镑	2 000 英镑
间接工人成本	1 200 英镑	4 880 英镑
折旧	1 000 英镑	5 500 英镑

直接材料成本	26 000 英镑	94 000 英镑
修理费	4 075 英镑	3 540 英镑
直接人工成本	6 500 英镑	23 000 英镑
直接人工小时数总计	460	620
机器工时总数	900	100
9 号批次直接人工小时	12	3
9 号批次机器小时	4	6

若采用部门制造费用分配率分配制造费用，工模具采用机器小时作为成本动因，组装部门用直接人工小时作为分配基数，则这两个部门对 9 号批次产品分配的制造费用总计为多少？

解析：首先工模具和组装部门中直接材料成本和直接人工成本不属于制造费用，从而工模具预算制造费用总计为 8 625 英镑，组装部门预算制造费用总计为 16 120 英镑。工模具的分摊率 = 8 625/900 = 9.58，组装部门的分摊率 = 16 120 / 620 = 26。因此，工模具和组装部门分摊给批次#9 总间接费用 = 9.58 × 4 + 26 × 3 = 38.33 + 78 = 116.33（英镑）。

7. COSTK 公司预计下一年发生 $ 70 000 的制造费用和 $ 60 000 的一般行政管理费用。直接人工预计每小时 $ 5，直接人工成本总计为 $ 50 000。若制造费用按照直接人工小时分配，则对发生 20 小时的直接人工的某批次产品要分配（　　）制造费用。

A. $ 140　　B. $ 28　　C. $ 120　　D. $ 260

解析：选 A。分摊给一个发生了 20 个直接人工小时的批次的间接费用计算如下：

间接费用分摊 =（每人工小时的间接分摊率）（20 个直接人工小时）。计算间接费用分摊率的直接人工小时是 10 000（ $ 50 000 / $ 5 = 10 000 小时）。间接费用分摊率 =（ $ 70 000）/ 10 000 = $ 7/直接人工小时。分摊给一个发生了 20 个直接人工小时的批次的间接费用 = $ 7（20 直接人工小时）= $ 140。

8. 识别生产差异并将责任分派给一个经理或部门的目的是（　　）。

A. 确定生产产品的合理成本，这样销售价格就可以进行相应的调整

B. 将差异追溯到产成品中，这样存货在期末就能适当地估值

C. 利用对差异的认识来推动生产经营的持续改善

D. 找到组织中经营问题中的错误

解析：选 C。识别生产差异并将责任分派给一个经理或部门的目的之一是建立责任负责制，从而进一步寻找差异原因，促进生产经营的持续改善。D 不对，是因为说的范

围太大了，此题只说生产差异，还不能涉及整个组织中的经营问题那么广。

9. CM 公司制造消费通信设备并且正在不断增加产品品种。该公司一直采用传统的成本分摊体系，但现在会计人员建议调整为作业基础成本法体系。运营部副总裁提出："成本就是成本，重新安排它们不会节省任何资金，这些体系既复杂又昂贵。"对此争论最具逻辑性的回应是，作业基础成本法体系（ ）。

A. 为每种产品的成本提供更准确的报告，这样管理层可以做出更明智的定价决策
B. 与传统成本体系相比，使用成本更低
C. 消除传统成本体系中采用的任意成本分摊法
D. 专注于制造活动，无需考虑工程设计、市场营销和其他不可追踪性活动的成本

答案：选 A。

10. 公司有两个部门：加工部和装配部。工厂本年度的预算包括以下信息：

	加工	装配
制造间接费用	$4 000 000	$2 000 000
直接人工工时	100 000	200 000
机器工时	40 000	40 000

如果工厂根据直接人工工时使用全厂间接费用分摊率进行计算，则分摊率应是每小时（ ）美元。

A. 10　　B. 20　　C. 40　　D. 75

解析：分摊率 = (4 000 000 + 2 000 000)/(100 000 + 200 000) = 20（美元），选 B。

11. CM 公司的下属某工厂有两个部门：加工部和装配部。该厂本年度的预算包含以下信息：

	加工	装配
制造间接费用	$4 000 000	$2 000 000
直接人工工时	100 000	200 000
机器工时	40 000	40 000

假设工厂在加工部使用机器工时作为间接费用基数，而在装配部门使用直接人工工时作为间接费用基数。如果编号为 2420 的作业在两个部门中各耗费了 20 个直接人工工时，在加工部门耗费了 10 个机器工时，在装配部门耗费了 5 个机器工时，则应为该作

业分摊（　　）间接费用。

A. $1 100　　　B. $1 200　　　C. $2 100　　　D. $2 200

解析：题中说明了“在加工部使用机器工时作为间接费用基数，而在装配部门使用直接人工工时作为间接费用基数”。加工部的分摊率 = $4 000 000/ $40 000 = 100，装配部的分摊率 = $2 000 000/ $200 000 = 10，因此，这两个部门共分摊到作业 22420 的制造费用 = 100 × 10 + 10 × 20 = $1 200，选 B。

12. CM 公司过去一年的业绩如下所示：

可供销售货物的成本　$136 000
原材料库存的期末余额　$6 000
在产品库存的期末余额　$14 000
产成品库存的期末余额　$13 000
已分配制造间接费用　$50 000
实际制造间接费用　$55 000

如果 CM 在年底按比例分摊实际间接费用与已分配间接费用的差额，则分摊后的销货成本总计为（　　）。

A. $140 150　　　B. $127 100　　　C. $126 950　　　D. $118 900

解析：制造费用的差异会影响到在产品存货、产成品存货和销货成本，但不会影响原材料。销货成本 = 可供销售货物的成本 - 产成品期末存货 = $136 000 - $13 000 = $123 000。可供销售货物成本 = 产成品期初存货 + 当期完工产成品成本。请注意，可供销售、可供生产用等术语是什么意思。另外，做题一定要细心、仔细！不要上来就用“可供销售货物成本”。

因此，分摊到销货成本的差异 =（55 000 - 50 000）× 123 000/（123 000 + 14 000 + 13 000）= $4 100，因为是不利差异，因而分摊后销货成本 = 123 000 + 4 100 = $127 100，选 B。

13. CM 公司的部分年终账户余额如下所示：

账户余额向该账户：

	（按比例分摊前）	分摊的间接费用
直接材料库存	$100 000	$0
在产品库存	$25 000	$10 000
产成品库存	$225 000	$100 000
销货成本	$2 250 000	$890 000

如果已分配间接费用超过实际间接费用 $90 000，并且公司使用最精确的方法按比例分摊实际与分配的间接费用之间的差额，则在按比例分摊后，销货成本账户中的余额将是（　　）。

A. $2 169 000　　B. $2 169 900　　C. $2 172 115　　D. $2 330 100

解析：最准确的分摊是按照分摊的制造费用金额的比例来分摊，比“按照存货余额分摊”更准确。因此分摊到销货成本上的差异 =9 万 ×89 万/(89 万 +10 万 +1 万) = $80 100，因为是有利差异，则分摊后的销货成本 =2 250 000 +89 万 −80 100 = $3 059 900，没答案。题中写的不是很清楚。看来标准分摊的间接费用已经包含在存货中了，因此答案 = 2 250 000 −80 100 = $2 169 900，选 B。

14. 标准成本体系经常在差异分析中使用，这是因为标准成本（　　）。

A. 包括过去的低效性，并考虑预期的未来变化
B. 排除过去的低效性，并考虑预期的未来变化
C. 包括过去的低效性，并排除预期的未来变化
D. 排除过去的低效性，并排除预期的未来变化

答案：选 B。

15. CM 公司正在评估其每件产品耗费的标准机器工时，以便编制其来年预算时使用此数据。这家机器制造企业的规格表明，可以用0.75 个小时完成一件产品的制造；而一项基准分析研究表明，某竞争对手则以每件产品0.78 个机器工时的速度进行生产。尽管已通过工程研究确定了每件产品耗费0.80 个机器工时的标准，但 CM 去年的实际结果是每件产品平均耗费0.83 个机器工时。在接下来的预算中 CM 应采用的标准是（　　）。

A. 每件产品 0.75 个机器工时　　B. 每件产品 0.78 个机器工时
C. 每件产品 0.80 个机器工时　　D. 每件产品 0.83 个机器工时

解析：这是考核的标准成本制定的知识点。0.75 看来属于完美标准，因为行业标杆才 0.78，因而 0.75 不可用。通过工程研究（engineering study）一般是很准确的，况且上年是 0.83，如果一下子跨越很大幅度到标杆的 0.78 难度太大，因此，综合考虑，0.8 最合适，选 C。

16. 某公司在生产其一款产品的过程中，发现一场极为罕见的夜间停电事故，导致其一整天的在制品生产毁于一旦。这些损毁品的成本应如何计费？

A. 记入将来生产的良品的成本　　B. 作为损失注销
C. 记入第二天的生产成本　　D. 记入工厂总间接费用

解析：选 B。这属于非正常损失。

17. 公司从传统成本法改为作业成本法（ABC）的主要原因是，作业成本法（　　）。

A. 是一种更易于使用的成本法　　B. 可减少产品的成本短计或成本溢计
C. 无需对产品应用间接成本　　D. 可确定生产过程中的非增值成本

答案：选 B。

18. 公司使用部门分摊率在其两款产品间分摊间接费用。下面显示了下一年的预算数据。

项目	部门 1	部门 2
间接费用	$5 000 000	$7 000 000

成本动因	机器工时数	人工工时数
机器工时数	500 000	120 000
人工工时数	100 000	1 400 000

公司预计在该年生产 400 000 件产品 A。每一件产品 A 需要耗费部门 1 的 0.5 个机器工时和部门 2 的 1.5 个人工工时。那么，一件产品 A 的预算间接费用为（　　）。

A. $11.03　　B. $12.50　　C. $12.73　　D. $15.00

解析：虽然机器工时和人工工时不是完全可比。但从题中可以看出部门 2 拥有众多人工数量，因为一个人一年的工时大约 =12 个月 × 一个月平均工作日 21 天 × 每天平均工作 8 =2 016 小时，此部门的人数高达 =700 人左右，因此，可以基本肯定的是这应该是组装车间，应该选择人工小时为成本动因，而且题中又暗示了产品 A 在部门 2 耗用 1.5 人工小时。因此一件产品 A 的预算分摊率计算如下：

部门 1 的分摊率 = $5 000 000/ $5 00 000 =10，部门 2 的分摊率 = $7 000 000/ $1 400 000 =5。千万注意，即使题中给出了产品 A 总预算耗用的机器小时数和人工小时数，在计算分摊率时千万不要用此数！计算分摊率时，要除以所有产品合计的预算总耗用成本动因数量。

因此，一件产品 A 预算的间接费用 $=0.5\times10+1.5\times5=12.5$，选 B。

19. 70% 时检验，期初在产品 60%，期末在产品 40%，完工产成品 162 000 件，废品 8 000 件，说正常废品率为 4%，问非正常废品的数量为（　　）件。

A. 290　　B. 15 200　　C. 370　　D. 1 520

解析：选 D。8 000 − 162 000 × 4% = 1 520（件）。注意：正常废品一定要乘以完工好产品的数量。

20. 一个生产陶瓷的公司预制定成本标准，允许每生产 20 个合格产品，有 1 个不合格品。时间过程显示，工人生产每个产品需 10 分钟，问该公司的单位产品人工小时标准是（　　）分钟。

A. 10.53　　B. 10.5　　C. 10　　D. 9.52

解析：$B=10\times21/20=10.5$（分钟），“一个生产陶瓷的公司预制定成本标准，允许每生产 20 个合格产品，有 1 个不合格品”，这又一次佐证了，在美国不合品率的制定或统计是和完工好产品对比。但注意：如果说每生产 20 个产品（不像上面所说的 20 个合格品），有一个不合格品，则答案为 $10\times20/19=10.53$（分钟），应选 A。

3.1.5　分批法

我们前面讲述了非分批法，即分步法和混合成本法，我们下面讲解分批法的成本核算。

分批法的特点

分批法的特点以及分批法所特定对应的企业类型为：

客户定制。因此，客户会对产品所用材料、质量、规格等有不同的要求。各批次产品明显不同。注意：产品虽不同但相差不多时，从成本收益原则考虑可能会用分步法。因为分批法需建立很多工单及相应的领料单和派工单等，这些单据很复杂，而且都是临时的。分步法相对可用大平均，即便采用多个在制品科目，但这些在制品科目一般只是很少几个例行生产车间（如制造、组装等），基本固定不变，因此，分步法成本核算要相对简单得多。

产品生产不连续，此订单一完成又开始生产其不同规格产品的订单。

生产成本是通过成本核算单按每一订单单独归集和核算。因为同时有多个不同工单进行而且工艺流程经常不同，所以分批法产品一般不共享同一条生产线和直接人工团队。直接材料和直接人工成本是用相应的领料单和派工单通过不同的工单号单独百分之百的准确归集。而制造费用一般是不同工单/订单之间公共发生的，因此，需要分摊归集，即用相应的成本动因将总的制造费用分摊到不同工单/订单上，除非有些制造费用可以完全准确地追溯到某个工单/订单上。

一般只有一个在制品科目。虽然生产时也可能实际通过几个不同工序，但因为是定制，工序经常变化，每个工单都设立多个在制品科目不太现实。企业可能会在某一个或几个工序是所有产品共享，然后因为定制要求的不同从而有各自工单自己不同的车间或工序。所有产品共享的工序可设固定的 WIP。

产品成本核算可订单随时完工、随时进行，而且一般更注重订单的总成本。因为销售价格一般是按订单结算的，所以更容易计算损益（售价减成本）。当然单位成本也可能有用。例如，有的订单需跨月进行，从而需要使用单位成本计算期末存货及完工存货。

产品的标准化程度低。因为产品一般都是客户定制的，直接材料和直接人工都可能不同。分批法从理论上来讲可以用正常成本法、实际成本法、标准成本法。但使用标准成本法，一般只适用在标准配置的配件、半成品上。对于分批法，生产前预算格外重要，因为这涉及给产品定价以及后期的成本控制。当然，在某种程度上，也可以将每次对每批定制产品制定的预算叫作“准标准成本”。

分批法在很多非生产企业领域应用非常广泛，例如建筑业、审计、电影制作、装修行业等。这些行业往往都是项目或订单驱使的。

分批法的成本核算机制

分批法，基本上可以说是分步法的罗列。企业只要有多种产品，则必须要按每种产品分别进行成本核算，因为要涉及每种产品的定价以及计算各自存货。而每种产品核算实际上就是走一遍分步法的核算流程。分批法是将每一个订单视同一种不同产品，因为按照客户不同的要求，每个订单的产品都是不同的。每个订单（每种产品）走的流程与分步法相同，但由于企业有不同产品，一般来讲会涉及一些公共的生产成本，如制造费用成本等。下面我们具体讲解分批法成本核算机制。

在实行分批法核算的企业中，一开始需建立独立的订单号（或称工单号），每个订单号需建立一个成本核算单进行成本归集和核算。每个订单代表根据客户对材料及工艺流程等有不同要求的一个产品或多个数量的该产品。例如，一种特殊定制的渔船，客户可能定制一艘也可能定制五艘这样的渔船。不同的订单代表着不同的产品。归集三大件时直接材料和直接人工成本分别用领料单和派工单/劳动记工单准确地归集，即在领料单和派工单上写上不同订单的号码，然后“同号”单据加总归集。对于单独归集直接人工成本，当然实际工作中也要灵活对待，可是否可行。制造费用因为多数是公共成本，即多个订单共享这些成本，很难通过在某种单据上写上订单号百分百准确地归集，因而只能通过在不同订单之间分摊从而归集到不同订单里。

我们以前详细讲解了制造费用的分摊，有三种方法：

- 全厂分摊率或单一分摊率
- 部门分摊率
- 作业基础成本法

每个订单的生产成本三大件归集齐后，选择加权平均法或者先进先出法计算单位约当产量生产成本，然后结转分配成本到完工转出的产品和期末在制品上（若有）。

分批法根据管理层的需要，可以选择实际成本法、标准成本法和部分标准成本法。其中，部分标准成本法之正常成本法在企业中应用较多，下面对其进行详细讲解。

沿用分步法大型挖掘机的例子。只是JE公司因业务扩展，又成立一家子公司，名叫MNO公司。MNO公司完全根据客户的不同需要，生产客户定制的大型挖掘机。有些矿藏开发企业想定制特种材料制成的“挖掘机爪子”，而且尺寸要求也不尽相同；有的客户定制专业救灾用的挖掘机，在轮胎、“爪子”等很多零部件上有特殊要求等。MNO公司使用“U”型生产线。

MNO公司在20×7年11月接到了15个订单。其中一个订单是某矿藏开发企业定制的5台山区专用矿藏挖掘机，在履带、“爪子”等方面有特殊要求。另外，考虑到灵活性，整体部件、机身比正常的小1/3，订单号为M091。另一个订单是两台河流专用挖掘机，要求底盘更大、更重，“爪子”更大等，订单号为M092。订单M091到月底完成了4台，有1台在制品，直接材料是40%完工，直接人工和制造费用是60%完工。订单M092在11月20日即完工交付给客户了。

MNO公司在11月对M091订单的成本核算如下：

第一步，实物流转等式。0+5=4+1。此步熟练后可省略。

第二步，归集生产成本三大件。其中，直接材料根据领料单上的订单号M091归集，共领料7次，有7个领料单，共计发生直接材料成本3 000 000元，直接人工按记工单/派工单上的订单号M091，发生的直接人工小时2 000小时，直接人工成本共计为100 000元。制造费用是各订单共同承担的，如厂房的租金、生产部经理等间接人工的工资等，无法准确地归集到不同订单上。因此，公司决定将所有制造费用看作公共发生的费用，以直接人工小时作为成本动因将制造费用分摊到不同的订单上。公司使用正常成本法。上年末为制定的制造费用标准分摊率为每直接人工小时 500 元。此订单由于本月共耗用 2 000 小时，因此应该发生的制造费用 1 000 000 元（2 000 ×500）。

第三步，计算约当产量。企业使用加权平均法计算约当产量：

直接材料的约当产量 =4 +1 ×40% =4.4（台）

直接人工的约当产量 =4 +1 ×60% =4.6（台）

制造费用的约当产量 =4 +1 ×60% =4.6（台）

第四步，计算单位产品成本。

单位产品直接材料成本 =（0 +3 000 000）/4.4 =681 818.18（元）

单位产品直接人工成本 =（0 +100 000）/4.6 =21 739.13（元）

单位产品制造费用成本 =（0 +1 000 000）/4.6 =217 391.30（元）

单位产品总生产成本 =681 818.18 +21 739.13 +217 391.30 =920 948.61（元）

第五步，结转分配成本。

结转分配到 4 个产成品上的成本 =4 ×920 948.61 =3 683 794.46（元）

结转到期末在制品上的成本 =0.4 ×681 818.18 +0.6 ×21 739.13 +0.6 ×217 391.30
=415 750.53（元）

第六步，验证。

左边 =0 +3 000 000 +100 000 +1 000 000 =4 100 000（元）

右边 =3 683 794.46 +415 750.53 =4 099 544.99（元）

左右两侧相差 455.01 元，完全是小数点四舍五入造成的，此成本核算没有问题。

MNO 公司 11 月 20 日对 M092 订单的成本核算如下：

第一步，实物流转等式。0 +2 =2 +0。

第二步，归集生产成本。直接材料成本通过领料单上的 M092 订单号归集，合计为 2 000 000 元，直接人工成本通过记工单上的 M092 归集，数据为：耗用直接人工小时数为 1 200 小时，直接人工成本为 60 000 元。因为此订单耗用了 1 000 个直接人工小时，因此，分摊过来的制造费用成本为 600 000 元（1 200 ×500）。

第三步，计算单位产品成本及合计订单总生产成本及订单毛利。

单位产品直接材料成本 =（0 +2 000 000）/2 =1 000 000（元）

单位产品直接人工成本 =（0 +60 000）/2 =30 000（元）

单位产品制造费用成本 =（0 +600 000）/2 =300 000（元）

合计单位产品成本 = 1 000 000 + 30 000 + 300 000 = 1 330 000（元）

订单总生产成本合计为 1 330 000 × 2 = 2 660 000（元）

该订单生产成本预算为每台 1 400 000 元，报价为每台 2 700 000 元，因此：

订单预算毛利 = (5 400 000 − 2 800 000)/5 400 000 = 48.15%

订单实际毛利 = (5 400 000 − 2 660 000)/5 400 000 = 50.74%

企业要归集实际总发生的制造费用，然后与分摊到各个订单的合计的制造费用进行对比，求出差异后进行处理。

上面我们讲述的是全厂分摊率，即整个工厂的制造费用只选择了一个成本动因，即直接人工小时，往不同订单上分摊。实际工作中或考试中，可能有一种情形是：有两个公共车间，一个是制造；另一个是组装，分别向不同订单分摊制造费用，制造车间选择机器小时作为成本动因，组装车间选择直接人工小时作为成本动因。此方法叫作部门分摊率。当然也有可能使用更为细致的作业基础成本法。

在分批法的企业里，企业经常需要事先为某个订单或项目做生产成本预算。从而会产生实际和预算的差异。举例，一家建筑承包商 COSTB 公司。刚刚结完账的财务报表显示在新体育馆项目上亏损 $3 000，而本来的预算是盈利 $6 000。下面是有关这个项目的材料的实际和预算资料：

	实际	预算
砖——捆数	3 000	2 850
砖——单捆成本	$7.90	$8.00

关于 COSTB 公司的体育馆项目，下述（　　）表述是正确的。

A. 价差 $285，有利

B. 价差 $300，有利

C. 效率差异 $1 185，不利

D. 预算差异 $900，不利

解析：此案例中只给出了材料中的砖的数据，因此，砖的材料价格差异为（7.9 − 8）× 3 000 = $300 有利差异。砖的材料用量差异为（3 000 − 2 850）× 8 = $1 200 不利差异，选 B。

分批法中的废品核算

分批法中也需要区分正常废品和非正常废品，正常废品和非正常废品数量的具体计算方法和分步法中一样。正常废品的成本如果能和某个订单项目直接联系起来则该订单项目承担此正常废品成本，即该订单完工的合格产品的成本包括合格产品的成本以及正常废品的成本。但如果有些正常废品成本是属于公共的，即不能直接和某个订单项目联系起来，则将正常废品成本计入（公共的）制造费用，然后向所有相关的订单项目分摊。而非正常废品成本则直接进入当期损益。

举例，MNO 公司下属一子公司是一家专门定制各种用途桌椅的公司。A 客户向其定制一批防静电、防辐射、带轮、可自由调节高度等的特殊用途椅子。公司接受此订单后，建立了 17013 工单来生产此订单。假设在生产的 50 把椅子中有 5 个废品。监测点是在生产线的最后进行。单件椅子的成本是每件 900 元。检测出是废品后，5 个废品放入废品库房，估算处理净收入（net disposal value）是每件 150 元，公司设定的正常废品率为 1.6%。

会计核算如下：

首先此 5 个废品是属于正常废品，因为正常废品最高允许有（50－5）×1.6%＝7.2（个）。其次此 5 个废品可以完全直接和 17013 这个订单项目联系起来，因此，完工合格的 45 件椅子的成本＝45×900＋5×（900－150）＝442 500（元）。此时单件合格成品的成本已不再是 900 元，而是 442 500÷45＝983.33（元），这是因为正常废品的存在加大了单位产品成本。

假设公司在其他月份有 3 件正常废品无法和具体某个订单联系起来，而是公共发生的：假设每件废品的成本为 600 元，无回收价值，则，借：（公共）制造费用@3×600＝1 800（元），贷：在制品科目@3×600＝1 800（元）。然后将此正常废品的成本分摊到相关的订单项目中。

非正常废品核算案例。假设换一种情形，即该公司采用了零废品的理念并使用全面质量管理和六个西格玛等工具，则续用上面的案例，即：MNO 公司下属一子公司是一家专门定制各种用途桌椅的公司。A 客户向其定制一批防静电、防辐射、带轮、可自由调节高度等的特殊用途椅子。公司接受此订单后，建立了 17013 工单来生产此订单。假设在生产的 50 把椅子中有 5 个废品。监测点是在生产线的最后进行。椅子的单件成本是每件 900 元。检测出是废品后，5 个废品放入废品库房，估算处理净收入（net disposal value）是 150 元，公司设定的正常废品率为 0。

则会计核算为：

此时的 5 个废品都属于非正常废品，因为公司的正常废品率和允许的正常废品的数量为零。因此，发生非正常废品损失（直接进入当期损益）：5×（900－150）＝3 750（元），另外合格产品的金额：45×900＝40 500（元）。注意：非正常废品成本的会计核算处理就不再分公共的还是和某一个订单项目能联系起来。

返工会计核算

返工需界定为正常返工和非正常返工。(1）非正常返工所产生的额外的成本直接进入损益表科目，当期费用化。非正常返工所产生的额外的成本是指返工时发生的料工费（不包含返工前的所发生的料工费)。返工前发生的料工费生产成本当时的核算不用变动。(2）正常返工如果能和某个订单项目切实的联系起来，则返工发生的额外的料工费生产成本记入该订单项目的在制品科目。如果正常返工不能切实的和某个订单项目联系起来或者此正常返工是公共发生的，则返工发生的额外的料工费生产成本计入制造费用，然后向各有关订单分摊。返工前发生的料工费生产成本当时的核算不用变动。

举例，MNO公司有10个废品需要返工，在考虑返工前该10个废品的成本是：借：在制品科目——订单17015@2万元，贷：直接材料@1万元，应付工资@3千元，分摊的制造费用@7 000元。假设返工额外发生的生产成本是：直接材料600元，直接人工20元，制造费用80元。

(1）假设这10个废品是正常废品，而且能和订单17015直接联系起来，则：借：在制品科目——订单17015@700元，贷：直接材料600元，直接人工20元，制造费用80元。

(2）假设另外一种情形，公司有4个废品，这4个废品是正常废品但是公共发生的，无法和某个特定订单联系起来。这4个废品返工发生的额外的成本是：直接材料500元，直接人工20元，制造费用70元。则：借：制造费用@590元，贷：直接材料500元，直接人工20元，制造费用70元。

(3）假设上面案例中这10个废品是非正常废品，则：借：非正常废品损失（直接进入当期损益）@700元，贷：直接材料600元，直接人工20元，制造费用80元。

但无论怎样，先前的废品成本的会计核算保持不变，即还是借：在制品科目——订单17015@2万元，贷：直接材料@1万元，应付工资@3千元，分摊的制造费用@7 000元。

注意：在混合成本法中，废品核算以及返工核算道理和分批法一样，只是由分批法的不同订单改成了不同批次。例如，正常废品也要分出是否能和某一批次的产品有直接联系还是属于公共产品的废品等。

注：其实个人看法认为，分批法、分步法和混合成本法的三种分类的术语叫法有些问题，实际上个人认为分批法应该叫订单法，分步法和混合成本法统一叫重复批量法，因为订单法是无法重复批量生产，但分步法和混合成本法都可以。分步法可以叫作重复

<u>批量法之单一品种法，而混合成本法可以称作重复批量法之多品种法。当然为了考试，大家还是要坚持用分批法、分步法和混合成本法（注意：黑体+斜体+下划线+非宋体字的文字是属于非直接考试内容，但对实际工作非常重要，建议仔细阅读！）。</u>

分批法　练习题与解答

1. COSTK公司使用分批法进行生产成本核算。公司使用直接人工工时来分摊制造费用。正常废品率是通过检测的合格产品数量的4%，K = 1 000。

此订单生产总数量3万件。检测不合格的数量为1.5K，检测合格的数量为28.5K。

	单位成本	总成本
直接材料	18英镑	54万英镑
直接人工成本（每件2个小时，每小时16英镑）	32英镑	96万英镑
制造费用（每小时30英镑，每件2个小时）	60英镑	180万英镑

检测不合格的1.5K件产品每件需要0.25直接人工工时进行返修成合格品。请问非正常废品损失账户的成本是（　　）英镑。

A. 4 140　　B. 39 600　　C. 0　　D. 1 440

解析：选A。正常废品数量 = 28.5K × 4% = 1 140（件）。因此，非正常废品的数量 = 1 500 - 1 140 = 360（件）。因为此题中非正常废品后来经过返工又变成了好产品，原则上来讲就不存在非正常废品了，即非正常废品的数量是零了，因为这些废品经过返工已经变为好产品。因此，非正常废品在返工前分摊的生产成本不能进入非正常废品损失账户而是成为常规的生产成本。需要进入非正常废品损失账户的金额是这些非正常废品的返工成本，即 = 360 × 0.25 × 16 + 360 × 0.25 × 30 = 4 140（英镑）。注意：别忘了计算制造费用，即360 × 0.25 × 30。注意：每做一道题，都要记住相关的题型和特点！熟能生巧。

英文“units passing inspection”是指经过检测合格的产品数量，但有可能被不恰当地翻译为经过检测的产品数量。因此，做题时万一一种理解找不到答案，请用另外一种理解。如果是作文题，最好把情形说明。因为近年来发生过一些不恰当的翻译，如和利润相关的，和制造费用相关的等。

2. CM公司使用分批成本法，并使用每直接人工工时 $5.75的全厂间接费用分摊率分配间接费用。CM考虑改为使用部门间接费用分摊率分配，其年度信息如下所示：

	加工部门	装配部门
分摊基础	机器工时	直接人工工时
部门间接费用成本	$850 000	$300 000
使用的机器工时	250 000	30 000
使用的直接人工工时	75 000	125 000

CM 比较了这两种方法来检验新的分摊制度。第一个工作任务如果使用全厂费率分摊的间接费用总计为 $23 000，如果使用部门费率为 $23 750。第二个工作任务耗用了加工部门 5 000 个机器工时，并总共使用 3 000 个人工工时，其中，耗用装配部门 1 700 个人工工时。CM 应（　　）。

A. 改为部门间接费用率，因为第二个工作任务由于分配方法的不同产生了显著差别（超过 10%）

B. 改为部门间接费用率，这是为了体现更好的因果关系，与两种方法下计算结果之间的差别无关

C. 继续使用全厂费率，因为第一个工作任务在两种分配方法下产生的差别不显著（小于 10%）

D. 寻找成本动因，以便使这两种方法的计算结果更一致

解析：选 B。部门分摊率来计算单位产品成本更合理、更准确。很奇怪给出的答案是 A，给的答案可能是错的。

3. 一个广告公司有各种各样的客户，如生产商、饭馆、百货公司、服务业等。这样的公司最应该使用（　　）会计系统。

A. 分批法　　B. 非分批法　　C. 变动成本法　　D. 产量成本法

答案：选 A。

4. COSTK 公司使用分批法进行生产成本核算。公司使用直接人工工时来分摊制造费用。正常废品率是通过检测的合格产品数量的 4%。K = 1 000。

此订单生产总数量 3 万件。检测不合格的数量为 1.5K，检测合格的数量为 28.5K。

	单位成本	总成本
直接材料	18 英镑	54 万
直接人工成本（每件 2 个小时，每小时 16 英镑）	32	96 万
制造费用（每小时 30 英镑，每件 2 个小时）	60	180 万

检测不合格的1.5K件产品每件需要0.25直接人工工时进行返修成合格品。请问非正常废品损失账户的成本是（　　）英镑。

A. 4 140　　B. 39 600　　C. 0　　D. 1 440

解析：选C。因为不合格的产品可以通过返工成为好产品，因此，此题中不存在废品，更不存在非正常废品。

5. 下面（　　）行业最不适合使用分批法进行成本核算。

A. 修路　　B. 电影制作　　C. 咨询公司　　D. 报纸发行

解析：选D。修路、电影制作、咨询公司一般是分批法。报纸发行企业一般是就一种报纸，然后批量大量编制、印刷制作。

6. COSTK公司分摊制造费用到在制的订制工单里的方法是：

100%直接人工成本
20%直接材料成本
每机器小时117欧元

一个订单发生了如下：

直接人工成本：8 000欧元
直接材料成本：2 000欧元
140个机器小时

请问此订单的转换成本是（　　）欧元。

A. 18 400　　B. 34 780　　C. 18 000　　D. 上述答案都不对

解析：选D。此题意味着制造费用分三块分摊，每块有不同的成本动因，即直接人工成本，直接材料成本，机器小时。因此，此订单的制造费用 = 8 000 × 100% + 2 000 × 20% + 117 × 140 = 24 780（欧元）。因此，此订单的转换成本是24 780 + 8 000 = 32 780（欧元）。

7. 分批法最能（　　）。

A. 确定某个项目的成本　　B. 控制间接成本

C. 使用后进先出法进行存货定价　　　　D. 估算转移价格的制造费用部分

解析：选 A。其他的都不符合。

8. 一个广告公司有各种各样的客户，如生产商、饭馆、百货公司、服务业等。这样的公司最应该使用（　　）会计系统。

A. 分批法　　　B. 非分批法　　　C. 变动成本法　　　D. 产量成本法

答案：选 A。

9. 某家生产大型订制施工设备的资本密集型制造企业有严重依赖专业化机器的制造技术。这种机器必须由为数不多的高技能工人操作。在决定其预定的间接费用分摊率时，该公司应采用（　　）分摊基数。

A. 销售额　　　　　　　　B. 直接人工成本
C. 机器工时数　　　　　　D. 直接人工工时数

答案：选 C。

10. CM 室内装潢公司为连锁酒店生产特色挂毯和床上用品，并使用分批成本法体系。CM 当月采购了 \$50 000 的直接材料，并耗用了 \$22 000 的直接人工成本。间接费用根据直接人工工时分配，比率为 60%。分配的间接费用与实际间接费用的差额在期末计入销货成本。本月产生的实际间接费用是 \$10 000。下面显示了 CM 存货账户的余额：

	月初	月末
直接材料	\$2 000	\$3 500
在制品	\$5 000	\$9 000
成品	\$2 500	\$1 700

本月的制造成本是（　　）。

A. \$76 500　　　B. \$79 700　　　C. \$80 500　　　D. \$83 700

解析：本月的材料消耗 = \$2 000 + \$50 000 − \$3 500 = \$48 500；本月的直接人工成本 = \$22 000；本月分摊的预计制造费用 = \$22 000 × 0.6 = \$13 200，因为制造费用

差异直接进入销货成本，因而不算作当期制造成本，答案 = 48 500 + 22 000 + 13 200 = $83 700，选 A。

如果题问的是计算的本月完工产品制造成本，则 = 5 000 + 83 700 − 9 000 = $79 700。

3.1.6 生产成本核算之其他

联副产品成本核算

联副产品行业独特，企业生产一开始发生的是联合成本，在此生产过程中看不到企业上市销售的产品，只有在分离点（也称支离点）后的生产过程中才可以辨识出企业上市销售的产品。例如，肉联厂一开始养牛，但其卖的产品是牛排、牛腩肉、牛腱子肉、五香牛肉干等，养牛时并看不到这些产品，而只看到了一头头黄牛。分离点（即屠宰牛）后分离出牛排、牛腩肉、牛腱子肉等，这些产品可能还需要进一步加工（如清洗、细切、包装，甚至有的需要煮熟、烹饪等）才可以上市销售。养牛时（即分离点之前）发生的生产成本是联合成本，这些联合生产成本需要通过某种方法分摊到分离点后的不同产品上，然后再加上不同产品分离点后的各自继续加工的生产成本（如果有），包括继续添加的直接材料、直接人工和制造费用，最后形成不同产品的总生产成本。

因此，联副产品行业产品的生产成本一般包括两部分：一是分离点前的联合生产成本分摊的成本；二是分离点之后的料工费生产成本（如果有）。农林牧副渔、石油、矿藏等很多企业都是此类型。

联副产品是指这些产品先经历一个共同的生产过程，共同承担这些联合成本，在分离点后才会具体呈现出上市销售的联、副产品。联、副产品在分离点之前是看不见的、分辨不出的，不像绝大多数其他企业，在最初产品的生产阶段就可以通过不同的原材料或排产计划等判断出要生产的是哪种产品。

联产品是指市场价值相对较高的产品，副产品是指市场价值非常微小的产品。联合成本是指在分离点之前所发生的生产成本或采购成本。有的企业在分离点之前并没有经历一个公共的生产过程，而是直接采购来，然后在分离点后分离出要上市的联、副产品，因此，分离点之前的联合成本是采购成本或采购成本加一些相关的加工成本（即：采购后，经过一些加工才可以出现联副产品）。

联副产品行业是分步法、混合成本法、分批法中的一种特殊形式的行业。其成本核算方法，根据企业的具体特点，也要遵循分步法、混合成本法、分批法中的一种，只是联副产品行业的成本核算在联合成本分摊方面有些特殊性。我们下面进行成本核算的详细讲解。

联产品成本核算

联合成本一般情况下只往联产品上分配，不分配到副产品上。

分配联合成本到联产品的目的如下：

- 为了编制对外财务报告和税务报告从而需计算存货成本及销货成本等；
- 符合政府在价格制定方面的有关规定；
- 其他：成本加价的销售、保险、公司内部业绩考核等。

联合成本分摊的方法有物理量法和市场价值法，市场价值法又细分为分离点销售价值法、预计可实现净值法和等同毛利率法。下面一一进行介绍。

物理量法（数量、重量等）

物理量法非常简单，就是根据不同联产品的物理量（比如千克、立升、个数等）进行分摊。但有可能出现有的联产品虽然数量多或重量大但此联产品的市场价值很小的情况，进而因为分配的成本大但市场价值小，所以利润可能会严重扭曲。请关注最新会计准则，看这种方法是否允许用，美国会计准则不允许使用物理量法。

市场价值法

分离点销售价值法

此方法具体为：将所有联产品的销售价值相加作为分母，将要分摊联合成本的某个联产品的销售价值作为分子，然后乘以联合成本，即为该联产品分摊的联合成本。注意：此处的销售价值是生产量乘以估计的单位售价，不是实际的单位售价，也不是损益表上的销售收入！

举例，MNO 公司生产三种产品，联合成本为 550 000 元。其他产品信息如下：

产品 A、产品 B、产品 C 的产量分别为 10 000 个、20 000 个、30 000 个；预计单位产品的销售价格分别为 12 元、20 元和 17 元。如果该公司用分离点销售价值法，则单位产品 C 要分摊的联合成本是多少？

解析：［550 000 × 17 × 30 000/(17 × 30 000 + 12 × 10 000 + 20 × 20 000)］/30 000 = 9.08（元）。注意，一定要细心，问的是单位成本，因此要除以 30 000。

一般企业都采用分离点销售价值法，因为此方法比较简单。但有的产品在分离点时还未达到可售产品形态，从而无法预计售价，这时需要采用下面两种方法。

预计可实现净值法（NRV）

有些产品在分离点后需要继续加工才可上市销售，因此在分离点时的产品无法得到预计的市场价值。NRV 分摊联合成本的方法是：将所有联产品的各自的预计可实现净值（即：该产品继续加工后的总预计销售价值减去分离点后该产品的总继续加工成本）相加作为分母，将要分摊联合成本的某个联产品的总预计可实现净值作为分子，然后乘以联合成本，即为该产品分摊的联合成本。

注意：此加工成本是分离点后的继续加工成本，分离点前的加工成本是联合成本的一部分！另外，在用 NRV 的方法中，一定不能用单位预计可实现净值，即不能用单价减单位继续加工成本，而应使用每种联产品的总预计可实现净值！

例题：MNO 公司生产三种产品，联合成本为315 000 元。其他产品信息如下：产品 A、产品 B、产品 C 的产量分别为20 000 个、30 000 个、50 000 个，继续加工的成本分别为0. 70 元、3. 00 元、1. 72 元，单位产品的销售价格分别为 5. 00 元、6. 00 元、7. 00 元。如果该公司用预计可实现净值法，则单位产品 C 要分摊的联合成本是（　　）元。

A. 2. 10　　B. 2. 65　　C. 3. 15　　D. 3. 78

解析：计算过程如下：（1）联产品 C 总分摊的联合成本 = 315 000 ×（7 − 1. 72）× 50 000/［（7 − 1. 72）× 50 000 +（6 − 3）× 30 000 +（5 − 0. 7）× 20 000）］= 189 000；（2）单位 C 分摊的联合成本 = 189 000/50 000 = 3. 78。选 D。

有的题型或有的实际工作情形很复杂，比如，分离点后先出现一些产品，假设为产品 A、B 和 C，但其中某些产品又继续加工成别的产品，举例，其中 C 又花了一定的费用继续加工成产品 E，产品 E 又花了一定的费用继续加工成产品 F，求解预计可实现净值法下联产品 B 分摊的联合成本。解题思路是：先明确找出联产品到底是哪些，然后才能计算分母。方法是：首先，看哪些产品最终上市，即哪些产品不再继续加工了，如此案例是 A、B 和 F。然后，各自联产品的产量乘以预计单位销售价格，减去各自的继续加工成本。注意此时 F 的继续加工成本要几次继续加工成本相加。

例题：MNO 公司将 FOW 加工出两个联产品：Y 和 T。采购了 1 000 加仑 FOW，共花费 2 000 美元。将 1 000 加仑加工成 800 加仑 Y 和 200 加仑 T 的加工成本是 3 000 美元。1 加仑 Y 的售价是 9 美元，1 加仑 T 售价是 4 美元。再花 1 000 美元，Y 继续加工成了 600 加仑 V，V 的售价是每加仑 17 美元。如果使用可实现净值分摊联合成本，生产 V 的总成本是（　　）美元。

A. 5 600　　B. 5 564　　C. 5 520　　D. 4 600

解析：首先明确看谁是最终上市销售的产品（即谁不需要在继续加工了），谁就是联产品。显然 V 和 T 是联产品，而 Y 不是，因为 Y 要继续加工成 V。V 的 NRV = 600 × 17 - 1 000 = 9 200（美元），T 不需要继续加工，因此，T 的 NRV 是 4 × 200 - 0 = 800（美元），这样分摊到 V 的联合成本 =（2 000 + 3 000）× 9 200 /（9 200 + 800）= 4 600（美元），分摊过来的联合成本再加上 1 000 美元的继续加工成本等于总生产成本 5 600 美元。

由此案例得到如下启示：

- 联合成本是指分离点之前的公共成本，其不一定只是发生的生产成本，也可能是购买成本及加工成本。无论是外购成本还是生产成本，联合成本有一个共同点，即发生在分离点之前。此题中的联合成本应该是购买成本 2 000 美元加分离点之前的 3 000 美元加工成本。
- 在分离点后有时候也有加工成本，但分离点前的加工成本与分离点后的加工成本是不一样的。分离点前（即出现具体不同的产品之前）的加工/处理成本属于联合成本。联产品的生产成本包括两部分：（1）分配来的联合成本；（2）分离点后生产成本，如：继续处理加工成本等（如果有）。
- 如果分离点后的产品有的需要继续加工才可以上市，此时产品可能有两个名称，一定别混淆，如此题中的 Y 和 V，只有最终上市的产品才叫联产品，分离点之后还需加工才上市的产品是中间品。
- 联产品的总生产成本 = 分摊的联合成本 + 分离点后的继续加工成本（若有）。

等同毛利率法

等同毛利率法的具体步骤如下：

第一步，加总所有联产品产量的预计销售价值，然后减去总的联合成本，再减去这些联产品需要的总继续加工成本，然后除以总的预计的销售价值从而算出总毛利率。

第二步，用每个联产品的预计产量的销售价值乘以（1 - 总毛利率），再减去此联产品的继续加工成本，从而挤出此联产品要分摊的联合成本。最终所有联产品的毛利率都会等同。注意：是毛利率等同，而不是毛利等同！

注意：一定是乘以（1 - 总毛利率），不要直接乘以毛利率！因为乘以（1 - 总毛利率）是为了计算该联产品的总的生产成本，然后减去继续加工成本后就会挤出要分摊的那部分联合成本。

联产品无论有没有在分离点后发生继续加工成本，等同毛利率法都可以使得不同联产品形成等同毛利率。

例题： MNO公司生产三种产品，联合成本为315 000元。其他产品信息如下：产品A、产品B、产品C的产量分别为20 000个、30 000个、50 000个，继续加工的成本分别为0 .70元、3. 00元、1. 72元，单位产品的销售价格分别为5. 00元、6. 00元、7. 00元。如果该公司用等同毛利法分摊联合成本，则产品B和产品C分摊的联合成本分别是多少？

解析：

总毛利率＝[（5×20 000＋6×30 000＋7×50 000）－315 000－（0. 7×20 000＋3×30 000＋1. 72×50 0000）]/（5×20 000＋6×30 000＋7×50 000）＝19. 84%；

分配到B的联合成本＝30 000×6×（1－19. 84%）－30 000×3＝54 288（元）

毛利率＝（30 000×6－54 288－30 000×3）/（30000×6）＝19. 84%

分配到C的联合成本＝50 000×7×（1－19. 84%）－50 000×1. 72＝28 0560－86 000＝194 560（元）

毛利率＝（50 000×7－194 560－50 000×1. 72）/（50 000×7）＝19. 84%

注意： 在上述四种方法中（即物理量法、销售价值法、可实现净值法、等同毛利法），物理量法可导致每种联产品分配的单位联合成本保持一致，最终所有联产品的各自分配的单位联合成本都＝联合成本÷所有联产品的总物理量。但并不意味着最终每种联产品的单位生产成本一致，因为联合成本/分离点后还可能发生各自的继续加工生产成本，各自的继续加工生产成本可能会不同。每种联产品的单位生产成本＝分配的联合成本＋分离点后其后续的继续加工生产成本（如果有）。

另外，本书中以及实际工作中会涉及N种共同成本的分配方法，为了避免读者产生混淆，在此总结如下：

- 特定联副产品行业（如农林牧副渔石油等）的联合成本的分摊。联合成本向不同产品上分摊的方法有物理量法、分离点销售价值法、NRV和等同毛利率法。

- 制造费用作为不同产品间的共同间接费用的分摊，制造费用往往不同于产品上分摊，其则使用全厂分摊率、部门分摊率、ABC法。

- 间接费用内的某项费用科目向不同用户分配。间接费用中的某项费用，如差旅、租金等，由两个部门及以上或者两个分公司及以上等共同承担，该项间接费用向不同用户分摊的方法有两种：独立法和增量法。例如，财务部和销售部共同租一层办公室，则租金需要向两个部门分摊。又如，总部人事总监出差一次，访问、指导了长江三角洲的三个城市的分公司，根据公司规定，此人事总监的差旅费需要向这三个分公司分摊等。

副产品的成本核算

伴随着联产品而出现，价值微小的产品称作副产品，如豆腐渣等。其核算方法如下：绝大多数企业对副产品不进行联合成本的分摊，但也有一些企业将副产品视为价值小的联产品从而用上述的联产品分摊方法分摊一部分联合成本到副产品上，当然这样的情况很少。没有特殊说明的话，一般联合成本不分摊到副产品上。如果不将联合成本分摊到副产品上，副产品有生产法和销售法两种会计核算方法。

生产法

在某个月份，副产品生产出来后，先借记“副产品存货@ NRV”，即估计销售价值减去继续加工成本（如果有），贷记“在制品@ NRV”，与此同时，当期将此副产品的NRV 冲减联合成本（仅在辅助工作表上做，不用做会计分录）。当期冲减后的联合成本才可以往各种联产品上分摊。副产品销售时，借记“应收账款或现金”，贷记“副产品存货”。记住：此时不对销货成本和销售收入做会计分录，因为当期副产品的 NRV 已冲减当期的联合成本。

20×8 年 4 月，副产品的产出为 40 000 千克，同期的联产品假设只有一种，产出为500 000 千克。假设联产品和副产品都无须继续加工就可销售。当期销售了联产品400 000 千克，每千克售价为 30 元。销售了副产品 12 000 千克，每千克售价为 1 元。当期联合成本为 6 000 000 元，其中直接材料成本 4 000 000 元，转换成本（即直接人工加制造费用）2 000 000 元。因此，会计分录为：

生产出联、副产品时：

借：副产品　　　　40 000×1
　　贷：在制品　　　　40 000

然后冲减当期联合成本，即 6 000 000－40 000＝5 960 000（元）。

借：联产品　　　　5 960 000
　　贷：在制品　　　　5 960 000

销售出联、副产品时：

借：现金——副产品　　　　12 000×1
　　贷：副产品存货　　　　12 000

借：应收账款——联产品　　400 000 × 30
　　贷：销售收入　　12 000 000

借：销售成本　　（400 000/500 000）× 5 960 000
　　贷：联产品存货　　（400 000/500 000）× 5 960 000

销售法

此方法下，副产品产出来时，不将副产品记入存货，而是在销售时，借记“应收账款或现金”，贷记“其他销售收入或销售成本”。

续用上述案例，销售法下的具体会计分录如下：

生产出联、副产品时：

借：联产品　　6 000 000
　　贷：在制品　　6 000 000

销售出联、副产品时：

借：现金——副产品　　12 000 × 1
　　贷：其他销售收入或销售成本　　12 000

借：应收账款——联产品　　400 000 × 30
　　贷：销售收入　　400 000 × 30

借：销售成本　　（400 000/500 000）× 6 000 000
　　贷：联产品存货　　（400 000/500 000）× 6 000 000

注意：生产法从理论上比较准确，但实际工作中，企业一般都用销售法。原因：一是销售法简单；二是企业可以先不卖副产品，在利润较低的期间再卖这些副产品以增加利润。

练习题：MNO 公司生产三种产品：R、S、T。联合成本是 93 000 元，联合产品 R 和 S 进一步加工后的售价分别是每千克 4 元和 10 元，进一步加工的成本都是 2 元；T 是副产品，每千克售价 3 元。这三种产品的产量分别是 10 000 千克、5 000 千克和 1 000 千克。假设 T 要记入存货，用 NRV 法分配到 R 的联合成本是（　　）元。

A. 3 000　　B. 30 000　　C. 61 000　　D. 6 000

解析：因为副产品要记入存货，其 NRV 肯定要冲减当期的联合成本，因而总的联合成本变成了（93 000 - 3 × 1 000）= 90 000，因此，分配到 R 的联合成本为：90 000 × (4 - 2) × 10 000/［（4 - 2）× 10 000 + 5 000 ×（10 - 2）］= 30 000。选 B。

另外在联副产品行业，经常会面临一种决策情形：是现在将产品卖掉，还是先对产品继续加工后再出售，也就是**销售还是继续加工决策**。此决策的标准是：如果增量的销售收入（即加工后的销售收入 - 加工前的销售收入）> 继续加工成本，则选择继续加工，否则选择现在将产品出售。注意：联合成本是和上述决策无关的，因为其已经发生！很多分离点的产品都面临是当时出售还是继续加工后出售的决策。类似的决策也经常用于存货返工的决策，即当时出售还是返工后再出售，决策依据是：增量销售收入 > 返工成本。

小结

联副产品行业的生产过程和相应的生产成本核算实际上和其他行业差不多，最主要的区别是在分离点前的联合成本的产生和分配上。分离点后的生产过程实际上和其他行业无异，也可能存在几个基本生产车间和辅助生产部门。然后每个生产车间可能会发生常规的生产成本的三大件：直接材料、直接人工和制造费用。因此，联副产品的生产成本核算分为两步：第一步，分离点前，联合成本往不同产品上的分摊；第二步，产品在分离点后经历和其他行业同样的生产过程，分离点后的生产成本核算根据其具体情形，选择分批法、分步法、混合成本法中的一种。例如，石油企业，一开始开采原油，或者购买原油进行加工，这些是联合成本；分离点后出现了不同的产品，如机油、采油、汽油等，这些联产品都会经历若干基本生产车间，然后生产出能够上市的产品。同时，生产部门还设置辅助性生产部门，如工程师部、计算机部、成本管理部等。

联副产品法最初都是使用实际成本法，即所有生产成本（联合成本 + 分离点后加工成本）数据都是实际发生的，但鉴于实际成本法的显著缺陷，联副产品法也可以选择标准成本法或者部分标准成本法。核算模式和我们前面讲过的分批法、分步法、混合成本法中的一样。篇幅有限，我们不在此赘述。

其他生产成本核算

前面我们讲述了传统的按正常顺序的生产成本核算，即材料采购入仓库记录存货、每个车间设立在产品会计科目，通过在制品科目归集生产成本，然后结转生产成本到完工产品和期末在制品上，而且每个月都要识别、确定所有期末在产品的直接材料、直接人工和制造费用的具体完工率。这种会计核算方法比较麻烦。当然在确定完工百分比上，不同的企业可能有不同的方法，有的企业使用工时计算法，有的使用其他方法等。实际工作中还有其他不同的生产成本核算方法，包括固定完工比例法、后推成本法等。注意“其他”并不代表不重要，也不代表使用的企业数量少。

后推成本法/后冲成本法（backflush costing）

后推成本法概念及适用情形：现在越来越多的企业使用更简洁版的产品生产成本核算方法，即后推成本法（backflush costing）。后推成本法不同于传统的顺序成本法。传统成本法的顺序是采购—发料—在制品—产成品—销货成本，而后推成本法是从后面的某个节点，一般是产成品产出时往前倒冲，省略了在制品核算，也省略了在制品完工率估计及相应的生产成本核算，非常简单快捷。也有的后推成本法直接从销售成本开始，产成品和在产品成本核算都省略了。

后推成本法主要适用于以下两种情形：一是在制品存货没有或很少，例如，适时生产制的生产环境或者生产周期非常短快等；二是期末在产品存货虽然不是很少，但存货在不同期间较平稳。如果期末在产品存货量较多而且不同期间差别较大，则不能使用后推成本法，否则财务数据可能有较大失真。

后推成本法的具体机制

产成品产出时后推：在制品不再进行成本核算（虽然有可能在制品实物在生产线上存在），因此只要产成品一出来，则借记“产成品”，贷记“直接材料成本”“直接人工成本”“制造费用”。续用前面的专用挖掘机例子中的标准成本法做法，产成品一产出，则：

借：产成品	950 × 1 010
贷：标准直接材料	950 × (380 + 200)
标准直接人工	950 × (60 + 70)
标准制造费用	950 × (160 + 140)

从而省略了 WIP（在制品）的会计核算。月底结算差异：

直接材料差异 = 332 500 + 180 000 − 950 × (380 + 200)

转换成本差异 = 183 750 + 200 000 − 950 × (220 + 210)

如果企业采用的是实际成本法，则企业使用后推成本法之实际成本法时，一般是在月末或下个月初统计每种产品当月的产成品数量，然后归集当期实际发生的直接材料、直接人工和制造费用，然后除以当期的产成品数量，计算单位产品成本，最终借记“产成品”，贷记“直接材料”“直接人工”“制造费用”。注意，此时计算单位产品成本，因为不涉及在制品存货，因而使用加权平均法或者先进先出法已经不再相关。

当然，有些企业如果同时产成品也没有或很少也可以产品售出时后推。在制品和产成品都不进行核算，假设在标准成本系统下，则是产品一售出时借记“销货成本@标准成本”，贷记相应的直接材料、直接人工、制造费用@标准成本。注意：如果是这种情况，即没有在制品和产成品存货，吸收成本法或者变动成本法结果都一样。我们后面详细讲述吸收成本法损益表和变动成本法损益表。

后推成本法适合分步法、混合成本法、分批法以及企业采用标准成本法，部分标准成本法，实际成本法的情形。

后推成本法的优劣势

后推成本法的优点：

- 快速进行会计核算。
- 简单，易操作，节省成本。
- 员工满意度和士气会提高，因为省去了以前复杂的但基本不增值的会计核算，员工可以将节省的时间用于使企业更增值的工作。

后推成本法的主要缺点：

- 有些核算环节审计线索丢失（loss of audit trail）；
- 可能看似不是很严格的符合会计准则，但实际上只要在重要性原则上可以行得通就没有问题；
- 存货盘点时较麻烦等。

吸收成本法、变动成本法、产出成本法

很早以来，学术界以及实务界对产品生产成本（也称作存货成本）包含的内容有很多不同的看法，到目前主要出现了三种不同的论点。

1. 完全成本法也叫作吸收成本法。认为产品的生产成本应该包括直接材料成本、直接人工成本、变动制造费用成本和固定制造费用成本，其中，制造费用成本和产品生产紧密相连的，是产品生产成本的一部分。

2. 变动成本法也叫作直接成本法。认为固定制造费用和产品没有直接联系，不应该算作产品生产成本或存货成本的一部分。相反固定制造费用和产能有直接关系，因为产能一旦定下来，就意味着厂房、生产设备等已经定下来了，因此，接下来会发生相应的折旧费、租金、维修费等固定制造费用。产量多与少，这些费用不变，即使不生产，这些费用短时间内也要发生。因此，产品生产成本只应包括直接材料，直接人工和变动制造费用。固定制造费用应视作期间费用。一定要注意产品成本和销售成本里也不包含变动的期间费用（如销售和管理费用等）！

3. 超级变动成本法，也叫作产出/产量成本法（throughput costing）。认为只有直接材料是产品生产成本/存货成本，因为只有直接材料成本才是真正随着产出/产量变动而同比变动。直接人工成本和制造费用都不是产品生产成本。直接人工成本和制造费用属于期间费用。产出贡献（throughput margin）也叫产出毛利 = 销售收入 - 直接材料成本。其实个人认为此超级变动成本法中还应该减变动制造费用，比如电费等。

以上也称作三种不同的产品生产成本/存货成本系统。但目前来讲，吸收成本法是法律上唯一承认的进行会计核算和对外报告（损益表、资产负债表、现金流量表等）可以使用的方法。变动的成本法多用于最终损益表的编制，而且只能公司内部使用。目前变动成本并没有用于会计核算、存货报告及其他方面。产出成本法目前应用的范围更窄，一般只用在约束原理等相关决策中。

完全成本法对比变动成本法

吸收成本法的损益表编制：第一，产品成本和销售成本包含直接材料、直接人工和制造费用成本（含变动制造费用和固定制造费用）。第二，损益表的框架基本是按职能部门分的，上面是销售收入及单位生产成本 × 销量，主要涉及销售部门的销量和售价及生产部门的成本，销售收入 - 销售成本 = 毛利。下面是期间费用如销售费用、管理费用等，这些主要涉及各个非生产部门费用，如销售、行政、管理部门等。具体格式如下表所示。

变动成本法（又称直接成本法）的损益表编制：第一，产成品和销售成本只包含变动的生产成本：直接材料、直接人工和变动制造费用，不包括固定制造费用。一定要注意产品成本和销售成本里也不包含变动的期间费用（如销售和管理费用等）。第二，损益表按成本性态分，变动成本在上面，除了包括变动的销售成本外，还包括变动的期间费用（如销售运费、佣金等），上面得出边际贡献（在实际工作中经常叫作变动毛利，英文是 variable margin），下面是所有固定成本（包括生产的、销售的、管理的等）。其中固定制造费用当期发生额全部进入当期损益表，而不是先分配进存货。具体格式如下表所示。

吸收成本法损益表和变动成本法损益表对比

吸收成本法损益表（AC）	变动成本法损益表（VC）
销售收入（A）	销售收入（A）
减：销售成本，包括：	减：销售成本，包括：
直接材料（B）	直接材料（B）
直接人工（C）	直接人工（C）
变动制造费用（D）	变动制造费用（D）
（和销量相关的）固定制造费用（E）	减：变动销售、管理费用（F）
毛利	边际贡献
减：变动销售、管理费用（F）	减：当期发生的全部固定制造费用（H）

续表

减：固定销售、管理费用（G）	减：固定销售、管理费用（G）
合计：销售、管理费用	合计：所有固定成本
税前利润（AC）	税前利润（VC）

注：两种形式的损益表的唯一区别是固定制造费用方面，吸收成本法的固定制造费用只是和销量有关的那部分（E）进入损益表，而变动成本法是当期发生的全部固定制造费用都进入损益表（H）。

吸收成本法损益表和变动成本法损益表利润的差异

一般来讲（在不考虑在制品的情况下），吸收成本法和变动成本法损益表的利润的差异（即吸收成本法损益表的利润 - 变动成本法进入损益表的利润）=（产量 - 销量）× 单位产品固定制造费用。因此，若产量大于销量，吸收成本法的利润要比变动成本法的利润大，大的金额 =（产量 - 销量）× 单位产品固定制造费用，但如果产量小于销量，则刚才的差额变成负数了，因此吸收成本法的利润比变动成本法的利润小了，小的金额 =（产量 - 销量）× 单位产品固定制造费用。如果产量 = 销量，则两种方法的利润是一样的！因此总结为：产量大于销量，吸收成本法的利润大；产量小于销量，吸收成本法的利润则小，产量 = 销量，两者利润相同。

注意：因为期初产成品库存 + 当期产成品产量 = 当期销量 + 期末产成品库存。因此，当期（产成品）产量 - 销量等同于期末产成品库存 - 期初产成品库存。若当期产成品库存增加，则意味着当期产量大于销量，若当期库存减少，则意味着当期产量小于销量。

吸收/完全成本法损益表和变动成本法损益表之间的调节

将吸收成本法损益表调节为变动成本法损益表的方法如下：先将吸收成本法损益表中的销售成本去除其中固定制造费用部分，然后将销售、管理费用中的变动成本（如销售运费、销售佣金等）从销售、管理费用等里拆出来放在销售成本下面，从而计算出边际贡献，然后减去当期发生的全部固定制造费用，再减去销售、管理费用中的固定销售、管理费用，最终形成变动成本法的损益表。具体如下图所示。

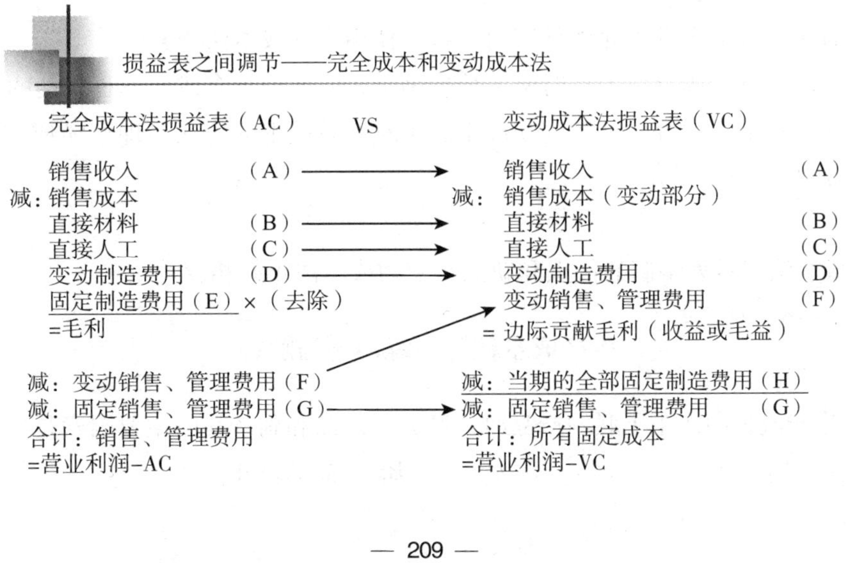

变动成本法和完全成本法损益表优劣势

变动成本法损益表的优点如下：

1. 能阻止完全成本法的人为操纵利润。举例，不顾客户/市场是否需求，而通过人为增加产量来增加利润。因为产品成本里有很大部分固定成本的因素，产量越大就会形成单位产品成本越小，同样的销量（在销量不变的情况下）会得出更小的销售成本，因而增加了利润。但此举同时会加大存货及成本增加、资金流占压等。

2. 更有利于经营决策及分析，如特殊订单、自产与外购等，这些决策都需要变动成本法损益表的数据，如边际贡献、变动成本等。

3. 能使用量本利分析法（CVP），分析出盈亏平衡点以及目标利润需要的目标销售量和销售额等，这在制定售价等方面会用得上。

4. 区分出变动成本和固定成本，根据不同成本形态的特点，有助于分析和控制成本。

（1）变动成本法损益表清晰地区分出变动成本和固定成本。一般来讲变动成本是经理们可控的，很多固定成本是经理们不可控的。

（2）完全成本法的销售和管理费用里既包含变动成本又包含固定成本，成本的变化不太直接说明问题，甚至据此可能做出错误的决策。例如，完全成本法损益表中的销售费用里含销售运费、销售佣金等变动成本，销售费用的其他部分基本是固定成本。销售费用增加了，猛然看不好，但未必是成本控制不好，因为如果销量上去了，销售费用中的销售运费和销售佣金等自然增大。因此，明确区分出变动成本和固定成本，根据各自的不同，可以帮助更好地分析和管理成本。

变动成本法损益表的缺点如下：

（1）各国会计准则都不允许外部财务报告使用变动成本法损益表。

（2）变动成本和固定成本有时候区分较困难，实际中很多成本不是线性的。

（3）人们可能不太容易理解变动成本法中对产品成本的定义，即产品成本里不包括固定制造费用。

完全成本法损益表编制的优点和缺点与变动成本法正好相反。

生产成本核算　练习题与解答

1. 在生产流程中产生了联副产品时，区分联产品和副产品的主要因素是（　　）。

A. 产品重量　　　　　　　　　　B. 产品的体积

C. 产品的市场价值　　D. 分配联合成本所使用的会计方法

解析：选 C。区分联产品和副产品的主要因素是产品的预计的销售价值。

2. 下面适合用来把联合成本分配至联产品的方法是（　　）。

A. 物理计量法　　B. 可实现净值法

C. 可分离生产成本法　　D. 直观判断法

答案：选 B。

3. 把共同成本在联产品间分配的主要目的是（　　）。

A. 确定副产品的售价

B. 确定联产品中的某一项产品是否还要继续生产

C. 价格制定方面的要求

D. 计算预算的共同成本与实际的共同成本之间的差异

答案：选 C。

4. COSTK 公司是一家生产经营 IT 产品的企业，公司的商业环境变化非常大，因此，企业并不备很多存货。客户在线下订单，企业按照客户的订单来订货生产、组装，然后按时交付给客户。请问该公司应采用（　　）进行成本核算。

A. 订单成本法　　B. 联副产品成本法

C. 标准成本法　　D. 后推成本法

解析：题中给出的有限信息对 A、B、C 提到的方法的确定都不太充分。D 是对的，因为没有存货，所以可以使用后推成本法。

5. 以下（　　）是正确的。

A. 后推成本法主要是为了更准确地计算产品成本

B. 后推成本法主要适合小型企业

C. 后推成本法只能用作公司内部报告

D. 以上说法都不对

答案：选 D。

6. 某奶牛场生产以下联合产品，本财政年度的总联合成本为€9 000 000。

产品

牛奶　€1 170 000

黄油　€570 000

酸奶　€330 000

奶酪　€930 000

根据以上信息，下面按实物量分配法分配联合成本的陈述中（　　）最准确。

A. 牛奶生产线分配€1 710 000 联合成本

B. 黄油生产线分配€990 000 联合成本

C. 酸奶生产线分配€3 510 000 联合成本

D. 奶酪生产线分配€2 790 000 联合成本

解析：建议所有题都要将所有选项看一遍，以避免后面的选项更对或者有什么陷阱。

牛奶分配的联合成本 = €9 000 000 ×1 170 000/(1 170 000 + 570 000 + 330 000 + 930 000) = €9 000 000 ×1 170 000/3 000 000 = €3 510 000，因此 A 不对。

黄油分摊的联合成本 = €9 000 000 ×570 000/3 000 000 = €1 710 000，因此 B 不对。

酸奶分配的联合成本 = €9 000 000 ×330 000/3 000 000 = €990 000，因此 C 不对。

奶酪分配的联合成本 = €9 000 000 ×930 000/3 000 000 = €2 790 000，因此选 D。

7. 某公司生产几款源于联合流程并在分离点进行分离的产品。以下（　　）联合成本分配方法分配到每款可分离产品的单位成本都相同。

A. 可实现净值法　　B. 分离点销售值法

C. 实物数量法　　D. 固定毛利率法

答案：选 C。

8. 如果所有联合产品都在分离点销售，总利润来自所有产品，那么以下（　　）联合成本法会使每件联合产品的毛利率都相同。

A. 分离点销售额法　　B. 使用销售量的实物评估法

C. 使用产量的实物评估法　　D. 使用加权的实物评估法

解析：选 A。无论联产品有没有发生分离点后的继续加工成本，等同毛利法可以使得不同联产品形成等同毛利率。如果联产品没有在分离点后发生继续加工成本，则分离点销售价值法也可以让不同的联产品形成等同毛利率。举例，假设联产品 A、B、C 的分离点后的销售额分别为 500 万元、200 万元、300 万元，而联合成本为 400 万元。因此，A、B、C 分摊的联合成本分别为 400 ×500/(500 + 200 + 300) = 200（万元），400 ×200/

（500 + 200 + 300）= 80（万元）；400 × 300/（500 + 200 + 300）= 120（万元）。销售额多的分的联合成本多，销售额少的分摊的联合成本也成比例少。

因此，联产品 A、B、C 的毛利率分别为（500 万 − 200 万）/500 万 = 60%；（200 万 − 80 万）/200 万 = 60%；（300 万 − 120 万）/300 万 = 60%。

9. 某产品分离点售价为 500 元，销售量为 5 000 个，深加工之后预计售价为 650 元，销售量为 5 000 个，深加工产生的额外成本为 800 000 元，问是否进行深加工（　　）。

A. 是，深入加工后获得产品可以获得更多的销售收入

B. 是，深入加工获得销售收入的增量部分大于额外发生的加工成本

C. 否，深入加工获得销售收入的增量部分小于额外发生的加工成本

D. 无法判断

解析：选 C。是否进行深加工，取决于额外取得的收入是否大于额外发生的成本。深加工前的价格为 500 × 5 000 = 2 500 000（元）深加工后的价格为 650 × 5 000 = 3 250 000（元）两者相差 750 000（元），这是额外收入，而额外加工成本为 800 000（元），这样进行额外加工是不合适的。

10. 某企业生产联合产品 A 和 B，A 和 B 的产量分别是 30 000 个和 20 000 个，A 和 B 的单位产品售价分别是 12 元和 16 元，它们的联合成本是 340 000 元，用联合产品分离点价值法求 A 产品的成本为（　　）元。

A. 120 000　　B. 140 000　　C. 160 000　　D. 180 000

解析：选 D。分离点销售价值法需要知道 A 和 B 产品各自的市场价值 A 产品的市场价值：12 × 30 000 = 360 000（元），B 产品的市场价值：16 × 20 000 = 320 000（元），故此 A 产品分配的成本为 340 000 × 360 000/（360 000 + 320 000）= 180 000（元）。

11. COSTK 公司使用吸收成本法核算，公司在去年 10 月的收入为 25 万加元，10 月初公司有 1 万件成品存货，这些存货的固定生产间接费用为 3 万加元。10 月，公司生产了 33 万件，售出 32.5 万件。10 月发生的固定生产间接费用为 99 万加元。如果企业使用变动成本法，公司在 10 月的收入将是（　　）加元。

A. 265 000　　B. 250 000　　C. 235 000　　D. 234 308

解析：期初存货中每件产品的固定制造费用 = 3 万/1 万 = 3（加元），当期生产的每件产品的固定制造费用无论使用加权平均法还是先进先出法都是 3 加元，即：（99 万 + 3 万）/（33 万 + 1 万）= 99 万/33 万 = 3（加元），因此，当期无论销售成本使用任何的方法，如先进先出、平均法等，吸收成本法销售成本中的固定制造费用部分都为

32.5×3=97.5（万加元），而变动成本法会有99万加元的当期发生的全额的固定制造费用进入损益表。因此，变动成本法比吸收成本法多记成本/费用=(99-97.5)=1.5（万加元），因此，变动成本法的利润会少1.5万加元，变动成本法的利润因此=25-1.5=23.5（万加元）。

注意：此书同时可以应对国内和国际证书的考试。在国际证书考试中，有些不恰当的翻译，比如此题中的收入实际上是英文原文“income”的不恰当翻译，正确的翻译是利润的意思。另外，生产间接费用也是英文原文“production overhead”不恰当的翻译，正确的翻译是制造费用。

12. COSTK公司某子公司去年销量为7.5万件，产量为10万件，没有期初成品存货，没有在制品存货。另外其他信息如下：

	单位：万澳元
直接制造人工费用	18.75
变动制造间接费用	10
直接材料费用	15
销售运费	10
固定管理费用	10
固定制造间接费用	20
销售佣金	2.1

按照吸收成本法和变动成本法计算的期末成品存货的总价值分别是多少？

解答：按照吸收成本法每件成品的生产成本=(18.75+10+15+20)/10万=6.375（澳元），期末成品库存数量=10-7.5=2.5（万件），因此，期末成品存货成本=2.5万×6.375=159 375（澳元）。

按照变动成本法每件成品的生产成本=(18.75+10+15)/10万=4.375（澳元），期末成品库存数量=10-7.5=2.5（万件），因此，期末成品存货成本=2.5万×4.375=109 375（澳元）。

13. COSTK公司采用吸收成本作为内部报告。但是公司正在考虑采用变动成本法。关于公司自然年的计划和实际经营情况的数据如下所示：

K=1 000	计划活动	实际活动
期初成品存货数量	35K	35K
销售数量	140K	125K
生产数量	140K	130K

计划单位产品成本结构是根据每年生产和销售 140K 个产品来估计的。公司使用预先设定的生产间接费用率来将生产间接费用分摊给产品。因此，每个产品 9 欧元的混合生产间接费用用于吸收成本法的目的。任何过度分摊或分摊不足在年末被记在销售成本上。信息如下：

K = 1 000	单位：欧元	计划总成本	实际总成本
直接材料成本	12	1 680K	1 560K
直接人工成本	9	1 260K	1 170K
变动生产间接费用	4	560K	520K
固定生产间接费用	5	700K	715K
变动销售费用	8	1 120K	1 000K
固定销售费用	7	980K	980K
变动行政费用	2	280K	250K
固定行政费用	3	420K	425K
合计	50	7 000K	6 620K

吸收成本法下的期初产成品存货的价值是用前一年计划的单位生产成本来计量的。前一年的单位生产成本与当年的计划单位生产成本相同。期初和期末都没有再制品存货。计划与实际的单位售价是 $70.00。使用变动成本法，公司确认为费用的总变动成本是（　　）。

A. $4 375 000　　B. $3 125 000　　C. $3 250 000　　D. $4 550 000

解析：A 项 = 销售成本里的变动成本 + 期间费用里的变动费用。

变动成本法的单位产品成本 = 单位直接材料成本 + 单位直接人工成本 + 单位变动生产间接费用。其中，实际单位直接材料成本 = 1 560K /130K = $12，实际单位直接人工成本 = 1 170K/130K = $9。另外，题中表明变动制造费用的差异都进入损益表，从而不进入存货，因此，单位成本应该直接用计划的数据，因此，单位变动制造费用 = 560K / 140K = $4。而实际的变动制造费用 = 520K，产量分摊的变动制造费用 = 130K × $4 = 520K，因而没有差异。因此单位产品成本 = 12 + 9 + 4 = $25/个。因此，销售成本里的变动成本 = ($12 + $9 + $4) × 销售量 125 000 个 = $3 125 000。

实际期间费用中的变动成本 = 1 000K + 250K = $1 250K

因此，答案 = $3 125 000 + $1 250 000 = $4 375 000。

14. 以下（　　）考虑固定间接成本的影响。

A. 直接成本法　　B. 变动成本法
C. 完全吸收成本法　　D. 主要成本法

解析：选 C。完全吸收成本法将直接材料、直接人工和变动和固定间接成本作为产品成本。固定间接成本先分配到所有当期生产的产品数量上，只有销售数量的那部分才会进入损益表从而影响当期利润，如果企业生产的量并没有全部销售出去，从而一部分固定制造费用停留在资产负债表上。而直接成本法也叫作变动成本法，无论产销量有无差异，无论产销量是多少，当期发生的所有固定制造费用都进入损益表。当然此题的表述有些问题，说得不是很清楚。但考试中，确实存在不完美的出题，因此，大家平常练习时要提前适应，要学会在不完美中找相对最正确的答案。选项 D 的主要成本法中并不包括制造费用。

15. 以下（　　）是使用变动成本法的优点。

A. 变动成本法符合美国国内税收法规
B. 变动成本法符合公认会计准则
C. 变动成本法使成本—产量关系更加清晰
D. 变动成本法对长期定价战略是最相关的

解析：选 C。变动成本法是一种存货成本计算法。所有的变动生产成本作为产品存货成本。固定生产成本被认为是期间费用。因此，在成本—产量分析中，固定成本不分摊给产品，这样的分析就更加清晰。当产量变化时，产品成本也随之变化，因为产品成本里只包括了变动的生产成本。

16. 去年，某公司销售了 75 000 件产品，但总产量为 100 000 件产品。该年度的其他信息如下表所示。

直接人工成本	$ 187 500
可变制造间接费用	$ 100 000
直接材料	$ 150 000
变动销售费用	$ 100 000
固定管理费用	$ 100 000
固定制造间接费用	$ 200 000

假设没有期初库存，使用变动成本法计算得出的销货成本是（　　）。

A. $ 553 125　　B. $ 478 125　　C. $ 403 125　　D. $ 328 125

解析：此题并没有说清楚表格里的生产成本信息是和销量相关还是和产量相关，因而都试算一下，第一，若与产量相关，则答案 = 7.5 万 ×（187 500 + $ 100 000 +

\$150 000)/10 万 = \$328 125，选 D；第二，若与销量相关，则答案 = 187 500 + \$100 000 + \$150 000 = 437 500，没有答案，因此选 D。

17. CM 公司生产、销售智能手机。以下是 CM 去年的运营情况：

单位变动成本	\$5.20
总固定制造间接费用成本	\$260 000
总固定销售费用和固定管理费用	\$180 000
产量与销量	\$400 000

使用完全成本法计算，CM 去年的单位成本是（　　）。

A. \$4.55　　B. \$5.00　　C. \$5.85　　D. \$6.30

解析：=5.2 + 26 万/40 万 = \$5.85，选 C。

18. 吸收成本法与变动成本法的主要区别是，变动成本法（　　）。

A. 仅将直接材料和直接人工视为产品成本

B. 将直接材料、直接人工、制造间接费用的变动部分和固定制造间接费用的已分摊部分视为产品成本

C. 仅将直接材料、直接人工、制造间接费用的变动部分和销售及管理费用的变动部分视为产品成本

D. 仅将直接材料、直接人工和制造间接费用的变动部分视为产品成本

答案：选 D。

19. CM 玩具公司管理层希望确定其 A 产品系列的盈利能力。为了避免由于生产变化而可能导致的利润失真，经理应主要审查（　　）。

A. 变动（直接）成本法损益表　　B. 吸收成本法损益表

C. 多步式损益表　　D. 现金流量表

解析：选 A。因为吸收成本损益表可以通过有意提高产量来提高利润。

20. 完全成本法和变动成本法下，关于各成本项目归集到生产成本的描述（　　）是不正确的。

	完全成本法	变动成本法
A. 车间用品	是	是
B. 保险费	是	否
C. 直接人工	是	是
D. 包装和装卸成本	是	是

答案：选 D。

3.2 战略成本管理

价值链分析

价值链分析是企业的一项战略工具，主要通过对企业运营各个要素的分析，识别出增值和不增值行为，通过降低成本（大力去除不增值的行为和持续改进增值的行为）以及通过差异化增加产品的吸引力，建立和增强企业的竞争力。

价值链的六大模块分别是：研发—产品设计—生产—营销—分销—客户售后服务。

价值链分析的三个步骤：一是确定增值和不增值行为，不增值的行为要去除或大幅度减少等；二是确定每个行为的（成本）动因；三是通过增加产品的附加值形成产品的差异化或减少成本来建立竞争优势。

增值行为与不增值行为：

增值行为（value added activity），是指能增加顾客对产品或服务喜爱或青睐的行为。

不增值行为（non-value-added activities），是指增加成本（消耗了资源）但并没有增加顾客对产品或服务喜爱或青睐的行为。

一些不增值行为的例子如下：

- 原材料及其他存货的占压；
- 材料整理（配件及原材料在工厂内的整理、搬运等）；
- 待工、设备调试、资产闲置；
- 质量检验（从某种意义上讲，产品应该都是合格的，不需要检验，检验就是多余的程序）；
- 制造出废品，客户退货或换货；
- 没有考虑客户是否能接受闭门造车般的产品设计等。

作业基础管理

作业基础管理（activity based management，ABM）是将经营程序细分成同一成本属性的多个作业或活动，然后确定哪些作业或活动是不增值的、哪些是增值的，不增值的要去除，增值的看如何能持续评估和改进，从而减少成本，提高运营效率。

而作业基础成本法主要是通过将大的成本池细分，找出各自因果关系的成本动因，然后进行不同产品间的成本分配，以得到更准确的产品单位成本，进而进行准确的产品定价、盈利分析及产品组合决策等。

成本的等级分类及相应的成本动因

为了更好地控制、分析成本，发掘合理的成本动因，需要对成本进行等级分类。不是所有成本的成本动因都是产品的产出量或与其直接正比例相关的机器小时、人工小时数等。下面的成本等级分类有助于找到相应的成本动因进而进行成本分析与控制。

（1）单个产品级别成本：每增加一个单位的产出都会额外增加相应的成本，这些成本随产出量变化而成正比例变化，例如直接材料成本、直接人工成本等。相应的成本动因是产出量或与其直接正比例相关的机器小时、人工小时等，可以称作数量成本动因。

（2）批次级别成本：成本的发生与一批产品有关，与同一个批次里的具体数量没有直接关系。例如，设备调试成本（每一批次生产完工后下一批次生产其他产品之前发生，主要是进行机器、磨具等的调整、调试）、采购订单成本（买一批产品，发一次订单，从而发生一次成本，主要是填写采购订单、打电话、卸货等）等。这些成本不直接随着每个产品的数量的变动而变动，而是随着批次的增减而增减。相应的成本动因是批次数量。

（3）产品维持成本：支持、维护企业产品的品牌而发生的成本，从产品面世到产品生命力的保持，比如产品设计成本、广告成本等，这些成本与产品生产量及批次没有直接联系。一般来说企业产品品牌越多，产品维持成本就越大。

（4）客户水平成本：维护良好、稳定的客户关系所发生的相关成本，如拜访客户、客户服务等。这些成本的发生与产量、批次、产品品牌类别没有直接关系，但与客户的数量有联系。

（5）企业设施维持成本：保证企业整体正常运营的成本，如安保、财务、工厂设施维护管理等。这些成本的发生与产量、批次、产品品牌类别以及客户的数量没有直接关系，一般属于固定成本。

除上述五个级别的成本和相应的成本动因外，还有另外两种更高层的战略级别成本和相应的成本动因：结构性成本动因和执行成本动因。控制和分析成本不能只盯着日常的那五种级别的成本及成本动因，还要关注和分析这两种更高层、战略层面的成本发生及其成本动因。

结构性成本动因是指决定企业长期经营结构、策略或经营模式的成本动因。其形成常需要较长时间，一经确定往往很难变动。结构性成本动因主要有：

（1）规模经济（如何取得和利用规模经济）：企业在什么规模水平上运行，有多少家分公司，去多少国家建立实体等，这些都是上层决定的。

（2）在某行业或领域的专业水平和经验：在某个领域越专业或领导某行业，成本投入会相对越少。

（3）科技：技术是影响企业成本的又一重要因素，技术优势能让企业运转更有效力和效率，能带来成本优势及更优质的产品从而增加市场份额。

（4）企业（主要指经营产品）的复杂程度：产品种类越复杂，成本相对就越高，因此，很多企业都在精简或调整战略业务单元和产品。但如果产品太少，企业经营过于简单也不好，容易失去很多市场机会。

执行性成本动因是指在结构性成本动因决定以后如何贯彻、执行、改善具体运营程序时发生的相关成本的成本动因，主要有：企业内部运营的改进，如改进采购流程等；企业外部运营的改进，比如改进与供应商和销售渠道之间的合作；员工对企业的向心力，比如员工的积极性、负责和工作投入程度等。

适时生产制系统

适时生产制（just in time，JIT）是一种综合的生产和存货机制。适时生产制度，是以订单驱动的，只有在有实际销售需求时才进行一系列的材料采购和生产行为，平时不备货或尽可能少备存货，又称为需求牵引式/拉动式系统，有别于传统的推动系统。传统的推动系统是销售预测驱动的，根据销售预测进行排产，然后进行推销。销售预测经常不准，累积的销售预测不准可能会造成大量存货积压以及相关的成本浪费和资金占压等。

JIT 的目的是：创造精益生产，减少或根除资源浪费以及资金占压。

JIT 的基本流程：接到客户订单—及时排产—及时采购原料—及时生产—及时发货交付订单。JIT 属于精益生产的一种，精益生产是一种理念，JIT 是具体的经营模式。

JIT 的缺点/潜在问题：

- 没有安全富余存货，容易造成存货断档，导致增加生产停工时间，销售缺货等，影响生产和销售。因此，要合理的使用 JIT。
- 过度依靠供应商，风险大。例如，万一供应商有闪失。
- 因为都是有订单才生产，会失去大批量生产产生的高效率和低成本。

• JIT 因为是现生产，因而相较于在传统的机制中客户可以买到现货，在 JIT 机制中客户取得商品的速度较慢。因此，在运营中一定要在保证高质量的同时缩短订单交付周期。

JIT 的具体特点/机制是：

• 可靠的供应商的关系。非常依赖优秀的供应商并与之有紧密的合作。JIT 的企业对供应商要求非常多，例如必须及时供货、供货质量必须非常高、能适应供货材料规格变化的要求等，因此，通常使用 JIT 的企业需要给这些供应商相应的补偿，如缩减供应商的数量，从而可以给供应商相对较大金额的合同，另外和供应商有长期的合作等。

• 尽可能在高质量的基础上缩短生产周期。因此：

■ 车间布置要非常紧凑，放在一个空间内，设置传送带，高度自动化。

■ 必要时车间可设置仓库。这样可以加快速度。

■ 很多企业的车间布置是有很多便捷的“U”型制造单元（manufacturing cell）组成。使用制造单元可以形成多条小生产线，布局设置紧凑，企业可以灵活、快速、同时生产不同定制的产品。另外，要求工人在制造单元里都是熟练的多面手，这样可以显著地提升生产效率。

■ 缩短批次间的设备调整时间（setup time）。

• 最高管理层强有力的支持。JIT 是一项跨部门的大项目，涉及生产部、采购部、销售部等。

JIT 的优点/益处：

• 更好的存货控制，大幅减少存货甚至零存货。减少了存货投资及存货持有成本。JIT 提高了存货周转率或又叫作降低了存货周转天数。注意：一般来讲，存货周转率越大越好，但存货周转天数越小越好。这两个指标是相反的！

• 生产周期缩短和批次设备调整时间缩短。

• 质量控制改善，减少废品率和返工率。接到订单后，及时排产、交付订单，中间必须有强力的质量控制，以尽量减少废品、返工，如此才可以及时交付完成客户订单。

• 消除了过多生产的情况。例如，传统的机制很容易造成过多生产，如销售预测不准、存货过时等。

• 减少了库房和生产空间的投资。例如，存货更少，生产设施更精小、生产设施安排更紧凑，另外生产车间可以充当库房等。

• 改善营运资本和现金流。例如存货减少了等。

• 减少了日常文书工作（paperwork）。例如大量销售预测、销售计划等。

• 原来被放入制造费用的一些间接成本变为可追溯的直接成本。例如，一些间接人工成本、折旧等成本因为特定的制造单元的安排有可能可以和具体的某个订单、某种产品直接联系起来。

• 以市场需求的变化为主导，JIT 没有存货的累赘，可以实现产品的灵活变化。

• 相比传统的生产模式，即先提前生产出来成品再往市场上推，JIT 模式可以进行客户定制以及使用最新的科技，从而更加吸引客户。另外，JIT 机制中，客户买到的是最新生产的商品，而在传统的模式中，客户买到的商品可能是很长时间之前生产的。

注意：实际工作中，未必所有的公司都能百分之百地使用 JIT 系统，但可以根据此理念，合理最大化地应用 JIT，例如，有的公司在销售方面是推动式的，但在生产工序和材料采购方面使用 JIT 的理念，即只有有生产需求时才采购原料等。JIT 的益处巨大，需要实际工作中大家创造性的合理最大化应用到本企业。

自制对比外购/外包

企业需从战略层面定期评估产品/半成品是自产还是外购。外购：是指企业选择对某些产品进行从外面供应商采购而不是内部自产。这样公司可以更专注核心竞争力的业务，同时利用其他公司的专业和技能从而节省产品成本、提高运营效率等。现在很流行外购或外包，如很多大的汽车厂商从原来自己生产汽车零部件到外购全部或部分零部件，又如有的企业外包整个生产职能，如苹果让富士康委托加工等。

外购或外包的优点：（1）让企业战略上更专注核心竞争力的业务；（2）通过外部某些企业的专业和规模经济等来降低产品成本、提高本企业的效率和效力；（3）外包可以降低投资和负债等。

外购或外包的缺点：（1）质量可能会失控；（2）交付可能会失控；（3）可能会丧失企业某些方面的专业技能等。

注意：外购一般针对企业的产品或半成品。外包是针对企业中的职能部门。

质量成本

质量成本是一个专业术语，是指企业在预防生产低质量的产品方面发生的成本（如质量培训费用、质量改进措施费用等）以及企业因为生产了低质量产品所产生的相关成本（如废品损失费用、退换损失等）。在一些国际质量认证时，企业需要提供以及跟踪质量成本的发生。注意：此处的质量成本和企业发生的会计科目中的成本是两个概念。质量成本是一个特殊的专业术语，并不是一个会计报表核算上的费用/成本科目，当然它们有重合之处。

质量成本有四个方面。

1. 预防成本是指用于预防产生不合格品产品与所需的各种费用，主要包括质量系统设计、产品/工艺流程设计、质量计划、质量会议、质量培训、质量圈（quality circle）活动、机器日常维护费、新产品评审、供应商能力资格评估、质量改进措施费用、质量系统自身的审计、质量奖励费、专职质量管理人员的工资及其附加费等。其中，及时培训至关重要！注：机器故障发生的修理费不属于质量成本，属于一般部门费用。

2. 鉴定成本/评估成本是指评定产品是否满足规定的质量水平所需要的费用。主要包括（基本从前往后的顺序）企业自己的质量审核认证、进货检验、工序检验、成品检验、试验和检验损耗费用、检验仪器折旧费以及计量工具购置费、检验和试验设备精确性的费用、统计质量控制的费用（statistical quality control）等。注意，进货检验不属于预防成本！

3. 企业内部损失成本是指产品出厂前因不满足规定的质量要求而支付的费用。主要包括废品损失费用、返修损失费用和复试复验费用、停工损失费用、处理质量缺陷费用、减产损失及产品降级损失费用等。

4. 外部损失成本是指成品出厂后因不满足规定的质量要求，导致索赔、修理、更换或信誉损失等而产生的费用。主要包括索赔申诉受理费用、保修费用、退换产品的损失费用以及因质量问题失去客户的无形成本等。

注意：如果没有太明确的判断，可以用排除法。

产品生命周期成本法

产品生命周期成本法区别于以财政年度为基础的成本核算方法。产品生产周期成本核算更侧重计划和核算不同产品的整个生命周期的成本。它可以说包括两个部分：一是产品生命周期预算；二是产品生产周期成本核算。

产品生命周期预算：产品生命周期预算是指按产品的整个生命（寿命）周期编制的预算，即从产品研发（出生）、生产、销售、售后，一直到产品退出，比如产品生命周期是 6 年。预算内容包括整个产品寿命期间的总销售收入以及总的产品研发成本、产品设计成本、生产、营销、分销、售后服务等各个阶段的成本。就其成本而言，可以说包含了生命周期内的所有成本。产品生命周期预算适合：研发和产品设计投入成本很大的情形。产品生命周期预算对研发投入大的产品的定价，以及成本计划、成本管理很有帮助。

生命周期预算定价法使得产品售价考虑了前期巨额的研发及设计成本，定价时一般使用试算法，即用售价乘以整个生命周期的销量，然后减去整个生命周期所有的成本，包括产品研发成本、产品设计成本、生产、营销、分销、售后服务等各个阶段的成本，然后看是否能达到期望的回报率。像上述这样的产品如果使用传统的定价方法（比如生产成本加成）会使得产品定价过低，最终可能无法收回先前发生的巨额的研发和设计成本，从而使企业发生较大亏损。

产品生命周期预算的优点如下：

（1）能促进准确的产品定价；

（2）更侧重产品，更准确地计算和分析产品的盈利能力；

（3）对产品开发的决策有很强的指导性等。

产品生命周期预算的缺点如下：

（1）预测周期较主观；

（2）忽略了会计的财务年度核算等。

产品生命周期成本核算：与产品生命周期预算相对应的是产品生命周期成本核算。产品生命周期成本核算和产品生命周期预算的道理相似，主要的区别在于产品生命周期成本核算是记录实际发生的每种产品从最初研发、设计的成本到后来上市后的常规生产成本以及后期的营销、分销及客户服务等成本，而产品生命周期预算涉及的是预测的相关数据。产品生命周期成本核算最终会揭示每种产品最终是盈利还是亏损。

流程再造

流程再造（process reengineering），是指完全重新再造流程以去除不增值和不合理的流程和环节。

业务流程重组/再造（business process reengineering，BPR），是指彻底、剧烈地对整个流程进行分析及重新设计和改造以求翻天覆地的改善。一个实用的理念就是彻底忘记过去的运营和所谓的经验从而彻底地进行企业或流程的重组，从而巨大地改进质量和业绩以及降低成本等。其关键要素有：

（1）基础的：迫使人们重新分析现在所做的规则和相关假设。

（2）彻底的（radical）：不是小的、部分的调整或改善，而是彻底地抛弃现行的而去发现全新的。

（3）剧烈的、翻天覆地的改变（dramatic）：不是轻描淡写地去触动，而是巨大的变动。

（4）要注重整个流程的先后各个环节的一连串活动，最终是为了给客户增值。

标杆或基准成本管理与控制

标杆或基准分析，是指企业在成本要素（如某种材料用量、单位直接人工成本、单位产品耗电量等）方面寻找并归档相关的最佳标杆/基准，从而确定企业哪些方面需要改进，以期望获得竞争优势。标杆/基准分析是一个持续改进过程。

标杆可来自以下四个方面：

- 行业内部某公司成为标杆（最佳）；
- 集团内部的子公司或部门成为标杆；

- 行业以外但有近似业务的某公司成为标杆；
- 某专业协会公布的最佳等。

最佳实物分析

最佳实物分析（best practice analysis），是指找到和确认成本管理与控制方面最佳的实物操作案例，例如，某公司在直接材料成本控制方面绩效出名，然后将现在的状况和最佳实物对比找出差距，然后通过一系列工具，如价值链分析、流程再造、标杆等去达到最佳实物水平。因此，最佳实物分析可以帮助企业降低成本、改善经营水平和业绩。

约束原理（theory of constraint，TOC）

TOC认为瓶颈（或又称约束）环节决定了整个生产流程的速度，而且TOC认为瓶颈处决定了企业整个运营系统的盈利能力、投资回报率和现金流等。TOC的作用是可以帮助企业缩短循环时间（即产品的生产周期）、营业利润最大化和投资回报率最大化。与线性规划相比，TOC侧重企业内部生产流程而且假设约束条件只有一个，即企业内部流程中有一个环节是最限制产品生产的速度，通俗讲，瓶颈是最慢的那个环节，比如：一个生产流程中的某个环节需要花30分钟，而其他环节是5～20分钟。

TOC应用中的一些专业词汇：(1) 投资是指直接材料、在制品、产成品等存货以及研发和设备及建筑物等成本，基本上是资产负债表左边的存货、固定资产，以及将研发当作资产对待。实际工作中研发费用资产化还是费用化各国的处理方式不尽相同，这里暂且将研发资产化。(2) 营运成本/营运费用是指将原材料转换成产成品的花费，它包括了除了直接材料以外的所有其他运营成本，如直接人工工资、制造费用、销售费用、管理费用等。(3) 完工效益（率）（throughput contribution 又称产出边际贡献或产出贡献或产量贡献）= 销售收入 - 直接材料成本。完工效益表达的是一定时间完成产品所获得的效益（即收入 - 直接材料成本）。注意：TOC认为人工成本是固定成本。另外，销售收入是减掉佣金及运费后的净额，而材料成本包括材料本身成本以及材料整理成本。

TOC步骤：

第一步，确定瓶颈，即找出哪个环节耗时最长，比如：手机厂的组装车间，因为在手机制造流程里，主板/芯片制造和手机包装用时较少，但组装费时。

第二步，确定短期内瓶颈处的最合理化的处理。即发现瓶颈后，看短时间内是否能提高瓶颈处的速度（因为有些改进是短期内无法实现的，例如，一时改变不了生产线布局，或买重大设备需要花很长时间审批以及进行融资、安装等），具体方法可能有：(1) 减少瓶颈处机器调试时间；(2) 从非瓶颈处调配工人增援瓶颈处（非瓶颈处的工人等着也是等着）；(3) 减少瓶颈处的不合格品数量（本来瓶颈处就紧张，要避免让废品再占用有限的资源）；(4) 外包部分瓶颈处的产能等。

第三步，发现瓶颈并进行短期内的优化后，若短时间内无法彻底消除瓶颈，则接受事实，但要决定短期内如何充分利用瓶颈以达到效率和利润最大化，但之后要定期评估，从长期角度来讲要消除此处瓶颈。

1. 效率最优化（尽可能减少存货等资产的占压）：可利用鼓—缓冲—线系统来确定瓶颈处的流量。非瓶颈处不要生产比瓶颈处更多的产品，产量速度以瓶颈处为准，这样可以尽可能减少存货量，若以非瓶颈的速度生产会形成在瓶颈环节存货的堆积。

鼓就是瓶颈，又叫作约束因素，代表了整个生产运营的速度。

缓冲是指不能形成在制品存货在鼓处的积压，但鼓处也不能有缺料现象，否则整个生产线都要一起耽搁。为此出现了“缓冲”，缓冲一般是在鼓的上一个环节，而且缓冲处稍多生产些在制品以避免鼓处缺料而造成停产。即：基本以瓶颈处速度为准，但稍微在其上一个环节增加一定量的缓冲。

线是鼓及鼓前面的所有系列工序，线指导何时以及从仓库发料到车间的数量。

2. 在瓶颈处进行利润最大化。在生产多种产品的情况下，确定应该优先生产的产品以实现利润最大化。确定优先的依据是：单位产品完工效益（即直接材料毛利）除以在瓶颈处耗用的时间（如人工小时或机器小时）。其中，完工效益 = 销售收入 - 直接材料成本。这里只减直接材料成本是因为 TOC 认为直接人工及制造费用等属于固定公共成本，这些成本无论生产哪种产品都要均衡发生，是非差异成本，因此属于无关成本。举例，A 产品单位完工效益是 500 元，B 产品单位完工效益是 100 元，在瓶颈处所消耗的机器小时分别是 50 分钟和 5 分钟，因而选择 B，因为 $100/5 = 20 > $ A 产品的 $500/50 = 10$。

第四步，定期分析和评估瓶颈。从长远角度考虑如何去改善和去除瓶颈，以提升产品生产的速度，此工作是一个持续改进过程，因为此瓶颈改善后可能会突出另外一个瓶颈！当然最理想的状态是速度达到最快而且每个环节速度都均等，但实际工作中一般很难实现！

TOC 对企业的好处：（1）通过改善和优化瓶颈处的运行可以提高产品生产速度，减少产品生产时间；（2）TOC 可以减少瓶颈处存货等资产的占压，以提高投资回报率；（3）TOC 通过在瓶颈处确定最佳产品组合以实现利润最大化，当然同时促进投资回报率最大化；（4）促进持续改进，因为一个约束解决后会出现另外一个约束等。

另外，在决定生产最优化产品组合环节，并不是简单地发现单位约束条件完工效益不高的产品就次要对待或摈弃，应该考虑的是：(1) 能否通过提价或降低直接材料成本等方法增加每约束条件的完工效益；(2) 减少约束时间；(3) 如果暂时提高不了每约束

条件的完工效益，但看市场是否需要该产品的存在。举例，有的个别产品利润低，但客户要求其他产品和该产品一起购买等。（注意：黑体+ 斜体+ 下划线+ 非宋体字的文字是属于非直接考试内容，但对实际工作非常重要，建议仔细阅读！）

案例思考：新饭馆菜单的制定，（1）鱼系列菜品为主；（2）宫保鸡丁、木须肉等家常菜为主。

TOC 和 ABC 的相互关系

共同点：ABC 和 TOC 都是计算不同产品的成本以及不同产品的盈利能力，以确定最佳产品组合从而实现利润最大化的工具。注意：ABC 是通过按产品的盈利分析工具。我们将在成本核算一章详尽讲述 ABC。

区别：

（1）TOC 只核算不同产品的直接材料成本从而区分不同产品的完工效益，即销售收入减直接材料成本，TOC 认为直接材料以外的其他成本，如人工成本、制造费用、销管费用等都是固定成本和共同成本；（2）TOC 在确定利润最大化的产品组合时考虑了约束条件，即它的决策是每约束条件的产品完工效益，而且（3）TOC 是偏短期的，即：短期内如何最优化瓶颈处运营；（4）TOC 还可以用来确定生产线上产品的生产速度以减少存货等资产的占压等。

而 ABC 来说，（1）核算不同产品的全部成本，包括直接材料、人工、制造费用等从而区分不同产品的利润，ABC 的优势在于可以通过细分作业成本中心，利用因果关系的成本动因较准确地将间接成本分摊到不同产品上；（2）ABC 在确定利润最大化的产品组合时并没有考虑约束条件；（3）ABC 是着眼长期的成本核算（相对于 TOC 的短期而言）；（4）另外，ABC 可以用于长期的产品定价以及计划和预算（即作业基础预算——ABB）。

TOC 和 ABC 可以相互借鉴、结合和相互补充以更大的发挥彼此的作用。

- TOC 可以借鉴 ABC 将直接材料以外的成本较准确地分摊到不同产品上，因为毕竟不同产品消耗的这些成本可能也是不一样的，如直接人工成本、制造费用，这样 TOC 的决策会更全面和准确。
- ABC 着眼于长期成本核算和不同产品的盈利能力评估时可以更进一步考虑企业流程的瓶颈，因为所有企业都会有瓶颈的，不应忽略这个事实，因此，可以利用 TOC 原理通过瓶颈处的产品组合以实现利润最大化以及存货的最小化。

注：考试中若遇到类似的问题，即两种方法/工具的相互关系，解答可借鉴上面：看看彼此各自的优缺点，能否相互取长补短，使双方更加完善。

TOC 的延伸应用：约束因素无处不在，实际工作中很多工具或方法的选择除了考虑它们是否完美，没有缺陷，还必须要考虑每个人每天的工作时间有限这一约束条件，而且决策或运营都是有时间限制的，因此，要使用性价比最高的或者说单位人工小时创造效益最高的，而非单看该方法或工具是最完美的，如 (1) NPV，IRR；(2) 敏感性分析 VS 其他资本预算风险分析方法等。（注意：黑体+ 斜体+ 下划线+ 非宋体字的文字是属于非直接考试内容，但对实际工作非常重要，建议仔细阅读！）

MRP

物料需求计划（material requirements planning，MRP）：MRP 是一种计算机软件，它利用：（1）主生产计划（master production schedule，MPS），即对产成品的需求计划，包括量和需求的时间；（2）每一产成品所需要的材料、部件的材料清单（bill of materials，BOM）；（3）材料、部件和产成品存货数量及安全存货量；（4）物料采购周期；（5）供应商的采购价格等来自动、快速地计算出每一生产阶段的产出产量以及需要采购的物料数量及时间。这样，物料采购可以及时地、分阶段地购买从而避免了一次性全部购买对资金的占压以及存货的相关成本，从而提高了利润和投资回报率。注：物料需求计划最初用在“推动型”存货管理系统环境下，该系统是以销售需求预测为基础来制造产品和相应的采购原材料。

MRP 的优点：（1）各相关部门，如采购、生产等，都遵循 BOM－材料清单，减少了部门之间的协调；（2）快速计算物料需求计划，省时省力；（3）相对人工计算，能得到较准确的物料需求计划；（4）分批购买物料从而避免一次性的大批采购而造成的存货积压和资金占压。

MRP 的缺点：（1）有可能不会很精确，可能会需要人为的审核和调整；（2）分批采购可能会丧失批量打折的优惠等。注：MRP 是 ERP 的前身。

MRP 如何计算需采购的零部件数量以及如何安排采购计划：假设生产一件产品 OT 需要部件 A 两个，部件 B 三个，另外生产部件 A 需要部件 C 一个和部件 D 两个，生产部件 B 需要部件 C 两个，部件 E 三个。假设计划生产 1 000 个产品 OT，则需要生产或采购的各个部件的数量是多少？注：部件 A ~ E 的期初库存分别是 100，200，300，400，500 个，另外要求 A ~ D 的期末库存分别是 110，220，330，440，550 个，有备无患。

- 部件 A 的生产量 = 产量对部件的直接需求量 + 要求的期末库存 − 期初库存 = 1 000 × 2 + 110 − 100 = 2 010（个）
- 部件 B 的生产量 = 1 000 × 3 + 220 − 200 = 3 020（个）
- 部件 C 的采购量：对于第二级部件（注：A 和 B 属于第一级）的采购量，应先看上一级部件的需求量，然后乘以上一级部件每件需求其的数量，然后加其期末库存数量最终减期初库存数量。如果上一级多个部件都需要，则挨个算后相加。就此例而言，C

的采购量 =（1 000 ×2 +110 -100）×1 +（1 000 ×3 +220 -200）×2 +330 -300 =8 080（个）。做题时，如果要求计算某部件（假设叫 Y）的采购量，则首先看此部件上面是否还有一级部件，如果有，则看上面一级部件中有几个部件需要 Y 部件，确定后先计算上一级部件的需求量，然后再计算 Y 部件，注意看题中是否给了期初、期末库存的数量。

- 部件 D：道理同部件 C，则部件 D 的采购量 =（1 000 ×2 +110 -100）×2 +440 -400 =4 060（个）。
- 部件 E：道理同部件 C，则部件 E 的采购量 =（1 000 ×3 +220 -200）×3 +550 -500 =9 110（个）。

持续改进

持续改进要运用到企业运营的各个方面。每年都有一个改进的百分比目标。

产能规划

产能计划/产能规划，也叫作产能管理和分析：（1）预测长期的产品需求（即长期销售预测）和对产能的需求；（2）对比产能需求和现在生产及产能设施；（3）进行设备投资规划以满足长期的产能需求但尽量防止产能过剩。

生产范例

弹性制造系统或灵活性生产系统（flexible manufacturing system，FMS）：指的是通过使用计算机联网的自动化生产设施，以能促使企业的生产较灵活地从一个批次转到不同规格产品的另一个批次。这样很适合为了满足客户和市场需求而生产不同规格的产品以及小批量的生产的运营环境，从而避免了大批量生产标准化产品可能带来的存货积压以及销售的产品和市场脱轨的问题。弹性制造从而可减少存货，更好地增进市场销售。

计算机一体化制造，也叫作计算机整合制造（computer-integrated manufacturing，CIM）：指企业通过计算机联网将支持部门（如财务、仓储、行政等）与生产部门都整合连接起来，这样可以实时得到各种运营所需信息（如实时知道存货信息等）从而实时进行制造管理进而提高生产效率。实时知道存货信息，可避免过多生产和过多采购存货，从而降低存货。目前 ERP 就是 CIM 的一个具体实施。

FMS 和 CIM 的共同点及区别。共同点：（1）都是通过计算机联网；（2）都是为了提高生产效率、减少存货等。区别：FMS 更是通过生产设备设施的计算机联网以能灵活、机动的生产小批量产品，生产迎合市场需要的产品，从而促进销售、减少存货，而 CIM 主要是通过生产部与支持部门的全部联网以实时得到相关信息从而提高生产效率并减少存货，因而主要区别为：（1）FMS 强调的是生产部内部生产设备设施的联网，而 CIM 是指整个公司的生产部和支持部门的全部联网；（2）FMS 强调的是可以灵活地进行小批量生产或者能灵活高效地生产迎合顾客的需求的不同规格的产品，而 CIM 并没有此方面的强调，CIM 更多的是强调通过生产部和所有其他支持部门的计算机联网可以实时获得相关信息以高效生产和降低存货。

精益生产（lean production）又称精良生产，其中“精”表示精良、精准；“益”表示效益。精益生产就是尽可能少用各种资源，如减少积压存货、小空间、少时间、少人力、少废品、少浪费等，由此延伸出适时制造、消灭故障、消除一切浪费，向零缺陷及零库存进军。它是针对美国大批量规模生产方式过于臃肿的弊病。精益生产力求在生产中实现低成本、高质量、多品种、精良化。丰田生产方式是精益生产的代表。

精益生产在企业中的具体体现：拉动式准时化生产，如看板、JIT 等，追求快、精良、零存货。注：在精益生产的基础上后来又延伸出精益思考（lean thinking），拓展到企业的全方位经营中去。

精益生产相比弹性制造：前者强调少而精，后者强调灵活小批量的生产，从而更好地满足顾客的需求。

并行工程（concurrent engineering/simultaneous engineering）：（1）将产品设计和产品的整个价值链所涉及各个职能部门（如研发、生产、分销、售后服务等）的运营情况整合起来；（2）并行工程强调在满足客户需求同时，产品设计应平衡价值链所涉及的职能部门的期望和需求，例如售后服务的要求，生产便利的要求、采购便利的要求等，以及考虑产品设计对价值链其他职能部门的影响，例如不合理的设计会影响客户满意度、成本浪费等；（3）并行工程强调上游预防而不是下游更正。

看板系统：日本公司发明，JIT 的一种初级形式，属于精益生产模式。简要概述：除非下游部门（即后面的工序）通过看板卡片提出要求，否则上游部门不进行任何采购或生产动作，可避免上游存货积压。每个车间及采购部的生产或采购完全是有实际需求时才及时安排相应的工作。这样可避免先大批量采购及生产，否则会造成存货大量积压以及机器、人工等成本的浪费。

举例，手机生产时，有了客户需求，企业才去购买材料和排产，否则不开展这些工作。又如，手机生产时，除非手机组装车间通过看板系统提出一定量主板的需求，否则主板生产车间将不开动机器进行生产。

计算机辅助设计（computer-aided design，CAD）：是指将计算机应用于产品的开发、分析及设计，以此来提升产品的品质和性能，通常涉及计算机画图或工艺流程设计的实物布局等。

计算机辅助制造（computer-aided manufacturing，CAM）：是指将计算机自动化技

术运用到生产设备设施的计划、控制和操作上，即形成计算机控制的生产设备或设施．注意 CAM 主要只针对生产设备设施的计算机自动化控制，而 FMS 更加延伸到促进灵活争产，而 CIM 是整个公司包括行政管理和生产的计算机联网。

战略成本管理 练习题与解答

1. COSTO 公司准备使用及时生产制，以下（　　）不是及时生产制的优点。

A. 降低总返工成本
B. 库存减少
C. 库存周转率提高
D. 对供应商提供的材料和货品进行检验的成本降低

解析：选 D。JIT 强调依赖供应商快速并高质量地提供生产所需材料，但并没有特意提到应放松对供应商的来料进行检验，因为 JIT 最怕生产时出现废品、返工等生产耽搁，因而来料检验不能放松。只是相对来讲，有可能和供应商建立了更良好的关系后，供应商提供的材料的质量提高了，因此可能会减少一些退货相关的成本，另外检验的成本也有可能会降低一些。D 有一定道理，但相对来讲 A、B、C 完完全全是 JIT 的优点，因此选 D。

2. COSTO 公司经营分析人员分析了一下活动：（1）场内运输；（2）场外运输；（3）喷漆；（4）成品检验；（5）原材料存货，（　　）是不增值的行为。

A. （1）、（2）　　B. （1）、（4）　　C. （1）、（3）、（4） D. （1）、（4）、（5）

解析：选 D。场外运输是发货给客户的增值行为，喷漆是生产产品的必要工序，也是增值行为。

3. COSTO 公司是一家高科技 IT 公司，去年产生如下费用：

债务索赔：50 000 美元
废料：20 000 美元
供应商评估：5 000 美元
客户支持：50 000 美元
机器损坏修理费：25 000 美元
成品检测：25 000 美元
设备维护：5 000 美元

问其中预防质量成本是（　　）美元。

A. 165 000　　　B. 35 000　　　C. 10 000　　　D. 5 000

解析：选 C。设备维护和供应商评估属于预防质量成本。成品检测不是预防质量成本；机器损坏修理费用仅属于一般费用，不属于质量成本。

4. 在及时制（JIT）系统中，如何看待存货？（　　）

A. 存货促进更强的供应商关系　　　B. 存货是资源浪费

C. 存货减少生产设置时间　　　D. 存货要求部门间更多的协调

解析：选 B。存货被认为是资源浪费，而且存货除了会产生巨大的相关成本外还占压企业资金，必须被消除或合理的最小化。A 说反了，应该是零存货才会促进更强的供应商关系。C 存货和生产设置时间没有直接关系。D 说反了。

5. 采用及时制采购系统的公司经常经历（　　）。

A. 供应商数量的减少

B. 持有成本的增加

C. 供应商送货次数更少

D. 更不需要与供应商的电脑订单录入系统进行连接

解析：选 A。及时制（JIT）采购系统的目标之一是使原材料等存货最小化，因而只有生产需要时才采购原材料，从而对供应商的要求较多，如及时送货、高质量、产品规格上的要求等。供应商这些额外的付出必须有额外的补偿，因此，企业一般会给这些供应商较大金额的订单和较长期的合作，这样，供应商数量必须相对要少，这样供应商才会得到较大金额的供货。

6. 以下（　　）最正确地表示了在价值链中各业务职能部门的顺序。

A. 研究和开发、产品和过程的设计、生产、市场营销、分销、客户服务

B. 产品和过程的设计、研究和开发、融资、生产、分销、客户服务

C. 产品和过程的设计、融资、研究和开发、生产、分销、客户服务

D. 研究和开发、融资、产品和过程的设计、生产、分销、客户服务

答案：选 A。

7. 为了控制成本，流程再造最接近（　　）。

A. 作业成本法　　　B. 改进法预算　　　C. 差异分析　　　D. 价值链分析

答案：选 D。

8. 工作单元的概念关系到（　　）。

A. 适时生产体系　　B. 材料需求规划
C. 产量成本法　　D. 企业资源规划

答案：选 A。

9. CM 公司正在考虑实施适时生产制度，并希望在其包装材料采购上测试该制度。一项分析表明，CM 如果实施适时生产制度，每月可以减少持有成本 $5 000。在作出此决策之前，以下所有成本中 CM 不需要考虑（　　）成本的增加。

A. 订购成本　　B. 包装人工成本
C. 包装材料成本　　D. 缺货成本

解析：选 B。如果实施 JIT，缺货成本可能会增加，因为没有成品存货；订购成本可能会增加，因为订购次数增加。包装材料成本可能会增加，因为采购包装材料时变成了小批量购买，因而可能在价格上会出现向上的波动。

包装人工成本可能会减少，因为第一人工都是多面手，第二为了加快速度和提高质量，一般是机器进行包装。

10. 以下（　　）将在质量成本报告中计入内部损失成本。

A. 检验设备的折旧成本　　B. 退货和折让
C. 废品的净成本　　D. 最终产品的测试和检验

答案：选 C。

11. 以下（　　）是作业管理的重点。

A. 改善间接生产成本的分摊　　B. 减少成本归集的数量
C. 增加与量相关的分摊基数的数量　　D. 提高各类作业的有效性

答案：选 D。

12. CM 公司目前正在对其在 ABC 市的综合设施进行质量成本分析。以下是其综合设施会计师编制的成本数据：

检验	$1 500
保修	$2 800
新材料测试	$400
产品测试	$950
异常损耗	$645
废品	$150
预防性设备维护	$590
责任索赔	$1 870
返工	$1 285

内部故障总成本为（　　）。

A. $2 080　　B. $2 785　　C. $4 945　　D. $5 955

解析：645 + 150 + 1 285 = $2 080，选 A。

13. 以下（　　）是与持续改进有关的正确陈述。

Ⅰ. 应持续改进直到实现目标
Ⅱ. 管理层和工人应参与到持续改进中
Ⅲ. 应定期评估标准，持续进行改进
Ⅳ. 持续改进措施的主要方为工人

A. 仅Ⅰ和Ⅱ　　B. 仅Ⅰ和Ⅳ
C. 仅Ⅱ和Ⅲ　　D. 仅Ⅲ和Ⅳ

答案：选 C。

14. 以下（　　）对于制造自行车的公司来说是增值活动。

A. 将轮胎转移到返工作业区域　　B. 将返工后的刹车安装到自行车上
C. 第二次将自行车返工　　D. 检验返工后的自行车

解析：选 B。B 是必要的生产步骤。A 的物品转移不属于增值。

15. CM 电器公司制造洗碗机，并产生下列成本：

每月设备维修	$5 000
确保关闭的洗碗机门密封所需的人工	$8 000
计划外制造机器设备维修	$9 000
在检查过程中发现门未对齐而重新安装门所需的人工	$1 500
由于客户发现门未对齐而重新安装门所需的人工	$1 200

在编制质量成本报表时，内部故障成本是（　　）。

A. $1 500　　B. $10 500　　C. $11 700　　D. $23 500

答案：选 A。

16. 以下（　　）不是价值链的作用。

A. 增值机会　　B. 保证产品

C. 服务或竞争的差异　　D. 最高投入产出比

解析：选 B，价值链本身不能保证产品，D 实际上是指高效率和降低成本。

17.（　　）不是制造单元的特点。

A. 多条生产线，邻近摆放

B. 灵活制造

C. 一个单元只有一个工人

D. 每个单元的工人的工作有限，工作职责狭窄

解析：选 D。制造单元往往用在 JIT 环境下，制造单元强调工人的多面手，C 有这种情况，即一个单元就一个工人。

18. 一个顾问为一个企业分析整个业务流程，找出可增值和可节约成本的环节，是（　　）活动。

A. 战略标杆　　B. 全面质量管理

C. 价值链分析　　D. 流程再造

答案：选 C。

19. 产品质量缺陷，下面（　　）是它的机会成本。

A. 保修成本　　B. 返工成本

C. 损失了顾客（造成了客户流失）　　D. 鉴定成本

解析：选C。应为质量有缺陷，因而丧失了销售给一些顾客的机会。A、B、C都是产品质量造成的直接发生的付现成本而不是机会成本。

20. (　　) 最适合用JIT。

A. 前置时间长/准备时间长　　B. 停工时间长

C. 企业的生产和销售稳定，能预测　　D. 显著地存储成本

答案：选D。

成本管理　练习题与解答

1. CM公司使用分批成本法，并使用每直接人工工时 $5.75 的全厂间接费用分摊率分配间接费用。CM考虑改为使用部门间接费用分摊率分配，其年度信息如下所示：

	加工部门	装配部门
分摊基础	机器工时	直接人工工时
部门间接费用成本	$850 000	$300 000
使用的机器工时	250 000	30 000
使用的直接人工工时	75 000	125 000

CM比较了这两种方法来检验新的分摊制度。第一个工作任务如果使用全厂费率分摊的间接费用总计为 $23 000，如果使用部门费率为 $23 750；第二个工作任务耗用了加工部门5 000个机器工时，并总共使用3 000个人工工时，其中耗用装配部门1 700个人工工时。CM应(　　)。

A. 改为部门间接费用率，因为第二个工作任务由于分配方法的不同产生了显著差别（超过10%）

B. 改为部门间接费用率，这是为了体现更好的因果关系，与两种方法下计算结果之间的差别无关

C. 继续使用全厂费率，因为第一个工作任务在两种分配方法下产生的差别不显著（小于10%）

D. 寻找成本动因，以便使这两种方法的计算结果更一致

解析：选B。部门分摊率来计算单位产品成本更合理，更准确。很奇怪给出的答案是A，给的答案可能是错的。

2. 公司使用部门分摊率在其两款产品间分摊间接费用。下面显示了下一年的预算数据：

	部门 1	部门 2
间接费用	\$ 5 000 000	\$ 7 000 000

成本动因	机器工时数	人工工时数
机器工时数	500 000	120 000
人工工时数	100 000	1 400 000

公司预计在该年生产 400 000 件产品 A。每一件产品 A 需要耗费部门 1 的 0.5 个机器工时和部门 2 的 1.5 个人工工时。那么，一件产品 A 的预算间接费用为（　　）。

A. \$ 11.03　　B. \$ 12.50　　C. \$ 12.73　　D. \$ 15.00

解析：虽然机器工时和人工工时不是完全可比。但从题中可以看出，部门 2 拥有众多人工数量，因为一个人一年的工时大约 = 12 个月 × 一个月平均工作日 21 天 × 每天平均工作 8 小时 = 2 016 小时，此部门的人数高达 = 700 人左右，因此，可以基本肯定的是这应该是组装车间，应该选择人工小时为成本动因，而且题中又暗示了产品 A 在部门 2 耗用 1.5 人工小时。因此一件产品 A 的预算分摊率计算如下：

部门 1 的分摊率 = \$ 5 000 000/ \$ 5 00 000 = \$ 10，部门 2 的分摊率 = \$ 7 000 000/ \$ 1 400 000 = 5。注意：即使题中给出了产品 A 总预算耗用的机器小时数和人工小时数，在计算分摊率时千万不要用此数！计算分摊率时，要除以所有产品合计的预算总耗用成本动因数量。

因此，一件产品 A 预算的间接费用 = 0.5 × 10 + 1.5 × 5 = \$ 12.5，选 B。

3. 某家生产大型施工设备的资本密集型制造企业有一套严重依赖专业化机器的制造流程。这种机器必须由为数不多的高技能工人操作。在决定其预定的间接费用分摊率时，该公司应采用（　　）分摊基数。

A. 销售额　　B. 直接人工成本
C. 机器工时数　　D. 直接人工工时数

答案：选 C。

4. 某公司按照其基于机器工时的正常产能制定了间接费用预算。工厂变动间接费用是 \$ 180 000；工厂固定间接费用是 \$ 560 000。如果该公司以稍低的作业率运营，那么预计总的（　　）。

A. 工厂固定间接费用为 \$ 560 000，而变动间接费用的小时费率会降低

B. 工厂固定间接费用为 $ 560 000，而变动间接费用的小时费率保持不变

C. 工厂固定间接费用为 $ 560 000，而变动间接费用的小时费率会提高

D. 变动间接费用低于 $ 180 000，而变动间接费用的小时费率会降低

解析：选 B。在一定范围内，总固定成本是不变的，单位变动成本是不变的。此题提到“公司以稍低的作业率运营”属于一定范围内。

5. 以下（　　）不是实施适时（JIT）生产系统可带来的预期益处。

A. 降低总存储成本

B. 降低总生产准备成本

C. 缩短制造交付周期

D. 降低总返工成本

解析：选 B。原来给出的答案是 D，原来的答案可能是错的。D 明显是 JIT 的优点和特点。生产准备成本其实并没有降低，相反可能会提高，因为每次接到客户订单后才开始准备采购订单、采购存货、接收存货等必要的准备活动。

6. 某公司的主计长举办月度会议，在会上，与预算相比不利差异达到 10% 的任何部门都必须对其差异进行解释并制订计划以纠正这种情况。这属于以下（　　）管理方式。

A. 作业管理

B. 成本管理

C. 持续改进

D. 按例外原则管理

答案：选 D。

7. 一家制造公司雇用了一名外部顾问对该公司的每一款主要产品进行评估，评估包括从产品的设计到制造、仓储、配送、销售和服务的全部环节。该公司还请这名顾问将其主要产品与生产和营销相同或相似产品的公司进行比较。这名顾问需要确定可从哪些方面提高客户价值，从哪些方面降低成本，并更好地剖析客户、供应商和该行业其他公司之间的关系。该制造企业请这名顾问所作的分析类型最有可能称作（　　）。

A. 平衡计分卡研究

B. 基准分析

C. SWOT（优势、劣势、机会、威胁）分析

D. 价值链分析

答案：选 D。

8. 一家小型计算机制造企业为其主制造厂雇用了 25 名工人。绩效改进团队确定了

以下作业以及每项作业所需的相对时间：

作业	占工人工时百分比
（1）组装计算机部件	25%
（2）安装软件	40%
（3）检查和测试组装好的产品	25%
（4）将成品送入储存区	10%

请将这四项作业分为增值作业和非增值作业。

	增值	非增值
A.	1、2 和 3	4
B.	1 和 2	3 和 4
C.	1、2 和 4	3
D.	2 和 3	1 和 4

答案：选 B。

9. 某高科技消费品制造商去年产生了与质量有关的以下费用：

设备维护	$ 5 000
损耗	$ 10 000
债务索赔	$ 50 000
供应商评估	$ 5 000
废料	$ 20 000
客户支持	$ 50 000
成品检测	$ 25 000

预防成本是（　　）。

A. $ 165 000　　B. $ 35 000　　C. $ 10 000　　D. $ 5 000

解析：选 C。维护成本加供应商评估属于预防成本。注意：机器维修费不属于任何质量成本。

10. 上年，某公司销售了 75 000 件产品，但总产量为 100 000 件产品。该年度的其他信息如下所示：

直接人工成本	$ 187 500
可变制造间接费用	$ 100 000
直接材料	$ 150 000
变动销售费用	$ 100 000
固定管理费用	$ 100 000
固定制造间接费用	$ 200 000

假设没有期初库存，使用变动成本法计算得出的销货成本是（　　）。

A. ＄553 125　　B. ＄478 125　　C. ＄403 125　　D. ＄328 125

解析：此题并没有说清楚表格里的生产成本信息是和销量相关还是和产量相关，因而都试算一下：第一，若与产量相关，则答案 = 7.5 万 ×（187 500 + ＄100 000 + ＄150 000）/10 万 = ＄328 125，选 D；第二，若与销量相关，则答案 = 187 500 + ＄100 000 + ＄150 000 =437 500，该种情况下没有对应答案，因此选 D。

11. CM 公司生产、销售智能手机。以下是 CM 去年的运营情况：

单位变动成本	＄5.20
总固定制造间接费用成本	＄260 000
总固定销售费用和固定管理费用	＄180 000
产量与销量	＄400 000

使用完全成本法计算，CM 去年的单位成本是（　　）。

A. ＄4.55　　B. ＄5.00　　C. ＄5.85　　D. ＄6.30

解析：=5.2 +26 万/40 万 =5.85，选 C。

12. 如果所有联合产品都在分离点销售，总利润来自所有产品，那么以下（　　）联合成本法会使每件联合产品的毛利率都相同。

A. 分离点销售额法　　B. 使用销售量的实物评估法

C. 使用产量的实物评估法　　D. 使用加权的实物评估法

解析：选 A。无论联产品有没有发生分离点后的继续加工成本，等同毛利法可以使得不同联产品形成等同毛利率。如果联产品没有在分离点后发生继续加工成本，则分离点销售价值法也可以让不同的联产品形成等同毛利率。举例，假设联产品 A、B、C 的分离点后的销售额分别为 500 万元、200 万元、300 万元，而联合成本为 400 万元。因此，A、B、C 分摊的联合成本分别为 400 万 ×500 万/(500 万 +200 万 +300 万）=200（万元），400 万 × 200 万/(500 万 +200 万 +300 万）=80（万元）；400 万 ×300 万/(500 万 +200 万 +300 万）= 120（万元）。销售额多的分的联合成本多，销售额少的分摊的联合成本也成比例少。

因此，联产品 A、B、C 的毛利率分别为（500 －200 万）/500 万 =60%；（200 万 － 80 万）/200 万 =60%；（300 万 －120 万）/300 万 =60%。

13. 如果公司使用正常成本计算体系，可能会出现以下（　　）差异。

A. 直接材料价格差异　　B. 直接人工效率差异
C. 可变间接费用耗费差异　　D. 可变间接费用效率差异

答案：选 C。

14. 某单一产品公司使用回归法预测某项工厂间接费用成本，所用材料为独立变量。回归方程为：Y = 542 000 + 0.0000253X。根据 R^2，管理层确定此模型反映了这一关系的重要部分。

相对于所产成品数量，此项工厂间接费用成本行为将（　　）。

A. 固定不变　　B. 半变动
C. 变动　　D. 根据提供的信息无法确定

解析：这属于偏题，考的概率很小。但是最好还是记住这类题型以及下面的解答：假设单位产品需耗材 z，则产品数量 × z = 所用材料 X（1），将式（1）代入回归方程，得：工厂间接费用成本 Y = 542 000 + 0.0000253 × z × 产品数量，即在一定范围内，系数（0.0000253 × z）约等于 0，因此，产品数量的变化对工厂间接费用成本几乎没有影响。选 A。

15. 吸收成本法与变动成本法的主要区别是，变动成本法（　　）。

A. 仅将直接材料和直接人工视为产品成本
B. 将直接材料、直接人工、制造间接费用的变动部分和固定制造间接费用的已分摊部分视为产品成本
C. 仅将直接材料、直接人工、制造间接费用的变动部分和销售及管理费用的变动部分视为产品成本
D. 仅将直接材料、直接人工和制造间接费用的变动部分视为产品成本

答案：选 D。

16. CM 玩具公司管理层希望确定其 Alpha Doll 产品系列的盈利能力。为了避免由于生产变化而可能导致的利润失真，经理应主要审查（　　）。

A. 变动（直接）成本法损益表　　B. 吸收成本法损益表
C. 多步式损益表　　D. 现金流量表

解析：选 A。因为吸收成本损益表可以通过有意提高产量来提高利润。

17. CM 实业公司每月能够销售多达 50 000 件 X 产品。工程师正在研究制作流程，以确定产品 X 的标准工时。工程师发现，最熟练的工人在不休息的情况下可以在 30 分钟内完成一件 X 产品。普通工人可以在 45 分钟内完成一件 X 产品，包括公司规定的休息时间。对于 CM 而言，每件产品需 0.75 小时是（　　）。

A. 理论标准　　B. 平均标准　　C. 实际标准　　D. 差异标准

解析：实际标准翻译的有些问题，英文应该是"realistic standards"，应该翻译为现实的标准或可以实现的标准。大家记住这些称谓。0.75 小时 =45 分钟，选 C。

18. 标准成本体系经常在差异分析中使用，这是因为标准成本（　　）。

A. 包括过去的低效性，并考虑预期的未来变化
B. 排除过去的低效性，并考虑预期的未来变化
C. 包括过去的低效性，并排除预期的未来变化
D. 排除过去的低效性，并排除预期的未来变化

答案：选 B。

19. CM 公司制造两种产品，产生的联合成本是 \$60 000。生产 5 000 件产品 1 需要额外花费 \$10 000，生产 10 000 件产品 2 需要额外花费 \$30 000。产品 1 的售价是每件 \$8，产品 2 的售价是每件 \$10。如果该公司使用可变现净值法分摊联合成本，则产品 1 的单位成本是（　　）。

A. \$3.60　　B. \$5.43　　C. \$5.60　　D. \$6.00

解析：一定要看信息，看仔细！产品 1 分摊的联合成本 =6 万 ×（5 000 ×8 －1 万）/（5 000 ×8 －1 万 +1 万 ×10 －3 万）=1.8 万，产品 1 的继续加工成本 =1 万，因此产品 1 的单位成本 =（1.8 万 +1 万）/5 000 =5.6，选 C。

20. 如果 CM 公司使用了一个正常成本制度，根据产量分配间接费用，则在实际成本制度下不会产生而在正常成本制度下可能产生的差异是（　　）。

A. 直接材料效率差异　　B. 直接人工效率差异
C. 可变间接费用效率差异　　D. 固定间接费用产量差异

答案：选 D。

21. CM 公司只制造一种产品。在正常制造过程中，少量产品会因最终检验不合格而被销毁。对于这些产品的成本，适当的会计处理方式是（　　）。

A. 计入所产合格产品的成本中　　B. 予以忽略，因为其数额小
C. 在发生时计为费用　　D. 计入保修成本中

解析：此题出的有些问题，题中并没有告知这些废品是正常废品和非正常废品。但从字眼上看，倾向选 A，而不选 C。因为题中说的是少量废品，另外有一个正常字眼多些加码。

22. CM 公司生产两种产品，由两个支持部门提供支持服务。CM 使用交叉分配法将支持部门的成本分摊给产品，信息如下所示：

	支持部门 1	支持部门 2	产品 1	产品 2
分摊基础	使用的小时数	平方英尺		
占用部门 1 的小时数		5 000	120 000	75 000
占地面积	3 000		40 000	20 000
直接成本	$ 350 000	$ 200 000		

为了完成成本分摊，CM 还需要（　　）信息。

A. 产品 1 和产品 2 的直接成本
B. 支持部门 1 使用的小时数和支持部门 2 的占地面积
C. 支持部门的分摊顺序
D. 无需其他信息

解析：选 D。永远记住一点，出题人总是一门心思地出“你可能意想不到的题型”或者挖大坑、小坑。但我们做题时要机智、灵活，会触类旁通而不被迷惑。

直接将支持部门向不同产品上分摊（作业基础成本法），与将支持部门的成本先分到基本生产车间，然后再向不同产品分摊（部门分摊法），在使用直接法、按步向下法、交叉分配法时道理是一样的。

部门 1 = 350 000 + 3 000/(3 000 + 40 000 + 20 000) × 部门 2
部门 2 = 200 000 + 5 000/(5 000 + 120 000 + 75 000) × 部门 1
解方程即可，无需其他信息。

23. CM 去年生产了以下两种新产品。这两种产品的销售和成本数据总结如下：

	BM2	SM4
销售单价	\$ 100	\$ 120
销售数量	1 500	970
成本：		
研发	\$ 20 000	\$ 28 000
市场营销	\$ 7 000	\$ 10 000
直接材料	\$ 46 000	\$ 42 000
直接人工	\$ 35 500	\$ 25 000
制造间接费用	\$ 12 000	\$ 9 500
保修	\$ 4 000	\$ 5 500

经理 A 使用传统完全成本法评估产品绩效。经理 B 使用寿命周期成本法评估产品绩效。以下（　　）正确描述了这两位经理是如何评价这两种新产品的。

A. 经理 B 发现产品 SM4 不盈利
B. 经理 A 发现产品 SM4 比产品 BM2 更盈利
C. 这两位经理的结论都是产品 BM2 和产品 SM4 均为营利产品
D. 经理 B 发现产品 BM2 和产品 SM4 均为非营利产品

解析：此题出得有问题。实际上即使吸收成本法，都应该要减去营销费用、保修费甚至研发费用（如果研发费用可以费用化）。但此题中又缺失了管理费用，因此好像不是一个完整的损益表的信息资料。而且从生命周期的角度来判断产品盈利与否，只有一年的数据属于信息严重不充分。

综合来判断只能“无奈”地认为题中所谓的吸收成本法是只减去生产成本。因此进一步解析如下：

	BM2	SM4
销售单价	\$ 100	\$ 120
销售数量	1 500	970
成本：		
研发	\$ 20 000	\$ 28 000
市场营销	\$ 7 000	\$ 10 000
直接材料	\$ 46 000	\$ 42 000
直接人工	\$ 35 500	\$ 25 000
制造间接费用	\$ 12 000	\$ 9 500
保修	\$ 4 000	\$ 5 500

完全成本法利润之 BM2 = 1 500 × 100 − 46 000 − 35 500 − 12 000 = ＄56 500，单位成本 = 56 500/1 500 = ＄37.7

完全成本法利润之 SM4 = 970 × 120 − 42 000 − 25 000 − 9 500 = ＄39 900，单位成本 = 39 900/970 = ＄41.1

生命周期成本法利润之 BM2 = 1 500 × 100 − 20 000 − 7 000 − 46 000 − 35 500 − 12 000 − 4 000 = ＄25 500，单位成本 = 25 500/1 500 = ＄17

生命周期成本法利润之 SM4 = 970 × 120 − 28 000 − 10 000 − 42 000 − 25 000 − 9 500 − 5 500 = ＄ − 3 600

解析：选 B。A 不太对，因为就生命周期产品盈亏而言，一年的时间太少，不太好判断。

因为此题出的有争议，未来要灵活对待。

24. 某公司在对某一款产品单独进行会计核算的过程中采用的是分步成本制度。未能通过最终检查的产品单位的成本，即“正常损耗”，将计入生产的良品的存货成本。生产过程中损耗的产品单位称为“非正常损耗”，其成本会立即计入已售商品的成本上个月，损耗品的总存货（既包括正常损耗也包括非正常损耗）以低于生产成本的价格售出。这笔销售对公司报告的净收益有（　　）影响。

A. 非正常损耗销售和正常损耗销售所得的净收益都会提高
B. 非正常损耗销售的净收益会提高，正常损耗销售的净收益会降低
C. 非正常损耗销售的净收益会降低，正常损耗销售的净收益会提高
D. 非正常损耗销售和正常损耗销售的净收益都会降低

答案：选 A。

25. CM 公司制造消费通信设备并且正在不断增加产品品种。该公司一直采用传统的成本分摊体系，但现在会计人员建议调整为作业基础成本法体系。运营部副总裁提出“成本就是成本，重新安排它们不会节省任何资金，这些体系既复杂又昂贵”。对此争论最具逻辑性的回应是，作业基础成本法体系（　　）。

A. 为每种产品的成本提供更准确的报告，这样管理层可以做出更明智的定价决策
B. 与传统成本体系相比，使用成本更低
C. 消除传统成本体系中采用的任意成本分摊法
D. 专注于制造活动，无需考虑工程设计、市场营销和其他不可追踪性活动的成本

答案：选 A。

26. 以下（　　）不是作业基础管理的好处。

A. 通过持续改进方法提高竞争优势
B. 提高客户得到的价值
C. 将资源更好地分配到关键的增值活动上
D. 更好的成本核算信息

答案：选 D。

27. CM 金属加工公司专业生产金属天线。加工流程包括三个步骤：切割、折弯和装配。切割和折弯流程一起完成，然后将部件发送到装配部完成装配。直接材料和加工成本在整个过程中按比例添加。在将部件从切割和折弯流程转移到装配流程时，部件 50% 的直接材料和加工成本已经完成。CM 使用 FIFO（先进先出）库存方法。下面显示了装配部当前月份的作业报表。

期初存货（60% 完成）	240 件
从切割折弯部转进	680 件
部件完成并转出	800 件
期末库存（75% 完成）	

装配部当月生产约当产量为（　　）件。

A. 734　　B. 746　　C. 824　　D. 890

解析：$=800+(240+680-800)\times 0.75-240\times 0.6=746$（件）。注意："在将部件从切割和折弯流程转移到装配流程时，部件 50% 的直接材料和加工成本已经完成"是干扰，它的意思是：在整个生产流程中，但此题只问的是在装配部。大家可以联想一下手机的生产过程，部门 1 生产主板，部门 2 组装成手机。也可以说部门 1 已完成了 50% 的直接材料和加工成本，这种说法是相对于整个生产过程而言。

28. CM 室内装潢公司为连锁酒店生产特色挂毯和床上用品，并使用分批成本法体系。CM 当月采购了 \$50 000 的直接材料，并耗用了 \$22 000 的直接人工成本。间接费用根据直接人工工时分配，比率为 60%。分配的间接费用与实际间接费用的差额在期末计入销货成本。本月产生的实际间接费用是 \$10 000。下面显示了 CM 存货账户的余额。

	月初	月末
直接材料	\$2 000	\$3 500

在制品	$5 000	$9 000
成品	$2 500	$1 700

本月的制造成本是（　　）。

A. $76 500　　B. $79 700　　C. $80 500　　D. $83 700

解析：本月的材料消耗 = $2 000 + $50 000 - $3 500 = $48 500；本月的直接人工成本 = $22 000；本月分摊的预计制造费用 = $22 000 × 0.6 = $13 200，因为制造费用差异直接进入销货成本，因此不算作当期制造成本，答案 = 48 500 + 22 000 + 13 200 = $83 700，选 A。

如果题问的是计算的本月完工产品制造成本，则 = 5 000 + 83 700 - 9 000 = $79 700。

29. CM 挂饰制造厂需要在 11 月生产 100 个节日花环，以满足客户的需求。该制造厂的产能是 120 个花环。节日花环的物料清单如下所示：

材料	数量	11 月 1 日库存水平
构架	1	100
松带	3 英尺	15 英尺
松果	6	24

要生产一英尺的松带，Bauer 需要四件 TRX 和两件 RBX。在 11 月 1 日，Bauer 有 80 件 TRX 和 110 件 RBX 现货。使用材料需求计划，Bauer 需要在 11 月购买（　　）件 TRX 才能完成节日花环的订单。

A. 1 020　　B. 1 060　　C. 1 200　　D. 1 360

解析：假设是 Y，（100 × 3 - 15）× 4 - 80 = 1 060，选 B。

30. 以下所有选项都会被图书出版商视为制造间接费用成本，除了（　　）。

A. 印刷设备的折旧　　B. 支付给生产主管的工资
C. 存放成品书的仓库租赁费用　　D. 印刷设施的火灾保险费

解析：选 C。C 属于销售费用。

第4章　对外财务报告

考试比重占15%

<u>学习这一章对学员们非常非常重要!!! 原因有:</u>

<u>1. 现在越来越多的企业去美国投资或者和美国有合作，或者美国公司在中国设立分支机构，都非常需要精通US GAAP（即美国通用会计准则）的人才，而且很多大公司的招聘广告上都要求精通US GAAP，学完了对外财务报告一章就可以胜任此工作了，这一章讲述的就是US GAAP。另外，此章中讲述了US GAAP 和国际通用会计准则IFRS 的主要差异，因此，大家会同时掌握国际通用会计准则。现在各国的通用会计准则在不断趋同，但仍有差异。</u>

<u>2. 对于一个企业CEO 或CFO，至关重要的事情之一就是内部控制，其中内部控制的核心要素之一就是对外财务报告，因此只有对对外财务报告熟知，才可以检查对外财务报告方面内控存在的问题或薄弱，这样才能将内控工作做好!</u>

<u>3. 这一章对所有各行各业的经理人太重要了，因为会计是全世界通用的商业语言，因此所有经理人从董事长、董事、CEO 到部门经理都必须掌握常用的基本会计知识，否则不是合格的经理人!（注意：黑体+ 斜体+ 下划线+ 非宋体字的文字是属于非直接考试内容，但对实际工作非常重要，建议仔细阅读!）</u>

财务报告的目的：

- 有利于决策，比如投资决策和信贷等决策；
- 报告企业的资产、负债和权益以及它们之间的变化；
- 有利于预计未来的现金流等。
- 注：财务报告最基本的目的：对决策的有用性。

财务报告的主要报表

美国证监会要求美国所有上市公司需提供下面四种财务报告：

1. 损益表。定义：反映一段时间内（一个月、一季度、一年）经营活动的结果。损益表作用：用来评估企业的盈利能力和投资价值，以及和其他财务报表一起来评估未来现金流的金额、时间和不确定性。

损益表内容大的分类：

■ 持续经营部分。包括：(1) 主营业务利润；(2) 其他利得或损失（比如卖原材料的收入、汇兑损益、处理固定资产损益、存货跌价等），主要是指非主营业务。

■ 非持续经营。指的是集团内一个大的部门（往往指的是战略业务单元 SBU，或业务单元 BU 等）等清算或卖掉。总公司应调整以前年度损益表，将非持续经营部分追溯调整过来，以增加可比性。非持续经营以税后净利润列示。注：这些不是指下面的一个子公司的清算或卖掉。

2. 资产负债表（balance sheet），资产负债表又称财务状况（statement of financial positions）。定义：反映企业某个时间点（一般是每月末）的财务状况，即：(1) 公司拥有多少资产，资产是企业经营的基石，企业靠资产来进行生产、销售等运营从而赚取收益。(2) 资产有多少是靠负债支撑的。从而企业知道风险程度，因为负债是偿付的时限性。(3) 投资者真正拥有的资产，即净资产是多少。

资产负债表格式：流动资产 + 非流动资产 = 流动负债 + 长期负债 + 所有者权益。

资产负债表的作用：资产负债表可用来评价企业的资本结构，评估企业的流动性、偿付能力、财务弹性，以及和其他财务报表一起来评估未来现金流的金额、时间和不确定性。注：财务弹性是指融资等方面的游刃有余程度，举例，债务太多了，财务弹性就差，因为如果再想融资就很困难了。

资产负债表并不能最终反映企业的真正价值是多少，一个企业的价值需要相关人士作出自己的评估，*具体方法有公允价值法、相对估值法等。*

3. 现金流量表。定义：反映会计期间内（一个月、一个季度、一年）企业的现金流入、流出，以及经营活动、投资活动、筹资活动对现金的影响。

现金流量表作用：帮助利益相关者评估企业未来创造现金流的能力；评估企业的流动性、偿付能力、财务弹性；评估企业是否需要外部融资，以及和其他财务报表一起来评估未来现金流的金额、时间和不确定性。

公司有很高的收益但其现金流可能为负，因为资金可能过度的占压在存货、应收账款等上面等原因。

4. 股东权益表。资产负债表发布后，FASB 要求披露所有者权益里面每个科目的变动情况，即企业需编制所有者权益变动表。此表反映公司所有者的投资、向所有者分配的利润以及公司的未分配利润，目的是利于外部使用者评估公司的财务结构和财务弹性。所有者权益变动表的主要因素如下：

- 股本（普通股面值、优先股面值）；
- 额外实收资本；
- 留存收益，需另外分出：一般留存收益和拨为其他用途留存收益；
- 库藏股；
- 累计其他全含所得等。

MNO 公司股东权益变动样表如下（20××）：

	普通股股本（面值 1 美元）	额外实收资本	留存收益	其他科目	合计
1 月 1 日	900 万	8 000 万	5 000 万	300 万	14 200 万
净利润（来自损益表）			1 000 万		1 000 万
支付股利			－140 万		－140 万
发行普通股	300 万	2 900 万			3 200 万
其他				470 万	470 万
12 月 31 日余额	1 200 万	10 900 万	5 860 万	770 万	18 730 万

下面我们分别详细讲述这些报表（股东权益表非常简单，不再在下面赘述）。

4.1　损益表详解

损益表（又称利润表）：反映一段时间内（一个月、一季度、一年）经营活动的结果．对外报告损益表有两种格式：多步式和单步式。

多步式损益表格式：

销售收入（又称总销售收入）
减 销售退回/折扣/折让
＝净销售收入
减 销货成本
＝毛利
减 经营费用（性质为期间费用）：
销售费用
管理费用

研发费用

= 经营利润（也叫作营运利润）

加/减 其他业务收入/支出（非主营业务，比如固定资产处理损益、股利收入、租金收入、利息收入、利息费用等）

= 税前利润

减 所得税费用

= 净利润（也叫作净收益）

注：其中：

（1）毛利率 = 毛利/净销售收入，千万不要用毛销售收入！

（2）净利润率 = 净利润/净销售收入，千万不要用毛销售收入！

（3）变动成本法损益表是对内报告，不允许用作对外报告。对外报告只能用上述完全成本法的损益表！

单步式损益表格式：将收入都列在一起，比如销售收入、租金收入、利息收入、股利收入等，将所有费用列在一起，比如销货成本，销售费用，管理费用，利息费用，所得税费用等，具体格式如下：

收入

销售收入

利息收入

租金收入

股利收入

总收入

费用

销货成本

销售费用

管理费用

利息费用所得税费用

总费用

净利润

相比较而言，多步式损益表更受欢迎，因为它更有利于对财务业绩进行分析。

上面讲述的是损益表内容的持续经营部分，损益表还会包含非持续经营部分（如果有），非持续经营部分在前面已讲述。

另外，最新 FASB 规定，要求企业将其他全面收益列示在损益表的净利润下面从而将其作为利润表的一部分，或者单独列示其他全面收益表。全面收益又称全含所得：全面计量企业的所有者权益在一段时期内因交易和其他事件而发生的变动，但不包括所有者的投资（如：发行股票增加股本）和对所有者的利润分配（如分红）等情况。具体而言，全面收益/全含所得 = 损益表的净收益 + 其他全面收益。

其他全面收益或者其他综合收益，或者又称其他全含所得，包括：

（1）外币转换调整（在跨国集团总部合并报表时发生）。正常的汇兑损益不属于其他全面收益；

（2）超出未摊销完的以前年度服务成本的额外养老金负债；

（3）可供出售债务类证券的未实现损益；

（4）作为现金流套期保值的衍生品的损益的有效部分。

其他全面收益以税后净额列示在所有者权益内的一个单独项目，若非税后净额，需披露。

下面分别详细讲述损益表重要科目的会计核算。

销售收入会计核算

销售收入确认的条件：

- 与客户有明确的销售合同；
- 在销售合同中有明确的需向客户履行的义务（比如交付商品）；
- 确定合同交易金额；
- 向已经履行的义务（比如已经交付商品）分配交易金额（比如合同的金额是涉及一年的销售额，之间每次交付商品都应有明确的金额）；
- 如果已经向客户履行了义务（比如交付了商品），卖方则确认销售收入。

其中，卖方向客户履行义务（比如交付商品）最重要的标志是客户因此拥有了对商品的控制权。因此，非常重要的节点是看买方和卖方是谁对商品拥有控制权。

如果涉及卖方在一段时间以后才能彻底将一次交易的义务完全履行完，比如超过一年的大型工程，分期付款销售等，此时销售收入确认可以用：产出法（output methods）和投入法（input methods）。

产出法：

标准：根据某期间向客户提供的价值，确定该期间的销售收入。

产出法的具体形式/方法：对取得的结果的鉴定；对业绩的调查；达到的里程碑；

花费的时间；生产或交付的件数等。

缺点：有的产出很难直接观测；获取产出的信息可能要花费太多的成本。

投入法：

标准：根据卖方的投入或付出的努力来确认销售收入。

投入法的具体形式/方法：耗用的资源；耗用的人工小时数；耗用的机器小时数；发生的成本；花费的时间等。

缺点：卖方的投入和给客户提供的物品的价值可能没有直接关系。

注意：这是目前最新的美国 GAAP 对销售收入确认的准则，此准则是以原则为基础的（principles-based）而不是以条例为基础的（rules-based）。不再有就某个特定行业的不同而特有的销售收入确认的办法，比如对于建筑工程行业等。过去的长期合同销售收入确认及相关的完工百分比法和合同完工法，以及分期付款销售的销售收入确认方法等都不再使用。现在销售收入确认只分两大类：（1）销售点法（point of sale）：即当时交付商品，当时确认销售收入；（2）一个时间段内才能彻底将一次交易的义务完全履行完成，比如超过一年的大型工程，分期付款销售等，销售收入的确认方法分为产出法和投入法。

销货成本核算

销货成本核算，也叫作存货计价方法（此核算同时会影响利润表的销货成本和资产负债表的存货科目），详细介绍如下：

销货成本核算/存货的计价方法

企业经过生产成本核算，计算出单位产品的生产成本，然后计入产成品存货账。如果是贸易或零售企业，则根据购置的成本（包括相关的运费、关税等）计入商品存货账。无论是生产（标准成本法除外）还是采购，每一生产批次的产品成本或每一采购批次的商品成本可能都不尽相同，那么销货成本计算时应该用哪一批次或哪几批次的成本呢？因为在存货中每一种产品有不同的成本，卖出的产品应该具体用哪个或哪些成本呢？

选择不同的销货成本/存货计价方法将会导致不同的财务报表利润和存货成本，并对企业的税收负担及与税负相关的现金流量产生影响。企业可根据实际情况，选择使用个别计价法（又称作个别认定法）、平均法、先进先出法、后进先出法中的一种。注意：企业若在生产成本核算环节使用了标准成本法，则可以“一标到底”，销货成本也都使用相同的标准成本。

其实某个期间的产成品成本或买进商品的成本（A）以及期初产成品成本（B）最

终都要分配到损益表的销货成本（C）和资产负债表的期末产成品存货（D），即 A + B = C + D。其中，购买进来或生产入库的数量和金额是不变的，只是使用不同的销货成本/存货计价方法会形成：分配进销货成本和期末存货成本的明细有所区别。如果产品的购入成本或生产成本一直没变，则这几种方法的结果是一样的，但一般购入成本或生产成本是不断变化的。

个别计价法、平均法、先进先出法、后进先出法只是销售产品时，销售成本核算以及相关联的存货期末计价所用的会计方法的选择，但实际购买或产出的产品数量、付款额以及销货数量都是一样的，都不受影响。另外，除个别认定法外，其他方法实际发货的顺序和选择记账成本的方法没有直接关联，比如：后进先出存货计价法只是在记销售成本时挑选最近生产/购入产品的成本乘以相应的销量，但实际发货未必如此，发货可能是先进先出或其他方法；又如采用先进先出销售成本核算法时发货未必如此，可能是后进先出或其他顺序等。现金流也“基本”不受影响，因为买多少产品和卖多少产品、什么时候付钱和收钱、付及收多少钱等，与选择哪个存货计价方法没有直接联系。但在通货膨胀情况下用后进先出法会导致当期较低的利润以及当期较低的税收支付现金流。以下会细讲。

另外，产品售价的制定一般参考的是先进先出法的存货成本或加权平均法的存货成本。售价的制定一般参考最新购买的存货成本计价，而后进先出法的存货计价是最老产品的成本，不具参考性，而且经常会误导售价制定。

永续盘存制和定期盘存制下的销售成本核算

会计核算系统主要有两种：定期盘存制和永续盘存制。在实际会计核算里，定期盘存制的机制是：通过每月末的存货实物盘点得出期末存货数量，然后选择平均法、先进先出法、个别认定法、后进先出法中的一种存货计价方法来计算实物盘点的期末存货数量所对应的期末存货成本（下面详细讲解），然后：产成品期初存货成本 + 当期完工产成品/当期购进商品成本 - 月末实际盘点的期末产成品存货成本，从而“挤出”销售成本。实际工作中，定期盘存制的会计核算方法已经很少使用（绝大多数企业都在使用永续盘存制），因为定期盘存制有明显的缺陷，即实际企业可能存在产品丢失、损坏等情况，但这些因素都被混在销售成本里从而被误认为这些产品是销售出去了而不是丢失或损坏等，对企业的运营管理不利而且每个月都必须进行大型实物盘点，非常麻烦，而且可能会影响正常运营。尽管这样，一些证书的考试中仍然有可能会出现定期盘存制的会计核算公式等知识点。

永续盘存制的机制是自然而然的，即：根据销量计算出销售成本（选择平均法、先进先出法、个别认定法、后进先出法中的一种方法来计算，即销量乘以何种单位产品成本），然后期初产品存货成本 + 完工产品/购进商品成本 - 销售成本 = 期末产品存货成本，然后定期每月或每年进行实物盘点得出实际的产品库存数量，检查账实是否相符，如有差异进行相应调整。

下面我们先讲永续盘存制下的销售成本核算，然后讲解定期盘存制下的销售成本核算。

永续盘存制下的销售成本核算：

先进先出法

先进先出法（first in first out，FIFO）是假定先收到的产品先发出，并根据这种假定的存货流转次序对发出产品和期末存货进行计价的一种方法，即销售成本先使用存货里最老的那些产品的成本，以此类推。

例题： G 公司 1 月 1 日 ~ 10 日，生产出 10 台冰箱，每台单位成本为 500 元。1 月 12 日卖出 8 台。11 日 ~ 20 日又生产了 10 台冰箱，但通货膨胀导致单位生产成本上升至 600 元。1 月 26 日，卖出冰箱 9 台。两批产品的单位售价均为 1 000 元。假设期初存货为 0。使用先进先出法计算销售成本及期末的存货成本。

解析：销售成本 $=8\times500+2\times500+7\times600=9\ 200$（元）。期末存货成本 = 期初存货成本 + 进货成本 − 销售成本 = $=0+10\times500+10\times600-9\ 200=1\ 800$（元）。

先进先出法的存货反映的是最新进的那些产品的成本，因此，资产负债表的存货成本反映目前真实的产品存货成本。先进先出法的销售成本用的是最早进的那些批次存货的成本，因而销售成本和销售收入不太配比，因为销售成本是用的最早/最老的存货的成本，而销售收入的售价是根据最新进的存货制定的。因此，**先进先出法更好地反映了资产负债表，但损益表的销售收入和销售成本不太配比。另外，**在通货膨胀情况下，先进先出法会体现较高的利润，因为以前产品的成本低，后来逐渐升高。

先进先出的优点如下：

（1）通货膨胀情况下会体现较高的利润，有助于融资；

（2）存货体现最近产入或购入的产品成本，资产负债表较真实；

（3）较高的流动比率（因为存货金额大）以及较低的负债权益表率（因为较高的利润形成较高的留存收益）；

（4）很接近一般的实物流程，先进先出。

先进先出法的缺点如下：

（1）通胀情况下，当期利润高从而会多缴税，在货币时间价值考量方面不太合算；

（2）通胀情况下，此会计政策过高的体现企业的业绩，一些投资者可能更喜欢采用稳健会计政策的企业；

（3）损益表的销售收入和销售成本不太配比。

后进先出法

后进先出法（last in first out，LIFO）目前只有美国允许使用。当然需要关注最新的相关国家的会计制度的变化。后进先出法是假定后收到的产品先发出，并根据这种假定的存货流转次序对发出产品和期末存货进行计价的一种方法，即销售成本先使用存货里最新进货的成本，以此类推。

后进先出法下销售成本用的是最新进的那些批次商品的成本，反映了目前产品的成本，从而与目前的销售收入非常配比。损益表反映比较真实。但存货反映的是最先、最老的那些产品的成本，因此，资产负债表的存货成本并不能反映目前真实的产品的存货成本。因为实物流程经常是先进先出，因而存货的实物很可能是最近进的，但成本却是反映的最早最老的。在通胀的情况下，会造存货成本的低估，当然同时会高估销售成本。

续用上例，即：G 公司 1 月 1～10 日，生产出 10 台冰箱，每台单位成本为 500 元。1 月 12 日卖出 8 台。11～20 日又生产了 10 台冰箱，但通货膨胀导致单位生产成本上升至 600 元。1 月 26 日，卖出冰箱 9 台。两批产品的单位售价均为 1 000 元。假设期初存货为 0。使用后进先出法计算销售成本及期末的存货成本。

销售成本 $=8\times500+9\times600=9\ 400$（元）。期末存货成本 = 期初存货成本 + 进货成本 - 销售成本 $=0+10\times500+10\times600-9\ 400=1\ 600$（元）。

后进先出法的优点如下：

（1）在通胀的情况下，对企业的营运现金流有利，能增加营运现金流。在通胀的情况下，用后进先出法计算的销售成本较高，因此利润较低，从而当期缴纳所得税的现金流较少。虽然在足够长的时间内最终所有的货物都会销售完从而企业的总利润，无论用哪种方法，基本一样，因而税金支出的总现金流也基本一样，但从货币的时间价值来讲，后进先出法是最节省的，后进先出法下税务支出的现金流是先小后大。

（2）销售成本反映的是最新生产或购进的成本，和销售收入比较配比。

（3）相对来讲，在通胀的情况下不太会有存货的跌价损失，因为存货里包含的是过去最早较低的成本，很可能远低于目前市价。相反，先进先出法可能会面临较大的存货跌价损失，从而会严重影响利润。

（4）因为在通胀下反映的当期利润相对较低，往往利润被认为更有质量，投资者一般更喜欢采用更稳健会计政策的企业，这种企业的股票可能受欢迎。

后进先出法的缺点如下：

（1）通胀下利润低，影响企业的业绩表现。通胀下的低利润可能对企业融资有一定影响，且有些股票投资者可能对企业不太认可。

（2）若管理层依照资产负债表的存货成本进行销售定价可能会被误导，因为存货的成本可能是最早最老的那些批次产品的成本。

（3）通胀下，资产负债表反映的存货成本低，资产规模变小。

（4）通胀下存货额变小从而流动比率变小，同时负债权益率上升，因为负债规模不变但因利润减少从而留存收益减少，进而权益金额减少。

（5）记账相对较复杂，因为销售成本要用最新的存货的成本，因此，要先整理进货发票等相关成本资料。

注意： 无论是后进先出法，还是先进先出法，都经常提到通胀情况下会怎么样，这是因为目前通胀在很多国家的某一段时期比较常见。如果出现通缩，则所有总结的通胀情况下发生的情形在通缩情况下正好相反。

因为后进先出法和实际货物的流转相差较多，以及后进先出法的一些其他缺点，在美国很多公司内部报告中使用先进先出法或平均法，而对外财务报告以及税务报告中使用后进先出法。根据规定，使用后进先出法对外报告的企业需披露后进先出保留额（LIFO reserve），即后进先出法存货成本和先进先出法存货成本的差异。这样便于投资者对使用不同销售成本核算和存货计价方法的企业进行比较。

如果某企业现在使用 FIFO 对外报告，若将 FIFO 的销售成本、利润、存货等数字调成 LIFO，难度会大很多，因此，一般来讲，投资者会将 LIFO 对外报告的企业调节成 FIFO，然后和用 FIFO 对外报告的其他企业作比较，而不是将用 FIFO 对外报告的企业调节成 LIFO，然后和使用 LIFO 对外报告的其他企业作比较。

加权平均法

在永续盘存制系统下，加权平均法使用移动加权平均法。在定期盘存制下，平均法使用期末加权平均法。

移动加权平均法：移动加权平均法是指每次收货后，立即根据库存数量和总成本，计算出新的平均单价（各自的成本＋成本，然后除以各自的数量＋数量）。销售用最新移动加权平均的成本。续用上例：G 公司 1 月 1 日～10 日，生产出 10 台冰箱，每台单位成本为 500 元。1 月 12 日卖出 8 台，11 日～20 日又生产了 10 台冰箱，但通胀导致单位生产成本上升至 600 元。1 月 26 日，卖出冰箱 9 台。两批产品的单位售价均为 1 000 元，假设期初存货为 0，则：

销售成本：$8\times500+[(2\times500+10\times600)/12]\times9=9\ 250$（元）。期末存货成本＝期初存货成本＋进货成本－销售成本＝$0+10\times500+10\times600-9\ 250=1\ 750$（元）。

加权平均法的优点：（1）平均法相对比较客观，利润不容易被操纵（因为不用去找某种顺序，排顺序时有操纵的机会）。（2）使用起来简单（尤其有相应的计算机软件后）。（3）产品因平均而比较平稳，利润也相对较平稳，一定程度上避免了利润各期间大起大落。（4）平稳的产品平均成本有利于产品定价等。实际工作中，不少企业选择使用加权平均法。

加权平均法的缺点：（1）因为平均，模糊了产品的真实成本；（2）计算相对较复杂；（3）无法像先进先出法那样在通胀下让利润更好看，以及后进先出法那样节约企业税务支出的现金流。

个别认定法

个别认定法/个别计价法是指实物卖的哪个物品，销售成本就用哪个物品的成本记账，销售成本和实物流程完全吻合！符合收入和费用配比原则及期末资产真实性原则。但个别计价法在实际操作中，手续烦琐，企业必须出货时能准确辨别出来要销售的是哪个产品以及其成本，如果出货数量众多，此方法不太现实。另外，企业使用此方法可操纵利润，若想体现高利润，则有意卖成本低的产品，如果想体现低利润则有意卖成本高的产品。相比而言，先进先出法、后进先出法和加权平均法，无论实物怎么出货，但销售成本的记账都是按事先设定的规律，要么先进先出，要么后进先出，要么平均。个别认定法适合物品少，东西珍贵的一些行业，如珠宝，名贵汽车经销店等。

下面总结不同方法对财务报表，即损益表、资产负债表和现金流量表的影响。

下表总结了前面例题中不同方法对损益表、资产负债表和现金流量表的影响。

不同方法对财务报表的影响　　单位：元

		后进先出法	先进先出法	移动平均法
损益表	销售收入	17 000	17 000	17 000
	销售成本	（9 400）	（9 200）	（9 250）
	毛利	7 600	7 800	7 750
	经营费用	（1 500）	（1 500）	（1 500）
	税前利润	6 100	6 300	6 250
	所得税（35%）	（2 135）	（2 205）	（2 187.50）
	净利润	3 965	4 095	4 062.50
资产负债表	现金	+2 365	+2 295	+2 312.50
	存货	1 600	1 800	1 750
	权益	+3 965	+4 095	+4 062.50

续表

		后进先出法	先进先出法	移动平均法
现金流量表	收入	17 000	17 000	17 000
	支出－生产成本	(11 000)	(11 000)	(11 000)
	支出－经营费用	(1 500)	(1 500)	(1 500)
	支出－税金	(2 135)	(2 205)	(2 187.50)
	净现金流	+2 365	+2 295	+2 312.50

注：(1) 采购款项支付和销售成本计价方法的选择无关。现金流量表中的生产成本支出＝进货总成本＝$10\times500+10\times600=11\ 000$（元）。(2) 现金部分代表着期初加每年的现金增加额为了简单展示，在此省略了期初现今余额。现金增加额是来自现金流量表的增加额。(3) 现金流除了税收部分的现金流不同，其他现金流都是一样的，最终的差异是税收现金流部分。支出的税金假设为当期所得税费用。(4) 权益部分体现的是当期权益增加额，即当期增加的利润。

下表列示了通胀情况下，不同销售成本和存货计价方法对财务报表的影响。如果是通缩情况，则正好与表中通胀的情况相反。

不同计价方法对财务报表的影响

		后进先出法	先进先出法	平均法
损益表	销售收入	相同	相同	相同
	销售成本	较大	较小	中间
	收入和成本配比情况	很配比	不太配比	较配比
	净利润	较小	较大	中间
资产负债表	存货	较小	较大	中间
	对比存货的实际成本	较偏离	最接近	较接近
	现金增加	较大	较小	中间
	流动资产净增加额	较小	较大	中间
	流动比率	较小	较大	中间
	应付账款	相同	相同	相同
	权益额增加	较小	较大	中间
	负债权益率	较大	较小	中间
现金流量表	收入、支出（生产成本）	相同	相同	相同
	所得税支出	较小	较大	中间
	当期净营运现金流	较大	较小	中间

定期盘存制

以上主要讲述了永续盘存制。现在全世界绝大多数企业都在使用永续盘存制。也有非常少一些企业可能仍然用定期盘存制。对于先进先出法，用定期盘存制和永续盘存制，存货和销售成本的结果完全一样。而对于后进先出法和加权平均法，用定期盘存制和永续盘存制，存货和销售成本的结果可能不一样。

下面是定期盘存制的展示：

后进先出法在定期盘存制下：通过每月实物盘点确定期末库存数量，期末库存数量依次找最早的产品的成本，这是因为销售成本用的最近产入/购进产品的成本（注意，此时的顺序和永续盘存制的销货成本计算顺序正好相反）。期初存货是最早的，然后是之后此期间内第一批次进的，第二批次进的，若期末存货数量小于最早的一批的数量，则单价就用最早一批的，若期末存货数量大于最早一批的，剩余的部分依次用后来的存货单价。

续用上面的例子，即 G 公司 1 月 1 日 ~ 10 日，生产出 10 台冰箱，每台单位成本为 500 元。1 月 12 日卖出 8 台，11 日 ~ 20 日又生产了 10 台冰箱，但通胀导致单位生产成本上升至 600 元。1 月 26 日，卖出冰箱 9 台。两批产品的单位售价均为 1 000，假设期初存货为 0，则：

期末存货数量是 3 个，最早的一批是第一批生产产入的，产出 10 个，$3<10$，因此，用第一批次的单位成本即可，因此，期末存货成本 $=3\times500=1\ 500$（元），然后挤出来销售成本，销售成本 = 期初存货成本 + 本期进的产品成本 - 期末存货成本 $=0+10\times500+10\times600-1\ 500=9\ 500$（元）。

而永续盘存制的相应科目的计算结果为（前面已经展示过）：销售成本 $=8\times500+9\times600=9\ 400$（元）。期末存货成本 $=0+10\times500+10\times600-9\ 400=1\ 600$（元）。因此，定期盘存制和永续盘存制计算的销售成本及期末存货成本是不一样的。

在定期盘存制下平均法使用期末加权平均法：存货的期末数量乘以整个期间的期末加权平均成本，即（期初存货成本 + 当期所有进货的总成本）/（期初存货数量 + 整个期间总的进货数量）。注意：此加权平均成本不涉及销售数量和销售成本，因为定期盘存制是通过先计算期末存货然后挤出销售成本。

续用上面的例子，即 G 公司 1 月 1 日 ~ 10 日，生产出 10 台冰箱，每台单位成本为 500 元。1 月 12 日卖出 8 台，11 日 ~ 20 日又生产了 10 台冰箱，但通胀导致单位生产成本上升至 600 元。1 月 26 日，卖出冰箱 9 台。两批产品的单位售价均为 1 000，假设期初存货为0，则：

期末存货成本 = 3 × (0 + 10 × 500 + 10 × 600)/(0 + 20) = 1 650（元），其中，“(0 + 10 × 500 + 10 × 600)/(0 + 20) = 550（元）”是单位加权平均成本。倒挤出来的销售成本 = 0 + 10 × 500 + 10 × 600 − 1 650 = 9 350（元）。而永续盘存制计算的销售成本和期末存货成本分别为：销售成本：8 × 500 + 9 × (2 × 500 + 10 × 600)/12 = 9 250（元）。期末存货成本 = 0 + 10 × 500 + 10 × 600 − 9 250 = 1 750。因此定期盘存制和永续盘存制计算的销售成本及期末存货成本是不一样的。

先进先出法在定期盘存制下：存货的期末数量依次找最新进的产品的存货数量和成本配比，因为先进先出法下，销售成本是用的最老的成本。（注意：此时和永续盘存制的销货成本计算顺序正好相反！）

续用上面的例子，即G公司1月1日～10日，生产出10台冰箱，每台单位成本为500元。1月12日卖出8台，11日～20日又生产了10台冰箱，但通胀导致单位生产成本上升至600元。1月26日，卖出冰箱9台。两批产品的单位售价均为1 000。假设期初存货为0，则：

续用上面的例子，即G公司1月1日～10日，生产出10台冰箱，每台单位成本为500元。1月12日卖出8台，11日～20日又生产了10台冰箱，但通胀导致单位生产成本上升至600元。1月26日，卖出冰箱9台。两批产品的单位售价均为1 000，假设期初存货为0，则：期末存货成本 = 3 × 600 = 1 800（元），倒挤出来的销售成本 = 0 + 10 × 500 + 10 × 600 − 1 800 = 9 200（元），永续盘存制计算的销售成本和期末存货成本分别为：销售成本 = 8 × 500 + 2 × 500 + 7 × 600 = 9 200（元）。期末存货成本 = 0 + 10 × 500 + 10 × 600 − 9 200 = 1 800（元）。因此，定期盘存制和永续盘存制计算的销售成本及期末存货成本是完全一样的。

定期盘存制与成本核算

常用定期盘存制的相关公式去计算相关成本。

（1）原材料成本：

原材料期初余额

+原材料净采购额

−原材料期末余额

=（耗用）原材料成本

（2）直接人工成本

（3）制造费用

（4）总生产成本（4 = 1 + 2 + 3）

+在产品期初存货

产成品期初存货

+完工产成品生产成本

−产成品期末存货

=销售成本

损益表（P/L）

销售收入

−销售成本

=毛利

－在产品期末存货　　　　　　　　　　－销售、管理费用及税金
＝完工产成品生产成本　　　　　　　　＝净利润

注意：除了上述的四种存货计价法以外，在美国的一些零售店或批发店，尤其商品非常多，非常繁杂的情况下，可能会使用零售价格存货计价法（retail inventory method）。它的机制是：期初商品存货成本＋当期购买商品金额－当期销售收入×估计的成本除以销售收入的比率＝期末商品存货成本。此机制需事先估计一个成本收入比率，即成本除以销售收入的比率。

这样的存货计价方法比较简单，但成本收入比率是大概的估计，并不准确，因此销售成本、利润和期末存货成本都可能不准确。

总结

总结起来，企业具体要采取哪种存货及销售成本计价方法考虑的因素很多，如：（1）税务方面的考虑，如 LIFO 可以节省支出的现金流；（2）记账的烦琐程度以及企业有无相应的计算机记账软件；（3）行业的特殊情况，比如有的行业特点就用个别认定法；（4）国家会计法及税法方面的要求；（5）国家的宏观经济走势，通胀还是通缩等；（6）企业的融资形式，若不好融资则尽可能用先进先出法等。

练习题：5 月 5 日采购 800 个，单价 1.00 元；5 月 7 日售出 400 个；5 月 10 日采购 600 个，单价 1.07 元；5 月 20 日售出 500 个，问：计算加权平均法，定期盘存制与永续盘存制期末存货的差额为（　　）元。

A. 2　　　B. 60　　　C. 6　　　D. 20

解析：定期盘存制下，期末存货＝(800－400＋600－500)×(800×1＋600×1.07)/(800＋600)＝515，(方法是：计算期末存货先计算期末剩的数量，然后乘以整个期间的加权平均成本即可)。永续盘存制的期末存货＝800×1－400×1＋600×1.07－500×[(800－400)×1＋600×1.07)]/(400＋600)＝800＋642－400－521＝521（方法是：通过期初＋进－销售成本挤出来），差 6。选 C。

销货成本核算　练习题与解答

1. 在（　　）存货计量方法下，不论采用永续盘存制还是定期盘存制算得的存货价值和销货成本是一样的。

A. 平均成本　　　B. 先进先出
C. 后进先出　　　D. 先进先出或者后进先出

答案：选 B。

2. （　　）定价方法最不利于产品定价。

A. 先进先出法　　B. 后进先出法
C. 加权平均法　　D. 移动加权平均法

答案：选 B。

3. 在价格上升时期，（　　）存货现金流转假设将会导致更高的销货成本。

A. 先进先出　　B. 后进先出
C. 加权平均　　D. 移动加权平均

答案：选 B。

4. 后进先出法计量存货的优点是基于（　　）假设。

A. 最新发生的成本应该被计入销货成本
B. 成本应该根据发生的顺序从收入中得到补偿
C. 成本应按平均水平计入销货成本
D. 当期成本应该基于具有代表性的或正常的效率条件和产量水平

答案：选 A。

5. 在价格上升时期，（　　）存货计量方法常能使收入和费用最相匹配。

A. 加权平均法　　B. 先进先出法　　C. 后进先出法　　D. 个别计价法

答案：选 C。

期间费用

期间费用核算是最简单的，我们下面介绍几个较为特殊的费用科目。另外在资产负债表里我们还会介绍一些费用科目，这些费用科目同时会和资产负债表的科目相联系。

1. 开办费或创办费（有人不恰当地直译为组织成本或组织费用）：是指发生在新企业筹建期的费用，这些费用都直接费用化，不能按以前的规定先资本化然后再摊销。

2. 研发费用一般是费用化，但如果研发购买的设备或建造的设施是通用的，不是为了某个一次性的研发项目，或将来这些设备有其他用途，则应该资本化，然后折旧，折旧是研发费用的一部分。研发购买的无形资产，如果无形资产将来另有用途，此无形资产应先资本化，然后摊销，摊销是研发费用的一部分。

另外，如果研发是替别的公司开展的，发生的成本其他公司予以报销，相关研发费用应作为销售成本或其他类似的科目。

4.2 资产负债表详解

资产负债表样表如下：

ABC 公司资产负债表

流动资产：	2010	2009	流动负债：	2010	2009
现金及现金等价物	$ 140	$ 107			
应收账款	$ 294	$ 270	应付账款	$ 213	$ 197
存货	$ 269	$ 280	应付票据	$ 50	$ 53
其他	$ 58	$ 50	预提费用	$ 223	$ 205
总流动资产	$ 761	$ 707	总流动资产	$ 486	$ 455
固定资产/非流动资产：			长期负债：		
固定资产/PPE	$ 1 423	$ 1 274	递延所得税	$ 117	$ 104
减：累积折旧	$ (550)	$ (460)	长期负债	$ 471	$ 458
净固定资产	$ 873	$ 814	总长期负债	$ 588	$ 562
无形资产及其他	$ 245	$ 221	所有者权益：		
总固定资产/非流动资产	$ 1 118	$ 1 035	优先股	$ 39	$ 39
			普通股（$ 1 面值）	55	32
			资本公积	$ 347	$ 327
			留存收益/未分配利润	$ 390	$ 347
			减：库藏股	(26)	(20)
			总权益	$ 805	$ 725
总资产	$ 1 879	$ 1 742	总负债及权益	$ 1 879	$ 1 742

资产的定义：（1）过去交易引起；（2）目前由公司拥有；（3）公司未来将受益。过去—现在—将来。注意：没有对未来的影响，将费用化，而不是资产化。

应收款（receivables）

应收款分为两种：一是交易/贸易应收款（trade receivables），其主要是企业的主营业务引起的，如产品或服务的赊销；二是非交易/贸易应收款，是指非主营业务引起的，如出售固定资产等。交易/贸易应收款又分为应收账款和应收票据。

应收账款

企业主营业务的赊账销售都会产生应收账款，即每次赊销，DR：应收账款，CR：销售收入，同时DR：销售成本，CR：存货。应收账款有时候也叫作公开/开放账户（open account）。期末的应收账款余额=期初应收账款余额+当期发生的赊销产生的应收账款-应收账款回款-退货或坏账核销的应收账款等。应收账款在一年或当前一个经营周期的较长者的时间内回款则划为流动资产，否则划为非流动资产。

销售时，有时候会出现打折的情况，比方说交易折扣（trade discounts），即直接通过打折的形式以较便宜的价格卖给客户。此时记账以打折后的销售额记账，很简单。有时候，企业会给客户提供现金折扣（cash discounts）。现金折扣的形式例如，2/10，N/30，即如果客户按原定的30天付款，不享受任何折扣，但如果在10天以内付款会享受货款2%的折扣，这相当于卖方鼓励买方尽快支付货款。这样既能早些回收现金流，又能一定程度上预防拖欠甚至坏账，当然代价是一定的折扣。买方会衡量提前付款的收益（即，提前付款可享受现金折扣收益）是否大于提前付款而牺牲的继续存在银行挣得的利息，如果大则采用提前付款从而享受折扣。注意：客户提前付款的收益也经常称作客户不提前付款的机会成本！

客户提前付款从而客户得到的收益率=［现金折扣%/(1-现金折扣%)］×360/(正常信用期的天数-享受折扣的天数)。信用期减折扣期相当于提前付款的天数，这是假设一般情况下客户会在享受折扣期的最后一天付款，例如，客户在10天内付款都可以享受3%的折扣，这样客户一般都要等到第10天付款，这样对客户最有利。而折扣%/(1-折扣%)相当于提前付款那么多天所享受的折扣比例，然后乘以360是将比率年化，假设一年是360天。例如，3/10，N/30，享用现金折扣的收益：［3%/(1-3%)］×360/(30-10)=55.62%，远大于年利息率。此算法都是假设买方是在折扣期的最后一天付款。

练习题：以巩固理解。假设1年为360天，购买方没有享用“3/10，N/45”的机会成本是（　　）。

A. 55.67%　　B. 31.81%　　C. 22.27%　　D. 101.73%

解析：［3%/(1-3%)］×360/(45-10)=31.81%，选B。

对于现金折扣，企业记账的方法有两种：(1) 总额法（gross method）；(2) 金额法（net method）。

1. 总额法，即销售时以总额（不考虑现金折扣因素）记账销售收入和应收账款。如果客户提前付款，享受现金折扣了，企业则DR折扣后的现金收入，DR销售折扣

（折扣额），CR 应收账款。例如，20××年5月1日MNO企业销售了两笔各100万美元的货物，并提供了1/10，净/30的现金折扣。MNO公司预计两个客户都会提前还款，但最终只有一个客户采用了提前还款。会计分录为：20××年5月1日，DR 应收账款@200万美元，CR 销售收入@200万美元，5月10日，客户A付款，则 DR 现金@100万×（1－1%）=99（万美元）；DR 销售折扣@100万×1%=1（万美元），CR 应收账款100万美元。5月30日，B客户付款，则 DR 现金@100万美元，CR 应收账款@100万美元。损益表的列示为毛销售收入，减销售折扣。

2. 净额法。续用上面的例子，5月1日，DR 应收账款@200万×（1－1%）=198（万美元），CR 销售收入@198万美元，5月10日，DR 现金@99万美元，CR 应收账款@99万美元，5月30日，DR 现金@100万美元，CR 应收账款@99万美元，CR 销售折扣失去@1万美元。

绝大多数公司采用比较简单的总额法。

应收账款保理

企业如果发生资金短缺或外包销售收款职能，可以将应收账款出售给保理商，即应收账款保理。应收账款保理分为有追索权和无追索权。有追索权保理，即购买应收账款的一方若无法收回某些款项，则出售应收账款的公司需要对此负责。无追索权保理，即购买应收账款的一方若无法收回某些款项，则出售应收账款的公司无需对此负责。在有追索权保理中，应收账款销售方需估计可能发生的坏账，而贷记有追索权负债科目。这样就无法作为表外融资事项了。

坏账准备余额及坏账费用

应收账款有可能会发生一些款项最终无法收回，如客户倒闭等原因。公司应每年分析应收账款的状况，判断有多少可能无法收回，从而计提坏账费用、坏账准备。坏账准备是应收账款的备抵科目，应收账款额－坏账准备额＝净应收账款额。

在美国，计算坏账费用（D）一般有两种方法：销售收入百分比法和应收账款余额百分比法。

销售收入百分比法，也叫损益表法，它最符合配比原则。年底在全年赊账销售收入基础上估计一个百分比作为当期计提的坏账费用（D）和相应的坏账准备，借：坏账费用，贷：坏账准备。下面是坏账准备余额的变化规律：

年初坏账准备期初余额（A）
－　平常可能会发生坏账核销（B），则，借：坏账准备，贷：应收账款
＋　以前年度核销的坏账在本期收回（C），则借：现金，贷：坏账准备

\+ 年底估计的坏账费用（D），则借：坏账费用，贷：坏账准备

= 年底坏账准备余额（E）

即：期初坏账准备余额 - 年度核销的坏账 + 收回以前年度已核销坏账款 + 年底估计的坏账费用，即 E = A - B + C + D。此方法是先确定坏账费用，后推出年底坏账准备余额。

应收账款余额百分比法，也叫资产负债表法，年底在应收账款余额基础上估计一个百分比作为年末坏账准备年余额（E）。注：此金额不作任何会计分录。此方法是先确定年底坏账准备余额，然后倒挤出坏账费用。

年底未提取坏账准备之前的坏账准备余额（F）为：

■ 年初的坏账准备的期初余额（A）；

■ 减：核销坏账（B），则借：坏账准备，贷：应收账款；

■ 加：发生收回以前年度已核销坏账（C），则借：现金，贷：坏账准备。

则，当年坏账费用 = E -（A - B + C）= 年底根据应收账款余额估计的坏账准备余额 -（期初坏账准备余额 - 年度核销的坏账 + 收回以前年度已核销坏账款），从而，借：坏账费用，贷：坏账准备。

总结这种方法是：先计算年底坏账准备余额 E，然后挤出该年的坏账费用，即 E -（A - B + C）= D。

注意：应收账款余额百分比法的另外一种形式是应收账款账龄法，即按每个客户分出应收账款，并显示未过期的以及过期 1 ~ 30 天，31 ~ 60 天，> 180 天，> 360 天，> 720 天等，过期时间越长提取坏账的比例越大.

总结：上面这两大方法（销售收入百分比法和应收账款余额百分比法）中都有 A - B + C，即：期初坏账准备余额 - 核销的坏账 + 已核销坏账收款。销售收入百分比分法，是由 A - B + C + D = E，先计提当期坏账费用及相应的坏账准备，然后推出期末坏账准备余额。而应收账款余额百分比法是 E -（A - B + C）= D，先计算出期末坏账准备余额，然后挤出当期需计提的坏账费用以及相应坏账准备。

练习题：

1. 坏账准备余额 20 000 元，应收账款 1 500 000 元，计提坏账比例 3%，求计提坏账准备多少？

解析：当期应计提 150 万 ×3% - 2 万 = 2.5（万元），如果问计提后坏账准备金余额

则为 150 万 ×3% =4.5（万元）。

2. 坏账计提的方法中（　　）是最配比的。

A. 平均应收账款百分比法　　B. 销售收入百分比法

C. 应收账款余额百分比法　　D. 直销法

答案：选 B。

应收票据

应收账款基本上属于口头的付款承诺，虽然有销售合同作为支持。而应收票据是在销售合同外，客户另外签署一个书面承诺付款的票据（本票），比如商业承兑汇票和银行承兑汇票等。有些客户在应收账款到期时并没有支付现金，但开具了上述应收票据，承诺在之后的某期限内无条件付款。因此这相当于信用期的延长。在国外应收票据往往是带利息的。应收票据流动性很强，可以在二级市场上较容易地买卖，应收票据也可以转手给别的企业。在美国，短期的应收票据可以以面值记账，但长期的应收票据，即超过一年以上的，需使用现值记账。

另外也有些情况是：销售货物时，买方直接开出书面承诺付款的本票从而对卖方来讲形成应收票据。具体是否带利息需看具体情况。

存货

存货在生产型企业分为：原材料、在制品和产成品。产成品存货成本核算我们已经在生产成本核算里详细讲过。存货在贸易行业的形式就是商品。购买进来的存货计价 = 存货本身的价格 + 存货采购过程中发生的运费、保险费、相关税费、装卸费（如雇人装卸）、仓储费（运输过程中发生的）、运输途中的合理损耗、入库前的挑选整理费用等，直到购买的存货完全放置于仓库进行储存。

寄售是指寄售方将商品发至被寄售方，被寄售方负责销售商品。寄售商品只有在被寄售方将商品销售后，寄售方才可以记录销售收入，从而在账上减掉相应的存货。在商品销售之前，商品一直在寄售方的存货账上。而被寄售方并不记录寄售商品的存货。因此即使当被寄售方收到存货后也不需要借记存货账。当然被寄售方需要用台账记录数据。

在途存货（goods in transit）。如果合同是离岸条款（free on board shipping point），则只要商品离开卖方后，发送给了买方指定的运输商，即使商品还没有到达买方公司，但买方已经对这些商品拥有所有权，风险已转移给买方，买方应借记存货账，当然卖方可以记录销售收入，减少相应的存货。如果合同是到岸条款（free on board destination point），则只有商品到达买方公司后，买方才对这些商品拥有所有权，风险从而转移给买方，买方才可以借记存货账，卖方此时才可以记录销售收入，减少相应的存货。在到岸条款下，即使货物已从卖方公司发走，在未到达买方公司前，卖方依然拥有这些商品的所有权和风险。

采购承诺（purchase commitments）

有的企业因为担心到时候存货购买不到可能影响生产、销售，因而可能会产生较大的不利影响，从而和供应商签订采购承诺合同，即向供应商承诺在未来的某段期间内，采购确切数量的存货。如果该合同是可撤销的，则采购企业不需做任何会计分录和报表披露。但如果合同是不可撤销的，虽然不需做任何会计分录，但如果采购承诺金额较大的话，需在财务报表中进行披露。另外如果采购承诺中物品的价格高于市场价格，则对高出的金额部分，企业需做会计分录：DR 相关未实现损失科目，CR 相应的负债科目。

存货跌价准备

对于使用后进先出法存货计价法和零售价格存货计价法的企业，存货需定期（至少每年底做一次）对比成本价和市值，若存货成本价高于市值，则差额部分计提存货跌价准备作为存货的备抵科目。这种做法叫作成本和市值孰低法。存货市值应该选择下面三种的中间值。

■ 可实现净值（ceiling）：当前的销售价格减进一步加工才能销售的加工处理成本（如果有）及销售时发生的一些附带成本，如销售佣金等。例如，很多原材料可能本身没有市场，需要一些继续加工后才可卖出，当然有可能也包括一些产成品也需如此做。

■ 现在的重置成本：当下购买存货的市值（注意这是购买价格，而不是销售价格）或重新生产存货的价值。

■ 底值（floor）：可实现净值减正常的利润。注意：考试中正常利润经常以百分比表达，此百分比可一定不是可实现净值的百分比，而是销售价格的百分比。

存货成本和上述中间值的差额计提存货跌价准备，会计分录为：DR 资产跌价损失（损益表科目）；CR 存货跌价准备（资产负债表科目）。

例题：JKL 公司用 FIFO 记存货和销售成本，在 12 月 31 日时的存货余额为 $26 000。目前的存货重置成本为 $20 000，JKL 公司预计发生 $12 000 的继续加工成本后，存货能卖 $40 000。JKL 公司平常的利润率是销售收入的 10%。用成本和市价孰低法，公司的存货账应该是（　　）。

A. $28 000　　B. $26 000　　C. $24 000　　D. $20 000

解析：选 C。因为可实现净值为 40 000 - 12 000 = $28 000，重置成本为 $20 000，而底值 28 000 - 40 000 × 10% = $24 000，因此中间值为 $24 000，因此市值为 $24 000，而存货成本是 $26 000，市值更低，因此最终选择 $24 000。

存货若发生报废，则，借：相关费用科目等，贷：存货。

练习题：

1. 某产品市场价格为32元，重置成本为20元，销售佣金为3元，利润率为25%，则存货价值应该为（　　）元。

A. 21　　B. 32　　C. 29　　D. 20

解析：三个值分别为：可实现净值 = 32 − 3 = 29（元），B = 重置成本 = 20（元），C = 底值 = 32 − 3 − 32 × 25% = 21（元）。因为此题中没有给出存货成本价，因此只能选择中间值，即21元。

2. 市场价为30元，重置成本为21元，制造成本为25元，销售成本为3元，利润率为25%，则起码存货价格是（　　）元。

A. 19.5　　B. 27　　C. 21　　D. 18

解析：选C。可实现净值 = 30 − 3 = 27（元），重置成本 = 21（元），底值 = 30 − 3 − 30 × 0.25 = 19.5（元），因此答案应该是21元。此处的销售成本是不恰当的翻译，应该翻译成营销成本。另外从常理上来分析也不应该是常规意义上的销售成本，因为只有3元。

但对于使用先进先出法和加权平均法存货计价法的企业，存货需定期（至少每年底做一次）对比成本价和可实现净值，若存货成本价高于可实现净值，则差额部分计提存货跌价准备作为存货的备抵科目。

待摊费用

待摊费用（prepaid expenses），有时候又称作预付费用或预付款，是指企业在收到服务或货物之前提前付款。此时企业应先借记待摊费用科目（资产科目），贷记现金。等收到服务或货物后，借记相关损益表的费用科目（如果是收到服务）或其他相关科目（若收到货物），贷记待摊费用。待摊费用常见的有预付租金、预付保险、预付财产税等。注意：此科目的名字有些容易误导，此科目虽然有费用两个字，但千万不要将此科目当成损益表科目，它是资产科目。预付款涉及的期间在一年以上的，列为长期待摊费用（deferred expenses），属于非流动资产。

证券投资会计核算

证券投资包括投资债务类证券（如债券等）和权益类证券（如普通股股票等）。债务类证券投资的相关会计核算归类为：

（1）交易型和可供出售型。交易型债务类证券是指随时可能出售进行交易的类型的债务类证券，而可供出售型债务类证券是指既不属于交易型债务类证券，也不属于持有到期型的债务类证券。注：可供出售型证券的英文是 available for sales securities，有时候也被不恰当地翻译成可销售证券。

（2）持有到期型。只涉及债务类证券，因为权益类投资没有到期日。

权益类证券投资的相关会计核算归类为：

（1）持普通股在 20% 以下。
（2）持普通股 20% ~50% 和 50% 以上。

首先，所有证券购买时都按实际成本记账，DR 证券投资@成本价，CR 现金。在后续会计核算中，交易型和可供出售型债务类证券投资使用公允价值法，而持有到期型使用摊销成本法或又叫摊余成本法。20% 以下权益类投资使用公允价值法。20% 及以上的权益类投资都用权益法，其中 50% 以上还需合并报表。

债务类证券投资会计核算

（1）交易型和可供出售型债务类证券投资。

期末（月底或年底）：

■ 当证券的市值/公允价值增加，则借：市价调整，贷：未实现盈利（因为证券还未实际卖出）。当证券的市值或公允价值下降，则借：未实现亏损，贷：市价调整。

■ 证券本身以购买时成本计价，市价调整是独立的一个调整账户，最终显示在资产负债表上的金额是证券最初成本与此账户余额的净值。

■ 未实现盈利或损失可并为一个账户即未实现损益，贷为盈利、借为亏损。交易型的未实现损益进损益表而可供出售型的未实现损益进所有者权益的其他全含收益科目。

出售时：

■ 交易型，借：现金，贷：证券@账面净值（即证券科目和市场调整科目之净值）；借或贷：出售证券已实现损益@售价和目前证券账面净值的差额。若直接计算则已实现损益 = 售出获得的现金 - 目前证券账面净值。

■ 可供出售型，借：现金，贷：证券@净额（即证券科目和市场调整科目之净额）；借或贷：在所有者权益类“趴着”的未实现损益；借或贷：出售证券已实现损益@售价减购买时的成本价的差额。出售证券已实现损益属于损益表科目。若直接计算则已实现损益 = 售出的现金 - 最初证券购买的成本价。

（2）持有到期型。用摊销成本法，期末不会随市价调整，但每期要进行折价或溢价的摊销，从而账面净值不断变化，最终到期时会到达债券面值。

交易型、可供出售型、持有到期型——其他

交易型证券属于流动资产。持有到期型属于非流动资产，除非到期日是一年以下的证券。可供出售型则流动资产或非流动资产都可能，但一般放在非流动资产项下。另外交易型证券买卖所产生的现金支出和现金收入的现金流属于营运现金流，而可供出售和持有到期证券买卖所产生的现金支出和现金收入的现金流属于投资现金流。

资产负债表的资产类一般是调低不调高，但交易型和可供出售型有价证券属于特例。

权益类投资会计核算

1. 持普通股股份20%以下：使用公允价值法，和交易型及可供出售型债务类证券的会计核算一样。但未实现损益进损益表，而不是进所有者权益里的其他全含所得。另外，如果收到股利，则借：现金，贷：股利收入。注意，持普通股股份20%以下的投资不再区分出交易型和可供出售型，无需进一步细分。

2. 长期投资会计核算（也可以称作并购会计核算）：

长期投资会计核算也可以称作并购会计核算，分为两种：（1）持20%～50%；（2）50%～100%。持普通股超过20%并且对被持股公司拥有重大影响力，则使用权益法，但即使持股超过20%，若对被持股公司没有重大影响力则仍需公允价值法（也叫使用成本法）。公允价值法（成本法）在交易型或可供出售型证券里已介绍。持普通股50%以上并且对被持股公司拥有控制权，则在权益法基础上需年底合并报表，若持股超过50%但并没有实质控制权，则不能合并报表，若持股50%以上都没有重大影响力则只能用供应价值法。因此以上的持股百分比是条件之一而不是绝对。另外投资优先股无论多少比例的股份永远只能用供应价值法，因为优先股没有投票权。

一般来讲，持普通股超过50%就可以称作下属子公司，100%拥有叫全资子公司。但有特殊情况：（1）持股超过50%但没有控制权；（2）子公司正处于法律意义上的重组或破产阶段；（3）因为处于外汇限制管控或其他政治上的不确定性，母公司很难控制该子公司。

权益法会计核算：

并购一个企业的20%普通股股份以上，长期投资科目以总投资额计价，投资的形式可能是现金或发行股票（即互换股票从而占有了另外一个公司的股票和股份）等。如果是发行股票，则长期投资科目以当时市值计算（即面值加溢价）而且投资成本还要包括

并购的**直接相关的成本**如律师费、会计费、投行费等，但不包括因并购而发行股票的相关发行成本，如证监会注册费及发行相关的会计、律师等费用。例如，企业 A 并购 B 企业 90% 的股份，为此 A 企业付出现金 430 万元，发行股票 1 万股，每股面值 100 元，市值 300 元，发行股票的会计费及注册费各 10 万元。B 公司账面净资产为 500 万元，后经评估公允净资产价值为 600 万元。

会计分录如下：借：长期投资@ 总投资额 =430 万（现金） +300 ×1 万（股票）= 730（万元），贷：现金@430 万元，贷：普通股@100 万元，贷：资本公积@200 万元；同时对于股票发行的成本，则借：资本公积@20 万元（股票发行成本），贷：现金 20 万元。另外，长期投资科目共 730 万元，它大于公允价值的部分（即 600 万 ×90%）或大于账面价值的部分（即 500 万 ×90%）一般并不做正式会计分录，但要有辅助账或工作表（下面细讲）。

长期投资涉及的是 20% ~100% 的股权买卖，买方（A）和卖方（B）要进行讨价还价以最终确定成交价，即确定长期投资科目的金额。买卖双方讨论价格一开始应以被收购企业的账面净资产为基础，假设是购买 B 企业的 90% 股份，B 的账面净资产总额是 500 万元，则起点是 500 万 ×90% =450（万元）。因为账面净资产有很多是历史成本记账，会计上一般是调低不调高，比如房地产价值已增加 3 倍但账上并没有体现，因此一般需要评估目前净资产的公允价值，如有争议可请第三方审计事务所进行评估。假设经评估净资产的公允价值总额 =600 万元，则收购成本变为 600 万 ×90% =540（万元）。卖方的实际报表并不一定要调成此公允价值，卖方的报表原则上不动，调成公允价值主要是作为买卖双方定价的依据。

但此时卖方一般不会答应以公允价值 540 万元出售给买方，因为一般企业都有商誉，即开业至今培养了很多老顾客以及品牌、市场知名度等，假设此金额 =190 万元，因此最终成交价 =450 +90 万（公允价值调整）+190 万（商誉等）=730（万元），或表达为 450 万元（账面价值） vs 540 万元（公允价值） vs 730 万元（最终成交价）。A 企业（买方）最终花了 730 万元购买了 B 企业账面 500 万元净资产的 90%，有了法律保护的 90% 的股份买方可以分红获利，当然有可能发生投资亏损。

买方本应该只需花 500 万 ×90% =450（万元）。多花了 90 万元从而达到 540 万元的公允价值可以认为是一种投资直接亏损行为，而后又多花了 190 万元，买方可以把 190 万元作为无形资产即商誉。如果用直觉的会计分录，应该是：借长期投资@450 万元，贷现金/股本等@450 万元，借长期投资亏损（进入购买时当期的损益）@90 万元，贷现金/股本等@90 万元，借商誉@190 万元，贷现金/股本等@90 万元。但实际工作中，并不将 90 万元（即公允价值和账面价值的差额）直接计入当期亏损，因为它的影响超过一年，因此应先将公允价值和账面价值的差额资本化，然后再逐年摊销。资本化的一级科目（即出现在资产负债表的科目）就叫长期投资。

但公允价值和账面价值的差额有很多明细，如固定资产的差额、存货的差额、应收账款的差额等，这些明细应通过辅助账记录，而不体现在正式账里。通过辅助账，根据具体的规定对差额进行摊销，最后将数值汇总起来借/贷长期投资，贷/借损益，当然若购买时公允价值大于账面价值，即发生了亏损，则此时借记摊销费用，贷记长期投资，若购买时公允价值小于账面价值，即发生了利得，则此时借记长期投资，贷记摊销费用。因此，总结起来，公允价值和账面价值的差额不是一次性进入当期损益，因为影响超过一年而且企业都不希望损益表大起大落，则在规则允许的情况下将差额先资本化，然后逐年影响较小而且较平缓的进入各期损益。

另外，商誉一般不作为一级科目出现在资产负债表里，可以通过辅助账或二级科目记录商誉，因此此商誉金额包含在一级科目长期投资科目里。然后定期评估商誉，需要的话做减值准备从而影响长期投资科目。若平时花钱维护商誉，一般来讲要费用化，若实质地增加了商誉的寿命，则资本化。

因此，总结起来，目前实际工作中的会计分录为：借长期投资@450+90+190=730（万元），贷现金/股本/资本公积等@730万元，商誉以及公允价值和账面价值的差额都不记入一级科目，一般是通过辅助账进行核算。

注意：投资额若小于公允价值，首先没有负的商誉，因此需减少非流动资产，一般是减少固定资产，若非流动资产减到零还不够，则记非常利得。

持股后，每年持股企业的长期投资科目都要进行如下调整：

■ 若被持股公司当年盈利，则借长期投资，贷投资所得@持股公司所持有股份比例相对应的那部分利润。

■ 若被持股公司当年亏损，则借投资损失，贷长期投资@持股公司所持有股份比例相对应的那部分的亏损。

■ 若收到现金红利，则借现金，贷长期投资。若发放股票股利或股票分割，则无须做会计分录。

当投资的股份出售时，则清光长期投资科目，同时借现金，差额挤进损益科目。

总结

一般来讲，长期投资科目的变化规律是：

- 最初投资成本（现金、股票、直接并购成本等）
- 加：相应占有股份比例的被收购企业利润
- 减：相应占有股份比例的被收购企业亏损
- 减：相应占有股份比例的被收购企业的分红
- 加/减：公允价值和账面价值差额部分的摊销

- = 长期投资科目的期末余额

合并报表

合并报表适用于：持股超过 50% 并且有控制权。合并报表是指母公司将下面的子公司的报表合并，此时：

■ 首先清除母公司的长期投资科目以避免重复计算。

■ 然后母公司和子公司全额的资产加资产、负债加负债、权益加权益。

■ 但如果有不是 100% 的全资子公司，则同时在合并报表的权益部分要呈现负的非控股利益公司的所有者权益（即另外小股东按股份比例计算的所有者权益部分，要作为减项）。如果资产负债表不平，则意味着有商誉存在，因此差额记入商誉科目，商誉科目呈现在合并报表中。

■ 母公司和子公司自身的资产负债表等保持不变。合并报表是另外的一套报表，一般是年底或季末月末编制。

■ 另外，合并报表时：

  ■ 互相冲销内部公司间应收、应付；

  ■ 互相冲销内部公司间存货的销售；

  ■ 互相冲销内部公司间固定资产的销售。

合并报表时，若（美国以外）外国分支单位没有用美国会计制度，则在合并报表时要首先将分支公司的报表转换成美国会计制度的报表，否则不能进行下一步的货币转换。若没进行会计制度转换则被认为是会计差错。

固定资产

固定资产一般是指能为将来多年提供益处并且是有形的、自身使用的资产，而非用于出售。固定资产又称作 PPE，即不动产、设备，有时被值得商榷地翻译为**财产、厂房和设备（property，plant and equipment，PPE）**。固定资产的成本包括固定资产本身价格以及运费、相关税费、安装费等一直到固定资产达到就绪可使用状态。注意：关键词是让固定资产可以就绪按照指定用途使用前的一切成本！

因使用公允价值核算固定资产被认为缺乏可靠性，因此在美国，固定资产使用历史成本摊销法，即购买时以成本入账，然后定期摊销，即定期提取折旧。累计折旧是固定资产的备抵科目。固定资产原值减累计折旧等于固定资产净值，又称作固定资产账面价值。

固定资产购买后的后续支出如果属于改善了资产，则应将后续支出资本化然后在资产剩余的年份提取折旧。改善了固定资产的标准是：产能增加了，或经营资产的成本很大程度降低了，或资产的使用寿命很大程度延长等。

建造固定资产的利息在下列情况下资本化，然后提取折旧：（1）有实际花费支出；（2）贷款已使用；（3）必须在完工前。在完工后的利息应直接记入期间费用。

固定资产折旧

不同的固定资产类别可以挑选不同的折旧方法，例如建筑物，因其持续均匀地为企业运营提供其价值，可考虑用直线折旧法；而机器设备因其使用价值在最初几年消耗较大较快，可考虑使用加速折旧法等。具体的折旧方法如下：

直线折旧法/年限平均法。年折旧 =（固定资产总值 - 预计残值）/ 预计使用寿命（年数）。例如，企业于 20×1 年 12 月购入一项固定资产，入账价值是 101 万元，使用年限是 5 年，预计残值是 1 万元，那么该企业 20×2 年该项固定资产应该计提的折旧是多少？答案：20×2 年折旧额 =（101 - 1）/5 = 20（万元）。注意，如果问每月的话，则再除以 12。

工作量法。工作量法的计算公式如下：单位工作量折旧额 =（固定资产原价 - 预计残值）/ 预计总工作量。注意：此公式中分母一般不用实际总工作量。某项固定资产月折旧额 = 该项固定资产当月实际工作量 × 单位工作量折旧额。若用一个公式来表达，则某期间的折旧额 = 该期间固定资产的实际工作量 ×（固定资产原价 - 预计残值）/ 预计总工作量。例如，某项设备原值为 90 000 元，预计残值 2 700 元，预计使用 15 000 小时，实际使用 12 000 小时，其中第五年实际使用 3 000 小时，采用工作量法第五年应计提折旧是多少？答案：第五年的折旧 = 3 000 ×（90 000 - 2 700）/15 000 = 17 460（元）。

工作量法在机器产出多的时候，折旧费因此会高，而一般来讲，产出多的时候机器带来的销售收入较高，利润也较高，收入和成本非常配比。当机器随着不断的使用和折损，效率和产量会不断降低。产量低了，则折旧费随之降低，而一般来讲，产出量低时该机器产生的销售收入也低，利润也随着降低，收入和成本非常配比。因此工作量法最符合成本和收入配比原则，可以促进利润的稳定性。美国 GAAP 认为，工作量折旧法对于随着使用或磨损而跌价/折旧的资产，是最合适的折旧方法。

工作量法和设备的使用/设备的工作量（产出）直接相关，折旧费和设备的使用/设备的工作量（产出）呈正比关系。但工作量法和时间没有必然的联系，因此工作量法一般多用于设备和车辆，而不能用于建筑物，因为建筑物的折耗一般是和时间相关的。

加速折旧法之双倍余额递减法。年折旧率 =（2 × 1/预计使用年限）× 100%，即直线折旧率的两倍。年折旧额 = 年初固定资产账面净值（即固定资产原价减掉以前累积计提折旧额后的固定资产净额）× 折旧率。这种方法只能从第一年开始，一年一年地计算，因为每年年初的固定资产账面净值不一样。此方法一开始没有考虑固定资产的残值收入。注意：一定不能让固定资产的账面折余价值降低到它的预计残值以下，即，如果继续按双倍率计提折旧后固定资产余额会小于残值，则停止使用双倍率提取折旧，取而代之的是提取的折旧额 = 固定资产账面净值 - 残值。也有的企业在其固定资产折旧年限到期的最后两年，将固定资产净值扣除预计净残值后的余额除以 2 平均摊销。

例题： 方法 A：某企业一固定资产的原价为 100 000 元，预计使用年限为 4 年，预计净残值 10 000 元，按双倍余额递减法计算折旧。

解析：双倍余额年折旧率 = 2 × 1/4 × 100% = 50%。第一年应提的折旧额 = 100 000 × 50% = 50 000（元），因此第一年末/第二年初的固定资产余额 = 100 000 - 50 000 = 50 000（元）。

第二年应提的折旧额 =（100 000 - 50 000）× 50% = 25 000（元）。

第三年应提的折旧额 =（50 000 - 25 000）× 50% = 12 500（元）。

第四年应提的折旧额 =（25 000 - 12 500）× 50% = 6 250（元），但如果提 6 250 元，固定资产账面净值就变成了 12 500 - 6 250 = 6 250 < 10 000，因此第四年提取的折旧额 = 12 500 - 10 000 = 2 500（元）。最后固定资产账面余额 = 100 000 - 50 000 - 25 000 - 12 500 - 2 500 = 10 000（元）。

注意： 计算时，每年计算完折旧额都要观察固定资产余额是否小于预计残值。

方法 B：续用上例，即某企业一固定资产的原价为 100 000 元，预计使用年限为 4 年，预计净残值 10 000 元，按双倍余额递减法计算折旧，如果是最后两年用直线折旧法。

解析：双倍余额年折旧率 = 2/4 × 100% = 50%。第一年应提的折旧额 = 100 000 × 50% = 50 000（元）。第二年应提的折旧额 =（100 000 - 50 000）× 50% = 25 000（元）。第三、第四年应提的折旧额 =（25 000 - 10 000）/2 = 7 500（元）。最后固定资产账面余额 = 100 000 - 50 000 - 25 000 - 7 500 - 7 500 = 10 000（元）。

注意： 如果题中没有特别说明最后两年使用直线法，则使用方法 A。另外有的企业用的不是双倍而是 150%，道理和上述完全一样。余额递减法只能从第一年开始，一年一年地往下计算。

练习题： G 公司 20 × 0 年 1 月 1 日购买并安装了一个机器设备价值 480 000 元，残值估计为 80 000 元，机器用双倍余额递减法，估计机器寿命为 10 年，20 × 1 年的应该提取的折旧额是（　　）元。

A. 96 000　　　　B. 76 800　　　　C. 64 000　　　　D. 61 440

解析：选 B，因为第一年的折旧 = 480 000 × 2 × 1/10 = 96 000（元），因此第二年初固定资产账面净值 = 480 000 − 96 000 = 384 000（元），因此第二年应提取的折旧额 = 384 000 × 2 × 1/10 = 76 800（元）。

加速折旧法之年数总和法。折旧率 =（尚可使用年限 / 预计使用年限的年数总和）× 100%。年折旧额 =（固定资产原值 − 预计净残值）× 折旧率。尚可使用年限是指年数从最大往最小排序。例如，某设备 1 万元，残值 1 000 元，预计寿命 5 年，因此年限年数总和 = 1 + 2 + 3 + 4 + 5 = 15（年），则第一年折旧 =（10 000 − 1 000）× 5/15，第二年折旧 =（10 000 − 1 000）× 4/15，第三年折旧 =（10 000 − 1 000）× 3/15。5、4、3、2、1 即尚可使用年限。

MACRS（modified accelerated cost recovery system）折旧法，直译为修改版的加速折旧法。这种折旧方法在美国很常用，这也是目前美国税务局唯一承认的折旧方法。具体特点为：

■ 固定资产购置的第一年提取半年折旧，最后一年补上另外的半年，因此实际提取折旧的年数要比预计的固定资产使用年限多一年，如：固定资产预计使用年限为 3 年和 5 年的 MARCS 折旧率（第一年为半年）：

■ 3 年：33.33%、44.45%、14.81%、7.41%，合计 100%，共在四个年度里提取折旧，因而 3 + 1。

■ 5 年：20%、32%、19.2%、11.52%、11.52%、5.76%，合计 100%，共在六个年度里提取折旧，因而 5 + 1。

■ 另外这种折旧方法无残值，即，把全部资产成本折成 0，折旧总额 = 资产总成本。具体 MARCS 折旧率的计算不在考试范围，考试中会提供具体每年的折旧率。

固定资产——其他资产

土地资产记账成本的界定和固定资产记账成本的界定内涵是一样的：使得固定资产，包括土地资产在内，就绪可以按照指定用途使用前发生的一切成本，例如包括：（1）土地的购买价；（2）土地购买过程中发生的相关的交易费（closing costs），如律师费、税费、保险费等；（3）土地整理/准备费，如土地清理平整费、拆除此土地上旧建筑物的费用（注：即使拆除旧建筑物是为了将来建新建筑物，此拆除费用一定不要记入新建筑物的成本，而是记入土地成本）；（4）市政改善（如下水道、路灯等）的特殊评估费用等。注：私人临时建的车道、篱笆等不计入土地成本。

另外，投资用购买的土地记入投资科目，房地产公司买卖的土地记入存货。在美国土地是不提折旧的，因为年限是无限的而且价值一般不会下跌，但要定期进行评估看是否需要做减值准备。若之后某一年卖掉土地，则借记现金@市价……，贷记土地@原价。

无形资产

无形资产顾名思义，没有具体的形状，但无形资产与金融资产有区别。无形资产在企业中一般包括：专利权、版权、技术许可、特许权、商标、商誉等，包括外购的或自己研发的。但内部研发的无形资产如专利、版权等，其研发研制费用都期间费用化，不记入无形资产，而相关的直接成本如注册费、法律费等要记入无形资产。注：内部发展的商誉是不记账的。另外虽然无形的金融资产并不算作无形资产，但是金融资产放入有价证券或长期投资里。无形资产属于非流动资产。无形资产的核算方式是先资本化/资产化，然后未来分期摊销。

商标：商标可以注册 20 年并且可再申请延伸更长的时间，商标应该先资本化然后摊销，但摊销不能超过 40 年。资本化的成本包括注册费、法律费、设计费、成功捍卫商标相关纠纷的费用等。

专利会计核算：专利费应先资本化后摊销，专利摊销是用专利经济寿命和法定的寿命中较短的。如果是购买的专利，则以购买价记账，如果是内部研发的专利，专利资本化的金额仅限于注册费及相关的法律费等，但不包括研发研制费用。另外，相关专利的法庭申诉费，如果成功了，要资本化增加到专利账户里，这部分资本化的申诉费将要在余下的时间里摊销，如果败诉了，申诉费及专利余额都要立即费用化，因为败诉了意味着专利是不成立的。

商誉：并购别的企业中形成的。商誉等于并购成本减去被收购公司的净资产的公允价值。注：内部发展形成的商誉是不记会计账的。

练习题：下面（　　）不计入企业的无形资产。

A. 外购的无形资产　　　　B. 组织机构成本

C. 自行研发的无形资产　　D. 企业合并中形成的无形资产

解析：选 B。organizational costs 有时候被值得商榷地直译为组织机构成本，实际上应该翻译为开办费，开办费需直接费用化。

固定资产和无形资产的减值准备

判断是否需要做减值准备时，先用未折现的现金流对比资产的账面价值，如果前者比后者小则需做减值准备。如果做减值准备、先用资产的市场价值（如果可以确定），如果市场价值无法确定，则使用未来现金流的现值。注意：检测是否做减值准备时，用未折现现金流和资产的账面价值做对比，而如果确定要做减值准备了，减值准备额需使用折现后的现金流和资产的账面价值的差额（若资产的市场价值无法确定的话）。

负债

负债的定义：(1) 过去交易引起；(2) 目前由公司承担支付义务；(3) 导致公司未来经济利益流出（用于偿还负债）。负债划分为流动负债和非流动负债。

流动负债

流动负债的最准确定义为：偿还负债需要使用流动资产或产生其他流动负债，否则不是流动负债。为了简单，经常将流动负债定义为：一年内或一个经营周期内（若经营周期长于1年）要偿还的债务。

流动负债的相关特殊项：

■ 长期负债在未来一个会计期间内或一年以内要到期的那一部分，并且是将来打算用流动资产偿付。

应付账款

企业购买存货后，根据提供的信用条款，货款不是立即支付，而是在未来一段时间之后支付，如一个月或两个月等。当然供应商为了尽早收回货款，可能信用条款里包含：2/10，30天全额类似的规定（我们在应收账款部分已讲过，道理一样，只是对象正好相反）。

应付票据

应付账款的约束力主要在于采购合同上，采购合同上一般注明信用期天数，如30天后付款等。相比应付账款，应付票据是一种更正式的、更直接的书面付款凭据，票据上写明贷款金额及还款日期、利率等，如商业承兑汇票、银行承兑汇票。应付票据分短期和长期，应付票据还会用在银行贷款上面等。应付票据一般被视作融资行为。

预收账款

预收账款也叫作递延收入（deferred revenue），是预收客户账款的意思，也叫未实现收入（unearned revenue）。此科目一般属于流动负债科目。若超过一年则属于长期负债科目。

或有负债之产品质量保修费

产品质量担保成本，又叫保修费。企业经常为了更好地销售产品从而承诺在未来一段时间内给客户提供退换、保修等服务。产品保修费会计处理主要有两种：

1. 预提制。预提制度又分下面两种情形。

(1) 费用保证计提制（expense warranty accrual approach），是指企业销售产品就附

带有保修合同，此保修合同并不单独标价出售。会计核算是：估计未来要发生的保修费从而根据配比原则记入产品销售的同期，即记销售收入的同时，记保修费用。例如，D公司20×1年10月16日销售产品5 000件，每件产品1 000美元，每件生产成本为400美元。保修期为1年。企业估计每件产品平均保修费为20美元。则企业：DR 应收账款@5 000×1 000，DR 销售收入@5 000×1 000，DR 销售成本@5 000×400，CR 存货@5 000×400。同时 DR：保修费@5 000×20，CR 估计保修负债@5 000×20。假设20×1年发生40 000美元保修费，则 DR 估计保修负债@40 000美元，CR 现金/存货/应付工资@40 000美元。

（2）销售保证应提制（sales warranty accrual approach）。有些公司除了给客户提供常规的产品保修，还另外单独卖给顾客常规保修期以后N年的免费保修合同，如常规保修三年，另外顾客花600元再买二年的保修合同，共五年保修。这些做法都是为了更好地吸引顾客。会计处理是：另外单独卖的保修合同的销售收入不是收到钱后立即确认，而是先递延，以后根据直线摊销或根据每期预估或实际发生的保修费相应地确认保修合同的销售收入。

2. 现金制。只有保修费发生时才记费用，之前不进行预提。这种方法用的情形极少，因为不符合配比原则，但税务局只承认此方法。

注：保修期结束后，任何预提保证金余额需清除。

预提费用（accrued expenses）

预提费用是指服务已收到，但还未付款，例如，维修公司已经在10月为公司将外墙修缮好，但公司还未在10月付款，公司应在10月预提此笔费用，借记相关费用科目，贷记预提费用。注意：此科目虽然有费用两个字，但不是损益表科目，而是负债科目。

递延所得税

递延所得税，产生于会计准则和税法规定不一样，差异有两种。

1. **永久性差异**。对于计税事项，即对于公司发生的哪些收入该缴税及发生的哪些费用可以抵税，税务局有自己的规定。损益表的税前利润是按照会计准则做出的，下一步计算所得税费用时要按照税务局的规定调整税前利润后（即减根据税务局规定不用交税的项目，加按税务局规定不能抵税的项目）乘以适用的所得税率得出所得税费用，而不能直接用会计上的税前利润直接乘以适用税率来计算所得税费用。注意：损益表的税前利润是永远不用动的！只是通过辅助账做出根据永久性差异调整后的税前利润，以此作为计税基础来计算损益表的所得税费用。

需按照税务规定进行调整的永久性差异项目有：

（1）投资市政债务类证券的利息收入不用缴税；
（2）违法罚款不能进行抵税；
（3）适用税率的调整，如由40%调至25%；
（4）一部分股利收入可能不用交企业所得税。

注意，永久性差异是指一些项目在是否交税或抵税规定上不一致。相反，下面的暂时性差异是指会计准则和税务准则在是否交税或抵税上是一致的。但确认的时间点不同。永久性差异只影响当期，不像暂时性差异那样影响未来几个期间。

2. **暂时性差异**。在经过永久性差异调整后，又有新情况，即会计和税务局在缴税的时间点上可能出现不同，因为会计和税务局用的是两套规则，会计使用的是责权发生制而税法使用的是修改版的现金收付制。但在时间足够长的长河里，最终缴的总税额基本一样，只是时间上有前后差异，这种差异可能会影响以后数个会计期间。暂时性差异又被称为跨期间所得税分配（interperiod tax allocation）。

暂时性差异涉及的事项主要有：（1）折旧（税务局只承认MARCS，即修改版的加速折旧法）；（2）销售收入确认（会计是责权发生制而税务局基本是以收到现金为基础）；（3）商誉的处理不同（税务局规定在15年内摊销vs会计法不摊销）；（4）其他的，如预提的保修费等。

损益表的所得税费用是经过永久性差异调整后的税前利润乘以适用税率计算得出的。但资产负债表上的应付所得税，即当期要支付给税务局的所得税款是按照税务局规定计算的，它们（所得税费用和应付所得税）之间很可能出现差异。若会计计算的当期所得税费用比按照美国国税局（IRS）规定计算的当期应付所得税多（两者计算的起始基础都是上面永久性差异调整后的数字），就可理解成应付还未付从而形成负债，因此取名递延所得税负债（资产负债表科目），从而CR递延所得税负债@差额。如果会计算的所得税费用比按照IRS规定计算的应付所得税小意味着企业提前预付了，所以应记资产，因此取名递延所得税资产（资产负债表科目），从而DR递延所得税资产@差额。

递延所得税资产和递延所得税负债在资产负债表上要以净额体现，谁的余额更大就体现谁的名字@一方减另一方的净额，而且递延所得税资产或负债都要分为流动的和非流动的。和非流动资产或非流动负债相关的就是非流动递延所得税资产/负债，如和折旧相关的，和流动资产或流动负债相关的就是流动的递延所得税资产/负债。

另外，所得税费用要分成当期所得税费用和递延所得税费用或递延所得税收益。当期递延所得税费用的金额等于当期应付所得税额。根据永久性差异调整过的税前利润计算的所得税费用 - 当期所得税费用 = 递延所得税费用（若是正数）/递延所得税收益（若是负数）。递延所得税费用/递延所得税收益会用在间接法的现金流量表的编制中。

递延所得税大总结

1. 通过会计准则计算的税前利润数字是保持不变的。

2. 计算所得税费时不能直接用会计上的税前利润乘以税率，应该将税前利润进行永久性差异进行调整，即减不用交税的，加不能抵税的，然后乘以税率等于所得税费用（损益表科目）。

3. 资产负债表上当期应付所得税款按照税务局的修改版的现金收付制进行计算。它和会计上（在永久性差异调整后）计算的所得税费用的差异，取名临时性差异。

4. 会计上的所得税费用和税务局计算的应付所得税的差额列示为递延所得税资产或负债，要在资产负债表上净额列示而且分出流动性和非流动性的。另外，所得税费用分成当期所得税费用和递延所得税费用/收益。

租赁

租赁的定义：租赁是一个有合同约束的协议，在协议里资产的拥有者（租赁方）允许承租方在一定时期内有权使用该资产，但承租方要支付租赁费。

从承租方的角度，租赁可分为短期租赁、经营性租赁、融资性租赁三种。短期租赁是指 12 个月以下的租赁，无需记入资产和负债。短期租赁以外的租赁需区分出是经营性租赁还是融资性租赁（也叫资本性租赁）。短期租赁以外的其他租赁在租赁符合以下任意一个条件即形成融资性租赁：

■ 资产所有权在租赁期末转移给承租方。

■ 租赁协议中有廉价购置权条款。廉价购置权是指在租赁协议条款里表示：承租方可以在租赁期结束时以低于公允价值很多的价格购置此资产，比如 1 万 vs 5 万。

■ 租赁期等于或超过资产估计经济寿命期的 75%。

■ 最低租赁支付款总额的现值等于或超过资产公允价值的 90%。

■ 相关租赁的资产有特殊性质，在租赁期结束后，该资产对于出租方没有用途。

注：融资性租赁合约必须是不可撤销合约，如果合约可撤销，就不属于融资性租赁，而属于经营性租赁。

无论经营性租赁还是融资性租赁，企业都需借：资产使用权@ 总租赁费支出的现值，贷：租赁负债@ 总租赁费支出的现值。这样经营性租赁将无法像以前一样进行表外融资了。之后每次支付租赁费时，借：利息费用，借：租赁负债，贷：现金。另外定期要对资产使用权进行摊销，借：摊销费用，贷：资产使用权。

最低总租赁支付款：租赁费支出（但不包括履约成本）加上保证资产的剩余价值。履约成本是指日常资产的维护费、税金和保险等。保证剩余价值是指有的协议规定承租方要保证租赁协议结束时资产的市场价值是多少，如果少于这个价值，承租方要补齐。

最低总租赁支付款的现值：用利息率将租赁费折现。注意：折现使用的利息率千万不要用税后的，而是用税前的。折现利息率的选择：一般使用承租方的增量/边际利息率，因为承租方一般无法准确知道出租方的边际利率。

例如，租赁费每年年末支付 65 000 元，其中履约成本是 5 000 元，5 年后保证残值是 10 000 元，折现率是 12%，则现值为：（65 000 - 5 000）×2.402（年金现值）+10 000×0.712 = 151 240（元）；如果资产现在价值为 160 000 元，此租赁可界定为资本性租赁，因为 151 240/160 000 = 94.5% >90%。

另外实际工作中或考试中，经常会出现租赁费是期初交，这时在计算年金现值时会有区别（具体请看下面案例）。而且大家要会熟练地查复利现值系数表和普通年金现值系数表，虽然这些在 CMA P2 用得更多。

案例： MNO 公司正在考虑是购买还是租赁一台设备，设备价值 15 000 000 美元，预计经济使用寿命为 5 年，企业计划使用 4 年。企业一律采用直线折旧法进行折旧，不考虑残值。若采购，第四年年底预计机器可售 2 100 000 美元。若采购，采购后每年的经营费用为 1 000 000 美元，若租赁可省掉每年 1 000 000 美元的经营费用。如果租赁，租赁期为 4 年，每年年初支付租赁费 3 000 000 美元，租赁期结束后，租赁方收回设备。借款利息率为 10%，公司加权平均资本成本是 12%，所得税率是 40%。请问，此租赁属于经营性租赁还是资本性租赁？原因是什么？

解析：此租赁属于资本性租赁，因为租赁期超过了 1 年，而且租赁期超过了资产使用年限的 75%，即租赁期为 4 年，除以资产的使用寿命 5 年等于 80%，大于 75%。考试中资本性租赁的 5 个条件都要进行分析，凡是符合的条件都要写上，有几个写几个，此题只有租赁期的条件符合了，因此只写此一个。注意，租赁费现值 = 3 000 000 + 3 000 000 × 2.487 = 10 461 000（美元），2.487 是 3 年 10% 的年金现值。租赁费现值除以资产的公允价值 10 461 000/15 000 000 = 69.7%，并没有超过 90%。

在测试租赁费现值是否超过资产公允价值的90% 这个条件时，租赁费支出必须用税前的，而不能像经营性租赁的采购与租赁决策中的租赁费开支一样用税后的。这是因为此处主要是测试看租赁费支出的金额是否和资产的公允价值“差不多”即准确地讲是否超过90%，因为如果差不多，租赁就跟采购区别不大了，因此需要定义为资本性租赁，然后DR 租赁固定资产，CR 租赁负债。因此，出于上述目的，主要是看租赁费花的钱是否和购买该资产差不多，这样的测试没有道理用税后的租赁费开支，否则和资产公允价值是不可比的。

另外，在测试租赁费现值是否超过资产公允价值的90% 这个条件时，折现率一定要用税前的利息率，而不像一般情况下用利息率折现时都要用税后的利息率，这是因为如果符

合资本性租赁从而在每期的租赁费里分离出利息费和债务偿还额，此时的利息费计算需用税前的利息率，否则如果用税后的利息率去计算利息费用就错了。因此，在测试租赁费现值是否超过资产公允价值的90% 这个条件时，折现时的利息率和租赁费支出都需用税前的，而不能用税后的！此处较为特殊，请记住。（注意：黑体+ 斜体+ 下划线+ 非宋体字的文字是属于非直接考试内容，但对实际工作非常重要，建议仔细阅读！）

股票期权（STOCK OPTION）

股票期权是指给予公司特定员工在未来的一定期间内以特定的价格购买普通股股票的权利。股票期权包括：

1. 授权日（GRANT DATE）。公司发放期权给特定员工的日期。此时期权上的行权价不会低于目前的股票市价，否则员工马上可以买低卖高赚取收益，这样就等同于发奖金了。具体的行权定价，企业自行合理制定。

2. 服务期限（SERVICE PERIOD）：是指期权授权日到解封日之间。在此期间持有期权的员工必须一直为公司服务。即使在此期间员工对期权进行了行权但也必须接着为公司工作直到解封日。公司可能有其他相关期权的条款，例如，公司规定只有员工为公司服务10年，才可以真正享用期权。这样有些员工可能面临期权可能带来的巨大经济诱惑而选择长期为公司服务。

3. 解封日/授予日（VESTING DATE）：是指在此日后员工对所持期权进行行权可以不必继续为公司工作，即可以辞职而且没有其他的约束条件。

4. 行权价。股票期权上表明了，员工如果行权时，可以以多少钱的价格购买股票。一般只有股票市价高于行权价时，员工才会行权，这样可以买低卖高，赚取收益。

公司发放期权给员工常常是为了：（1）让员工更真心、更加努力地为公司工作，有效地将员工利益和公司利益捆绑在一起。因为员工努力工作可能会促进公司效益的增长，从而可能会促进股票市价的增长，从而员工如果对期权行权可能会赚取巨大收益；（2）留住关键员工，因为有一个行权服务期限；（3）相对于发奖金，发放期权可以节省公司现金流，公司因此可以将节省的现金进行投资赚取回报等。但期权可能会稀释现有股东的持股比例。因为期权发放没有现有股东优先购买权的规定，现有股东优先购买权可以一定程度上维持现有股东的持股比例。公司如果发放大量期权，若期权被行权则会出现新的股东们。

FASB 规定公司应该以发放期权时的期权公允市值来借记薪酬费用。现在一般用二项式模型来给期权定价，过去用布莱克本多一些。

所有者权益

对于上市公司，所有者权益/股东权益/净资产/公司资本（corporate capital）等于：

- 股本（capital stock - 面值）
- 加 额外或又叫附加实收资本（APIC-additional paid-in capital，又叫资本公积）

- 减 库藏股
- 加 留存收益（又叫保留盈余）等。

注：其中，（普通股和优先股）股本 + 资本公积 - 库藏股 = 实收资本或实缴资本或投入资本或贡献资本（paid-in capital/contributed capital）。资本公积包括股票发行价格与面值的差额等。注：对于非上市公司所有者权益的内容相对简单很多，包括注册资本/实收资本 + 留存收益等。

所有者权益期初额 + 股票发行 + 当期净利润 - 发放股利 - 库藏股 = 所有者权益期末余额。留存收益期初 + 当期净利润 - 发放股利 = 留存收益期末余额。

普通股股东是公司的所有者，而优先股股东不是。普通股股本（股票面值）是法律资本（legal capital），是有限责任金额。

普通股：代表公司最终所有权的有价证券，普通股股东是公司的所有者。股东所承担的责任是以股票面值为限，面值股本不能进行分红。在公司清算时，普通股股东在公司全部清偿完债权人与优先股股东之后，对公司剩余资产（如果还有）享有追索权。普通股股票没有到期日，但股票持有者可以在二级市场买卖股票。对于普通股股票来讲，没有承诺未来会赚钱。

普通股股东的权利：

■ 投票权。因为普通股股东是公司的所有者，他们有权对公司的重大事项进行投票，如选出公司董事会等。当然也可以授权别人投票。

■ 收益权。只要公司发放普通股股利，普通股股东就有权收到股利。

■ 剩余资产分配权。如果公司进入清算程序，在清偿完全部债权人及优先股股东等之后，普通股股东有权获取剩余的资产。

■ 优先认股权。发行新的普通股时，现有股东具有优先认股权，从而按目前持股比例买新的普通股，这是为了保护现有股东的所有权比例，但优先认股权现在美国已不常见。具体普通股股东是否享有优先认股权，请参照最新规定。

优先股

优先股：一种固定股利的股票。它是介于债券和普通股之间的一种证券。

和债券的相似点：

■ 没有投票权；

■ 每年固定的股息；

■ 在清算时，优先于普通股股东；

■ 股息发放优先于普通股股东；

■ 类似于债券的其他一些特征：可赎回、可转换、偿债基金等。

与普通股的相似之处：

■ 在公司财务困难期，无需支付股利。

■ 所得税之后利润支付股利。股利不能抵税。

■ 在清算时，在清偿了债权人之后才能分配剩余的资产。

优先股股利的支付由董事会决定。优先股在股利支付和财产请求权方面优于普通股。优先股是债券和普通股的混合体：类似于债券，因为优先股股利是其面值的一定固定的百分比；类似于普通股，因为优先股股利并非每年都现金支付，优先股一般没有投票权。有时候企业的负债权益率太高了，从而债务融资不太可行，企业此时可发行优先股股票。

优先股的类型：

■ 可赎回优先股（redeemable preferred stock）根据最新的会计准则应列入负债。

■ 优先股分为可累积股利优先股 vs 非累积优先股。可累积优先股：当年未支付的股利可以累积结转到下一年及以后，但公司若要发放普通股股息则必须先发放累积的优先股股利。若是非累积优先股，当年如果没发股利，则以后也不会发股利了。

■ 可转换优先股。有些优先股发行时规定，根据持有人的选择，优先股可转换为公司的普通股。

普通股和优先股发行的会计核算。发行股票时，借：现金，贷：普通股/优先股股本（即面值），贷：资本公积@股本和发行价的差额。股票发行直接相关的成本应借记资本公积，而不是进入当期期间费用。股票发行直接相关的成本包括：印刷成本、承销费和营销费、准备登记注册相关的法律和会计费等（不用特意记，考试中会告诉和股票发行直接相关）。

留存收益（或又称保留盈余）的主要来源是企业的净利润或亏损。影响留存收益的其他因素还有：（1）因会计差错和会计准则改变而产生的以前年度调整；（2）发放股利；（3）一些库藏股的交易；（4）准改组等。

限制或指定用途的留存收益（appropriation of retained earnings）是指企业因以下原因而划拨出留存收益为指定用途，不能将此分红：（1）或有损失（如未决诉讼）；（2）与库藏股相关的法律限制；（3）与债券相关的合同限制；（4）工厂扩张或债务清偿等。一般会在留存收益科目下设置指定用途留存收益这一子科目，企业批准了指定用途的留存收益后，借：留存收益，贷：留存收益之指定用途留存收益。

普通股股利

根据公司政策，如果公司发放普通股股利则相应金额从留存收益中减少，具体为：

■ 现金股利。董事会宣布发放现金股利，则借：留存收益，贷：应付股利（流动负债）；发放现金股利时，借：应付股利，贷：现金。注意，根据相关规定，董事会宣布发放现金股利和发放现金股利一定是分开进行的，不能合并，因此不会出现直接借：留存收益，贷：现金。

■ 股票股利，是指公司以增发股票的方式支付股利，比方说10%。注意，发放股票股利，股票数量会变为：原来的数量乘以（1+10%）。股票股利的会计核算方法如下：

■小于20%~25%用市值法。借：留存收益@股票市值，贷：普通股@面值，贷：资本公积（或又称额外实收资本）@差额。

■大于20%~25%用面值法。借：留存收益@面值，贷：普通股@面值。

■ 因此发放股票股利后，面值并不变，因为贷普通股股本。另外所有者权益总额不变。原则上股价会相应地下降。

■ 财产股利。为了保存现金以用在其他项目上或为了保持分红的连续性等，将财产作为红利分给股东，如固定资产、存货等。借：留存收益@资产公允市值，贷：资产@账面净值，差额借或贷资产处理损益（非常类似处理固定资产损益）。

■ 清算股利，是指红利超过了留存收益的余额，因此被迫减少资本公积；这种红利被认为资本的退回或减少，而不是资本的回报。

■ 票据股利又称期票股利或负债股利，是指公司承诺在未来的某个时间支付此期股利的一种票据。期票是应付票据的一种。企业有足够的留存收益但现金不充足，此时可发行期票股利，因为如果企业不能发放大众期待的股利，这可能对市场来讲是个消极的信号。股东可将期票股利持有到期，也可以在公开市场上出售。

股票分割（STOCK SPLITS）或又称股票拆细/拆分

股票分割是指股票数量按照规定的比例增加，如股票分割比例2∶1，意味着原来的股票数量假设是100万股，股票分割后变为200万股，又如若是股票分割比例为3∶1，则股票分割后股票数量为300万股，又如股票分割比例为3∶2，则股票分割后的数量为原来的数量除以2，然后用得出的数乘以3，续用此例则为（100万/2）×3=150（万股）。这种情况下，验证的窍门是，看计算完的股票数量是否增加。

股票分割后，股票的面值正好和股票数量的计算相反，例如，刚才的股票分割比例为2∶1，股票数量乘以2，但面值是除以2。股票的市场价格一般也随着减半，但因为股票数量翻倍，因此公司股票的整体市值是一样的。另外股票分割后，公司的资本结构、股东权益总额都保持不变。而且股票分割没有税务影响。

公司进行股票分割的好处：（1）股票价格过高时，可以通过股票分割降低股票的价格，以使得股票价格更有吸引力。股票价格太高时，投资者一般不情愿买此类股票，一方面是因为购买股票的支出太大，另一方面原因是投资者认为股票价格可能已经到达巅峰，没有升值空间。(2) 同时刺激股票交易。(3) 股票分割后，虽然股票整体市值基本不变，但因为股票价格降低了，股票数量增加了。等股票价格上升后，投资者就可以从股票分割这一行为中获利。

反向分割（REVERSE SPLIT）和股票分割正好相反，反向分割是减少股票数量、增加股票价格。例如，反向分割比例为 1∶2，则续用上例，股票数量由原来的 100 万股，变为 50 万股。

股票分割无须做会计分录。

注：股票拆分并不减少留存收益，而股票股利减少了留存收益，因此股票拆分相对于股票股利不影响派发股利的能力。

库藏股

库藏股，即公司回购自己公司的股票，将来可以再发行。库藏股不是资产，而是所有者权益里面的资本的备抵科目。库藏股不是流通中的股票，库藏股不享受投票权，不享受股利等流通中普通股的权利。

股票回购可能是为了以下目的：

- 减少公开市场上股票的数量以抵御被恶意收购，或/和减少股票数量从而造成可能股票快速升值而抵御被恶意收购。
- 为激励报酬及员工储蓄计划或者可转换证券的持有者提供股票。
- 增加每股收益率和权益回报率。因为所有者权益金额减少、普通股流通数量减少。
- 通过采购股票暂时活跃市场，提高投资者对股票的信心。
- 在过去，股东将股票卖给公司从而获得现金（即股票回购），此时的资本利得的税率是普通税率的一半，因此股票回购在某种程度上相当于以更划算的方式向股东分配现金。但随着后来税法的改变，这方面作用在减弱。
- 当公司认为目前股票估值偏低时进行投资。
- 减少权益对负债的比重。

库藏股会计核算

库藏股/库存股的会计核算有两种方法：一种是成本法；另一种是面值法。在实际工作中，成本法更为常用。首先讲，权益类的所有交易、活动都不会影响损益表。除了有可能影响现金外，其他都是影响资产负债表的权益类科目。

1. 成本法。在成本法下，回购股票就像买存货，以购买时的成本计价，再发行时也是以成本价消掉库藏股。回购时，借：库藏股@回购价，贷：现金。再发行时，借：现金（新发行价），贷：库藏股@当时回购的价格。这两者如果有差异，具体的核算是：如果再发行价大于当时回购的价格，意思是赚了，则贷记差额到资本公积之库藏股，如果是再发行价小于当时的回购价格，意思是亏损了，则借记资本公积——库藏股，但需要说明的是资本公积——库藏股这个科目不能有借方余额（即不能出现负数），那就意味着如果在此之前的贷方余额不够此次的亏损额了，则先把此科目清成零，差额借记留存收益。

总结：成本法下获利或亏损在回购时不反映，只有在再发行时反映。例如，股票最初发行了1 000股，每股面值10元，发行价为每股15元。发行时分录应该是：借：现金@1 000×15=15 000，贷：普通股@1 000×10=10 000，贷：资本公积——普通股@1 000×5=5 000。假设公司最初发行股票，资本公积之库藏股余额为0。

■ 第一次回购股票，回购了100股，回购价每股18元，分录为：借：库藏股@100×18=1 800，贷：现金@1 800。

■ 50股库藏股再发行，发行价为每股20元，分录为：借：现金@50×20=1 000，贷：库藏股@成本价@50×18=900，贷：资本公积——库藏股@50×2=100。

■ 又有50股库藏股再发行，发行价为9元，分录为：借：现金@50×9=450，贷：库藏股@50×18=900，借：资本公积——库藏股@100（先清光），剩下不够的，借：留存收益@450-100=350（因为再发行亏了450=50×(9-18)，资本公积——库藏股余额只有100，不够了，因此先清空成零，余额借记留存收益）。

2. 面值法。具体核算不是CMA考试内容。

注：新发行的股票一般是不可以跌价发行，但库藏股可以；另外，如果公司想注销普通股，需去SEC进行申请，通过后则清空普通股和库藏股。

其他

股票期权、认股权证和优先认股权都是一种买入期权，允许持有者在一定时期内，以特定的价格，购买一定数量的股票。另外员工也可以通过员工持股计划（employee stock ownership plans）或又称作员工股票购买计划（employee share purchase plan）购买股票。员工持股计划并非一项给员工的额外报酬。员工持股计划可以用来筹集资金，同时让员工增加成为公司主人的责任感。由于是一项非额外报酬的计划，因此员工持股计划是面向所有全职员工，并且相关的股票价格只是相对目前市值来讲较小的折扣。员工持股计划股票采购时，公司制定的会计分录和其他股票销售一样。

至此，资产负债表的所有科目已经介绍完毕。

4.3　现金流量表详解

现金流量表：帮助利益相关者决定企业是否需要外部融资、能否满足偿债要求并分配股利、现金产生（造血）的能力等。现金流量表的编制方法有直接法（indirect method）和间接法（direct method）。直接法，又称损益表法，是将权责发生制下的经营收入和费用转变为收付实现制，列示现金的收和支。间接法，又称调整法，从净收益出发，调增非现金费用和账面损失，调减非现金收入和账面收益等对当期现金流量没有任何影响的事项，然后考虑相关流动资产和流动负债的变化等。这两种方法的区别仅限于营运（或叫经营）现金流的部分，对于投资和融资现金流部分（两种方法）是一样的。

直接法和间接法在美国都可以接受，但应该跨期间要保持一致性。FASB 鼓励用直接法，另外如果用直接法，FASB 要求企业做一个净利润和现金流的调节表，即间接法的现金流量表。尽管 FASB 鼓励使用直接法，但企业一般很少用直接法。企业更多地是使用间接法，原因是间接法总体工作量更小而且间接法能显示影响现金流的主要问题，比如存货、应收账款占压等，这样便于企业改善现金流。另外，无论使用直接法还是间接法，企业需在现金流量表下面披露重大的非现金的投资和融资交易。

间接法现金流量表

间接法现金流量分为三类现金流，列示的顺序为：营运现金流、投资现金流、融资现金流。这体现企业更关注的优先次序。

某期间的营运现金流（operating cash flow）的公式为，该期间的净利润：

（1）加/减 损益表上该期间不影响现金流的费用/收益。加费用，减收益。

（2）加 该期间不包括短期贷款、应付票据等融资的流动负债的（期末数 - 期初数）（窍门：都用期末减期初）。这样的负债可以定义为自发性流动负债，即不包括人为的融资。

（3）减 该期间非现金流动资产的（期末数 - 期初数）（窍门：都用期末减期初）。

注意：在流动负债中的应付票据（notes payable）及银行贷款属于融资现金流。

非现金费用和收入事项：

■ 折旧、无形资产摊销（加）。

■ 处理固定资产损益（加损，减益）。

■ 交易/可供出售型证券出售损益（加损，减益）。注：可供出售型证券买卖收支现金流属于投资现金流，但因此发生的亏损或利得属于营运现金流调整部分。

■ 应付债券折价摊销或溢价摊销（加折，减溢）。

■ 递延所得税费用：会计上计算的所得税费用和税务计算的应付所得税的差额部分（加费用，减收益）等。具体解释如下，所得税费用要分成当期所得税费用和递延所得税费用或递延所得税收益。当期递延所得税费用的金额等于当期应付所得税。根据永久性差异调整过的税前利润计算的所得税费用 - 当期所得税费用 = 递延所得税费用/递延所得税收益。(加递延所得税费用，减递延所得税收益)

营运现金流的特殊情况包括：在损益表上涉及的非主营业务的一些现金流，即，股利收入、利息收入和利息费用，这些其实严格意义上来讲是非主营业务，而且涉及投资或融资行为，但营运现金流因为包含了整个损益表的项目，上述是损益表的项目，因此也包含了上述，但注意营运现金流不包括股票分红支出，股票分红不是损益表科目。上述是一直以来的习惯做法。营运现金流是指企业主营业务的现金流，如正常的生产、销售等，而投资和融资不属于主营业务。

投资现金流（investing cash flow），是指长期资产（固定资产、无形资产、金融资产等）的投资所涉及的现金流。投资是为了得到回报，主要投资金融资产和固定资产等，可进一步细分为：（1）投资债券；（2）投资股票；（3）投资信贷业务，即给别人贷款；（4）投资固定资产等。投资现金流同时包括上述项目的相反方向的现金流入，如本金收回、股票售出的现金所得、固定资产处理现金收入等。总特点是先出后入，而下面的融资现金流正好相反，即融资现金流是先入后出。注：投资交易型证券相关的现金流是属于营运现金流，而投资可供出售或持有到期型证券属于投资现金流。另外注意，固定资产处理的现金收入属于投资现金流，但固定资产处理损益属于营运现金流，因为这属于非现金的费用而且在损益表里列示。

融资现金流（financing cash flow），即借钱、融资。包括：（1）债务类：银行贷款、发行债券、商业票据等；（2）权益类：普通股、优先股等。融资现金流是指它们涉及的现金流入、流出，其中包含库藏股和红利支出。

另外企业中可能会有非现金投资或融资行为（non cash investing and financing activities），这些行为一般包括：

- 由负债转成权益，如发行股票以还债；
- 用发行债务或股票或租赁方式获得资产；
- 以礼物形式得到的固定资产；
- 非现金的资产或负债之间的转换；
- 出售固定资产得到非现金的其他东西；
- 优先股转换成普通股等。

判断的窍门就是这些活动不涉及现金的收支。非现金的投资和融资行为不在现金流量表里体现，即不是现金流量表的一部分。

间接法的现金流的编制是一项非常重要的工作技能，大家需要会非常熟练地编制此表。下面是间接法现金流量表编制的案例，

MNO 公司资产负债表（以千美元计）

流动资产：	2010	2009	流动负债：	2010	2009
现金及现金等价物	$ 140	$ 107			
应收账款	$ 294	$ 270	应付账款	$ 213	$ 197
存货	$ 269	$ 280	应付票据	$ 50	$ 53
其他	$ 58	$ 50	预提费用	$ 223	$ 205
总流动资产	$ 761	$ 707	总流动资产	$ 486	$ 455
固定资产/非流动资产：			长期负债：		
固定资产/PPE	$ 1 423	$ 1 274	递延所得税	$ 117	$ 104
减：累积折旧	$ (550)	$ (460)	长期负债	$ 471	$ 458
净固定资产	$ 873	$ 814	总长期负债	$ 588	$ 562
无形资产及其他	$ 245	$ 221	所有者权益：		
总固定资产/非流动资产	$ 1 118	$ 1 035	优先股	$ 39	$ 39
			普通股（S1 面值）	55	32
			资本公积	$ 347	$ 327
			留存收益/未分配利润	$ 390	$ 347
			减：库藏股	(26)	(20)
			总权益	$ 805	$ 725
总资产	$ 1 879	$ 1 742	总负债及权益	$ 1 879	$ 1 742

MNO 损益表（以千美元计）

主营业务利润（销售收入至其中折旧）

销售收入	$ 2 262
销售（销货）成本	$ 1 655
销、管费用	$ 327
其中折旧	$ 90
营运利润	$ 190
其他业务收入/亏损	$ 29
息税前利润 EBIT	$ 219
利息费用	$ 49
税前利润	$ 170
所得税	$ 84
当期：$ 71	
递延：$ 13	
净利润/净收益	$ 86

现金流量表帮助解释为什么 MNO 公司 2010 年期末现金余额比期初现金余额多了

$3 300万。即2010年净增加的现金为$3 300万。现金流量表的三个组成部分为：

- ■ 营运现金流；
- ■ 投资现金流；
- ■ 融资现金流。
- ■ 注：SCF＝现金流量表，B/S＝资产负债表，P/L＝损益表。

MNO现金流量表汇总（以千美元计）

净利润	86	P/L净利润
＋折旧	90	B/S累计折旧期末减期初
＋递延所得税费	13	P/L当期所得税费下面
应收账款	－24	B/S 294－270＝24
存货	11	B/S 269－280＝－11
其他流动资产	－8	B/S 58－50＝8
应付账款	16	B/S 213－197＝16
预提费用	18	B/S 223－205＝18
营运现金流合计	202	
购置固定资产	－198	
＋变卖固定资产收入	25	
投资现金流合计	173	（B/S 1423＋245－1274－221）
短期融资（应付票据增加额）	－3	（B/S 50－53，即应付票据期末减期初）
长期负债融资源	86	
清偿长期负债	－73	（长期负债的净额86－73＝471－458）
股票融资额	43	（B/S 347＋55－327－32＝43）
发放红利	－43	明细账中取得
库藏股	－6	（B/S－26＋20＝－6，即库藏股的期末减期初）
融资现金流合计	4	

现金流合计＝202－173＋4＝33，正好等于资产负债表上现金的期末减期初

注：递延所得税费数字是取自于损益表的所得税费用的组成部分之递延所得税费。

4.4 对外财务报告其他内容

财务信息披露

财务信息披露包括：（1）报表本身；（2）报表附注；（3）补充信息（额外的一些信息补充，如不同观点或角度等）。报表附注是财务报表不可分割的一部分，报表附注是在母表不足以反映企业的特殊事项时使用，典型的披露包括或有事项（负债/利得）、合约情况、会计政策、期后事项等。

财务报表的局限性

• 历史成本：很多会计科目都在使用历史成本法，如固定资产等。历史成本的相关性不如公允价值和市场价值。

• 不同会计处理方法：采用不同的会计处理方法会产生不同的净收益，如折旧不同的方法（直线折旧法、加速折旧法等）等。

• 只记录货币形式项目、省略主观项目：没能将一些不能用客观数字反映的资产列入，如没记录品牌忠实度、公司本身的商誉等。因此资产负债未能完全反映、计量企业的全部价值。

• 会计估计和判断使用：财务报表包括不少估计和专业判断，如存货跌价准备，应收账款的坏账准备等。不同的估计方法意味着不同公司间的损益表很难进行比较。

• 只反映过去，不记录未来可能发生的事件的影响。

• 只记录一个公司（即本公司）的交易。假设竞争对手可能会对本公司未来的运营造成很大影响时，本公司交易记录可能就显得比较有限。

• 表外信息。有些交易可能会以避免在资产负债表内的资产和负债中反映的方式记录，如非合并报表子公司的投资等。

• 非现金交易：现金流量表没有包含非现金交易，比如资产置换、非货币性资产交换、权益证券偿还债务等。

表外融资

资产负债表外融资：资产负债表外融资可以隐藏、掩盖负债（很多债务契约上，如债券，明确限制负债总量），让负债比率好看，使得该公司证券更有吸引力等。资产负债表外融资的主要手段有：

■ 非合并报表子公司的投资。如果控股小于50%或没有实际控制权（即使超过50%），此子公司不和母公司合并报表，因此此子公司的负债就不体现在母公司的报表上，母公司只体现长期投资（资产）科目，但实质上母公司最终还要对其负债负责。

■ 通过特殊目的公司（比如委托生产）。A企业让另外一个公司（B公司）建厂房购设备，建成后此企业答应购买B公司的产品。这样A企业不用融资建厂就可以得到稳定的产品来源而且还可以一定程度上防止风险，比如厂房设备过时，或固定资产变卖等。注意：这并不是租赁，而是外包，即将生产业务外包给其他公司。

美国会计准则（US GAAP）和国际财务报告准则（IFRS）的主要区别

（注意：美国会计准则和IFRS都有可能将来发生改变，请关注最新信息）

IFRS是由国际会计标准委员会ISAB制定，现在IFRS和美国GAAP正逐渐趋同，IFRS和美国GAAP的主要区别有：

■ 美国GAAP允许后进先出法的存货计价方法，但IFRS不允许。

■ 美国 GAAP 要求固定资产等长期资产/长寿资产（long-lived assets）以历史成本计价，不允许重新估值（使用公允价值），即使公允价值法可以可靠计量。IFRS 允许固定资产使用历史成本计价或公允价值计价。

■ 美国 GAAP 禁止无形资产重新估值。但 IFRS 规定如果无形资产可以在活跃的市场上进行交易，则这些无形资产可以重新估值。

■ 在美国 GAAP 里，一般来讲，开发费用当期费用化。IFRS 规定开发费用可资本化。

■ 在美国 GAAP 里，在提取固定资产或无形资产减值准备时的具体做法是：先用未折现的现金流测量看是否小于资产的账面价值，若小于，在具体提减值准备时需用折现后的现金流和资产账面价值的差额（如果市场价格很难估计，如果市场价格可以得到，优先使用市场价格）。而 IFRS 的做法是，直接对比资产的账面价值 vs 资产的可实现净值。可实现净值，也叫可回收价值，即若资产变卖，资产的变卖价值减变卖资产的附带成本（如果有）。或直接对比资产的账面价值 vs 折现后的现金流（也有时候被称作在用价值/利用价值，英文是 value in use），若账面价值大，则用差额做减值准备。

另外根据 IFRS 规定，如果固定资产减值后又升值，应该将固定资产的账面价值调至目前固定资产的市价或可收回价值，其中减值的冲回进入损益表增加利润，其他部分进入重新估值准备科目。但美国的 GAAP 不允许冲回以前提取的减值准备。

例题：ABC 公司有一项固定资产，去年的原值为 $70 000，经过减值测试，发生了 $20 000 的减值。今年，这项固定资产的市场价格为 $80 000，今年这项资产的账面价值在 IFRS 和 GAAP 下的差额是（　　）。

A. $10 000　　B. $30 000　　C. $20 000　　D. $50 000

解析：就此题而言，根据 IFRS 规定今年因为资产的市场价格已经达到 8 万美元，超过了去年的原值 7 万美元，因此先冲回两万美元的减值而记入损益表增加利润，另外增加 1 万美元的重新估值准备科目，从而达到账面价值 8 万美元。而美国的 GAAP 是不允许冲回，因此仍然是 5 万美元，即 7 万美元减 2 万美元的减值。因此差 3 万美元，即 8 万美元减 5 万美元。选 B。

■ 租赁。美国 GAAP 规定，承租方将租赁分为短期租赁（12 个月以内）、经营性租赁和融资性租赁，IFRS 将 5 000 美元以上的租赁都定义为融资性租赁。

■ 美国 GAAP 规定对于使用后进先出法存货计价方法或零售存货的企业，存货使用成本与市价孰低法进行估值；对于使用先进先出法或加权平均法的存货计价方法的企业，存货使用成本与可实现净值孰低的方法进行估值。而且做了减值的存货不能再调回。而 IFRS 规定存货使用成本与可实现净值孰低法进行估值，并且做了减值的存货，如果事后证明减值已并不存在，可调回。

■ 美国 GAAP 规定以股票为基础的员工福利使用直线法或加速法进行费用确认，而 IFRS 只允许使用加速法。

■ 美国 GAAP 规定一般只有占有被投资公司的 50% 以上股份才叫对该被投资公司控股，当然同时在对被投资公司拥有实际控制权的情况下，进行合并报表。IFRS 对合并报表强调的是拥有对被投资公司的实际控制权，并没有明确的占有被投资公司的股份比例的规定。拥有对被投资公司实际控制权的特点是：（1）对被投资公司有影响力；（2）有权能在被投资公司那里得到相应的回报；（3）可以就回报的金额对被投资公司施加影响力。

公允价值在财务报告中的使用

美国会计准则一直在讨论使用公允价值法进行会计记账的问题，而且越来越多的会计科目已经开始使用公允价值记账。为了确定公允价值，建议使用三种方法：（1）市场法（market approach）。即，使用交易中相同或可比资产的市场价格。（2）收入法（income approach）。即，将未来的现金流进行折现折成现值。（3）成本法（cost approach）。即重置成本法，使用该资产的重置成本。

公允价值记账的优点为：（1）可以为资产的估值提供更为当前的信息。投资者和金融机构主要通过公允价值做关于资产和负债方面的决策。（2）可以使得对有同一经济特征的金融工具（资产类或负债类）之间进行相互比较来决定是购买还是出售这些金融资产。

公允价值记账的缺点：（1）会增加资产价值的波动性；（2）资产价值评估的可靠性存在不确定性，因为价值评估的灵活性及主观性较大。

整合报告系统（integrated reporting，IR）

整合报告系统建立的目的是，在年报之外，通过整合报告向公司的利益相关者提供价值创造过程的信息。公司的六种资本（如下）通过业务模型和公司治理等为企业创造价值。公司的六种资本是：

融资资本（financial）。公司获得的资金（债务类融资、权益类融资等）以用于生产产品或提供服务。

生产资本（manufactured）。公司生产产品/提供服务所需的硬件物品，如厂房、设备、基础设施等。

智力资本（intellectual）。专利、版权、制度、知识、程序等。

人力资本（human）。能力、经验、革新的激励等。

社会和关系资本（social and relationship）。共同的价值观、共同的文化、公司的品牌和声誉、利益相关者之间的关系等。

自然资本（natural）。环境资源、生态系统健康、生物的多样性等。

整合报告系统里对价值的创造是着眼短期和长期的。

对外财务报告　练习题与解答

1. 公司以购置成本的全额抵押贷款的方式获得土地。则这笔交易应该在公司的现金流量表中（　　）部分披露。

A. 筹资活动　　B. 投资活动

C. 经营活动　　D. 不涉及现金的筹资和投资活动

答案：选 D。

2. 下面是 D 公司财务记录中的一些项目：

可供出售证券 $200 000

待摊费用 $400 000

库藏股 $100 000

上面三项在 D 公司的资产负债表中列为资产类别的总额是（　　）。

A. $400 000　　B. $500 000　　C. $600 000　　D. $700 000

解析：选 C。可供出售证券和待摊费用是资产类。库藏股不是资产类科目。

3. 该年 ER 公司花了 $5 000 获得了一项长期生产用资产，还向当地一家银行借款 $10 000。这两笔交易应该在公司的现金流量表上如何列示？

A. 投资活动支出现金 $5 000；筹资活动收到现金 $10 000

B. 投资活动收到现金 $10 000；筹资活动支出现金 $5 000

C. 经营活动支出现金 $5 000；筹资活动收到现金 $10 000

D. 筹资活动支出现金 $5 000；投资活动收到现金 $10 000

答案：选 A。

4. ER 公司记录了当期的如下一些支出项目：

购入 T 公司股票 $300 000

支付股东股利 $200 000

回购公司股票 $400 000

上述三项支出中在公司现金流量表中投资活动部分列示的金额应为（　　）。

A. \$300 000　　B. \$500 000　　C. \$700 000　　D. \$900 000

解析：选 A。记住回购本公司股票是融资现金流。

5. 下面的资料是由 ER 公司提供的，用来计算在其资产负债表里面未完交易的应收账款。

该期间向顾客销售产品的收入总计为 \$150 000，收款期为 30 天。该期间向某位客户销售产品时收到一张 \$25 000 的商业票据，180 天到期。

上一期末未完交易的应收账款期末余额为 \$300 000。

该期收回未完交易的应收账款为 \$200 000。

该期“ER 员工信用合作社”使用了公司的设施，租金收入为 \$2 000，这笔租金虽然尚未收到，但已实现。

该期资产负债表上未完交易的应收账款余额应是（　　）。

A. \$250 000　　B. \$252 000　　C. \$275 000　　D. \$277 000

解析：选 A。此题的翻译有些瑕疵。此题的实际意思是公司本期的销售包括：（1）15 万美元，普通赊销，账期 30 天；（2）2.5 万美元的销售，没收到现金，但收到了商业票据。

应收票据不属于未结算的交易应收款，应收票据回款的可能性极大或者说只是一个时间问题，尤其是银行承兑汇票，客户这么做一般是为了额外再得到一定的账期，但它比应收账款要踏实得多，应收账款和应收票据分别在资产负债表上列示，应收账款一般就是指未结算的交易应收款；租金收入不属于交易应收款；因此，30 万 + 15 万 − 20 万 = 25（万美元）。

6. 公司的总会计师收集了如下的一些资料，据以编制公司的现金流量表。当年公司的净利润为 \$82 000，该年还出售一台原值 \$60 000，账面净值 \$53 000 的旧设备，现金收讫且获利 \$10 000。新设备花了 \$100 000。下面是去年和今年一些账户的期末余额（单位：美元）：

	上年	今年
现金	39 000	85 000
应收账款净额	43 000	37 000
存货	93 000	105 000
机器设备	360 000	400 000

累计折旧——机器设备	70 000	83 000
应付账款	22 000	19 000
应付票据	100 000	100 000
股本	250 000	250 000
留存利润	93 000	175 000

那么来自公司本年度经营活动的现金流入量是（　　）。

A. $63 000　　B. $73 000　　C. $83 000　　D. $93 000

解析：选 C。注意累积折旧费的发生额不一定是纯折旧费引起的，处理固定资产时会借记累计折旧。一般来讲，期初累计折旧余额 + 当期提取的折旧费 - 处理固定资产时清理出去的累计折旧（原值减净值）= 期末累计折旧余额。因此，此题中本期折旧费 = 83 000 - 70 000 + 60 000 - 53 000 = 20 000（美元）。因此答案 = $82 000 - $10 000（固定资产处理利得）+ $20 000（折旧费）-（$37 000 - $43 000）-（105 000 - 93 000）+（19 000 - 22 000）= 83 000（美元）。

7. 若采用间接法编制现金流量表，则下列将会导致现金流量减少的是（　　）。

A. 摊销费用　　B. 应交所得税减少

C. 发行普通股所得的收入　　D. 存货减少

答案：选 B。

8. 请问编制现金流量表不需要计算下列哪一项？

A. 通过应付票据或债券获得的借款

B. 销售货物或者提供服务的收入

C. 开具应付票据购置设备

D. 出售债券或股票方面的投资所得的收入

解析：选 C。C 是非现金业务。

9. 公司刚结束的这一年份的部分财务资料如下（单位：美元）：

净利润 2 000 000

应收账款增加 300 000

存货增加 100 000

应付账款增加 200 000

折旧费用 400 000

销售可供出售证券利得 700 000

发行普通股应该收到的现金 800 000

支付的现金股利 80 000

购置土地支付的现金 1 500 000

销售可供出售证券收到的现金 2 800 000

公司该年来自筹资活动和投资活动的现金流量分别是（　　）。

A. \$80 000，\$1 300 000　　B. \$720 000，\$1 300 000

C. \$800 000，\$1 300 000　　D. \$3 520 000，\$1 300 000

解析：选B。融资现金流 =80 万 －8 万 =72（万美元）。投资现金流 =280 万 －150 万 =130（万美元）。注意可供出售证券出售时的利得属于损益表，因此属于经营现金流。

10. 电子设备公司在刚结束这一会计年度的结果如下（单位：美元）：

净利润 920 000

折旧费用 110 000

应付账款增加额 45 000

应收账款增加额 73 000

递延所得税负债增加额 16 000

来自经营活动的现金流量是（　　）。

A. \$928 000　　B. \$986 000　　C. \$1 018 000　　D. \$1 074 000

解析：选C。用公式：(920 +110 +45 －73 +16) ×1 000 = \$1 018 000。

11. 3年前J公司花费 \$100 000购买了Z公司的股票，今年以 \$150 000的价格出售。那么这笔交易的结果在J公司的现金流量表中的投资活动部分列示的金额是（　　）。

A. 0　　B. \$50 000　　C. \$100 000　　D. \$150 000

答案：选D。

12. 公司刚结束的这一年份的部分财务资料如下（单位：美元）：

净利润 2 000 000

应收账款增加 300 000

存货减少 100 000

应付账款增加 200 000

折旧费用 400 000

销售可供出售证券利得 700 000

发行普通股应该收到的现金 800 000

支付的现金股利 80 000

购置土地支付的现金 1 500 000

销售可供出售证券已经收到的现金 2 800 000

假设公司采用间接法编制现金流量表，则来自经营活动的现金流量是（　　）。

A. ＄1 700 000　　B. ＄2 000 000　　C. ＄2 400 000　　D. ＄3 100 000

解析：选 A。很简单：200 万 − 30 万 + 10 万 + 20 万 + 40 万 − 70 万 = 170（万美元）。注意：出售可供出售证券利得属于损益表科目，因此属于经营现金流。

13. 财务会计准则第 95 号公告“现金流量表”中对来自经营活动的现金流量是如何表述的?

A. 必须采用直接法披露

B. 必须采用间接法披露

C. 应该采用直接法披露，但是间接法也是允许的

D. 如果能清楚地披露每股普通股的现金流量，则可以采用任何符合逻辑的形式披露

解析：选 C。英文原话是 FASB 鼓励用直接法，但直接法很少用，而且即使用直接法，FASB 也要求企业要在单独表里披露从净利润到经营性净现金流的调节。

14. 下列各项都是在资产负债表上列示的现金等价物的实例，但有一项不是，这一项是（　　）。

A. 商业票据　　B. 货币市场基金

C. 短期国库券　　D. 长期国库券

解析：选 D。长期国库券又称长期国债，债券一般是长期的。

15. 在计算净利润时，下列选项中不要求在损益表中披露的是（　　）。

A. 和对以前年度会计报表错误更正相关的收入项目

B. 营业外收入

C. 会计准则变更造成的影响

D. 为处置某个营业分部所造成的损失

解析：选 A。A 是指以前年度的会计差错，只需更改以前的相关报表的科目和发现会计差错那一年的期初留存收益。对本期利润计算没有什么影响。

16. 对坏账估计所作的变更应该（　　）。

A. 看作一项错误　　B. 追溯处理

C. 作为营业外项目处理　　　　　　　　D. 看作只对变更的当期产生影响

解析：选 D。会计估计变更就是指当年的估计发生了改变，因此只影响当期。另外其他三个选项明显错误。

17. 一项应收款在资产负债表上被列为流动资产，则预计此项应收款在（　　）内收回。

A. 当前营业周期内

B. 一年内

C. 当前营业周期或者一年之内，以何者孰长为原则

D. 当前营业周期或者一年之内，以二者孰短为原则

答案：选 C。

18. 该公司经营周期为 6 个月：

现销额　$ 100 000

第 6 个月赊销额（收款期 30 天）　$ 150 000

第 5 个月赊销额（收款期 9 个月）　$ 10 000

已实现的且是应计的投资利息费用（下一个营业周期的第 3 个月到期）　$ 2 000

那么公司在当前营业周期期末的应收账款总额是（　　）。

A. $ 152 000　　　B. $ 160 000　　　C. $ 260 000　　　D. $ 262 000

解析：选 B。应收账款是指经营周期和一年中的更长者，因此题中应该用 1 年。15 万 +1 万 =16（万美元）。题中翻译错了，应该是利息收入，应收利息不属于应收账款，应收账款是指销售货物或服务。

19. J 公司和 L 公司进行了一笔非货币性交易。交换的资产在性质上并不一样。作为交换交易的一部分，J 公司还收到 L 公司的现金。然而该笔交易给 J 公司带来了损失。就此损失而言，其最恰当的会计处理方式是（　　）。

A. 由于交换的资产性质不一样，故不确认此项损失

B. 由于 J 也收到了补价，故不确认此项损失

C. 在交换当年全部确认为损失

D. 交换当年根据收到的现金占收到的交换资产总价值的比例部分地确认损失

答案：选 C。

20. 长期负债应体现在财务状况表的流动部分，如果（　　）。

A. 长期负债在到期日之前将转换成普通股

B. 长期负债在一年之内到期，并会使用流动资产来偿付

C. 管理层计划在一年内对长期负债再融资

D. 在下一年度内将设立债券赎回基金，并用于其赎回计划

答案：选 B。

21. 一位分析师使用财务状况表作为以下所有分析的首要信息来源，除了（　　）。

A. 计算控制偿债能力指标　　B. 分析新融资项目潜在的成本

C. 预计企业持续经营的价值　　D. 确认资本结构

解析：选 C。A 和 D 容易理解。B 是指企业未来融资的成本和企业的负债额、营运现金流、盈利能力等都有关系。选 C 是因为资产负债表/财务状况表并不能最终反映企业的真正价值是多少，一个企业的价值需要相关人士做出自己的评估，具体方法有公允价值法、相对估值法等。

22. 财务状况表提供了以下所有信息，除了（　　）。

A. 计算收益率　　B. 评估资本结构

C. 评估流动性和财务弹性　　D. 确定盈利能力和评估过去的业绩

解析：选 D。B、C 很容易理解。A 不太好理解，收益率 = 净利润/企业市值，资产负债表只提供了一部分数据。D 完全错，因为损益表主要是评估盈利能力和业绩，而不是资产负债表。

23. 基础的财务报表包括根据美国公认会计准则编制的财务状况表，该报表让投资者评价下列所有的事项，除了（　　）。

A. 企业资产使用的效率　　B. 企业的流动性和财务弹性

C. 企业的资本结构　　D. 企业资产的可实现净值

解析：选 D。资产负债表无法提供企业资产的可实现净值，需要另外评估，需要的信息为资产的售价和相关发生的出售成本等。

24. 在财务状况表上，被划分为流动资产的应收款的收回应在（　　）。

A. 当前的经营周期内

B. 一年内

C. 当前的经营周期或一年内，两者中更长的那个期限

D. 当前的经营周期或一年内，两者中更短的那个期限

答案：选 C。

25. 在使用现金流量表来评估企业持续偿债能力时，最需要考虑的因素是（　　）。

A. 期末的现金余额

B. 来自（用于）经营活动的现金流

C. 来自（用于）投资活动的现金流

D. 来自（用于）融资活动的现金流

答案：选 B。

26. 在用间接法编制现金流量表时，下列会导致现金流下降的是（　　）。

A. 摊销费用

B. 应付所得税减少

C. 发行普通股的现金流入

D. 存货减少

答案：选 B。

27. 用于支付企业股东股息的现金应在现金流量表上被列示为（　　）。

A. 经营性现金流入

B. 经营性现金流出

C. 来自投资活动的现金流

D. 来自融资活动的现金流

答案：选 D。

28. 在财务状况表上，下列不应被划归为流动负债的是（　　）。

A. 在提供服务之前，收到客户支付的款项

B. 上个月已完工项目所产生的应付工资

C. 由于折旧方法的差异所产生的递延所得税

D. 寄售存货所产生的应付账款

解析：选 C。C 属于非流动资产或负债。

29. 下列不是财务状况表所提供信息的局限的是（　　）。

A. 报告企业收益质量

B. 对于资产的回收、出售和年限都需要使用判断和预计

C. 剔除了一些具有财务价值的信息，比如员工的价值

D. 缺少大多数资产和负债的当前价值

解析：选 A。D 是指不是用公允价值记账。B、C 容易理解。具体请看财务报表的局限。

第5章　科技与分析

（考试比重：15%）

实质上此章的信息属于计、财、决、核、析、控六门功课中的“析”。

5.1　信息系统以及相关最新科技

5.2　数据治理、数据分析及相关最新科技

5.1　信息系统以及相关最新科技

5.1.1　会计信息系统

会计信息系统是用来生产一系列财务信息和财务报告的计算机信息系统。会计信息系统一般包括七大模块（模块也有可能会被直译为周期/循环，cycle）：

- 收入；
- 支出；
- 生产；
- 人力及薪资；
- 固定资产或称作不动产和设备（也有可能会被直译为财产、厂房和设备）；
- 总账和报告。

收入模块（销售到收款模块）

收入模块（又叫销售收入模块）的基本流程为：

1. 收到客户的采购订单。
2. 若客户要求赊账，则进行信用审批。
3. 然后检查是否有足够的存货。
4. 然后编制内部使用的销售订单。
5. 仓库部门根据销售订单，进行备货。
6. 准备运输单据，比如装箱单（packing list）、提单（bill of lading）等，这些单据

随货物一起发出。同时开具发票，寄给客户。此时公司会产生会计分录：借：应收账款，贷：销售收入，同时，借：销货成本，贷：产成品存货。

7. 之后收到相应的客户付款后，则借：现金，贷：应收账款。

支出模块（采购到付款模块）

基本流程为：

1. （需求人）填写采购申请（purchase requisition，PR），上面写明采购事项、理由、估计成本等。

2. 采购申请审批后交采购部门进行采购。

3. 货到后由独立的部门（即采购部以外的部门，如库房或申请人等）进行验收。验收后，填写收货验收单（goods received note，GRN）。

4. 财务应付账款会计必须进行三方核对，即发票、采购订单、收货验收单，然后经审批后安排出纳付款。

5. 出纳付款。

生产模块/营运模块/生产和成本核算模块

生产模块一般包括四个主要要素：

- 产品的生产设计；
- 计划和排产；
- 生产过程；
- 成本管理。

产品的生产设计。设计产品材料清单（bill of materials，BOM）和生产工序流程（routing）。

计划和排产。企业需决定是用传统的推动式生产模式（即根据销售预测进行排产，一般经常用 MRP 系统，即物料需求计划系统）还是牵引式生产（即适时生产制，just in time，JIT）。计划和排产步骤会生成：主生产计划，生产工单，领料单（从仓库领料到生产线），产出物品转移单（move tickets，即产出的物品从一个工序转到另一个工序）。

生产过程。此过程会生成材料投入报告和耗用工时报告等。

成本核算。根据上一步骤的数据，进行成本核算。根据企业的特点选择分批法/分步法/混合成本法。成本核算会生成完工产品成本报告（cost of goods manufactured）。

人力资源与薪资模块

人力资源模块主要涵盖招聘、培训、调动（transferring）、解职。另外，人力资源在维持员工良好精神面貌和士气，为员工提供福利，支持安全、整洁和富有成效的工作环境等方面有着重要的作用。

薪资模块的主要步骤为：

- 更新主薪资数据（包括新员工报到、升值、调动、解职、保险、税金等信息）；
- 记录工作时间数据（需按照实际工作时间计算薪资）；
- 准备薪资报告；
- 支付薪资；
- 支付薪资相关的税金以及其他抵扣。

固定资产模块

固定资产模块主要包括三个步骤：（1）购置固定资产；（2）计提折旧和维护固定资产；（3）处置固定资产。固定资产属于企业的大额投资，一般使用年限在一年以上，企业应谨慎科学地进行规划和决策。固定资产的折旧方法包括直线折旧法、双倍递减法、生产量法等。但土地在美国并不折旧。另外在处置固定资产时需对比账面价值和变卖的收入从而计算并记录固定资产处理损益。

总账和报告模块

总账和报告模块主要有四个步骤：

- 更新总账：各种会计分录过账到明细账和总账；
- 对调整分录进行过账；
- 准备财务报表；
- 编制管理报告。

5.1.2 企业资源规划系统

随着关系型数据库的发明以及计算机储存成本的降低，企业资源规划系统（enterprise resource planning，ERP）应运而生。ERP 将公司的所有数据（包括财务的和非财务的）储存在一个中心数据库。在 ERP 发明和应用前，企业一般要保持财务一套账和其他运营部门（如销售、采购、生产等）另外一套账，两套账之间须定期进行对账和调节以促进准确性，这样非常麻烦。

ERP 一般会分为下面几个主要的模块（也可能称作业务周期/业务循环，business cycle）：

- 销售到收款模块（也叫销售模块）；
- 采购到付款模块（也叫采购模块）；
- 生产模块；

- 物料管理/物流仓储模块；
- 人力资源和薪资模块；
- 财务模块；
- 项目管理模块；
- 客户关系管理模块；
- 系统工具模块。

模块之间是无缝连接的。ERP 最大的优点之一就是有一个全公司共享的大数据库，信息在一个地方更改后，各个模块都可以分享和使用更新的信息。ERP 会在这个交易处理系统的数据库外同时产生一个数据仓库，定期更新。数据仓库用于报告及数据挖掘、在线分析处理等。

ERP 可以用不同语种，很适合跨国公司经营。ERP 因为可以提供各种各样的管理信息和报告，这样可以给 ERP 使用公司的管理层提供创新的管理思路。ERP 实施时常常需要客户化，因为要适应企业具体情况。

ERP 的优点：

（1）加速决策。管理层可实时看到众多有用的经营决策信息。

（2）可以帮助改进内控（因为 ERP 的程序能体现内控要素，如采购流程、信用控制流程序等）。

（3）提升、改进经营观念和水平。例如，ERP 很多流程都是很新颖的，而且 ERP 提供了很多对管理层非常有用的管理报告，比如按客户盈利分析等。

（4）高度自动化、交易处理快速，可大量节省人工成本，并解放员工做其他更增值的事情。

ERP 的主要缺点：（1）可能迫使企业更改原来的运营程序；（2）因为用了 ERP 后和过去做法有很多不同（比如，由过去的手工一下子变成高度自动的软件，而且很多做法不一样，有的更好，但有的似乎不如以前好），公司管理层及员工可能会抵触。

5.1.3 数据库管理系统

数据库管理系统（DBMS），是介于数据库和应用程序（比如销售应用程序、存货控制应用程序等）之间的，进行管理数据库的一种软件，以使应用程序获取并使用数据。数据库管理系统主要管理和控制数据，以及连接数据和应用程序。

5.1.4 数据仓库

数据仓库是公司通过电子方式将数据储存起来。数据仓库的信息是来自交易处理系统（TPS）以及其他来源。数据仓库是为了促进企业进行报告、查询和决策分析，数据仓库不是交易处理系统，不能进行交易处理。

5.1.5 系统开发生命周期

（请详见内控之系统控制部分）

5.1.6 企业绩效管理系统

企业绩效管理系统（enterprise performance management，EPM）主要用于跟踪和评估企业绩效。而 ERP 主要是帮助管理层进行日常的运营。

5.1.7 业务流程分析

业务流程分析（business process analysis）是指系统地分析公司所有的业务流程，以确定业务流程是否需要改进。业务流程分析主要有四个步骤：

- 确定要分析的流程。最好先从对公司最重要的流程开始。
- 从头到尾梳理流程（可以通过询问、访问等形式），然后清晰完整地进行归档。
- 分析目前的流程中的优势和需改进的地方。
- 建议具体的改善计划。

5.1.8 云计算

云计算（cloud computing）/云处理是指公司通过互联网，按照自身需要获得所需的硬件、软件、平台等资源。有专门的另外的公司做资源的提供方。资源的提供是通过网络。提供资源的网络被称为“云”。这样，客户无须自己购买相应的硬件设施和招聘 IT 维护人员，而是租赁资源提供方的硬件、软件以及相应的服务。SAAS 是一种典型的云计算/云处理代表。

5.1.9 SAAS

SAAS（software-as-a-service）的中文叫作“软件即服务”或又称作“通过互联网提供软件服务”。SAAS 是指，企业在使用计算机应用软件系统时，无须自己购买相应的软硬件以及招聘专业的系统维护人员，而是通过网络租赁 SAAS 提供商的相关软硬件及服务，通过互联网使用信息系统，比如 ERP 信息系统、CRM 信息系统等。SAAS 提供商为企业搭建信息化所需要的所有网络基础设施以及软件、硬件运作平台，并负责所有前期的实施和后期的维护等一系列服务。

相比而言，传统的模式是企业客户向应用软件提供商购买应用软件，如 ERP、CRM 等，企业客户需要购买相应的磁带/软盘/CD 等，而且一般要多套备份，然后企业客户购买服务器等硬件，之后客户实施应用软件。另外软件升级时再购买相应的新版的磁带/软盘/CD 等进行升级。

SAAS 提供商将应用软件统一部署在自己的服务器上。企业根据自身需要，通过互联网向 SAAS 提供商租赁所需的应用软件服务，按租赁的服务内容和时间长短向 SAAS 提供商支付费用。SAAS 适合所有规模的企业。

SAAS 的优点：

1. 互联网特性。SAAS 提供商通过互联网为客户提供服务。企业有互联网浏览器就可以使用相应的应用软件，如 ERP、CRM 等。客户不必投入任何软硬件费用，也不用招聘专业的系统维护人员。
2. 多重租赁特性。SAAS 服务通常基于一套标准软件系统为成百上千的不同企业客户（又称租户）提供服务，每个租户/公司又会有很多用户。
3. 客户使用应用软件系统更方便，只要有互联网，在哪都可以用。
4. 服务特性（service）。相比传统的软件供应商对客户的服务模式，SAAS 因便捷的互联网载体可为客户提供更多、更细致、更有效的服务。
5. 可扩展特性（Scalable）。规模扩大的弹性很强。

SAAS 的问题：

- 保密性的问题。万一资源提供方泄露数据，后果严重。
- 系统运营过度依赖资源提供方，可能会出现一些隐患，比如资源提供方运营是否稳定，资源提供方可能会出现服务不周到、不合理收费等。

5.1.10 人工智能

人工智能（artificial intelligence，AI）。人工智能是指开发一种能以人类智能相似的方式（如学习、推理、思考、规划等）做出反应的智能机器。目前人工智能涉及的领域包括：机器人、语言识别、图像识别、人脸识别、指纹识别、专家系统等。专家系统（expert system）是一个智能计算机程序系统，其内部含有大量的某个领域专业水平的知识和经验，能够利用人类专家的知识和解决问题的方法来处理该领域的问题。

5.1.11 机器人流程自动化

机器人流程自动化（robotic process automation，RPA）是以机器人作为虚拟劳动力，依据预先设定的程序与现有用户系统进行交互，并完成预期的任务。从现有技术来看，目前的 RPA 仅适用于高重复性、高标准化的工作，例如机器人自动开发票、自动报税等。RPA 有以下好处：

- 更快、更准地完成重复性、标准化的工作（错误率比人工低）；
- 将员工从枯燥、重复性的工作中解放出来去做更增值的工作，提高了员工士气以及工作效率；
- 可以无间断地一天 24 小时、一周 7 天的工作；
- 基于明确的流程操作，无差别化，防止人为操纵；
- 所有操作都会留下审计追踪（audit trail）等。

5.1.12 人工智能与会计

人工智能越来越多地应用到会计中，比如自动开发票、数据录入、跟踪到期应付账款、自动报税等，人工智能可以提高交易处理的速度和准确性、减少欺诈（因为减少了人为的参与）。人工智能的另外一个益处是人工智能系统可以从错误中学习，从而尽可能避免重复错误。

5.1.13 区块链

区块链（blockchains）是分布式账本技术、点对点网络技术（peer to peer network）、加密技术等计算机的新型应用模式。分布式账本是一种在多个站点、不同地理位置、多个公司组成的共享的数据库。分布式账本记录网络参与者之间的交易（比如资产或数据的交换等)。其中，每个参与者可以获得唯一真实账本的副本。账本里的任何变动都会在所有副本中被反映出来。网络中的参与者根据共识原则来协商确定账本中记录的更新机制。这种共享账本降低了因调节不同账本所产生的时间和成本。

交易记账由分布在不同地方的多个节点共同完成，而且每个节点记录的是完整的账目，因此它们都可以参与监督交易的合法性。

区块链最初使用在加密数字货币上，比如比特币。现在区块链延伸应用到其他领域，例如，

(1) 金融领域。比如信用证、证券交易、国际汇兑等金融领域。将区块链技术应用在金融行业中，能够节省第三方中介环节，实现点对点的直接对接，从而大大降低交易成本，并快速完成交易支付。

(2) 物流领域。通过区块链可以降低物流成本，追溯物品的运送过程，提高供应链管理效率。

(3) 其他领域，如保险领域、查偷漏税、查洗钱等。

区块链的特征：

(1) 去中心化，节省了支付给中间商的成本。区块链技术不依赖额外的第三方管理机构，没有中心管制。通过分布式计算和存储，各个节点实现了信息自我验证、传递。去中心化是区块链最突出、最本质的特征。

(2) 增加交易的透明性。区块链的技术基础是开源的，除了交易各方的私有信息被加密外，区块链的数据对所有人开放，任何人都可以通过公开的接口查询区块链数据和开发相关应用，因此整个系统信息高度透明。但是账户身份信息是高度加密的，只有在数据拥有者授权的情况下才能访问，从而保证了数据的安全和个人隐私。

(3) 安全性。使得网络数据更安全，避免主观人为的数据改变。

5.1.14 商业智能

商业智能 (business intelligence)，又称商务智能，是指将企业中现有的数据转化为知识，帮助企业做出明智的业务经营决策的工具。商业智能主要使用的技术包括：在线分析处理/联机分析处理技术 (online analytical processing，OLAP)、数据仓库技术、数据挖掘技术等。

5.2 数据治理、数据分析及相关最新科技

5.2.1 数据治理框架

数据是企业最重要的资产之一，数据治理对企业来讲至关重要。在会计行业中，数据治理框架（data governance framework）有两种：一是 COSO 制定的数据治理框架，其主要涉及的是一般性数据治理；二是信息系统审计和控制协会（ISACA）制定的数据治理框架，其主要涉及的是信息技术（IT）相关的数据治理，具体称作信息及相关技术的控制目标（control objectives for information and related technologies，COBIT）框架。

COSO 制定的数据治理框架，可参考 COSO 2013 年的内控机制，即控制环境、风险评估、控制活动、信息与交流、监控以及其中 17 个原则。

COBIT 框架分为四个部分：

1. 计划和组织（plan and organize）；
2. 获取（acquire）和执行（implement）；
3. 交付（deliver）和支持；
4. 监控和评估。

5.2.2 数据生命周期

数据生命周期（data life cycle）一般包括八个阶段：

1. 数据采集（data capture）；
2. 数据维护；
3. 数据合成（data synthesis）；
4. 数据使用；
5. 数据分析（data analytics）；
6. 数据发布（data publication）；
7. 数据归档，对于已使用完的数据信息进行归档，以备后用；
8. 数据清除（data purging）。

5.2.3　网络攻击发现与预防

防止网络攻击的方法：

1. 进行侵入测试（penetration testing）。一般是邀请专业机构对公司的信息系统进行测试，检查有无潜在被恶意攻击的薄弱点。

2. 生物认证（比如指纹等）。传统的密码认证和身份认证卡容易丢失、被偷，但生物认证，比如指纹认证，要好很多。

3. 防火墙，是指一个由软件和硬件设备组成，在内部网与公共网（internet）之间的界面上构造的保护屏障，保护内部网免受非法用户的侵入和破坏。防火墙一般使用包过滤（packet filtering）系统检查欲进入网络者的安全性以及检查欲进入网络的信息的安全性，然后只有符合安全标准才放行。另外，防火墙一般使用多层防护措施，一层防护措施失守后，还有后面的多层防护。

5.2.4　数据分析

大数据，是指数据规模巨大，在获取、储存、管理、分析方面大大超出了传统数据库软件工具能力范围的数据集合。大数据需要特殊的技术，比如，数据挖掘、分布式数据库、云计算平台、互联网、可扩展的存储系统等。大数据一般具有 4V 特点：

- （大量）volume：数据量巨大；
- （多样）variety：数据的多样性，包括数字、文本、影像、音频等；
- （高速）velocity：数据生成和处理非常快速；
- （真实）veracity：数据的真实性。

注，也有资料上提出了另外一个特点，即 Value（价值）：合理利用大数据，以低成本创造高价值。

大数据包括结构化、半结构化和非结构化数据，非结构化的数据占大多数比例。

大数据离不开云计算/云处理，大数据必然无法用单台计算机进行处理，大数据分析需要成百上千的众多计算机，云计算为大数据提供了弹性可扩展的基础设施。另外，大数据必须依托云计算的分布式处理、分布式数据库和云存储等技术。

大数据的作用：通过大数据分析来发现规律、模式、趋势，以帮助商业决策等，例如，对大量消费者提供产品或服务的企业可以利用大数据进行精准营销等。

数据挖掘，是在大量的数据中找出（挖掘出）隐藏的规律、模式等的一种软件，可用来发现问题、发现规律、预测未来，广泛用在市场营销、诈骗侦查等项目中。但数据挖掘并不是一项精准的科学，数据挖掘发现的规律、模式等更多的是作为参考。数据挖掘一般会使用结构化查询语言（structured query language，SQL）。

数据分析——其他

数据分析可以分为四种基本类型：

1. 描述型（descriptive）：总结、报告过去发生了什么，经常会涉及平均值、方差、标准差等。

2. 诊断型（diagnostic）：找出问题的原因。

3. 预测型（predictive）：根据描述型数据分析和诊断型数据分析，分析未来的趋势、走向等。

4. 指导型（prescriptive）：将来要采取什么措施来抓住机遇或解决问题。

三种常用的数据分析模型：

1. 聚类分析（clustering）：通过对数据进行分析，找出同类数据。聚类分析经常用于公司的市场调研以让公司更好地了解各种客户群的不同偏好。

2. 分类（classification）：区别于聚类分析，分类是指提前确定好了标准，然后按标准将数据进行分类，例如，按年龄分类，20 岁以下，20 岁及以上。

3. 线性回归（regression）：多用于对未来的预测，比如预测未来一段时间的成本。具体请参见预算章节中的线性回归分析。

模拟分析法：是指将各种变量随机组合以测试结果的变化，并最终给出所产生的结果的分布图。其中，比较常用的是蒙特卡洛模拟法，也叫概率分布法。蒙特卡洛模拟分析经常用于大型资本预算项目中，在此情形中模拟分析法的机制如下：

- 预测资本预算项目的现金流。
- 确定影响现金流的所有变量（而敏感性分析只是涉及主要变量）及其可能变动范围。例如，售价在 200 ~ 300 元，间隔 1；销量在 50 万 ~ 190 万件，间隔 100 件等。
- 将信息输进计算机（相关的模拟分析法的专用计算机软件）。
- 计算机软件会随机挑选各种变量的任意组合来计算项目净现值、内部收益率。经过可能成百甚至上千次的计算而形成：（1）净现值、内部收益率的概率分布图；（2）平均值；（3）标准差等。
- 由此可查出净现值大于 0 或 IRR 大于要求回报率的概率，也可查询 NPV 或 IRR 达到一定值的概率，从而来判断风险。

实质上，蒙特卡洛模拟分析法也是敏感性分析法的一种，即，如果是这个变量组合，结果会怎样，或者如果是那个变量组合，结果会怎样等。当然蒙特卡洛模拟分析也可以说是一种情景方案分析法，即可能会出现成百上千种方案。

时间序列分析法（time series analysis）。时间序列分析法可以展示趋势、模式以及根据过去的变化趋势预测未来的发展。前提假定是：事物的过去会延续到未来。时间序列分析中，变化规律模式的四种形式有：

■ 长期趋势性。呈现一种较长期的持续上升、下降或停留的趋向。这些长期的趋势有可能由人口的变化、科技的变化或消费倾向的改变等引起。在企业中若发现有这种长期趋势，企业应制定应对预案，例如，若发现销售有长期向上的趋势则企业应该准备好足够产能和其他资源予以支持，若发现销售持续下降的趋势则企业有可能考虑是否要退出。

■（宏观经济）经济周期（cycles）的变化趋势。例如，顶峰、衰退、谷底、复苏。有人值得商榷地将经济周期变化趋势翻译为循环变化趋势。

■ 季节性变化趋势。随着自然季节的交替出现高峰与低谷的规律。例如，服装业，分为夏季服装、冬季服装等。季节性变化一般是已知和固定的，比如圣诞节前后是旺季，又比如对于冰激凌而言，夏天是旺季，冬天是淡季。

■ 无规则变化。和以上不同，这种变化是不规则的，随机的，可能是由于预料不到的、不重复的一些因素引起的，比如人为的或自然灾害等，这种情况下无法通过时间序列分析找出趋势。

时间序列分析相当于以时间为独立变量（自变量）的线性回归分析，即 X 轴为时间变量，Y 轴为分析的变量。

时间序列分析的好处和缺陷。

■ 好处：(1) 时间序列分析可以帮助企业发现未来明显的向上或向下的长期趋势，因此管理层可以决定是扩大生产规模还是选择准备退出。(2) 若是经济周期的趋势，企业可以在经济繁荣和经济危机时及时调整公司的经营战略。(3) 若是季节性的变化，企业可及时准备存货以应对旺季，并相应地在淡季采取促销等措施。

■ 缺陷：(1) 过去有可能不能延续到未来；(2) 人为或一些自然灾害等时间是无法预测的。

平滑时间序列分析法（简称平滑法）。平滑法可以去除时间序列中由不规则因素引起的随机变动或振荡。平滑法适用于时间序列中没有经济周期、季节变化及长期趋势的情形，主要用于较短期预测，如下一个期间的预测。平滑技术主要有 3 种方法：(简单) 移动平均、加权移动平均和指数平滑法。

简单移动平均法就是相继移动计算若干时期的平均数作为下期预测值，例如，4 月、5 月、6 月实际发生的销售收入相加除以 3 等于预测 7 月的销售收入数据。

加权移动平均法，是将简单移动平均数进行加权计算。在确定权数时，近期（离需预测的月份较近的月份）观察值的权数应该大些，远期（离需预测的月份较远的月份）观察值的权数应该小些。例如，4 月、5 月、6 月三个月实际的销售收入分别为 10 万元、12 万元和 15 万元，7 月预测的销售收入 = 20% × 10 + 30% × 12 + 50% × 15 = 13.1（万元）。

指数平滑法，是根据历史资料的上期实际数（又称观测值）和预测值，用指数加权的办法进行预测。公式为：预测下一期的数 = A × 本期实际发生的数 +（1 - A）× 上期预测本期应该发生的数。其中，A 为权重，一般来讲，变化剧烈的情形 A 会相对小（因为可参考作用小），否则就大。例如，6 月实际的销售收入 = 15 万元，5 月通过平滑指数法预测 6 月应该发生 16 万元，假设近期销售变化不剧烈，则 7 月预计销售收入 = 15 × 70% + 16 ×（1 - 70%）= 15.3（万元）。

此法优点是较简单，只用上期实际数和上期预测值（以前预测上期应该发生的数）。注：使用的这两个数是指同一期（区别是一个是实际发生的，另一个是以前预测该期要发生的）。这样可以节省很多数据和处理数据的时间，减少数据的存储量，方法简便，是国外广泛使用的一种短期预测方法。

数据可视化：即数据分析通过图示来表达。常用的有以下几种。

- 用于相互比较用的：

■ 用于相互比较用的条形图（bar chart）：竖直的条形图/柱状图，但柱和柱之间是分开的，是有一定距离的。下面讲的直方图/柱状图，虽然也是很多柱组成，但柱与柱之间是紧密连在一起的，彼此之间没有相隔的距离。直方图/柱状图不是用于相互比较，而是用于展示数据分布。

■ 用于相互比较用的饼图（pie chart）：圆形图，其中不同分类有各占的比例。

■ 用于数据分布分析的直方图/柱状图（histograms）：由很多柱组成，但柱与柱之间是紧密连在一起的，彼此之间没有相隔的距离，直方图/柱状图用于展示数据分布，比如质量分布图。

- 用于数据分布分析的盒型图（box plot）或盒型—虚线图（box and whisker plot），又称为箱型图（box plot）：使用五个标准测量（最大值、最小值、中间值以及上下四分位数）来展示数据分布。盒型图可用于识别异常值。
- 用于展示地理位置的图：地图。
- 用于展示相互关系的：

■ 散点图（scatter plot）：是指在回归分析中，绘制 x 轴和 y 轴两个变量的众多交叉点，从而显示数据的分布，判断两个变量之间是否存在某种关联。散点图只能分析两个变量之间的关系，不能用于分析 2 个以上变量之间的关系。

■ 气泡图（bubble chart）：是散点图的另一个图示形式，以气泡状呈现。

■ 热图（heat map）：是数据的一种二维呈现，其中的数值都用颜色表示。通过不同颜色或者颜色的深度不同来展示多种变量之间的关系。热图是通过视觉效应来反映数据。热图可以通过颜色深度不同来促进确认异常值。热图的缺点是：很难通过颜色的区域来准确区分不同的变量，比如肯定不如条形图直观。

- 用于展示趋势（trend）的折线图（line chart）：折线图可以显示随着时间的变化呈现的一种趋势以及不同时间点的数据的变化。比如一年中的每个月的产量可以绘制折线图。

科技与分析 练习题与解答

1. 下列关于蒙特卡洛模拟分析法的描述错误的是（　　）。

A. 敏感性分析的一种　　B. 可用于大型并购项目的决策中
C. 一般是通过手工计算　　D. 情景方案分析的一种

解析：选 C。A、B、D 都对。C 的描述是错的，因为蒙特卡洛模拟分析法可能会出现成百上千次复杂的计算，必须要通过计算机软件才可以。

2. MNO 公司的销售员本杰明因家里有病人需要照顾，在 9 月一直没怎么上班，其当月销售业绩非常不好。下面（　　）是适合的。

A. 经济周期趋势分析　　B. 长期趋势分析
C. 季节性变化趋势分析　　D. 无规则变化

解析：选 D。因为这种情形属于非常偶发的意外。

3. 在云处理模型里，公司在使用 ERP 时无须自己购买服务器及应用系统，这是指（　　）。

A. 机器人流程自动化　　B. 人工智能系统
C. 区块链　　D. 以上都不对

解析：选 D。这是 SAAS，软件即服务系统。

4. 企业在会计工作中使用机器人流程自动化系统的原因是（　　）。
A. 报税流程高度标准化，使用机器人流程自动化可以提高效率并减少因人为参与带来的人为规则的扭曲
B. 这样可以更灵活
C. 是内部控制的需要
D. 以上都不对

答案：选 A。

5. 下列描述中错误的是（　　）。

A. 刷脸认证比密码认证更不容易丢失　　B. 区块链目前还没有在实际中应用
C. 比特币是一种加密的数字货币　　D. ERP 包含了会计核算系统

解析：选 B。A、C、D 都正确。B 是错误的，区块链已经开始在实际中应用。

6. 下面关于数据生命周期的排序正确的是（　　）。

A. 数据合成、数据归档、数据清除　　B. 数据分析、数据合成、数据发布
C. 数据发布、数据维护、数据收集　　D. 数据使用、数据维护、数据归档

答案：选 A。

7. 下面关于大数据描述错误的是（　　）。

A. 大数据可以用来进行数据挖掘　　B. 大数据是商务智能的一种形式
C. 大数据里面都是千位数以上的数　　D. 大数据中多是非结构化数据

解析：选 C。C 是一种误解。

8. 下列不属于商业智能的是（　　）。

A. 联机分析处理技术　　B. 数据仓库技术
C. 数据挖掘技术　　D. COSO 内控机制

答案：选 D。

9. 下列关于人工智能和商业智能的区别的描述正确的是（　　）。

A. 人工智能主要是指模仿人类的一些行为的计算机工具，而商业智能主要是指将数据转化成知识从而促进商业决策
B. 人工智能包含了数据仓库技术
C. 商业智能包括了机器人
D. 人工智能和商业智能基本上是一样的

答案：选 A。

10. 下列描述不是 ERP 的优点的是（　　）。

A. 可以共享一个数据库
B. 可以产生数据仓库，以进行很多有价值的分析
C. 员工可以有更多的时间做战略任务
D. 更多的时间去做经营任务

解析：选 D。ERP 节省了做经营任务/经营工作的时间。A，B 都是优点。C 也是优点，因为 ERP 可以让员工节省做日常事务的时间，从而可以做更增值的事情，比如战略规划等。

11. 下列关于数据仓库的描述不正确的是（　　）。

A. 数据仓库是用于处理日常经营交易
B. 数据仓库是用来决策分析用
C. 数据仓库可以用来信息查询
D. 数据仓库的数据的来源之一是来自数据处理数据库

答案：选 A。

12. 下列不是防止网络攻击方法的是（　　）。

A. 防火墙　　B. 生物认证系统
C. 网络进入测试　　D. 将公司信息放置于公共网

答案：选 D。

13. 如果公司想进行修理费预测，应该使用（　　）分析模型。

A. 聚类分析　　B. 分类分析　　C. 人工智能　　D. 线性回归

答案：选 D。

14. 下列关于防火墙和侵入测试的描述正确的是（　　）。

A. 防火墙是侵入测试的替代工具　　B. 防火墙是侵入测试的备选工具

C. 防火墙和侵入测试毫无关联　　　　D. 防火墙是侵入测试的补充

解析：选 D。侵入测试主要是测试公司有无被侵入破坏的薄弱环节，实际上此时都应该用防火墙作为一个强大的补充来防范网络攻击。

15. 下列关于区块链的描述错误的是（　　）。

A. 区块链是指很多企业间可以共享一个数据库
B. 区块链可以使得交易更加透明
C. 区块链最先作为数字货币的技术基础
D. 区块链和大数据是一回事

答案：选 D。

第 6 章　绩效管理

<u>绩效评估是指企业定期要对过去一段时间的运营业绩做评估和总结并考核相关责任人。通过绩效评估，企业发现问题予以及时纠正，然后在过去的经验和教训基础上更坚实地进一步筹划未来，争取将来取得更好的业绩，并且可持续成功发展。（注意：黑体+ 斜体+ 下划线+ 非宋体字的文字是属于非直接考试内容，但对实际工作非常重要，建议认真学习!!）</u>

我们将要讲述的内容大纲如下：

6.1　平衡计分卡
6.2　转移定价
6.3　按部门/产品/客户绩效评估

6.1　平衡计分卡

6.1.1　分权制管理与责任中心建立

按决策权的集中程度，组织结构可分为：集权制和分权制。现在很多大型企业实行分权制，分权制的优点相对更多。分权制是指更多地让最高管理层以外的经理对企业进行管理和决策，而集权制正好相反，是指管理和决策过于集中在最高管理层。过去集权制管理多一些。

责任中心建立

一个公司一般有如下责任中心：投资中心、利润中心、销售收入中心、成本中心。具体各自的定义如下。

1. 成本中心：是指主要发生成本，极少产生或根本不产生销售收入的一些责任中心。成本中心并不负责通过对外销售而产生利润。比如公司里的维修部、人事部、财务部、生产部等都是成本中心。成本中心是最简单的责任中心。成本中心的评估一定是建立在可控成本的基础上。

2.（销售）收入中心负责产品的销售收入。销售收入中心并不负责相应的产品的销货成本（关键词），当然销售收入中心需负责本销售收入中心发生的部门费用（比如工资、办公费、差旅费等），因此销售收入中心的绩效评估基础是本中心的销售收入和本中心的部门费用。销售收入中心，如一个公司的销售部。

3. 利润中心：既负责产品的销售收入又负责产品的销货成本（关键词），因此负责最终的利润。利润中心是相对独立运营的部门、区域销售处或分店等，但还没达到独立运营的子公司/总公司的级别，因此还不具备全面资本投资权（全面资本投资权是指不只是包括小型的办公设备（比如电脑等）的投资审批权，还包括规模扩建、并购、购买其他公司股票等）。独立运营的公司一般是投资中心。利润中心常见的一些形式有以下几种：

■ 连锁店中其中的一个店属于利润中心。例如锦江之星连锁酒店北京朝阳门分店、全聚德连锁店上海浦东分店、苏宁电器广州天河区分店等。分店一般没有投资的权限。

■ 从事多种不同业务的子公司其中一种业务部门，每种业务都是进行分权制独立运营，但还达不到独立运营的子公司这么高的级别，考试中有时候称为“部门”。例如，一个美国当地大型的汽车经销商，其新车销售部门属于利润中心。虽然叫销售部门但实际上是一种独立运营、独立核算的业务。因为整个汽车经销商/代理商一般会分为新车销售业务和二手车销售业务。新车销售业务相对独立运营，负责产品的销售收入和产品的销货成本，但还并不是一个独立的子公司。尤其注意，考试中经常会故意“诱导”知识不扎实的考生犯错误，比如刚才的案例，叙述为销售部门，很多人误以为是销售收入中心。

■ 区域销售处。区域销售处一般负责产品的销售收入和产品的销货成本，但没有全面资本投资权。

4. 投资中心：既负责利润，又有全面资本投资审批权，投资可以分为内部的固定资产投资以及外部的对其他公司的证券投资等。投资中心一般是独立运营的子公司或集团公司中的战略业务单元层面（有时候也称作部门）。它们既负责利润又有全面的投资的自主审批权。

注意：上述所有责任中心，包括投资中心在内，都是集团/母公司下面的机构，因为这些责任中心是指集团/母公司下分的责任中心。另外，有时候利润中心和投资中心等的界定确实不好分清，此时做题时可用排除法，看哪个答案更对。

责任会计是指在一个组织内部，根据自治权和经理们的责任，将子单位或分部确定为不同的责任中心，然后对其进行相应的绩效评估的一种机制。

6.1.2　绩效评估办法

绩效评估对企业来讲至关重要，某种程度上来讲可以说是企业运营中最重要的环节之一。但遗憾的是，目前很多企业往往使用传统的绩效考核办法，即主要考核利润、销售收入等财务指标。这么做存在非常明显的缺陷，例如，（1）容易导致企业为了实现短期的财务指标而牺牲企业长远的发展。（2）财务指标一般是短期的，而且它本身不是未来企业长久可持续制造财富的动力源泉。相反，企业长期可持续成功发展往往取决于一些关键的非财务指标，比如客户、内部运营、学习与成长等。

针对目前企业绩效评估中存在的诸多严重弊端和不足，企业有什么良策呢？答案是：目前世界上最先进、最好的绩效评估与考核的方法是平衡计分卡及相关工具。全球目前顶尖的跨国公司基本都在使用战略平衡计分卡，早已摈弃了传统的绩效考核办法。

平衡计分卡最早出现于 20 世纪 90 年代初，它弥补了传统业绩考核只看财务指标的缺点。平衡计分卡综合地反映了财务、非财务、短期和长期的运营要素，并且平衡计分卡由最初的绩效管理工具发展成战略规划管理工具。

平衡计分卡的四个方面/维度：财务维度、客户维度、内部经营过程维度、学习与成长维度。每个维度又细分很多关键成功要素（critical sucessful factor，CSF），平衡计分卡包含了长期的、短期的、财务的和非财务指标。只有这些综合的业绩指标好，企业才叫真好。企业才可以长久可持续成功发展。

平衡计分卡

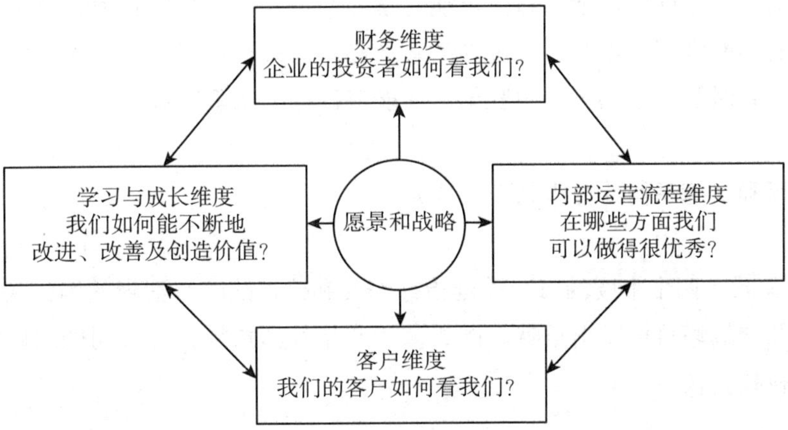

平衡计分卡的 4 个维度及主要关键成功要素如下：

1. 财务维度。财务指标一般是短期的而且反映的只是过去的绩效，并不能提供创造未来价值的动因。而且很多经理人为了自身的利益，为实现短期的财务指标而牺牲公司长远的发展。非财务指标则相反，它们往往是面向未来，比如，开发和研制新产品投入市场，提高顾客的满意度等。非财务指标可能需要较长时间的努力，但一旦这些指标顺利完成，将明显改善公司财务业绩以及保持企业的可持续性发展。因此企业长期兴盛的基石是关键的非财务指标。当然财务指标也非常重要，因为企业无论如何经营，但最终要让财务指标上非常出色，否则企业成立和发展就没有任何意义！

2. 客户维度（customers）。客户方面的主要指标是：客户满意度、获取新客户数量、市场份额、老客户保持率等。在现今这个客户至上的年代，如何满足客户需要，提高企业竞争力，已经成为企业能否获得可持续发展的关键。有了客户的认可以及可观的市场份额，企业就可以大幅度提高财务业绩。

常见的客户业绩的主要驱动要素是客户响应时间、送货表现、残次品、交付时间/交付周期等。

3. 内部运营流程维度。要弄清楚我们内部（运营）最擅长什么。内部运营是广义的内部运营，不只是包括生产过程。内部运营流程主要包括：生产流程、销售流程、支持性部门流程等。相关的主要指标有：产品质量、产品生产周期、排产完工率、安全、废品率等。有过硬的产品质量和出色的运营效率才能增强顾客对产品/服务的满意度，才能更好地拓展市场以及节约成本增加利润等，因此企业要尤其重视内功的培养，建立产品和服务的竞争性优势。

4. 学习与成长维度。要弄清楚未来我们是否能够保持优势。学习与成长维度主要包括两部分：一是产品方面的学习与成长，相关指标有新产品数量、新专利数量等；二是人事方面的学习与成长，相关指标有员工培训时间、员工建议数量、员工满意度、员工流失率等。另外，不同的其他资料上可能对学习与成长有不同的解释。而从长远角度来看，企业唯有不断学习与创新，有过硬的新产品、有较高的员工满意度等，才能实现长远发展，才能在激烈的市场竞争中胜出，才能获得持续竞争优势。

有效利用和实施平衡计分卡的三个原则：

1. 因果关系。四个维度的每个关键指标都要和公司战略有清晰的因果关系，即能诠释如何对公司的战略目标做出贡献。例如，新产品专利指标，而公司的战略之一是成为世界一流的科技公司。

2. 业绩衡量指标和业绩动因。业绩衡量指标又称关键成功要素，须和业绩动因紧密联系起来，例如，业绩衡量指标为99%的客户满意度，业绩动因是缩短客户响应时间、提升产品质量、“打不还手、骂不还嘴”的真诚服务态度等。业绩衡量指标是滞后的考核因素，如果没有业绩动因则只是告诉了应该做什么但没告诉如何做以达成战略目标，那就相当于空谈。而业绩动因是主导因素，但如果没有业绩衡量指标，就导致知道短期如何做，但不知道公司战略是否是成功。

3. 与财务指标的联系。最终所有的行动都要和财务指标联系起来，即是否能带来利润和现金流等的增加，平衡计分卡的最终目的是提高财务业绩。“黑猫、白猫，抓到耗子才是好猫”。

上述三个原则的相互之间的规律是：(1) 因果关系。战略和业绩衡量指标的因果联系。(2) 业绩衡量指标和业绩动因。进一步指出业绩衡量指标要和业绩动因相互联系。(3) 和财务指标联系。强调一切都要最终能体现财务业绩的提高，否则一切的努力都没有意义。

好的平衡计分卡的特点：

■ 符合公司战略规划目标。平衡计分卡的指标应与企业战略目标有明确的因果关系。例如，企业的战略目标是成为科技领先的全球最大手机公司，因此平衡计分卡的指标要体现与企业战略目标的联系，比如新产品的研发、客户满意度、研发投入等。

■ 平衡计分卡的指标和目标须与企业经理们有非常清晰的交流。平衡积分卡的指标必须容易理解并可测量，而且目标是有挑战但不能不切合实际！

■ 一个好的平衡计分卡必须强调财务、非财务、短期、长期的综合和平衡，比如不能为了短期财务业绩而牺牲公司长远的利益等。

■ 企业中，平衡计分卡必须能激励经理们采取措施最终提高财务业绩。要务实，别太注重非财务指标但最终企业并没能提高财务业绩。

■ 平衡计分卡一定要选关键指标，将指标的数量限制在适当范围内。企业中有太多的指标可选择，指标太多了容易失去重点。当然关键成功指标也不能太少，否则不能全面反映企业运营。

■ 随着企业运营的变化以及行业等外部环境的变化，平衡计分卡要注意适时进行调整。

注：成功实施平衡计分卡的最关键的要素之一就是，最高领导层的坚决明确的发声支持 (tone at the top)！否则企业实施难度极大！

平衡计分卡的主要优点：

■ 克服财务评估方法的短期行为。

■ 有利于综合全面地进行绩效考核，更有利于企业长期可持续发展。

■ 能有效地将组织的战略转化为组织各层级的绩效指标和行动。

■ 有助于各级员工对组织目标和战略的理解。使整个组织行动一致，服务于战略目标。

■ 有利于组织和员工的学习成长和核心能力的培养。

平衡计分卡的缺点或局限：（1）平衡计分卡中有一些条目不太好衡量和统计，比如非财务指标往往很统计，例如客户满意度、员工满意度等；（2）平衡计分卡的实施比较费时费力；（3）当组织战略或业务变更时，平衡计分卡也应随之调整，保持平衡计分卡随时更新比较麻烦。

平衡计分卡的工作应用

个人认为上述平衡计分卡有些问题，比如并没有将企业中最重要的维度——产品维度，突出出来，而且维度之间逻辑性上有不足，另外学习与成长维度里面内容太杂而且不尽合理，建议不要在实际工作中照搬应用，否则在实施方面会遇到很大难度。建议使用我创新发明的孙氏平衡计分卡，此平衡计分卡会更科学，更有逻辑性，而且更容易被管理层接受。具体来说，孙湛老师发明孙氏版的平衡计分卡如下：

明确企业长期成功可持续发展的根基、根本是什么。简单地可以概括为：(1) 主观能动性强并拥有先进技能的优秀人才；(2) 不断涌现的尖端产品；(3) 高效、优质的生产、物流等内部运营；(4) 最贴心、真诚的客户服务。即：

1. 优秀人才是金字塔的塔基：人才维度；

2. 持续辈出的研发领先的尖端产品等：产品维度；

3. 高效、优质地生产出这些产品并做好其他相关的内部管理：内部运营维度；

4. 最终将产品送至客户并全心全意服务顾客：市场维度。

5. 但是说一千道一万，企业最终要实现杰出的财务指标，因此最后一个维度：财务维度。

上述5个维度是企业可持续成功最关键的要素，而且它们又有着极为紧密的时间顺序性和逻辑性。因此非常好记忆和理解。更详细的孙氏平衡计分卡讲解以及其他非常有用的知识和技能，比如，宏观经济、领导力/激励/沟通、战略营销和战略生产等，请详见孙湛老师的管理会计书。

6.1.3 企业绩效考核的一些关键指标

投资回报率/投资收益率/投资报酬率（return on investment，ROI）

投资回报率，应用于集团公司下面各子公司或部门（此处部门是指战略业务单元或业务单元）的业绩考核。基本公式为：利润/资产。但在具体实施中，分子和分母都可能有很多不同的变异，在 CMA 考试中，除非另有注明，利润通常是指营运利润（不涉及利息），分母通常是投入资本。利息受公司整体的资本结构政策影响，不太受下面子公司/部门控制。在做不同部门绩效考核时，部门利润是否包括总部分配的间接费用有一定的争议，因为总部分摊下来的费用是否可控有歧义，做题时先按不可控从而不涉及这些费用，如果没有答案，再按可控。

投资回报率的分母一般是投入资本（invested capital），投入资本 = 净营运资本 + 长期资产（一定要记住！因为有的题直接给这种形式！），即总资产减流动负债，或又表达为长期负债加所有者权益。之所以叫投入资本是因为流动负债一般没有成本或成本很低，因为流动负债里很多是自发性负债，如应付账款等，这些是没有成本的。流动负债里也可能会有些非自发性负债，如短期贷款等，一是这些的利率较低；二是它们是暂时的而非长期的。

投资回报率是指企业投资的资本与它的回报的比率。因为天下没有免费的午餐，企业投入的资本是有成本的，其中长期负债是支付给债权人利息，而权益资本的资本成本是最低要求回报率，因为这些资金如果投在别的地方会有机会成本或又叫机会收益。关于资本成本，请具体详见 P2 的 WACC。因此，企业要对比投资回报率和投资的资本成本，前者大于后者说明在增加股东财富，因为超出了股东的机会收益。如果小于后者，企业在缩减股东财富。ROI 又被称作会计回报率或计提会计回报率（accrual accounting rate of return）。

ROI 的分母也等于总资产减流动负债，或净营运资本加固定资产，因此如果公司资产里包括了该公司不可控的资产，则总资产应该把这部分资产减去。至于闲置资产是否包含在 ROI 的分母中没有统一规定，关键看是否属于该部门可控。可控则包括，不可控则减掉。考试中如果闲置资产没有具体说明则先按可控去计算，若没答案则用减掉闲置资产后的投入资本去计算。还可能有其他情况，判断原则是：看是否是该子公司或部门可控。

投资回报率的优点：（1）不同投资额的项目/部门之间更具横向可比性，更容易突出不同投资额的项目的回报率效率高低（相比 RI 或 EVA）；（2）投资回报率可以作为选择投资机会的依据，即看是否大于资本成本，从而有利于优化资源配置；（3）投资报酬率能反映投资中心的综合盈利能力。

投资回报率（ROI）的缺点：

（1）子公司/部门的经理可能为了自己的利益（比如不愿降低自己部门的 ROI）挑选高于本部门 ROI 的项目而放弃低于本部门 ROI 但大于公司整体要求回报率的项目，因此公司整体受到损失。

（2）经理可能为了短期利益增加 ROI，但这样做有可能牺牲了公司长远利益。例如，有些经理为了增加 ROI 而减少长期资产的投入，如建厂房，或为了增加利润而减少研发、营销等必要开支等。

（3）ROI 虽然在不同投资额项目或分部之间更好比较回报效率的高低，但它没体现绝对的回报值。有的 ROI 很高，但净利润及剩余收益很低。

（4）没考虑投入资本的机会成本。

（5）投资回报率使用的是资产负债表的账面金额进行计算，因为不少资产是以历史成本记账，因此不能反映当下真实的投资回报率，而且造成分公司/分部之间投资回报率不太可比。如果有可能可以调成现行价值。其实此条同样适合 ROA（资产回报率）、ROE（权益回报率）。

练习题：公司每隔两年会新开一家零售商店，目前已开办了 24 家零售商店。公司使用投资回报率（ROI）来评估零售商店的业绩。公司用（　　）来评估长期资产的价值可以最准确地对比各零售商店的业绩。

A. 账面价值　　　　B. 现行价值

C. 历史成本　　　　D. 根据通货膨胀调整后的历史成本

解析：选 B。现行价值使得各分部之间的长期资产更可比。而且长期资产使用现行价值更能反映当下真实的投资回报率。

其他

和 ROI 很接近的一个指标叫资产回报率（return on assets，ROA）等于利润除以总资产。ROA 的分母和 ROI 的分母不太一样，ROA 的分母是总资产而 ROI 的分母是总资产减流动负债。ROA 侧重衡量企业投入资产的回报率，即资产赚取利润的效率。ROA 经常用在不同公司之间的比较上，目前世界财富五百强的企业清单里除了列示销售收入外还会列示 ROA 指标。

另外，如果 ROI 的分母变成普通股东权益则 ROI 变成了净资产回报率/普通股东权益回报率，即等于利润/普通股权益，英文是 ROCE（return on common equity）或简称 ROE（return on equity）。ROE 又称杜邦分析法，即 ROE 拆分成（利润/销售收入）×（销售收入/总资产）×（总资产/所有者权益），即 = 销售利润率 × 资产周转率 × 权益乘数（财务杠杆率）。另外，相应的道理，ROI = 利润率（即利润/销售收入）× 资产周转率

（即销售收入/投入资本），ROA = 利润率（即利润/销售收入）× 资产周转率（即销售收入/资产）。计算指标时，若遇到资产负债类，最好用平均数，如年初和年末平均，因为资产、负债类是某个时间点的数。

ROA 对比 ROI 和 ROE，有个优点：ROE 和 ROI 的分母有可能一定程度上被操纵，如 ROI 的多些流动负债，少些长期负债和权益，ROE 的少一些权益，多一些负债。当然被操纵的结果是可能会给企业带来风险。而 ROA 一般不容易被操纵，因为 ROA 的分母是总资产，总资产是不能不合乎情理地减少，否则无法满足企业运营的需要从而无法挣取相应的利润。当然 ROA 也有不足之处，即它不能反映企业投入资本（即长期负债加权益）的回报，它也反应不了股东投资（即权益）的回报。ROA、ROE、ROI 应该是相互补充的。ROE、ROA 具体在 CMA P2 会更详尽地介绍。

剩余收益/剩余所得（RESIDUAL INCOME，RI）

过去，企业更多地使用会计上的利润来衡量企业的业绩，并没有考虑投入资本的成本，后来发现很多企业尽管净利润不菲，但股东财富却在缩减，即股东发现在该公司的投资回报率不如投资在其他地方的回报率高。因此，公司在考核业绩时需考虑资本成本从而可以判断股东的财富是在增加还是减少。方法有两种：一个是剩余收益；另一个是经济附加值（EVA），经济附加值不在 CMA 考试范围内。剩余收益和经济附加值又称作经济利润而非传统的会计利润。

RI = 利润 - 投资额 × 要求回报率。利润一般用税前的营运利润（因为考虑的各分部的所得税税率可能不同），除非另有说明。这里的投资额一般是指总资产。

RI 公式中的要求回报率是公司对项目进行投资的最低期望回报率，可以理解为一个机会成本，即目前金钱投资在此项目或公司上，从而投资者放弃了投资到其他项目上（包括实体和金融资产上）获取回报的机会，投资要求回报率就反映的此机会成本。若 RI < 0，意味着投资此项目或公司不如投资到其他项目或金融资产上，若 RI > 0，则结论正好相反。

注意：“投资额 × 要求回报率”有时候英文称作 IMPUTED COST OF INVESTMENT，即投资的隐性成本支出的意思，但有时候被值得商榷地翻译为资本支出或投资支出，因此 RI 有时候也被值得商榷地翻译为经营利润 - 资本支出。考试中，请记住这种值得商榷的翻译。

除了上述基本公式外，另外剩余收益的公式还可以变通地表达为：（项目的投资回报率 - 要求回报率）× 投资额，因为公式展开后等于：项目的投资回报率 × 投资额 - 要求回报率 × 投资额。因为投资回报率 = 项目的利润/项目的投资额，因此项目投资额 × 项目的投资回报率 = 项目利润。因此公式展开后就等于：利润 - 要求回报率 × 投资额，即 RI 的公式。此处投资额是指总资产，投资回报率是指资产回报率，即 ROA。

因此总结为：只要该项目的实际/预计回报率大于要求回报率，则 RI >0。

剩余收益（RI）的优点：

- 可以使业绩评价与企业的目标（即增加股东财富）协调一致，引导部门经理采纳高于企业要求回报率的决策；
- 更注重增加财富的绝对值而不是百分比，更注重实际增加的金额价值；
- 使用了经济利润，而不是只用会计利润，能更好考量经理的真实业绩；
- 因项目风险不同可以调整要求回报率。

剩余收益的缺点：

- 不适合于不同投资规模的部门之间的比较。RI 较大，但因为投资额也很大，因此 ROI 很小，即效率很低。
- RI 对要求投资回报率很敏感，受其影响很大，不同的要求回报率会产生迥异的 RI，而且要求回报率的选择相对较主观。
- 经理可能为了短期利益增加 RI，但牺牲了公司的长远利益。例如，有些经理为了增加 RI，而减少长期资产的投入，如建厂房，或为了增加利润而减少研发、营销等必要开支等。

剩余利润（RI）VS 投资回报率（ROI）

- 剩余利润使决策者选取任何报酬率高于要求报酬率的项目，然而剩余利润是一个绝对的数量指标，因此在比较不同规模不同资本投资部门的盈利性时，它的有用性会下降。

- 投资回报率更直接明确地揭示了投资的回报率，是经理们以及投资者非常关心的数字，它可以在不同规模的资本投资的项目间进行比较。但相对 RI 而言，用 ROI，企业经理可能为了自己的利益会放弃比目前本部门投资回报率低但比公司整体要求的回报率高的项目，因此公司整体上受到损失。例如，某子公司目前 ROI 是 32%，公司要求是 18%，如果有一个项目是 26%，此项目虽然对公司整体好，但会降低此子公司 ROI，拉低经理的业绩，此经理可能会放弃此项目。

6.1.4 弹性预算方法的业绩差异分析

董事长要求你务必学习和掌握的技能！！

凡是开董事会，董事长一定要求管理层汇报经营结果差异的原因，即实际损益表

的净利润对比预算损益表的净利润，但很多人会像“小学生”一样直接用实际损益表减相应预算损益表的内容从而罗列原因，这样去分析研究可能会造成很多重大误解和决策失误！

案例，直接对比实际损益表和静态预算损益表。

	实际损益表（A）	静态预算（C）	差异（D）
销售收入	3 900×120	5 000×115	
销售成本	3 900×80	5 000×85	
其他	...	...	

结果：无从下手，无法分析，因为销量和单位成本都不同。

因此我们需要科学的经营结果差异分析方法，以准确、深入地寻找净利润差异的原因，此方法叫弹性预算差异分析法，即把弹性预算放置于实际损益表和静态预算损益表中间，弹性预算损益表＝实际的销量×单位标准售价和单位标准生产成本，而总的经营费用和静态预算的一样。这样经营结果差异分析分成两部分进行分析，即A（实际损益表）－C（静态预算损益表）＝（A－B）＋（B－C），其中B是弹性预算损益表。

实际损益表和静态预算损益表之间的差异叫作静态预算差异，静态预算差异应该科学地分解成：弹性预算差异和销量差异，如下。

弹性预算差异（A－B）。实际损益表对比弹性预算损益表形成弹性预算差异。它们都是在实际销量基础上计算的，从而有效地揭示了售价差异、生产成本差异、销售及管理费用差异。

销量差异（B－C）。弹性预算＝实际销量×标准单位售价及标准单位产品成本，而静态预算＝静态预算销量×标准单位售价和标准单位产品成本，其中标准售价和单位产品成本是共同的，另外预算的经营费用（比如销管费用）都是相同的，因此销量差异＝（实际销量－静态预算销量）×单位标准售价－（实际销量－静态预算销量）×单位标准产品成本，或＝（实际销量－静态预算销量）×单位标准毛利。

另外，欧美大公司一般都会编制两种类型的损益表，即外部的吸收成本法的损益表和对内的变动成本法的损益表。其中，对内的变动成本法损益表多用于企业内部的绩效考核。一年结束后，这两种损益表都需要对比实际和预算的数据，分析最终经营结果差异的原因。因此我们对两种损益表分别进行经营结构差异分析。

吸收成本法损益表的差异分析

我们结合用标准成本会计核算系统进行差异分析，因为绝大多数欧美生产型企业都在使用标准成本系统及相应的 ERP 软件，我们讲过使用标准成本系统的优点众多而且突出，是现代化企业非常好的会计核算及运营管理工具。另外，CMA 考试都是考核在标准成本系统环境下的差异分析。实际成本法的损益表也可以借鉴弹性预算差异分析的方法。

标准成本系统下的经营结果差异分析

经营结果的差异分为以下两种。

1. 弹性预算差异。
- 销售价格差异。
- 生产成本差异。
  - 直接材料成本差异：
    - 直接材料价格差异。
    - 直接材料用量/效率差异。
      - 直接材料组合差异。
      - 直接材料产出差异。
  - 直接人工成本差异：
    - 直接人工工资率差异。
    - 直接人工效率/用量差异。
      - 直接人工组合差异（高级工人/中级/低级）。
      - 直接人工产出差异。
  - 制造费用差异：
    - 变动制造费用差异。
      - 变动制造费用开支/花费差异。
      - 变动制造费用效率差异。
    - 固定制造费用差异。
      - 固定制造费用开支/花费差异。
      - 固定制造费用产量差异。

2. 销量差异。
- 销售组合差异。
- 销售量差异。
  - ■ 市场份额差异。
  - ■ 市场总量差异。

我们在标准成本系统里已经非常详尽地讲述了弹性预算差异之生产成本差异，因此下面主要讲解销售价格差异和销量差异。下图展示了所有差异产生的过程和布局：

月底结账后的实际损益表（A）
销售收入：1 200 × 1 900（标准售价）
销货成本（标准单位成本）：
1 200 × 500（直接材料）
1 200 × 100（直接人工）
1 200 × 20（变动制造费用）
1 200 × 280（固定制造费用）
合计：1 200 × 900
标准毛利：1 200 × 1 000=1 200 000

弹性预算差异：
（假设金额不重大，都进入P/L）
DM价差=−18万F
DM量差=15万U
DL工资率差=6万U
DL效率差=−3万F
VMOH支出差=1.2万U
VMOH效率差=−7 500
FMOH支出差=8万U
FMOH产量差=−14万F
合计生产成本差异：−55 500F
售价差异：−12万U
合计弹性预算差异：64 500U
实际毛利（调整差异后）:1 135 500
减：实际销售、管理费用：750 000
实际税前经营利润：385 500

弹性预算（B）
销售收入：1 200 × 1 900（标准售价）
销售成本（标准单位成本）：
1 200 × 500（直接材料）
1 200 × 100（直接人工）
1 200 × 20（变动制造费用）
1 200 × 280（固定制造费用）
合计：1 200 × 900
标准毛利：1 200 × 1 000=1 200 000

−800 000（销售，管理费用）
=400 000（税前经营利润）

静态预算损益表（C）
销售收入：900 × 1 900
销售成本：
900 × 500（直接材料）
900 × 100（直接人工）
900 × 20（变动制造费用）
900 × 280（固定制造费用）
合计：900 × 900
标准毛利：900 × 1 000

−800 000（销售，管理费用）
=100 000（税前经营利润）

经营结果差异分析

实际税前经营利润−静态预算税前经营利润=A-C=385 500−100 000 =285 500F，差异原因是：
（1）销量差异（B-C）:（1 200−900）×（1 900−900）=30万F
（2）弹性预算（A-B）=64 500U+（75万−80万）=14 500U
合计差异:285 500F

注：因篇幅有限，此例是一简化案例，A）假设实际销售产品的组合结构和预算的组合结构是一样的，因此弹性预算损益表和实际损益表的平均售价和静态预算的是一样的。但实际工作中这样情况基本不可能。B）没有进一步将销售量差异细分出市场份额差异和市场总量差异，但实际工作中，必须要进一步细分！C）没有体现标准生产成本和预算生产成本的差异等。

其中，弹性预算差异的来源如下（我们在成本管理一章已详尽地讲解过）：

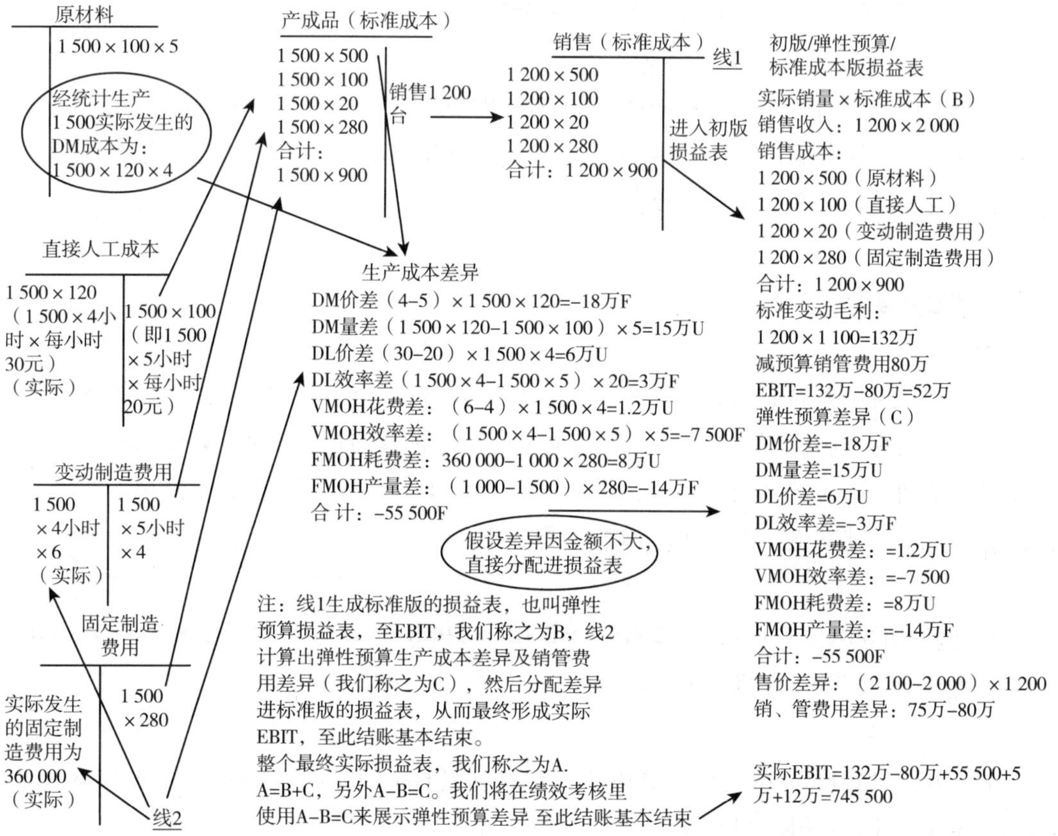

销售价格差异

销售价格差异公式：如果企业销售单一产品，则，销售价格差异 =（实际售价 - 标准售价）× 当期实际销量。若企业销售多种产品，则按上述公式逐一计算每个产品的销售价格差异，然后加总。

销量差异

销量差异（sales volume variance）的公式为：如果公司只销售一个产品，则，销量差异 =（该产品的实际销量 - 该产品的预算销量）× 该产品的预算/标准单位毛利。若企业销售多种产品，则销量差异等于每种产品按上述公式计算然后相加。

如果企业销售多种产品而且不同产品有不同的毛利，总体销量增多未必带来利润的增多，总体销量减少也未必带来利润相应的减少，有可能会出现销量增多了但利润减少了，或者销量减少了但利润却增多了，这是因为销售不同产品的组合的比例可能发生变化而组合比例的变化本身对利润会产生影响。毛利高的产品在销售中占的比例相对变高会对利润产生有利影响，相反产生不利影响。因此，千万切记，销量增加未必会带来利润的增加，相反亦然。因此销量差异需进一步分解成销售（产品）组合差异和（排除产品组合变化影响的）纯销量差异，纯销量差异在 CMA 考试中一般称作销售数量差异或销售量差异（sales quantity variance）。销量差异和销售量差异区分的窍门：字少的是上一级差异，字多的是进一步分解的下一级差异。

因此，在上述销量差异对利润产生的影响里要分析出：（1）有多少是产品组合比例变化对利润产生的影响；（2）有多少是真正销量对利润产生的影响（即排除产品组合变化的影响或者说假设产品组合的比例保持不变）。

销售组合差异：

销售产品组合差异的计算为每种产品分别计算其组合差异，然后相加。每种产品的组合差异公式为：（该产品的实际销量权重 - 该产品预算的销量权重）× 公司所有产品的合计实际总销量 × 该产品的预算单位毛利。销量权重 = 该产品的销量 ÷ 公司所有产品的总销量。根据上述案例，产品销售组合差异如下：

A 级车：（60K/300K - 30K/200K）× 300K × 198K =（20% - 15%）× 300K × 198K = 2 970M F，注：330K × 60% = 198K

B 级车：（140K/300K - 80K/200K）× 300K × 75K =（46.7% - 40%）× 300K × 75K = 1 507.5M F　注：150K × 50% = 75K

C 级车：（100K/300K － 90K/200K）× 300K × 31. 5K ＝（33. 3% － 45%）× 300K × 31. 5K ＝ －1 105. 7M U　注：70K ×45% ＝31. 5K

合计组合差异：2 970M ＋1 507. 5M －1 105. 7M ＝3 371. 8M F

排除产品组合变化影响的纯销量差异（CMA 考试中称作销售量差异）：

销售量差异有两种计算方法：一种是分产品计算；另一种是合并计算。分产品计算方法是每种产品分别计算销售量差异然后相加，每种产品的销售数量差异公式为：（所有产品的实际总销量 －所有产品预算总销量）× 该产品预算的销量权重 × 该产品的预算单位毛利。根据上面案例，计算如下：

- A 级车：（300K －200K）×15% ×198K ＝2 970M（有利差异）
- B 级车：（300K －200K）×40% ×75K ＝3 000M（有利差异）
- C 级车：（300K －200K）×45% ×31. 5K ＝1 417. 5M（有利差异）
- 合计销售量差异：2 970M ＋3 000M ＋1417. 5M ＝7387. 5M（有利差异）

合并计算方法的公式为：（所有产品的实际总销量 －所有产品的预算总销量）× 预算单位产品加权平均毛利。单位产品加权平均毛利 ＝ 每种产品的单位毛利 × 其销量所占总销量的权重，然后相加。例如，根据上述案例，预计单位产品平均毛利 ＝198K ×15% ＋75K ×40% ＋31. 5K ×45% ＝73. 9K。实际工作中，财务报表上直接有总毛利的数字，用该数字除以总销量也可以计算出单位产品加权平均毛利。

根据上面案例，销售量差异 ＝（300K －200K）×（198K ×15% ＋75K ×40% ＋31. 5K × 45%）＝（300K －200K）×73. 9K ＝7 390M（有利差异）。注：和上述的 7387. 5M 的差异是小数点四舍五入造成的。

合计销量差异：3371. 8M（销售组合差异）＋7 387. 5M（销售数量差异）＝ 10 759. 3M（有利差异）。注：和上面整体上计算的销量差异 10 755M 的小偏差是小数点四舍五入造成的。

而销售量差异需进一步分解成：市场份额差异和市场总量差异。继续前面案例，企业在上年末预计公司所在国家20××年的市场需求总量为2 000K 辆汽车，公司预期市场份额为10%，由于国家政策的利好、整个世界经济快速增长等因素，市场实际总量井喷达7 500K 万辆。

市场份额差异＝（实际市场份额－预计市场份额）× 实际市场总量× 预算的加权平均单位产品毛利。

根据上述案例，市场份额差异=(300K/7 500K－10%)×7 500K×73.9K=(4%－10%)×7 500K×73.9K=－33 255M 元（不利差异）。

实际工作中市场份额很容易统计，财务人员也可以很容易计算市场份额，不必非要依赖销售部门给提供数据。首先通过行业协会或者通过统计局或其出版物等途径得到市场总量的数据，其次用本公司的销售量除以该数据就计算出了市场份额。例如，某轮胎公司在20××年销售80 万个汽车轮胎，轮胎协会公布20××年整个市场共销售800 万个轮胎，则该公司的市场份额为80/800=10%。如果由于非常特殊的原因（如产品是小零部件，市场上没有市场总量方面的统计等原因）无法得到公司销售产品的市场总量数据，这样可以通过另外一种方法计算市场份额，即通过行业协会或其他权威途径得到公司产品其下游产品的市场总量数据，如汽车轮胎公司可以找汽车销售的市场总量数据，一般下游产品使用上游产品都有一定标准，如每辆汽车一般用4 个轮胎、一个方向盘等。这样同样也可以计算市场份额。例如，某轮胎公司在20××年销售80 万个汽车轮胎，汽车协会公布20××年整个市场共销售200 万辆汽车。一辆汽车一般用4 个轮胎，则该公司的市场份额为80/(200×4)=10%。

市场总量差异=(实际市场总量－预计市场总量)×预算市场份额×预算单位产品平均毛利。根据上述案例，市场总量差异=(7 500K－2 000K)×10%×73.9K=40 645M 元（顺差）。

合计销售量差异：－33 255M+40 645M=7 390M 元（有利差异），和上一级的销售量差异7 390M 元吻合。

差异分析总结

貌似企业在20××年取得了杰出的成就，销量、销售收入大增，都在50%以上，净利润竟然增幅达到157%，现金流等财务指标也相当不错，平均售价为14.6 万元，竟然有一定的涨幅（大家都知道在市场上涨价有多不易!）……

但实际上企业已濒临溃败甚至倒闭的边缘，因为通过真正正确的差异分析，企业的所谓的“业绩”主要是因为该年整个大市场的井喷而导致的普遍水涨船高，实际上企业的市场份额为300K/7 500K=4%，比预期的10%降幅达到60%，市场份额大降往往预示着公司出现了极为严重的问题，如产品失去了竞争力、销售部门能力差、管理混乱等。在该案例中最终查明导致市场份额巨大滑坡的原因是：(1) 企业的产品竞争力和吸引力从前三名跌到第10 名，竞争力处于极大劣势；(2) 另外销售经理及团队出现了严重问题；(3) 其他运营方面，如生产质量及订单完成率方面都存在不小的问题。另外，所谓的平均单价上涨完全是数字游戏的蒙蔽，那是因为产品组合的影响，实际售价出现了40 亿元的不利差异，其中B 级车和C 级车这两个企业销量最大的车型售价降幅明显。

因此，由上可见，传统的经营结果差异分析和弹性预算经营结果差异分析得出截然不同的信息，传统的经营结果的差异分析制造出太多的误解和错误，严重影响企业的决策和运营，因此企业必须刻不容缓地使用科学、准确的弹性预算差异分析！

企业应告诉ERP公司上面差异计算的公式和管理思路，ERP软件公司都可以编程来自动计算出当期经营结果的差异分析，包括弹性预算差异和销量差异，而且可以自动出具相关的差异图示报告。

变动成本法经营结果差异分析

上面我们详细讲述了吸收成本法的损益表的差异分析。很多欧美公司内部使用变动成本法的损益表作为绩效考核的工具。这些企业编制预算的变动成本法的损益表，然后期末编制实际的变动成本法的损益表，定期进行经营结果的差异分析。因此我们下面讲解变动成本法损益表经营结果差异分析。我们以前讲过，变动成本法损益表和吸收成本法损益表的不同是，在变动成本法损益表里：（1）销售成本里不含固定的制造费用部分，而当期发生的固定制造费用放在期间费用里，全额进入损益表；（2）销、管费用里的变动部分，如销售运费、销售佣金等，要放在变动销售成本的下面，然后得出边际贡献，而不是吸收成本法的毛利。

因此，变动成本法损益表经营结果差异分析里的弹性预算差异分析中：（1）固定制造费用只是对比当期实际发生的金额和预算的金额从而得出花费差异，并不产生产量差异。（2）生产成本差异分析里不再包含固定制造费用的差异分析。（3）销量差异的计算公式不再用标准毛利而是用标准边际贡献取而代之，即销量差异的公式为：每个产品的（实际销量 - 预算销量）× 该产品的预算单位边际贡献（注意此处不用预算单位毛利），然后相加。

注意：CMA考试中的销量差异计算一般是用变动成本法损益表经营结果差异分析中的计算公式，即乘以单位标准边际贡献而不是单位标准毛利，除非有其他情形，考试中要灵活对待。另外，考试中的固定制造费用差异又一般是使用吸收成本法损益表的经营结果差异分析中的计算方法，除非考试中有其他情形，考试中要灵活对待。很多资料上都将吸收成本法损益表差异分析和变动成本法损益表差异分析混在一起讲，学员很难理解。

6.2 转移定价

分权制下，很多大公司下面分出不同的战略业务单元（SBU）、业务单元（BU）、SBU、BU下面又有子公司，这些公司都是独立核算、独立业绩考核。不同子公司或大部门（即SBU/BU）之间买卖产品或服务需建立合理的产品/服务买卖定价机制，“亲兄弟、明算账”，此定价机制称作转移定价。

转移定价的目的：

- **建立公平竞争的业绩考核**。因为子公司/部门之间要独立考核，所以要有公平合理的业绩考核机制（各自有考核的压力，因此考核的标准要公平）。
- **促进子公司经理的积极性**。定价若能让买卖双方都满意从而提高积极性，否则因为都有各自业绩考核的压力，不合适的转移价格会影响工作积极性。例如，本可以高价卖给外部市场但内部转移价格低于市场价这样会挫伤卖方的积极性，又如本可以低价从外部市场买，但内部转移价格却高出市场价，这样会挫伤买方的积极性。
- **促进分公司与总公司的目标一致**。例如，充分利用过剩产能。如果某分公司有过剩产能，可通过合理的转移价格（即定价大于变动成本）促进内部吸收从而减少剩余产能的浪费，对整个公司的利益有利，同时对买方和卖方都有利，但不合理的转移定价可能会让公司整体利益受损。
- **符合当地税务局的要求**。一般来讲，税务局的要求是转移价格的制定等同于独立卖给第三方的价格（at arm's length），但有的产品是中间品可能没有外部市场。

转移定价一定要符合相关法律、法规！

转移定价的普遍原则

卖方的转移定价（A）应不高于外部市场价。定价的公式：产品的增量成本 + 对内以增量成本价格销售的机会成本。如果销售方有外部市场而且并不存在剩余产能，此处的机会成本就等于市场价减增量成本，也就意味着此时销售方应该使用市场价。注：增量成本一般就是指变动成本。基本来讲，市场价是最能促进买卖双方的积极性而且促进业绩考核公平。但若遇如下特殊情况：

- 因为内部销售节省了一些营销费用，如广告费、坏账费用等，因此，转移定价应考虑在市场价格基础上减掉这部分费用，使买卖双方双赢。
- 若销售方有足够剩余产能（即内部公司来购买产品时，因为有足够量的剩余产能，因此不会影响对外销售的订单，或者即使满足外部客户后，销售方仍有足够量的剩余产能来生产内部订单，此时不对内部公司卖也没有其他外部客户来买，因此对内部公司的转移定价只要大于增量成本就赚，否则产能也是闲着），从而导致没有机会成本，定价大于产品的增量成本就可以，这样卖方能增加些利润，买方低价购入，对双方都有利。
- 如果没有外部市场（只能卖给内部），则也没有机会成本，转移价格则为增量成本或增量成本加一定的利润，双方应友好协商。

买方接受的转移定价（B）应不高于在外面供应商采购的价格。但如果没有外面供应商存在，买方的转移定价底线是小于等于随后对外部客户的卖价减去自己相应要发生的继续加工的成本。例如，内部买后随之发生继续加工成本是 40 元，然后对外部客户的卖价为 100 元，因此转移价格要 ≤60 元，即 =100 − 40。

转移定价主要有三种方式：市场转移定价、协商转移定价、成本基础转移定价。其中，成本基础转移定价也可分为成本加价转移定价、变动成本转移定价、完全成本转移定价等。

市场转移定价

市场转移定价，即以外部市场价作为转移定价，适用情形：公司有外部市场，销售方没有过剩产能等。

- 优点：
  - 对买卖双方最公平，最能提高各自积极性；
  - 最能促进分公司和总公司目标一致性；
  - 符合各国税务局的官方要求；
  - 客观、简单，不用计算。
- 缺点：
  - 有些时候产品是中间体而没有外部市场价或外部市场价不太好获取；
  - 在产能过剩情况下用市场价格可能造成因购买方感觉价格高而交易失败，从而影响公司整体利益；
  - 在特殊情况下，如外汇管制或其他风险等，用市场价对公司整体利益不利，在合法情况下，应该用其他转移定价方法。

协商转移价格

协商转移价格，即买卖双方对转移价格进行协商确定。适用情形：销售方没有外部市场，销售方有过剩产能；合法地为公司所得税、外汇等利益考虑等。

优点：

- 充分发挥分公司的独立性，各分公司可以像跟外部公司一样去谈判、协商；
- 通过谈判，双方可相互了解到更多的数据和信息，有助于做出更好的决定；
- 比较灵活，容易达成双方都满意的结果从而提高各自积极性；
- 可以在合法基础上充分考虑公司在税收、外汇等方面的利益，从而更好地提高公司的整体利益等，例如根据不同的税率进行利润最大化（下面细讲）。

缺点：

- 进行协商费时间、成本高。
- 信息不对称。谈判时，知晓成本及相关信息的一方可以利用此优势，而另一方较被动。
- 很多时候变成了谈判技巧和谈判能力的较量，不是很公平。

成本基础转移定价

成本加价法：

优点：

- 公司可以避免亏损并因为能实现利润从而促进卖方的积极性；
- 成本加价是传统做法，简单、易懂；
- 在没有市场价格或有过剩产能的情况下，成本加价是一个很好的选择；
- 加价比较灵活，容易促成交易。

缺点：

- 加价的比例比较主观；
- 不利于分公司的母公司的目标一致性；
- 成本加价可能和市场价格有冲突，在有外部市场并且没有过剩产能的情况下用市场价格是最佳的；
- 双方可能无法就加价的比例达成一致而引起争议。

变动成本法（纯变动成本，无加价）：

优点：

- 在有过剩产能情况下能促进内部购买从而减少产能浪费，这样，卖方不亏而且对公司整体利益好；
- 在公司有过剩产能或没有外部市场的情况下，若卖方国所得税率相对较高，变动成本因为低价从而会将更多的利润留在买方国，这样对整个公司有利；
- 计算简单，数据客观容易得到，因为不用分摊固定生产成本，固定生产成本多数是间接成本，很难准确地分摊到不同产品上。

缺点：

- 成本不加价，卖方则没有利润实现，会影响其积极性；
- 在公司没有过剩产能或有外部市场的情况下，变动成本定价有可能违反税务局的要求。

完全成本法（有的翻译是全部成本法，实际上是指完全成本法/吸收成本法下的产品生产成本，注意并不额外加非生产成本）：

优点：

- 在有过剩产能的情况下，完全成本法相当于变动成本上的加价从而促进卖方的积极性；
- 完全生产成本数据容易得到，因为根据官方要求，所有企业都用完全成本法进行会计核算。

缺点：

- 如果有外部市场而且没有过剩产能，成本价若低于市场价格可能会影响卖方的积极性；

- 在卖方有过剩产能时用完全成本，因为高于变动成本，因此可能会影响内部销售从而引起过剩产能的浪费；
- 如果有外部市场而且没有过剩产能，完全成本定价有可能违反税务局的要求。

另外成本基础转移定价中的成本一般使用标准成本。

优点：

- 有利于采购方做计划和预算；
- 标准成本可以有效控制生产方的成本，避免不合理成本。否则如果使用实际成本，因没有标准成本来衡量和控制，容易造成生产方成本的不合理。

缺点：

- 可能会对生产方不公平，因为生产方/卖方必须要承担各种原因带来的实际成本与标准成本之间的不利差异；
- 制定标准成本比较麻烦。

注：若用实际成本，其优缺点正好与使用标准成本相反。

转移定价与税收

集团公司考虑其子公司或部门所在国家的所得税税率的不同，集团公司可在法律允许范围内利用转移定价制定有利于公司总体利润的决策。注意一定要合法。一般方法为：产品由所得税率较低的国家（A 国）卖到税率较高的国家（B 国）时，制定相对较高的转移价格，相反产品由所得税率较高的国家（B 国）卖到税率较低的国家（A 国）时，制定相对较低的转移价格。用上述的转移定价方法会使得总公司得到较高的净利润，因为那样更多的利润留在了所得税率较低国家的子公司，因此总体缴纳的所得税就减少了，从而净利润提高了。例如，JAK 公司在 A 国的分公司卖给在 B 国的分公司 1 000件商品，单位成本 10 000 元，B 国分公司购买后卖给外部客户的售价为 20 000 元，A 国所得税率 =40%，B 国 =20%。方案 1：卖方的转移定价 =12 000 元，则 A 国分公司的所得税费用 =（12 000 − 10 000）×1 000 ×40% =80 万元，B 公司的所得税费用 =（20 000 − 12 000）×1 000 ×20% =160 万元，JAK 公司总的税负 =240 万元。方案 2：卖方的转移定价 =15 000 元，则 A 国分公司的所得税费用 =（15 000 − 10 000）×1 000 × 40% =200 万元，B 公司的所得税费用 =（20 000 − 15 000）×1 000 ×20% =100 万元，JAK 公司总的税负 =300 万元。总结：这两个方案 JAK 公司总税前利润都是 =1 000 ×（20 000 − 10 000）=1 000万元，但显然方案 1 的总税负小多了，因此 JAK 公司总的净利润相对较高。

注意，如果一下子记不住转移价格是高合适还是低合适，试着一分析就可以得出结论。例如，假设卖方的所得税率较低，随便试算高转移价格或者试算低转移价格。假设先试算高转移价格。高转移价格会让卖方利润高，低税率正合适，因此结论是制定高转移价格。若先试算低转移价格，则低转移价格会让卖方的利润少，显然低税率派不上用场了，因此结论是制定高转移价格。

注：除了考虑所得税外，转移定价还经常考虑政治及外汇风险等。

转移定价——其他

双价法

双价法：如果内部两个公司都坚持用自己的转移定价，比如卖方用市场价，买方用成本加价，两种价格不一样，总公司为了促成他们之间的交易可以让他们各自用自己的转移定价，然后总公司补差价。例如，卖方坚持 100 元，买方坚持 90 元，卖方记收入 100 元，买方记采购 90 元，总公司补差价 10 元；卖方收到 100 元，90 元来自买方，10 元来自总部的补贴。这样的优点是促成对公司有利的双方的交易。缺点是：（1）容易让双方忽略外部市场，因为总部什么转移价格都可以帮助搞定；（2）总部参与并记账等增加了成本。此种定价很少使用。

6.3 按部门/产品/客户绩效评估

按部门/业务单元盈利分析

注意，此部门是指战略业务单元（SBU）、业务单元。

20××年	SBU A	SBU B	SBU C	…	合计
销售收入	××	××	××		
减：变动成本	××	××	××		
=边际贡献					
边际贡献率%					
减：部门可控固定费用	××	××	××		
=部门贡献/可控利润	××	××	××		

SBU/BU 绩效考核时要着眼于可控部分，总部分摊下来的费用以及税率等不作为 SBU 考核的一部分，因为是不可控的。但如果企业出于和其他公司的部门进行比较或者做某些决策时（如定价等）需要看一个完整的利润及利润率，可以将总部分摊下来的费用、税费等包括进来。

按产品的盈利分析

按产品的盈利分析目的：（1）比较不同产品的盈利能力，以着重推销高利润产品，实现利润最大化之最优化产品组合；（2）决定某些低利润甚至亏钱的产品的改善（如提高价格、降低成本等）或去留等。

20××年

产品	A	B	C..	……	合计
销售数量	××	××	××		××
销售收入	××	××	××		××
减：变动成本	××	××	××		××
=边际贡献	××	××	××		××
减：其他可直接追溯成本	××	××	××		××
=产品贡献	××	××	××		××
减：不可直接追溯成本（不往不同产品上分，而是放到合计上）					××
净利润					××

按产品盈利分析一般不涉及除了变动成本以外的间接成本，比如固定制造费用、固定销售和管理费用等，因为这些被认为是公共费用，很难准确地追溯到不同产品上，分不好的话，还不如不分。因此只归在“不可直接追溯成本”里，以一个总数形式出现。另外，如果确实在固定费用/间接费用里有其他可直接追溯到不同产品的成本，比如产品维护成本，即针对某个产品而不是产品线的广告费等，或者一些不同产品的批次相关成本，比如生产批次、采购批次等，可以将这些成本列示到其他可直接追溯成本中。*当然实际工作中需按重要性原则和成本收益原则来看是否列示“其他可直接追溯成本”。*

通过不同产品的产品贡献来分析，比较不同产品的利润。但实际工作中，建议结合TOC原理，考虑约束因素，比方说人工小时数或机器小时数等，选择一个较合理的约束因素，从而计算单位约束条件的不同产品的单位产品贡献。如果影响企业的约束因素有多个，可以使用线性规划。

当然相关决策除了考虑财务要素外，一定还要考虑非财务要素：（1）对其他产品的影响，对客户的影响；（2）是否是一种特定的销售策略，因为有的公司会以某个产品的超低价来吸引顾客消费其他产品等。

按客户盈利分析

按客户盈利分析主要目的：（1）比较不同客户的盈利能力，重点将资源放在高利润客户，以争取利润最大化；（2）识别有效和无效的客户相关的活动；（3）决定某些低利润甚至亏钱的客户的改善（如提高售价、降低成本等）或去留等。按客户盈利分析是企业管理中极为重要的一个报告和工具，有时候销量没变，但通过此分析报告重新分配相关资源，利润会提高很多。

建议按客户盈利分析报告的格式如下：

20××年

客户	A	B	C..	……	合计
销售数量	××	××	××		××
销售收入	××	××	××		××
减：变动成本	××	××	××		××
=边际贡献	××	××	××		××
减：*其他可直接追溯成本	××	××	××		××
=客户贡献	××	××	××		××
减：不可直接追溯成本（不往不同客户上分，而是放到合计上）					××
净利润					××

其他可直接追溯成本包括：可追溯的间接销售费用，比如人工工资、折旧、差旅费等。*企业可以通过给每个客户，尤其大客户，设定不同的成本中心代码，将间接销售费用准确地追溯/归集到不同客户上。*按客户盈利分析一般不涉及不可追溯的间接费用，比如管理费用（财务部费用、人事部费用等），因为这些被认为是公共的费用，很难准确地追溯到不同客户上，如果分不好，还不如不分。因此只归在“不可直接追溯成本”里，以一个总数形式出现。

注意：考试中有可能出现，销售收入－销货成本－变动的期间费用－其他可追溯成本＝部门贡献。

ABC（作业基础成本法）可以帮助进行客户盈利分析。例如，可以将相关的间接成本分成若干作业中心，每个作业中心确定因果关系的成本动因。作业中心及其相应的成本动因举例如下：

作业中心名称	**成本动因**	**成本动因率（即每成本动因的成本）**
销售订单处理（成本）	销售订单数量	每个订单耗费100元
客户访问（成本）	客户访问次数	每次销售访问耗费1 400元

正常运费 公里数 每公里15元
特殊/紧急送货 紧急送货次数 每次紧急送货5 900元
产品处置费 销售箱数 每箱10元

关闭部门决策

企业有时候会考虑关闭或放弃某个产品，甚至一个大的产品线（相当于SBU/部门），或者一个子公司等。例如，MNO公司现在有三个战略业务单元（SBU），每个战略业务单元代表着一个截然不同的大的产品线，这三个战略业务单元分别是照明产品部、计算机制造部、有机农业部。照明业务又细分为家庭照明、体育设施照明和公共设施照明，而计算机制造业务细分为笔记本电脑和台式电脑等。MNO公司经过一系列的评估，考虑是否要关闭整个照明产品部。此时，管理层如何进行决策呢？

从长期角度来讲，上述关闭部门（即，战略业务单元SBU、业务单元BU、某种产品、子公司等）的决策应该比较两个方案，即：（A）如果继续延续此部门从而未来带来的净现金流的现值合计；（B）如果关闭此部门，关闭此部门后的所得之后投资未来从而未来带来的净现金流现值。注意：A、B两个方案的实际期限应该一致，比方说都是10年。两个方案的结果出来后进行比较，哪个方案相比而言得到的折现后的现金流更大，则采用哪个方案。

但在短期而言，假设该部门还没有想好其他方案，比如，关闭后再投资等，或正在研究其他方案，此时需不需要关闭此部门的决策依据为，看该部门（减去若关闭部门带来的机会收益后）的部门贡献是否大于0。具体计算如下：

该部门销售收入
减：相关变动成本（如销售成本、销售运费/佣金等）
＝部门边际贡献
减：可避免的部门固定成本（有时会被值得商榷地称为可控固定成本）
减：关闭部门可能带来的机会收益（如果有）
＝部门贡献（也叫不可避免成本前利润，叫法可能不尽相同但记住公式!!）

减：不可避免成本（有时会被值得商榷地称为不可控固定成本）
＝息税前利润

一般来讲，变动成本是可避免的，固定成本可能有些是可避免的，有些是不可避免的，具体看题中给出的信息，或者在实际工作中，具体情况，具体分析。

注：机会收益/机会成本是指若关闭部门可能带来的机会收益，比如：（1）可租出去带来租金收入；（2）或者闲置下来的生产线生产其他的产品，机会收益使用一定期间

内（如一年或一个月等）的产品的边际贡献额；（3）或者关闭某部门可能给其他部门会带来影响，如会让另外一个部门增加销售收入5%，财务影响也要将这一部分考虑进去，考虑的金额是销售收入×边际贡献率=边际贡献，当然如果是关闭某部门会使得另外一个部门销售收入下降3%，则机会收益为相应的边际贡献乘以负数1。

决策标准：若（减去若关闭部门带来的机会收益后的）部门贡献>0，即使净利润<0，企业暂时需保留此部门，因为保留部门比关闭部门更能为企业带来收益。相反若（减去若关闭部门带来的机会收益后的）部门贡献<0，则应该关闭部门，因为关闭部门比保留该部门更能为企业带来收益。

可通过另外一个角度去解释，假设不可避免成本是300万元，不可避免成本前利润（即部门贡献）是60万元。A方案：关闭此部门，企业的不可避免成本因为无法避免因而仍然照常发生，而其他成本以及收入都因部门关闭而消失，因此企业亏损300万元。注意，关闭部门后公司的利润或损益=亏损@不可避免成本，因为边际贡献等可避免成本和销售收入都随着部门关闭而消失。B方案：不关闭此部门，企业的净利润为60万-300万=-240万元，因此不关闭此部门比关闭此部门减少亏损60万元（即，亏损300万元VS亏损240万元），即保留此部门企业相比较而言可增加利润60万元（即亏损240万元VS亏损300万元）。相反若不可避免成本前利润<0，企业应该考虑停止此部门。

决策带来的财务影响

若（减去若关闭部门带来的机会收益后的）部门贡献=＄A，>0，企业应保留此部门。保留此部门比关闭此部门会为企业增加＄A的收益。若（减去若关闭部门带来的机会收益后的）部门贡献=＄B，<0，企业应关闭此部门。关闭此部门比保留此部门会为企业增加＄B的收益。

注意：关闭部门决策对公司财务的影响指的是差额影响，即关闭部门的收益VS不关闭部门的收益。而关闭部门后该部门的收益/利润=不可避免成本与为此部门带来的机会收益（如果有）之间的净额，因为边际贡献等可避免成本和销售收入都随着部门关闭而消失。因此考试时一定要区分开关闭部门对公司的财务影响和关闭部门后该部门收益。

关闭部门决策需考虑的非财务因素：（1）对当地社区的影响；（2）劳资及工会方面的规定；（3）公司的形象或公众意见；（4）公司整体长期的运营目标（别卖了后来又重新再买）；（5）部门利润如果小于0这种情况是否是暂时的，如果部门能度过暂时的难关就不要关闭等。

案例1：MNO公司9月份的营业利润数据如下：

	A 店	B 店	合计
销售收入	\$80 000	\$120 000	\$200 000
变动成本	\$32 000	\$84 000	\$116 000
边际贡献	\$48 000	\$36 000	\$84 000
直接固定成本	\$20 000	\$40 000	\$60 000
门店自身收益（部门利润）	\$28 000	（\$4 000）	\$24 000
共同的固定成本	\$4 000	\$6 000	\$10 000
营业利润	\$24 000	（\$10 000）	\$14 000

MNO 公司额外的信息如下：如果关闭一家门店的话，门店 1/4 的直接固定成本将会保留。MNO 公司根据销售业绩将共同的固定成本分配给每家门店。管理层预计关闭 B 店将会导致 A 店的销售增加 10%，而关闭 A 店则不会影响 B 店的生意。9 月份的营业数据代表了所有月份的业绩。问题：如果 MNO 公司决定关闭 B 店，公司每月的营业利润将会增加（降低）多少？

解析：若关闭 B 店，财务影响是，部门贡献 = 36 000 − 40 000 × 3/4 − 80 000 × 10% × 48 000/80 000 = 1 200（元），注意：共同的固定成本是不可避免的。因此关闭 B 店对财务的影响是利润减少 1 200（元）。

案例 2：A、B 两个部门，A 的 EBIT（息税前利润）是 50K（K = 000），B 是负的 35K，总的 EBIT 是 15K，关掉 B 后，收益随之消失，但 85K 的固定成本不会消失，空出来的生产线有 40K 的租金收入，问关掉 B 后，总利润是（　　）元。

A. 10 000　　B. 5 000　　C. 15 000　　D. 20 000

解析：B 部门关闭后，销售收入消失了（即变为零了），相应的变动成本也消失了（即变为零了），可避免的固定成本也消失了（即变为零了），因此只有 85K 的不可避免固定成本还在发生，因此关闭 B 部门后，该部门还在发生亏损 85K。因此加上 40K 的租金收入以及 A 部门的 50K 的利润，则关掉 B 部门后企业的总利润为 − 85K + 40K + 50K（A 部门的）= 5K。注意：此时不能用上面的决策分析，即计算不可避免成本前利润，− 35K + 85K = 50K，然后下结论，关闭 B 部门亏损 50K，这样做是不对的，因为此决策是差异利润，即关闭 B 部门对比保留 B 部门的利润差异，而不是关闭 B 部门后 B 部门的利润/亏损。

但如果题目问的是关闭 B 部门对公司的影响，则题解为：因为减机会收益前的部门贡献 − 不可避免成本 = EBIT，因此，减机会收益前的 B 部门的部门贡献（Y）= − 35K + 85K = 50K。减去机会收益 40K 后的部门贡献 = 50K − 40K = 10K，因此关闭 B 部门公司会损失 10K。

绩效管理　练习题与解答

1. 对损益表和资产负债表中的项目均须负责的经理，其责任中心是（　　）。

A. 成本中心　　B. 投资中心　　C. 利润中心　　D. 收入中心

答案：选 B。

2. 假设销货成本计算结果如下所示（单位：美元）。

期初存货	100 000
加所制造商品的成本	2 500 000
减期末存货	（125 000）
加变动间接费用效率差异	10 000
销货成本	2 485 000

这种成本测量方法是（　　）。

A. 正常成本法　　B. 标准成本法
C. 实际成本法或正常成本法　　D. 正常成本法或标准成本法

答案：选 B。

3. 跨国转让价有时会受到某些国家/地区在向母公司汇回利润方面所施加的限制影响。公司可以通过以下（　　）措施来最大限度地减少这种限制的影响。

A. 降低向位于这些国家/地区的部门转让的商品的价格
B. 提高向位于这些国家/地区的部门转让的商品的价格
C. 对向位于这些国家/地区的部门转让的商品收取比不相关的第三方所收价格更低的价格
D. 在该公司内部的所有境内和境外部门间保持统一价格

答案：选 B。

4. 公司的分部 A 生产一款可销售给外部客户或销售给分部 B 进行进一步加工的产品。如果根据分部获利能力评估经理的绩效，则分部 A 的经理将要求采用（　　）转移价格定价法。

A. 混合转移价格定价法　　B. 成本基础转移价格定价法
C. 市场基础转移价格定价法　　D. 标准转移价格定价法

解析：选C。出题人总是喜欢“诱惑”考生犯错误，经常故意在题干中提到某些词汇而诱导考生掉进“坑”里。比如此题中说以分部获利能力评估经理绩效，很多考生因此想到成本基础定价法。但目前基本上所有大公司的分部考核都是看绩效，但君子好财，取之有道。无论税务局还是企业都是在这种绩效考核的政策下优先使用市场基础定价法。

5. 一家男士T恤衫制造商去年的信息如下：

售出和生产的T恤衫数量	125 000
每件T恤衫的售价	$40
直接制造成本	$10/每件T恤衫
准备成本	$100/小时
准备工作耗费的小时数	10 000
运费	$200/每次装运
装运次数	4 000
管理费用	$8/每件T恤衫

那么该公司去年的营业利润为（　　）。

A. $950 000　　B. $1 950 000　　C. 2 750 000　　D. $3 750 000

解析：125 000×40－125 000×10－10 000×100－4 000×200－125 000×8＝95（万美元），选A。

6. 某公司设有四个地区分部。该公司的财务业绩摘要如下所示。

	北分部	东分部	南分部	西分部
营业收益	$1 000	$5 000	$4 000	$7 500
资产	$2 500	$15 000	$8 000	$25 000
负债	$500	$7 000	$1 000	$5 000
总权益	$2 000	$8 000	$7 000	$20 000

（　　）的投资回报率最高。

A. 北分部　　B. 东分部　　C. 南分部　　D. 西分部

答案：选C。

	北分部	东分部	南分部	西分部
营业收益——A	$1 000	$5 000	$4 000	$7 500
资产——B	$2 500	$15 000	$8 000	$25 000
负债	$500	$7 000	$1 000	$5 000

总权益	$2 000	$8 000	$7 000	$20 000
ROI = A/B	40%	30%	50%	30%

7. 有限公司有四家客户。有关其收入和支出的详细信息如下所示。

	客户 A	客户 B	客户 C	客户 D
售出件数	10 000	20 000	35 000	50 000
销售额	$100 000	$150 000	$200 000	$250 000
销货成本	$50 000	$60 000	$70 000	$75 000
配送成本	$10 000	$25 000	$30 000	$50 000
订单处理成本	$15 000	$20 000	$25 000	$30 000
管理费用	$30 000	$30 000	$30 000	$30 000
折旧	$20 000	$20 000	$20 000	$20 000
公用事业成本	$10 000	$10 000	$10 000	$10 000
利润/(损失)	$ (35 000)	$ (15 000)	$15 000	$35 000

对于售出的每件产品，(　　) 客户带来的客户级营业利润最高。

A. 客户 A　　B. 客户 B　　C. 客户 C　　D. 客户 D

解析：客户级营业利润是指成本动因五大类中除了分配企业设施维护成本，题中管理费用、(设施的) 折旧 (不是生产设备的折旧，否则已经在销货成本里)、公用事业成本 (翻译不恰当，实际是指能源费，但题中的能源费不是生产车间的能源费，否则已经在销货成本中包含了) 属于企业设施维护成本，共计 1 万 +2 万 +3 万 =6 (万美元)，但考试中一定看仔细，是否每个客户的企业设施维护成本都是 3 (万美元)，考试中出题人经常给“挖坑”，比如，客户 D 中的管理费用不是 3 (万美元)，而是 3 000 (美元)。

因此每件客户级别营业利润分别为：

	客户 A	客户 B	客户 C	客户 D
售出件数	10 000	20 000	35 000	50 000
销售额	$100 000	$150 000	$200 000	$250 000
销货成本	$50 000	$60 000	$70 000	$75 000
配送成本	$10 000	$25 000	$30 000	$50 000
订单处理成本	$15 000	$20 000	$25 000	$30 000
客户级利润	$2.5 万	$4.5 万	$7.5 万	$9.5 万
单位产品的客户级利润				
	$2.5	$2.25	$2.14	$1.9

因此选 A。

注意：考试中最好别从利润倒减企业设施维护成本，因为费不了多少事，最好还是用保险的算法，防止出题人“挖坑”。

注意：题中的订单处理成本、配送成本属于批次级别的成本。

8. 以下数据摘自某公司最近的财务报表：

流动资产	$ 120 000
总营业资产	$ 1 750 000
流动负债	$ 85 000
总负债	$ 985 000
销售额	$ 1 240 000
营业收益	$ 365 000

该公司的预期最低报酬率为12%。那么，该公司的剩余收益是（　　）。

A. $ 155 000　　B. $ 126 800　　C. $ 123 600　　D. $ 113 800

解析：此题的信息有些让人意外，什么是总营业资产？一种理解是，所有资产中的总营业资产，而流动资产也至少有一部分属于营业资产，因此它们并不是相加然后等于总资产，因此此题 = 365 000 − 1 750 000 × 0. 12 = 15. 5（万美元），选A，但再试算另外一种理解，即总营业资产 + 流动资产 = 总资产，虽然不太能讲得通，但以防万一，看是否有答案，则 = 365 000 − （1 750 000 + 120 000）× 0. 12 = 14. 06（万美元），没答案，因此更坚定的选A。

9. 某公司正在考虑增加一条新的产品线。这条新产品线预计会产生高于资本成本的回报，但回报率低于目前的总体投资回报率（ROI）。如果该公司决定增加这条潜在的产品线，那么剩余收益将（　　）。

A. 增加　　B. 保持不变
C. 减少　　D. 高于该公司的投资回报

解析：选A。只要项目的回报率大于公司的资本成本就会增加剩余收益。

10. 平衡计分卡创新和学习度量指标的两个示例为（　　）。

A. 员工晋升率和环境事故数目
B. 员工培训小时数和产品不良率
C. 建议员工人数以及每名员工每天完成的成品数目
D. 员工流动率以及内部流程改进次数

解析：选 D。A、B、C 明显不对，因为里面有内部流程的指标。D 貌似也有内部流程的指标，再一次讲，出题人总是喜欢“诱惑”考生犯错误，D 中出现了“内部流程”字样，千万别认为是内部流程指标。学习与成长维度的总体含义，顾名思义，反映改进、改善、新产品、新专利、员工培训时间等，但它也包含了人事方面的一些其他要素，比如员工满意度、员工流失率等。另外不同的其他资料上可能对学习与成长有不同的解释。

11. PM 公司采用一种标准成本体系。在过去的一年中，经营结果与标准成本之间存在巨大的差额。PM 正在考虑是将差额分摊到适当的库存账户和销货成本，还是将所有差额直接分摊到销货成本。在以下（　　）情况下报告的净收益最大。

A. 所有差额都是有利差额，并直接冲销到销货成本
B. 所有差额都是不利差额，并直接冲销到销货成本
C. 所有差额都是有利差额，并将差额分摊到销货成本和期末存货账户
D. 所有差额都是不利差额，并将差额分摊到销货成本和期末存货账户

解析：选 A。如果出现巨大差额，应该在存货和销货成本之间分摊，如果是这样，C 和 D 都对，因此此题只能选择 A。

12. PM 公司报告了以下标准成本与实际成本信息：

实际成本	总差额
直接材料 $ 19 250	$ 900 有利差额
直接人工 $ 1 760	$ 800 不利差额

以下（　　）最准确地解释了 PM 的两项差额。

A. 集体谈判协议增长小时工资率
B. 学习曲线提高了生产效率
C. 较低质量、较低成本的材料导致返工成本超过预期
D. 电费的增长超出预计

解析：选 C。C 会造成有利材料价差，但实际上也会形成材料不利量差，最终形成直接材料有利差异是有可能的。产生的返工多会造成人工用时多。此题可以用排除法，B、D 明显不对。A 不如 C 更对。工资率涨了，并不会直接带来直接材料用量减少。

13. 在绩效监控体系中，以下（　　）是差异分析最无关紧要的原因。

A. 激发组织学习　　　　B. 实施持续改进

C. 验证标准的准确性　　　　　　　　　D. 提醒管理层关注存在的问题

解析：考试中很多的翻译是直译。这个题目问的是哪一项最不是差异分析的作用？可以通过排除法，A、B、D 比 C 意义更大。差异分析虽然也可以分析出原来的标准成本不准确，但这不是最主要的目的。差异分析最重要的意义是分析出存在的问题，进行改进。因此最终选 C。

14. PM 养老院在其 4 英亩退休社区中为多达 200 个住户提供住宿。PM 的经理本杰明发现，上个月的实际结果与 3 月的预算有很大不同。该养老院按计划向每个住户收取 \$2 000 的费用。费用按该社区的 4 个运营部门分类：家政、维修、饮食和护理。本杰明不知道哪里出了问题，如果 4 月再发生这种情况，她担心将不得不裁员。3 月的预算和实际结果如下所示。

3 月预算：

收入（每个住户 \$2 000 × 180 个住户）	\$360 000
除去开支：	
家政（\$65 000 加每住户 \$15）	\$67 700
维修（\$30 000 加每住户 \$23）	\$34 140
饮食（\$40 000 加每住户 \$180）	\$72 400
护理（\$85 000 加每住户 \$300）	\$139 000
运营收入	\$46 760

3 月实际结果：

收入	\$400 000
除去开支：	
家政	\$97 800
维修	\$59 200
饮食	\$75 800
护理	\$144 900
运营收入	\$22 300

使用弹性预算，以下陈述中（　　）是正确的。

A. 四个部门均为不利差额　　　　　　B. 护理是不利差额最高的部门

C. 收入差额是有利差额　　　　　　　D. 家政和护理部门有不利差额

解析：题目信息不够明确，没告诉实际是服务 200 个住户还是 180 个住户，其他数据的住户因为有无限种可能应该不予考虑。

如果住户仍然是 180 个，则答案 A、C、D 都对。另外题中说了为 200 个住户提供服务，而且此题要求用弹性预算，综合上述，实际服务 180 个住户是不对的。

因此下面按照实际服务 200 个住户去分析。而且此题没有告诉固定成本的实际发生额，所以只能将固定成本和变动成本合计在一起进行分析。

公司的弹性预算和实际及静态预算的列示如下：

	弹性预算	实际	静态预算
收入	200 × ＄2 000	200 × ＄2 000	180 × ＄2 000
除去开支：			
家政（＄65 000 加每住户 ＄15）	＄68 000	＄97 800	
维修（＄30 000 加每住户 ＄23）	＄34 600	＄59 200	
饮食（＄40 000 加每住户 ＄180）	＄76 000	＄75 800	
护理（＄85 000 加每住户 ＄300）	＄145 000	＄144 900	

如此，A、B、D 都明显不对，C 对。

15. PM 本月第一周的预算是销售 100 块蛋糕，每块＄35。他们实际上销售了 105 块，每块 ＄40。那么销售价格差异是（　　）。

A. ＄525 有利差额　　B. ＄525 不利差额
C. ＄700 有利差额　　D. ＄700 不利差额

解析：(40 − 35) × 105 = ＄525 有利差额。选 A。

16. 以下有关例外管理体系的陈述中（　　）最欠妥当。

A. 经理可以将精力集中在最关键的领域
B. 在针对可控项目时特别有用
C. 这可能会导致完全改变一个流程
D. 不需要调查有利差异

答案：选 D。

17. 以下（　　）是采用标准成本体系最不可能的原因。

A. 将标准设置在理想水平可以激励员工
B. 标准成本体系确定应有的成本以及应由谁负责这些成本
C. 使用标准成本趋势可以简化记录的保存

D. 相对于使用实际成本法而言，使用标准成本法的成本较低

解析：选 A。千万要注意，已经发现好几次类似翻译的问题，即问做某事最不可能或最无关紧要的原因。比如此题，再比如以前的某一个题“在绩效监控体系中，以下哪一项是差异分析最无关紧要的原因?”。实际上是问哪一项不是或者最不是做某事的目的/意义。记住此类型的题。

18. PM 公司生产童装。变动间接费用成本根据预算的直接人工工时进行分摊。根据 12 月份预算，生产每件童装需要 4 小时工时。预算每工时变动制造间接费用成本是 $12，预算生产数量是 1 040 件。12 月份的实际变动制造成本是 $52 164，生产了 1 080 件童装。实际直接人工工时是 4 536 小时。变动间接费用耗费差异是（　　）。

A. $2 592 有利差额　　B. $2 592 不利差额
C. $2 268 有利差额　　D. $2 268 不利差额

解析：除了固定制造费用以外，凡是问花费差异/工资率差异/价差，可以用窍门公式，即实际总成本 - 预算单价 × 实际数量，因为此公式展开后 = 实际单价 × 实际数量 - 标准单价 × 实际数量 =（实际单价 - 预算/标准单价）× 实际数量。

答案为：52 164 - 12 × 4 536 = $2 268 有利差额。选 C。

19. 在比较实际营业收益与总预算的营业收益时，PM 公司的财务总管发现，实际销售总件数等于预算销售总件数，而且预算固定成本等于实际固定成本。他还注意到，两种产品都是按预算的单位销售价格出售的，而且每种产品的预算和实际边际贡献率都是 40%。但是本期静态预算显示 PM 的营业收益是有利差额。以下（　　）能合理解释这种差异。

A. 公司生产的件数比预算少
B. 公司的所得税率低于预算
C. 向产品分摊固定销售和管理费用的方法与计划的不同
D. 产品组合与预算的不同

解析：实际销量一样则无需使用弹性预算差异分析，直接对比实际损益表和静态预算损益表就可以。若预算的固定成本和实际的固定成本一样，则边际贡献金额肯定不一样。而且从题中得知，每种产品的预算售价和实际售价一样，预算的单位变动成本和实际的单位变动成本一样。因此只有用产品组合不同来解释经营利润的差异。

20. 以下关于基准分析的陈述（　　）不正确。

A. 预算可以提供一个基准，激励员工实现公司的目标

B. 公司可以适当地使用基准考核员工或部门的绩效

C. 基准分析包括比较公司内部部门之间的绩效

D. 将部门的业绩与行业基准相比，通常没有将其与预算相比有效

答案：选 D。

21. PM 公司间接材料的弹性预算成本，即可变间接费用成本为每单位产品 $2.15。该公司上个月的弹性预算绩效报告显示，间接材料的有利差异为 $4 500。该公司上个月生产了 19 700 件产品。该月的预算产量为 19 000 件产品。那么，间接材料产生的实际成本为（　　）。

A. $1.89　　B. $1.92　　C. $2.38　　D. $2.63

解析：此题问题没说清楚，通过答案可以看出问的是单位间接材料的实际成本，假设单位间接材料的实际成本为 Y，则（Y－2.15）×19 700 = －4 500，因此 Y = $1.92，选 B。

22. PM 公司从本年度的 1 月 1 日起开始营业。该公司的标准成本系统允许每件成品使用 4 码布料且成本为每码 $1.55。在本年度中，PM 生产了 20 000 件成品，销售了其中 18 000 件。尽管年底没有在产品盘存，但在期末原材料库存中有 2 100 码的布料。如果原材料量差异为 $1 240 不利差异，那么请问 PM 本年度共采购了（　　）码布料。

A. 72 800　　B. 74 900　　C. 80 800　　D. 82 900

解析：假设本年采购的布料的量为 Y，则［（Y＋0－2 100）－20 000×4］×1.55 = 1 240，注意，（Y＋0－2 100）= 原材料实际耗用量。因此 Y = 82 900 码，选 D。

23. PM 公司的主打产品眼镜框 10 月份的实际和预算销售量如下所示：

	实际	预算
销售量	24 000	28 000
销售收入	$336 000	$350 000

那么销售数量差异为（　　）。

A. $14 000 不利差异　　B. $50 000 不利差异

C. $56 000 不利差异　　D. $56 000 有利差异

解析：(24 000 - 28 000) ×350 000/28 000 = $50 000（元）不利差异，选 B。

24. 某家制造商生产相框，每个相框需要一块玻璃。每块玻璃均由一块较大的玻璃切割而成，每块较大的玻璃可以切为4块。一般来说，因为在加工中通常会有一些正常破损，所以使用了110块大玻璃来生产400个相框。为了改善运营状况，该公司已将玻璃材料使用标准设定为100块大玻璃制造400个相框。以下（　　）能最准确地描述公司设定的标准类型。

A. 这是一个理想标准，因为通常可以实现，虽然会存在一些偏差

B. 这是一个当前可达到的标准，因为其需要完美执行

C. 这是一个理论标准，因为它假设所有设备都状况良好以及所有员工都能按预期工作

D. 这是一个实用标准，因为它假设所有操作因素按预期进行

答案：选 C。

25. PM公司采用标准成本计算体系，并基于直接人工工时分摊可变间接费用成本。年度预算预计成品产量为1 000件，直接人工工时为10 000小时，可变间接费用成本为$100 000。年底实际生产了750件成品，耗费了8 000小时的直接人工工时，可变间接费用为 $75 000。可变间接费用耗费差异是（　　）。

A. $0　　B. $5 000 有利差异

C. $5 000 不利差异　　D. $25 000 有利差异

解析：75 000 - 8 000 ×100 000/10 000 = $ -5 000，有利差异，选 B。

26. 以下哪项间接费用差异有助于公司注意到在间接费用控制方面存在的潜在短期问题？

	耗费差异	数量差异
A.	是	是
B.	是	否
C.	否	是
D.	否	否

解析：间接费用的控制一般通过耗费差异来反映，而且费用基本上是短期的。固定

制造费用产量和变动制造费用效率差异，不是反映费用控制的问题，而且产量差异涉及较长期的问题。此题翻译有些问题，英文应该是 volume variance，应该翻译成产量差异，综合起来选 B。

27. PM 实业公司利用稀缺昂贵材料制造产品，采用按例外原则管理体系。PM 的弹性预算表明，＄20 000 000 的销售额将产生 ＄2 000 000 的材料成本、＄3 000 000 的直接人工成本以及 ＄5 000 000 的制造间接费用。在这种体系下，该公司不会进一步核查（　　）。

A. ＄400 000 不利产量差异
B. ＄70 000 不利材料数量差异
C. ＄370 000 有利人工效率差异
D. ＄2 000 000 不利销售数量差异

解析：产量差异是不可控的，因此无需去调查其原因。尽管产量差异所占比率不是最小的。比率计算如下：不利产量差异的比率 = 400 000/5 000 000 = 8%，不利材料数量的差异的比率 = 70 000/2 000 000 = 3.5%，有利人工效率差异的比率 = 370 000/3 000 000 = 12.3%，不利销量差异的比率 = 2 000 000/20 000 000 = 10%。选 A。注意，以上描述的比率算法有可能做别的题时能用上。

CMA 考试非常活，而且很多知识点结合在一起，大家一定要适应！

28. 以下都是使用完全成本法确定转让价格的优点，除了（　　）。

A. 能促使各部门之间的目标一致性
B. 基于成本习性，能更好地确定外部定价
C. 是成本最低的管理方法
D. 表示长期决策的相关成本

解析：选 A。此处的成本最低指的是转移定价可以是完全成本，因此相比市场转移定价会低，但准确来讲，变动成本法和完全成本法转移定价谁会形成最低成本的转移定价是不一定的。

实际工作中没有纯完全成本法和纯变动成本法转移定价，考得太理论，而且不好理解。只能使用排除法。这种题非常少见。

29. 一家化妆品公司通过在全国百货连锁店内设立专卖店来扩大其营销范围。总公司聘用各个专卖店中负责销售的经理。总公司按每平方英尺租价向百货公司支付租金。

为了考核专卖店经理的绩效，最适合将专卖店视为（　　）。

A. 成本中心　　B. 收入中心　　C. 利润中心　　D. 投资中心

解析：很显然是收入中心，因为他不负责销货成本，这样的专卖店是公司统一给货，这样的专卖店只相当于一个销售窗口。

30. 使用基于成本的转移价格所带来的一个优点是（　　）。

A. 有助于评估从属单位的绩效　　B. 可以保留从属单位的自主权

C. 可以实现目标一致性　　D. 易于实施

答案：选 D。

第 7 章　内部控制

“攘外必先安内”，内部控制对企业来讲至关重要。内部控制可以让企业提高效率、管控风险，这样企业才可以长治久安，可持续成功发展。否则若企业没有很好的内控系统，企业很容易成为“风中的蜡烛”，随时风险破裂而导致企业重创甚至倒闭清算。

7.1　内部控制建设

7.1.1　风险的定义

从内部控制角度来讲，风险是指产生威胁的概率乘以（预防、检查威胁的）控制系统失败的概率，乘以威胁造成的损失金额。用公式表达为：风险(R) = P(t) × P(f) × 损失金额。P = 概率，t = 威胁，f = 控制失败。因此，管理层为了将风险减少到最低，则会：(1) 预防威胁的发生；(2) 增强控制系统；(3) 进行保险或使用其他方法降低可能发生的损失。

外部独立审计师角度的审计风险

外部独立审计师在对某个公司进行审计前，需先针对此客户评估并评定审计风险。

外部独立审计师将风险分为以下三种。

■ 固有风险（inherent risk，IR）：假设没有内控，财务报表出现重大问题（超出可接受标准）的风险。从含义上来讲，这种风险是指财务报表某个/某些科目由于太复杂或具争议等原因本身自然就容易出现核算错误。例如，养老金负债太复杂，容易出现错误，又如，有价证券因为太复杂容易出现问题等。

■ 控制风险（control risk，CR）：有内控存在，但仍然没能预防住财务报表出现超出可接受标准的问题。这属于内控失败的概率。主要的原因有：(1) 管理层否决内控；(2) 合谋欺诈等。

■ 审计失侦风险或直译为检查风险（detection risk）：是指外部独立审计也未能发现财务报表出现重大问题的风险，即审计程序和审计证据也未能发现该问题。失侦风险并不包含上面的固有风险和控制风险。

外部审计在进驻公司进行审计前应对该公司评估和评定可接受的审计总风险（acceptable audit risk，AAR）和可接受审计失侦风险。顺序是，外部审计师先评估和评定可接受的审计风险，然后推算出可接受的审计失侦风险，再计划相应的审计方案。

AAR 受以下三个因素影响：（1）管理层的诚实/正直（integrity）；（2）财务报表的使用者人数；（3）被审计单位的财务状况。

■ 管理层的诚实程度越低，则 AAR 越低。
■ 被审计企业的财务状况越差，AAR 越低。
■ 报表的使用者越多，AAR 越低。

AAR 越低，外部审计对风险的宽容度越低，即审计时越严格。可接受的审计总风险 = 固有风险 × 控制风险 × 审计失侦风险。但外部独立审计师无法控制企业的固有风险和控制风险。外部审计最能影响的是审计失侦风险。

外部独立审计师根据上面所述 3 个因素先制定出可接受审计总风险，然后评估固有风险和控制风险，从而推算出可接受的审计失侦风险。推算公式为：可接受的审计失侦风险 = 可接受审计风险/(固有风险 × 控制风险)。评估的固有风险和控制风险越高，为了达到已经设定的 AAR，可接受审计失侦险越低，意味着可接受审计本身出问题的风险越低，则意味着因此审计师越需要更多的审计证据，即审计越严格。

7.1.2　内部控制系统建立

内部控制（简称内控）的历史三阶段：(1) 内控是公司管理与控制的一个很好的工具；(2) 美国海外反腐败法案（FCPA）－1977；(3) 萨宾法案（SOX）－2002。自1977年后内控已经上升到法律要求，2002 年更进一步强化了内控的法律约束。

内部控制的定义/目的

内控的定义/目的：内控由董事会及公司最高层管理发起并支持，内控是为实现以下事项提供合理保障的系统：（1）企业有效率和有效力的运营；（2）合法、合规；（3）财务报告的可靠性；（4）保护公司资产；（5）完成公司的经营目标。

内控是尽最大可能地合理保障而不是绝对保证，如合谋是无法控制的，又如没有人是完美的，有些失误是难免的。

内控系统需考虑成本与收益，收益要大于成本。没有任何内控系统是绝对100%有效的。内控可以尽量减少风险，但很难说彻底清除风险。内部控制程序不应该对效率或盈利能力造成不利影响。

当然这绝对不能作为不尽全力进行内控的托词。另外，从上面的目的可以看出内部控制以及相关的内部审计涉及全公司的各个职能，财务部只是其中之一，因此，要坚决摈弃对此错误的理解，即一说到内控和相关的内部审计是财务部的事情，其他部门没责任或不积极参与。CEO/总经理是第一责任人，然后哪个运营职能出现问题，则问责哪个部门经理，财务部经常被总经理委托为内控的领导者或总协调人。内控出问题，不仅是公司财务上受到直接损失，有时候会因负面新闻严重影响公司的声誉和股价。

COSO 机构建立的设计和评估内控系统五要素

COSO 内控的五要素用于指导内控系统的设计和评估，由 COSO（COSO 是一个权威机构的名称）建立，在美国被广泛使用。下面是2013版最新的内容。共包括五个方面，17个原则。

1. 控制环境。控制环境是指组织/公司的管理哲学/理念（management philosophy）以及对风险的容忍度。控制环境对内部控制至关重要，它是 COSO 其余要素的根基。控制环境主要包括以下五个原则。

（1）公司必须展示出对遵守正直（integrity）和道德操守的承诺。公司必须建立道德操守准则，并向全员传达以及与外部的商业伙伴沟通（如供应商、客户等）。管理层必须从最高层发出声音支持道德操守，并以身作则遵守道德操守准则。另外，公司必须对违反职业操守的事件进行及时高效的治理。

（2）董事会必须独立于管理层并监督内部控制的执行，这其中包括一份关于董事会对于管理层的独立性和董事会对内控监管责任的清晰的声明，董事会相关成员需具备相应的能力以履行对内控的监管。

（3）管理层在董事会的监管下，建立相应的组织架构、职权划分、汇报机制等以实现企业经营目标。这也要涉及外包的一些服务商。

（4）能力/胜任。公司需建立相应的政策和程序以吸引、发展和留住有能力的员工。公司应定期评估员工的能力，若发现能力不足需进行相关培训。公司应建立员工继任、离职的准备方案。

（5）划定责任。公司要将维护内控的责任具体划定到个人。公司应监控制定的运营目标不要过高，不要过分地注重短期目标而牺牲长远发展。

控制环境最重要的要素如下。

（A）公司最高管理层要发出声音（tone at the top）强调道德操守的重要性，并在公司范围内建立正直、高标准职业道德操守的企业文化和相关准则并且以身作则。

（B）公司需有明确的相关政策和准则来管理和控制企业风险，这对于建立一个良好的控制环境很重要。

（C）企业有健全的内控政策及程序并且必须将其归档，这样是为了日后的培训需要、审计需要等。经理和职员都要有清晰的职责分配以及工作说明书（job description）。

（D）公司要有明确的职责分离制度。具体请看控制活动部分的职责分离。

2. 风险评估。确定风险发生的可能性以及重要程度。风险主要分为：内在风险（即如果企业不采取内控措施，企业会面临的风险）和剩余风险（即使公司采取相应的内控措施后还可能会发生问题的风险）。风险评估的四个原则如下。

（6）企业建立清晰的经营目标。

（7）进行风险评估以及制定出相应的风险反应。

（8）评估欺诈的可能性，包括欺诈三角形的三要素：压力、机会、借口。

（9）变化的管理。企业应评估企业的一些变化，如外部环境的变化、企业管理层的变化、企业产品线等的变化，对内控产生的影响。

3. 控制活动。企业要有相应政策和程序来规避可能产生的风险。具体控制活动的主要方法有以下六点。

（a）确定公司 CEO 到经理以及职员的工作权限和工作职责（job description）。董事会招聘 CEO 等高管，经理们招聘和培训有能力、可靠、有职业操守的员工并为他们制定合理的薪水，以完成公司的日常运营。

（b）职责分离（下文细讲）。

（c）业务交易审批（下文细讲）。

（d）独立核对核查。

（e）资产保护。

（f）足够的留档及归档。

控制活动的三原则是：

（10）减少风险。

（11）对科技的控制。比如对于科技的购置、科技的研发、科技的维护等的控制。

（12）政策。包括建立内控政策和程序、定期评估和修改（若需要）相关政策和程序。

4. 信息与交流。公司将内控制度和程序放置在信息管理系统，如内部网等，以方便大家查阅。公司要给予员工必要的相关方面的交流、培训，这样员工可以知晓如何履行工作。交流内控制度和程序时，需用“销售”的方式进行开放、有效的沟通而不是强压去执行。

信息与交流的三个原则是：

（13）信息质量。要保证信息的相关性、准确性、及时性和安全性等。

（14）内部交流。公司内部要进行有效的交流。

（15）外部交流。和公司外部相关机构和人员（如客户、供应商、政府、股东等）进行有效的沟通。

5. 监控（monitoring）。监控的方法包括：管理层监控、员工评估、内审、外审、经理会、公司治理等。

监控的两个原则为：

（16）公司持续、定期监控内控机制的运行。

（17）公司发现内控不足，及时解决问题。

控制活动的进一步详细介绍

职责分离

职责分离属于预防性控制。以下几种职责要独立分开。

- 交易批准人。
- 交易执行人（销售、生产、采购等）。
- 记账人。
- 资产保管人。出纳保管：现金；仓库保管员保管：存货；固定资产监管人保管：固定资产；信用控制员监管（保管）：应收账款。很多大公司有专门的 treasury department，有人翻译成司库*或者资金管理部，实际上最准确的称谓是财务管理部*，其主要职能是：融资、投资、现金管理、信用控制等。考试中，出纳和信用控制都属于司库部。
- 调节核对人。例如，存货及固定资产盘点核对实物数量和账上的数量、和客户对账、银行调节表核对企业账和银行账等。

注意：不同资料上对职责分离的分类不尽相同，若是论述题建议都写上。

职责分离——举例。

- 采购和付款环节：（1）采购的执行授予采购部；（2）记账是应付账款会计；（3）资产的保管是仓库保管员；（4）定期进行账实相对的人是总账会计；（5）采购的批准应按照公司的审批权限书，英文是 LOA（level of authorities）/DOA（delegation of authorities），由相应的经理审批。

- 销售和应收账款环节：（1）销售业务的执行授予销售部；（2）记账是应收账款会计；（3）资产的保管是仓库保管员（负责存货的保管）或司库部，如出纳（负责现金保管）、信用控制人员（负责应收账款监管）；（4）定期进行和客户对账的人是总账会计；（5）销售的批准应按照公司的审批权限书，英文是 LOA（level of authorities）/DOA（delegation of authorities），由相应的经理审批。

- 薪金环节：人事经理负责批准人员的雇用/解雇、薪水的制定；记账是工资会计或应付会计；资产的保管是出纳/司库部；银行调节表对账是总账会计。

- 其他：出纳/收银员的职责一般是收钱、付款等。

职责分离进一步解释。

- *业务执行人不能和记账人是一个人。如果是一个人，无法客观公正地记录和反映真实业绩，如销售人员卖产品然后自己记账，卖十万元可能会记一千万元。另外，记账人有审核、控制的职能，这样可以发现业务执行人可能存在的问题。*

- *业务执行人不能和资产的保管人是一个人。资产保管员有审核监督职能，例如，采购买来的货物由仓库保管员进行验收，这样采购人员就不敢买残次品；销售人员愿意卖出的产品越多越好，但信用控制人员要监督应收账款的质量，要进行客户信用审查及信用天数制定，否则卖出的货物可能收不回来款。*

- *业务执行人不能和账务核对人是一个人。业务执行人在此存在利益冲突（利益冲突是指个人利益和公司利益发生了矛盾），尤其在账的对与错上，很难公正去对账。*

- *记账人不能和资产保管人是一个人。如出纳和记账人、仓库保管员和记账人等不能是一个人，否则资产保管人可以把资产据为己有，而把账做平，短时间内很难被发现。这两个人应该分开，一个管实物，一个记账，然后定期核对。*

业务交易审批系统

业务交易审批系统是指公司的业务流程需有适当的审批以使工作流程有效率和效力而且降低风险，如采购控制程序、销售及信用控制程序、信息系统使用程序等。

采购付款控制程序简介

- 有合理的采购需求。
- （需求人）填写采购申请（purchase requisition，PR），上面填写清楚采购事项、理由、估计成本等。
- 然后按照审批权限书递交相应的经理进行审批。
- 采购申请审批后交独立的采购部门进行采购。采购部准备采购订单［（purchase order，PO）需事先连续编码，以加强此重要单据保护］。采购订单根据审批权限书进行相应的审批。
- 供应商要货比多家，选择综合最好的（综合价格、资质、质量等因素），公司因此建立优先供应商目录。选择供应商要有一个跨部门团队进行评估审批后才可定为公司正式的供应商。如果选择了唯一供应商或选的供应商的价格不是最低的等特殊情况，要进行进一步额外的批准。供应商要进行定期审核。
- 采购订单审批后正式发给供应商。然后通知申请人、财务和库管采购订单已发。
- 货到后由独立的部门（采购部以外部门，如库房或申请人等）进行验收。验收后，填写收货验收单（goods received note，GRN），然后交给财务、采购等部门各一联。
- 财务应付账款会计需进行三方核对，即发票、采购订单、收货验收单，然后经审批后安排出纳付款。
- 出纳付款。

销售、信用控制程序简介

赊账客户要经过独立于销售部门的信用部门审核后才可授予信用账期。信用审查包括客户的财务状况、信用情况等。

客户发来采购订单，公司据此准备销售订单，销售订单审批后（价格等方面）通知库房进行发货。客户收货后要签字确认。

坏账核销应由信用控制部门批准，而不是由销售部。

对重要文档进行预先连续编号

公司应对重要文档，如银行支票、采购订单、发票等，预先进行连续编码，这些预先连续编码的文档必须严格妥善保存。这样，一旦编码不连续，很容易引起警觉，公司要对此进行彻查！

双线汇报制度

双线汇报制度。例如，某子公司的财务经理在职能上，即业务方面/专业方面，英

文叫functionally，向总公司的财务总监汇报；另外一条线，行政上，英文叫administratively，向子公司的总经理汇报。这样可以相互牵制，相互监督，同时又能促进专业上问题的高效解决。

7.1.3　内部控制的种类（types of internal control）和内部控制的方法（internal control methods）

内控种类可分为以下五种。

- 预防性控制：事前控制，如职责分离、双重审批等。
- 核查性控制（detective controls）：是预防性控制的一个补充，进行事后核查。例如，定期做银行调节表、对账、存货盘点等，核查性控制是预防性控制的一个很好的补充。
- 改正性控制：用于改正和解决核查控制时发现的问题。
- 指向性控制（directive controls）：为公司创造积极结果或提升公司形象的控制，如指令用本地供应商，又如指令员工遵守公司职业操守准则等。
- 缓和性或补充性控制：对内部控制系统有缺陷或者不完善的地方进行补充性控制。例如，一个公司规模很小，很难彻底地做到完美的相应岗位的职责分离，这时可以通过高层检查、内审等方式进行控制。又如，在现金交易方面，通过由独立于会计和出纳的人员编制银行调节表可以补充性加强现金管理方面的一些缺陷。

内部控制的方法。内部控制的方法可以分为五种：组织控制、运营控制（operational control）、人事管理控制、审核控制/监督控制（monitoring control）、设施和设备控制。其中，组织控制是指合理的组织结构图和职责分离，运营控制主要包括计划、预算、业务交易控制、归档和会计及信息系统控制等。审核控制和设施设备控制很好理解。最后详细讲解人力资源管理控制。

人力资源管理控制

招聘和挑选适合的员工。称职、值得信赖的员工，加上及时、有效的培训和指导能减少改正性内控的发生概率。

人员招聘应由人事部和用人的职能部门一起进行，用人的职能部门不能自行招人，否则容易有利益冲突，如将自己的亲戚都招进来。人事部的独立审查能减少利益冲突。

招聘时，公司应规定各岗位的资格要求。招聘员工的资格包括：教育背景、工作经验、资格证书等。招聘可进行相应的推荐人、信用等方面的核实，即背调，也就是背景调查（*因此所有人都应该善始善终、好来好散*）。有时再好的内控系统也怕不好的员工的人为破坏，因此，招聘员工属于源头控制！

新员工入职培训（orientation training）、入职后持续员工培训、员工发展。首先，员工一入职应进行新员工培训，使其知晓公司的文化、政策、程序等。其次，员工开始工作后，企业应适时地持续培训员工以及发展员工。员工因能力不合格或得不到发展可能会对内控产生不利的影响。

监督（supervision）。对员工进行合理的监督，如对其工作过程、工作结果等进行监督。

特殊员工行为约束（bonding and personnel practices）。对有责任监护公司钱财的员工要进行相应的约束和控制，如岗位轮换、定期休假制度（休假时别人可检查他或她的工作）等。

欺诈（fraud）与人力资源管理控制。欺诈是指：再好、再完备的内控系统也不能完全阻止欺诈行为，欺诈行为是员工有意的欺骗、诈取的行为，这些人可以完全不顾公司的控制制度故意做不应该做的事情。

因此，公司要重视人力资源控制，要严把招聘关，招聘时要进行相关资历、信用、职业道德操守等履历方面的调查。招聘能力和品质兼优的人员，然后公司及时给予相应的新员工培训及后续培训以及发展，这样可减少欺诈行为的发生。

7.1.4 建立有效控制的会计计算机信息系统的四原则

1. 控制原则：会计系统需能够帮助公司达到保护资产以及保证数据准确等方面的目的。
2. 兼容原则：会计系统要适合组织和人员的特点。
3. 灵活原则：会计系统需能适应企业将来的发展变化。
4. 成本收益原则：使用会计系统的收益应大于会计系统的成本。

7.1.5 内控相关的法律

美国海外反腐败法

美国海外反腐败法（FCPA），1977 年实施。适用于在世界任何角落经营的美国公司，具体条款有以下几点。

- 禁止美国企业向外国官员支付不正当款项（适当的催办费除外）。催办费是指审批实质上已完成，只是希望最终文件稍快一些拿到手。注意：FCPA 只涉及了对外国官员的付款，并没有涉及对外国公司高管和职员的付款。

- 公司应有非常详细、真实的会计账目和记录。
- 公司须有会计内控系统。
    - ◆ 交易的执行须有管理层的批准。
    - ◆ 资产保管责任要到位。接触资产要有管理层的审批。
    - ◆ 按照符合美国 GAAP 或其他适合的标准编制财务报告。
    - ◆ 公司须对资产进行及时对账并调查差异。
    - ◆ 公司要有相关内控程序，内控程序包括费用报告的审批、预支备用金和费用报告之间的调节等。

SEC 负责监控美国海外反腐败法内控方面的执行。

SOX－萨宾法案

SOX－萨宾法案：2002 年 7 月 30 日签署实施的一项法律。背景是诸多大公司包括会计师事务所，发生会计丑闻。好多世界级大公司（如安然、安达信、MRI 等）因会计丑闻从此消失。SOX 包含了影响上市公司及其高管以及审计师的有深远意义的条款。由此，成立了 PCAOB（Public Company Accounting Oversight Board），即上市公司会计督查机构，此机构用以监督审计师事务所以及负责建立上市公司审计准则。以下是对审计师事务所的要求。

- 禁止注册公共会计师事务所从事一些非审计的业务，如代记账、会计系统设计、公司内审外包等，以此保持审计的独立性。但允许从事其他一些非审计的业务，如税务服务等，但这必须先得到公司审计委员会的同意。**注：此条属于 SOX 201 条款**。
- 会计师事务所的主审计师、主审合伙人或复核审计项目的合伙人，为同一客户连续提供审计服务不得超过 5 年，否则将被视为非法。应 5 年轮换一次。合伙人是会计师事务所的“老板们”，很多会计师事务所有很多合伙人。注意：这里不是换整个审计师事务所。**注：此条属于 SOX 203 条款**。
- 审计师直接向被审计公司的董事会层面的审计委员会汇报，而不是向公司管理层汇报。对管理层进行审计然后再向管理层汇报存在着明显的利益冲突。
- 审计要同时对公司财务相关的内控和财务报表发表意见。

SOX 301——审计委员会

- 至少有一个财务专家，每个成员都是报告发布公司董事会的独立董事，即独立于报告发布公司。这些独立董事不允许接受报告发布公司以及附属子公司和关联公司的咨询报酬、顾问报酬等。如果审计委员会不包括财务专家，必须对此进行披露。
- 直接负责选择和监督审计事务所以及制定审计费，审计事务所直接向被审计公司的审计委员会汇报而不是向被审计公司的管理层汇报。

SOX 302——公司对财务报告的责任

证监会要求上市公司定期发布财务报告，一般是季报和年报，要求公司相关主要管理人员，一般是 CEO 和 CFO，在报告中核实确认。

- 在报告上签字的人员已经审阅了报告；
- 此报告不包括重大不真实的内容或没有遗漏重大事实（注意重大这个关键词）；
- 此报告公允地在实质方面反映了公司的财务状况及经营结果；
- 管理层负责建立和维护内控系统以保证可靠的财务报告，并在财务报告前评估了公司财务报告相关的内控系统并出具评估报告，并向公司审计委员会及外审通报了重大内控缺陷或欺诈（如果有）及评估后是否有重大的控制改变。

SOX 404 部分——对内控的要求

- 要求公司管理层建立并建档内控程序并在年报中出具财务报告相关内控的报告，此报告包括：(1) 管理层负责建立和维护内控系统的声明；(2) 管理层对最近财务年度关于财务报告相关的内控效果进行了评估；(3) 关于评估后是否有控制方面的重大改变（包括纠正措施）的声明。
- 外审必须要鉴定并报告管理层的内控评估，叙述任何内控方面的重大薄弱事项。外审对内控的评估不是另外单独的一次审计，而是和财务报表审计一起进行，只是需发表两方面的意见。

注意：要记住萨宾法案的条款代码，如 SOX302，SOX 404 等，考试中有可能只给出此代码，然后问内容。

公司治理

公司治理（corporate governance）：主要是针对公司董事会、高级管理层的行为的管理。主要要素有以下几点。

- 董事会。公司股东选举产生董事会。董事会对企业运营和运营结果负最终责任。董事会建立概括性运营目标以指导控制系统的设计以及对控制系统进行跟踪。董事会的主要责任是确保公司运营符合广大股东的最佳利益。董事会负责建立公司政策以及雇佣组织的主要高管负责人。主要高管负责人建立组织的基调以及管理组织的日常事务。
- 公司董事会应定期举行，董事会应对公司及公司管理层有良好的监督和控制。
- 董事会要有非执行董事或又称独立董事，非执行董事应至少占董事会 1/3 席。非执行董事是指有公司股份但和公司没有雇佣关系的董事，平常不参与对公司业务的日常管理。
- 董事会设分支机构——审计委员会，审计委员会有很强的独立性，公司内审和外审直接受其领导，以避免审计受管理层影响。为了保持审计的独立性，萨宾法案要求审计委员会的成员需独立于该公司，这意味着审计委员会成员不能接受该公司以及该公司附属或下属单位的顾问、咨询或者其他有偿服务等工作。

注意：请区分公司内部和公司外部的相关利益方。公司内部相关方：如董事会、管理层、经理们等；公司外部的相关方：如股东、信贷方、政府政策制定者、外部审计等。注意，股东和董事会千万别混淆！

7.1.6　内部控制建设其他——信息系统控制

信息系统控制

信息对任何公司来讲都是至关重要的资产。在信息方面的内部控制因此也非常重要。计算机信息系统主要分为两个职能。(1) 财务会计信息系统：产生财务报告、预算、成本信息等；(2) 运营信息系统：财务以外的运营信息和报告，如生产、销售、供应链等。

信息系统经常会面临一些风险，例如以下风险。

1. 审计追踪较困难（不像手工系统那样容易看到和翻阅实物账）。计算机系统（如ERP）里的数据和文件是储存在相对无形的数据库里，无法像手工账那样直观、容易翻阅检查。

2. 软、硬件不能正常运转。例如，停电、软件缺陷、病毒感染等原因。

3. 人员参与减少了（计算机系统代替了一定量的人工），但随之而来的是有些原来人能够识别的错误，但计算机系统因设计的问题却不能发现这些问题。

4. 数据可能会丢失，这样会导致代价昂贵的运营停顿或者运营错误。

5. （原来手工系统时布置的）职责分离有可能会被减弱。

6. 很多交易是自动生成的，因此可能有些方面缺失了传统的审批。

7. 因为编程设计中的缺陷从而发生系统性错误。

8. 使用者可能会不小心（无意的）更改或者删除数据。

9. 信息系统可能被恶意代码（malicious code）损坏。

10. 人为操纵数据输入的风险。

11. 人为蓄意破坏计算机系统的软硬件。

12. 自然灾害。

13. 计算机病毒、蠕虫、木马程序以及其他威胁等。其中，特洛伊木马是一个隐藏的、表面看上去是正常的，但其实是通过欺骗的手段，植入程序，使施种者可以任意毁坏、窃取被施种者的文件，远程操控主机。

信息系统控制

信息系统控制非常重要，信息系统控制主要分为：(1) 一般性控制（general controls），又称普遍性控制（pervasive，有时候不恰当地翻译成弥散性控制）；(2) 应用控制。

一般性/普遍性控制包括：(A) 组织、人员和运营控制；(B) 系统开发控制；(C) 网络、硬件、设施控制；(D) 备份和灾难恢复控制；(E) 会计控制。普遍性控制是有效应用控制的基础，因此非常关键。应用控制包括：输入控制、处理控制和输出控制。

控制环境的好坏（即企业的董事会和最高管理层是否对信息系统控制很支持）对信息系统控制是至关重要的。董事会、管理层应有发自最高层的声音（tone at the top），向公司的所有人员表示，公司董事会和管理层非常坚定支持信息系统控制。如果控制环境不好则会有很不利的影响。

一般性控制

（A）组织控制和人员政策控制

1. 部门分离和职责分离。

1.1 计算机部门或者又称信息技术部（information technology，IT）要独立于其他部门，比如财务、生产、销售等，而不是属于某一个部门之下。IT 部门负责人要向 CEO 直接汇报。

1.2 IT 部门要进一步细分不同的职责以及职责分离。（a）系统开发：包括应用程序员和编程人员等，负责应用软件的开发或选择。（b）系统运营：包括计算机操作员，负责输入、输出、图书馆功能等。（c）技术支持：（c1）包括网络管理员，其负责所有数据交流的硬件和软件以及其使用；（c2）数据库管理员，其负责数据库的管理；（c3）安全管理员，其负责用户使用权限的制定和控制。

IT 部门内部也要实行职责分离，即上面的三种职责要分开，即系统开发 VS 系统运营 VS 系统支持。其中，IT 部门内部最重要的职责分离是：系统编程人员不能接触数据处理的运营。

1.3 所有公司交易的批准应该由 IT 以外的人员负责。IT 的角色是处理、存储和传播信息与数据，而这些信息和数据只属于使用者本身。例如，薪水支票支付的批准不能由 IT 的数据处理人员进行。主文件或者交易文件的任何更改都必须由相应的会计人员批准，然后才能由 IT 人员进行更改。但会计人员不能更改主文件或者交易文件。

2. 人员轮岗、休假制度、员工习惯破解（不愿休假、消费远超收入水平等）。这些方法可以帮助发现问题。

3. 计算机访问控制：只有授权才可进入信息系统，而且要设定可访问的内容（如应收账款会计只能进入发票输入等环节，不能接触总账），计算机可以跟踪。

(B) 系统开发过程及控制

系统开发包括：自行开发或外购软件包。如果是自己开发，则主要分以下步骤：(1) 需求分析；(2) 系统设计；(3) 编程；(4) 测试；(5) 实施；(6) 维护。如果是外购软件包，则包括的阶段为：(1) 需求分析；(2) 测试；(3) 实施；(4) 维护。以上系统开发的过程也叫系统开发生命周期。

步骤1：系统需求分析。这个步骤是在开发或购买一个软件方案之前，企业必须先了解自身的需求，即企业需求什么样的系统。

步骤2：系统设计。系统设计说明书必须包括以下内容：用户界面设计、数据设计、程序设计。终端用户必须要积极参与，提出需求或问题，这样能提高接受度以及有利于后来系统的顺利实施和应用，否则等实施时再提出问题，就太麻烦了，甚至会造成巨大浪费。

步骤3：编程。一般大型系统开发都先建立一个样本/原型系统（prototype）。这么做适用于未来的需求不是很确定的情形。从而先建立一个模型，然后不断地精益求精，试验改进，从而最终达到客户满意。这样可避免一次投入太大而发现系统无法使用。注意：编程员或者系统分析员不能一个人操作信息系统开发的全部过程（即分析、设计、编程、测试等）！

步骤4：测试。测试有：单元测试、系统测试。单元测试是测试程序的某一个单独的模块，比如ERP的财务模块、生产模块、材料模块等。系统测试是把整个程序作为一个整体来测试，查看不同模块是否能在一起有效运行。

步骤5：实施。测试合格后，实施新的信息系统，方法一般包括：(a) 试点转换［有时候也被称作引导测试（pilot testing）］，即先挑选一个子公司试用，成功后再推广至整个集团公司，一般先挑一个成熟的子公司试点或总部试点；(b) 平行转换［有时候也称作平行测试（parallel testing）］，例如，新旧系统并行三个月，看新系统的运营结果是否和旧系统一样，踏实后再完全抛开旧系统。

步骤6：维护。平常的维护，需要时对系统的硬件、软件、程序进行改变。

(C) 硬件、设施、网络控制

(C1) 硬件和设施的控制措施

1. 办公区域进入的控制，如设置安保人员、刷卡、监视器等。
2. 数据中心的控制措施：(a) 数据中心应偏离公共办公区域；(b) 只有特殊被批

准的人员可进入；（c）门卡、密码等。

3. 环境控制：（a）有适当的空调设施以及湿度控制设施；（b）防止火灾、水淹等。

4. 防止人为破坏的措施。如设置安保人员、防盗门、监视器等。

5. 计算机设备应有电涌保护器和备用供电设施（如不间断电源）以防止电涌或停电造成的损失（电涌是指瞬间过高的电力、电压高峰）。

6. 防止万一硬件不运转的备用单元控制（即马上可以使用备用设施恢复工作）。

7. 电脑等设备的个人使用者需采取的保护措施，如保护力强的密码以及适当的更换密码的频率、笔记本电脑锁等。

（C2）网络控制措施

互联网/因特网在企业中在大量使用。互联网的使用出现了很多安全隐患，比如黑客擅自侵入、病毒、蠕虫、木马、间谍软件（spyware）、垃圾邮件（spam）等。

病毒控制

病毒是一种软件，感染损坏程序或数据，它本身可以复制、传播。载体往往是免费软件、盗版软件、电子邮件（email）附件等。病毒的影响及防病毒的意义：病毒破坏性很强，而且病毒具有很强的传染性，病毒可不断地通过载体复制，从而达到扩散的目的。因此，企业要很好地防护病毒，否则计算机及系统运行速度慢甚至瘫痪，这样会直接影响企业的正常运行。防病毒的主要方法：（1）安装防病毒软件，及时发现和杀死病毒；（2）政策控制，即公司不允许使用盗版软件、不允许任意下载和使用未经公司批准的软件系统；（3）公司及时通报新病毒的出现及如何预防。

防火墙

防火墙是指一个由软件和硬件设备组合而成，在内部网与公共网（internet）之间的界面上构造的保护屏障，保护内部网免受非法用户的侵入和破坏。防火墙一般使用包过滤（packet filtering）系统检查欲进入网络者的安全性以及检查欲进入网络的信息的安全性，然后只有符合安全标准才放行。另外，防火墙一般使用多层防护措施，一层防护措施失守后，还有后面的多层防护。

数据加密与传输

加密广泛应用在文件保密、电子签名等上面。传输文件时的加密方法有以下几点。

■ 常规/对称的加密方法：加密、解密使用同样的密钥，密钥都是保密的，不对外公开。发送者将文件加密后通过互联网或虚拟专用网传送给收件人，发送者必须将密钥告诉收件人，收件人才可以解密、阅读文件。

■ 公开密钥/非对称密钥密码体制：加密和解密是两个不同密码加密密钥，即公开密钥是公开信息，而解密密钥（即秘密密钥）是保密的，只有收件人有。

其他在数据传输过程中减少被截取或被更改的措施还有路由验证程序（routing verification）和信息确认程序（message acknowledgement）。

路由验证控制程序。路由验证程序可以促进将交易传递到正确的计算机地址。通过网络传输的交易应该包含一个表明其目的地的标题，当交易被接收时，发送系统将验证接收计算机的身份，并与传输者的目的地编码相对照。

信息确认程序。信息确认程序要求接收信息的计算机使用一个拖挂信息（trailer message）来验证信息已经完全被接收，并之后向发信息的计算机发出已经成功接收的信号。这意味着如果发信息的计算机没有接收到来自接收计算机的反馈信息，发送的信息有可能出问题了，如被截取或发错地址了。

入侵检测系统

入侵检测系统可能仅仅是一个软件，也可能是软件和硬件的结合。这样的系统可以分析网络中的行为以发现反常或者未经授权的行为，而且将保持一个集中的安全事件日志，并且可以警告管理员关于违反安全的事件。

（D）备份和灾难恢复控制

企业应该建立业务连续性计划（business continuity planning），即如何保证企业面对信息系统的各种威胁但仍然能使得企业不终止运营的计划和策略。其中很重要的元素是备份和灾难恢复控制系统。

备份控制

备份控制不应该被称作应急控制，因为备份是日常工作之一。备份的意义在于：有了备份工作，在遇到灾难或其他意外时，最新的数据可以及时恢复和使用，将对运营的影响降到最低。备份的拷贝需放置在离公司有适当距离的地方，或者备份数据可以通过电子系统传输到离公司有适当距离的地方（此方法叫作电子库房），以避免受灾难同时影响。备份的时间频率最好是实时。

很多公司使用了“爷爷—父亲—孙子”方法的程序。这样，最新三个时段（如天）的备份文件始终能获取。

灾难恢复控制

灾难恢复控制程序，要素有以下几点。

■ 确定灾后数据恢复小组及其领导，获取最高领导支持，参与者明确其所要负责的事项。

■ 进行风险评估，分析灾难对企业运营的影响，分析数据恢复的成本及数据恢复速度对企业的影响等。

■ 遇到灾难，很可能临时组织的资源有限，因此，要分出任务的轻重缓急、优先次序，先做最重要、最该做的事情。

■ 确定灾后数据恢复的流程和程序，需要时对相关人进行紧急培训。

■ 应及时、透明地和员工交流，因为在灾难的重大打击面前，糟糕的交流可能会引起问题。

■（因为公司运营地遭到破坏，所以）确定数据和系统恢复的备用场所（英文 back-up site，有时候被不恰当地翻译为备份场所）以及所需要的硬件、软件和技术支持等。然后进行数据和运营恢复。恢复的形式主要分为热站、冷站和温站（下文细讲）。

■ 另外，灾难恢复控制程序制定好后，应在灾难无法波及的异地进行保存而且要定期测试其有效性。

热站（hot site）。热站是指：该地拥有和企业原运营地基本同等的计算机信息系统设备和设施，而且通常会和运营地的计算机信息系统同步运行，这样热站的数据和原运营地是同步的（这样相当于热站有完整备份的文件），一旦发生重大灾害，企业可以立即启动热站系统从而快速恢复运营。因此，热站恢复运营的速度较快，对企业的影响相对较低，但成本非常昂贵。公司可以自己拥有热站或者签订协议租赁热站设施。热站的地点一定要和原运营地有适当的距离，以防止灾害同时影响两个地方。热站对于实时处理信息和数据的企业，比如银行等金融机构、电子商务等非常重要。

热站的属性（qualities 也可以翻译成特点）。

■ 地点应在适当的距离以外，以防止灾难同时影响本公司及热站。

■ 热站有现成的办公空间及办公设施、计算机软硬件等，并且通常和原运营地同步运行。系统配置和公司现有系统基本相同，相当于双系统。

■ 系统可立即恢复，恢复运营的速度较快。

■ 成本较高。

冷站（cold site）。冷站是指该地方只有空置的运营空间，里面只有基本的设施，如空调、电力、电信线等。如果发生了灾难，公司将相应的必要设备、设施（如计算机设备、服务器等）运送过来，进行安装，以及将备份数据传送过来，然后恢复运营。这样速度会较慢。冷站平常没有一直在运营的信息系统设备、设施，也没有备份的数据和信息。使用冷站恢复运营的速度会较慢，当然成本也较低。当企业的设备损坏不严重或企业可以尽快较便宜地得到相应的办公设施和计算机设备及网络等的时候，使用冷站可能较为合适。

冷站的属性。

■ 冷站恢复成本相对低。

■ 恢复速度相对较慢。

■ 受灾难公司自己提供相应计算机设备设施。

■ 受灾难公司应能提供相应的磁盘，这需要企业定期在适当的距离外的地点进行计算机数据备份。

■ 受灾难公司自己或需要外部专业人员进行系统恢复。

温站/暖站（warm site）：介于热站和冷站之间，一般是指该站拥有计算机系统的基本软、硬件设备设施，一般比原运营地或热站的规模要小。暖站可能也会有数据备份，但一般是不够完整而且非即时同步的。

热站—温站—冷站的精要区分

热站拥有双系统备份文件、计算硬件和软件、办公场所。

温站拥有计算机硬件和软件、办公场所。从而还另外需要备份文件。

冷站拥有办公场所。从而还另外安装计算机硬件和软件设施以及备份文件。

（E）会计信息系统的控制（accounting control）

会计信息系统控制主要包括以下内容。

1. 批次总数（batch totals）。信息输入时，通过总数的横向、纵向统计来相互核对。

2. 模块/科目控制（control accounts）。特定的人员经批准，只能进入自己相关的模块或科目，而不能进入其他模块或科目。例如，费用会计人员只能进入费用会计模块，而不能进入存货模块。

3. 核销控制。比如款项支付完后，对相关的发票及支持性的文档进行核销，以避免重复支付。

4. 反馈控制。相关的系统应能提供问题反馈机制，即如果系统或某个模块出现了问题，系统会立即汇报、诊断，从而公司可以快速地采取修正措施。

5. 预防性控制。即预测将来可能会出现什么问题，从而提前采取措施应对，例如，热站/冷站/温站就是一旦灾难发生的预防性控制。

信息系统的应用控制

信息系统的应用控制（application controls）是设计用来合理地保证系统在特定的应用和交易处理方面能够正确地完成数据的记录、处理和报告功能。应用控制包括输入控制、处理控制（process control 又叫过程控制）和输出控制。

输入控制。输入控制是为了保证输入数据的准确、完整及有效性，具体方法有以下几方面。（1）人工控制：输入前的双人核对；审批机制；上司审核下属提供数据的准确性机制；批次总数横向、纵向核对等。（2）非人工控制：一是计算机屏幕控制，如若没有按照指示正确操作，计算机屏幕不能往下面的步骤进行；二是内嵌式编辑校验测试控制（如借贷必相等控制）；三是其他，包括冗余数据检查、未发现记录测试、期望检查（anticipation checks）、互动编辑（如完整性检查，即所有需要填写文字已填写的检查和控制）、校验数位等。

处理控制。处理控制确保系统按规定对数据进行处理。具体方法包括以下内容。（1）验证（validation）：和主文件配比以确定存在性；（2）完整性：信息缺失（如有 * 的部分必填）将被拒；（3）顺序检查；（4）算术控制等。

输出控制。输出控制确保系统处理结果的完整性和正确性以及输出结果提交给有权使用的人员。输出控制包括以下内容。（1）处理结果验证（validating processing results）控制。会计信息系统输出的有效性、准确性和完整性可以通过活动报告/作业报告（英文是 activity reports）来核实。作业报告提供了主文件所有更改的详细信息。（2）输出报告发放控制。比如保密控制、发送人名单控制、加密控制、储存控制、报废控制。（3）其他控制，如对账/调节、待处理文件/账户、定期审计、差异报告等。

注意：输入控制和处理控制的好坏会直接影响输出控制的正确性。因此，确保输出的正确性和完整性的措施除了上面输出本身的控制措施（即处理结果验证控制、输出报告发放控制、其他输出控制），还有输入控制和处理控制。

7.2 监 管

内部审计

内部审计（简称内审）越来越被认为是现代公司治理至关重要的要素，有些证券交易所要求在该所上市的公司都必须有内审机构。

内审的三个主要职能：（1）帮助公司高层维护公司的内控系统；（2）帮助公司高层改善企业运营；（3）协助外部审计进行相关审计。有时候外部审计可以参考内审的一些资料，这样可以提高外部审计的效率从而节省公司的外部审计成本。

内审部门的负责人称作 CAE（chief audit executive），即首席审计官。内审职能上直接向审计委员会汇报，审计委员会是董事会的一个分支。

内审需报告的事项：（1）欺诈；（2）违法行为；（3）内控方面的较大薄弱或缺陷；（4）信息安全系统的较大破坏。

内审分为以下三种。

- 财务审计。审计财务报表（general ledger cycle）。

- 营运审计：是传统财务内审的延伸，是审计公司运营的方方面面，包括销售和信用控制（revenue cycle）、采购和付款（procurement cycle）、生产和成本核算（production and costing cycle）等，主要评估企业运营方面是否有效率和有效力，看哪些地方需要改进，是以一种建设性批评的形式，审计结果通报管理层及董事会。

- 合规审计：审计企业是否经营合法、合规及是否遵守公司的规章制度、政策，以及遵守行业标准、技术标准等。

注：财务审计经常和营运审计一起进行。如果审计分两种的话，应该是营运审计和合规审计。

流程图

流程图可以帮助审计师和管理层分析一系列的内部控制来发现其中薄弱之处，并且制定推荐的改正措施。流程图实际上可以用来描述公司里的任何流程。

外部审计

至少每年，公司应该由有资质的公共独立会计师事务所或又叫审计事务所来对公司进行审计。审计聘书相当于公司和审计事务所就审计项目的合同，主要包含：服务内容；公司和审计师的责任；审计师工作安排；价格等。

外部审计意见的内容有以下几方面。

■ 标准无保留意见：公允、准确地反映了公司的财务状况和经营结果。

■ 有解释性段落（如强调某事等）的无保留意见。符合的情形有以下几点。

- 会计准则应用缺乏一致性，比如重大会计政策变更方面缺乏一致性。
- 怀疑公司持续经营的能力。
- 不确定事项（uncertainties），如法律诉讼结果的不确定。
- 在报告本期财务报表时，对上期发表的意见有了变更，或者前任审计师对上一期的审计报告缺失。
- 其他，如影响被审计公司的财务状况的灾难、重大关联交易、重要的表后事项等。

■ 保留意见书：某个审计范围受到限制，而不是普遍受限（例如，发出去的对账函只回来1/3），或个别会计准则（而不是普遍/整体上）发生严重错报。

■ 拒绝发表意见：审计范围严重受限，或不能独立表达意见。

■ 否定意见书：存在实质性误导，整体上不能公允、实质地反映公司的财务状况和经营业绩，严重不符合会计准则。

SOX 204：要求公共会计师事务所在做完审计后及时向审计委员会汇报。

- 公司在使用的所有的关键的会计政策和惯例；

- 在美国会计准则范围内所有关于财务信息的或有做法（alternative treatment）;
- 其他重要的公共会计师事务所和管理层之间的书面交流，如管理信（management letter）等。

TDRA。美国萨宾法案规定，外部审计同时需要对公司财务报告相关的内部控制发表意见。外部审计在审核企业财务报告相关的内部控制的有效性时，需使用从上至下的风险评估方法（top down risk assessment，TDRA）。TDRA 的步骤如下。

1. 识别（identifying）和评估公司层面的控制。例如，公司政策和程序手册、举报热线、员工行为准则等。

2. 识别（identifying）重要的会计科目或披露。如现金科目、存货科目等。

3. 识别在这些重要科目或披露里可能存在的重大错报的风险，并对风险分级，如低、中、高。

4. 确定哪一个公司层面的控制可以足够应对此风险。

5. 如果公司层面的控制失效，确定哪一个交易基础的控制（transaction based control）可以应对此风险。

6. 确定用来完成内控评估的证据收集测试的性质、范围和时机。

监管—其他

监管除了上述的内部审计和外部审计，还有其他非常重要的手段，如董事会或公司最高管理层的无事先告知的突击访问和检查、道德操守热线（ethics hotline）等。根据 CMA 教材的安排，我们将在 CMA P2 讲述职业道德操守。

内部控制　练习题与解答

1. 以下（　　）最准确地解释了内部审计部门在合规性审核方面的责任与其在经营审计方面的责任之间的区别。

A. 合规性审核是确保组织遵守法律、规定和条例的手段，而经营审计则主要以发现经营问题并提高经营效率和成效为目的

B. 合规性审核的目的在于确保实体的财务报表符合公认会计原则，而经营审计则是在部门级别执行的活动

C. 合规性审核的目的在于确保员工遵守公司规定和准则，而经营审计则是为了解决管理层指示的特定财务问题

D. 合规性审核是为了确保组织遵守规定和条例，而经营审计则是为了确保实体的财务报表符合公认会计原则而开展的

答案：选 A。

2. 某公司的信息系统采用的密码矩阵使用户仅拥有履行该用户的职责所需的权限。这种控制措施可被称为（　　）。

A. 访问控制　　B. 数据验证控制
C. 应用程序控制　　D. 数据采集控制

答案：选 A。

3. 以下（　　）最贴切地描绘了数据流经会计信息系统的路径和时机。

A. 鱼骨图　　B. 项目流程图　　C. 系统流程图　　D. 决策表

答案：选 C。

4. 以下关于灾难恢复规划的陈述不正确的是（　　）。

A. 灾难恢复计划必须在公司内的最低级别实施
B. 灾难恢复计划应完整地记录在册并获得批准
C. 灾难恢复计划的设计应包含对公司需求的评估、恢复优先顺序表以及一套恢复策略和规程
D. 灾难恢复计划的一个非常重要的环节是备份站点的指定

解析：选 A。D 中的备份站点是翻译错误，应该是备用站点，即热站、温站、冷站。

5. 某公司的 IT 团队为其雇主制订了一项灾难恢复计划。该计划包含数据和系统的多个备份版本，其中至少有一份副本存放在异地。该计划还包括为减少洪水和飓风等自然灾害造成损失的概率而选择了一个异地灾备站点。此灾备站点有安保服务。IT 主管在家中存有一份计划的副本，并且该计划会定期进行测试。以下最准确描述该计划的陈述是（　　）。

A. 该灾难恢复计划具备了所需的一切，因为该公司可访问数据备份并继续进行数据处理
B. 该灾难恢复计划需要确保计算机系统上存有可访问的灾难恢复计划副本
C. 该灾难恢复计划需要包含具有必要功能的热备或冷备灾难恢复站点
D. 该灾难恢复计划需要包含有关在灾难发生时如何任命恢复团队的说明

解析：大家要熟记灾难恢复的程序。A 不对，B 不对，因为灾难恢复的副本在计算机上很危险，容易在灾难发生时毁掉。C 在题中已经有了。D 是对的。

6. 以下（　　）最准确地描述了使用自上而下法对财务报告内部控制进行审计。

A. 从财务报表层面开始，先重点了解实体控制，然后了解重要账目和披露及其相关认定

B. 从与高层管理人员面谈和观察高层管理人员在实体控制环境方面的措施开始

C. 从了解与资产和交易相关的控制开始，然后了解负债控制措施，最后是股权控制措施

D. 对每一项很可能包含重大错报的认定，通过识别重要账目和披露开始

解析：选 A。属于超考纲，大家记住此知识点。超考纲的概率极小，不用担心。

7. 以下（　　）是固有风险的最佳示例。

A. 审计员未能在财务报表中发现重大错报的风险

B. 可能会出现重大错报且未能阻止其发生的风险

C. 审计员未能就重大错报信息改变其观点的风险

D. 假如无相关内部控制策略，将存在重大错报的风险

答案：选 D。

8. 以下与管理层的理念和经营风格相关的特征中，（　　）能最有效地说明管理层致力于采取强有力的内部控制。

A. 决策由一小部分高层管理人员制定

B. 对财务报表抱以非常激进的态度

C. 每年都调拨资金用于更新和改善机构的信息系统

D. 强调要达到预计盈利

解析：选 C。可用排除法。

9. COSO 风险评估模型侧重于（　　）。

A. 识别所有领域的风险，并确定组织的弱点

B. 各级管理人员对运营和风险概念所持的态度

C. 控制，诸如用以解决组织风险的审批和文件

D. 及时将与已识别风险相关的信息传达给管理层

解析：选 A。这属于 P2 的考点。但有时候会考串了，概率很小。

10. 以下最能说明人事政策和程序重要性的陈述是，人事政策和程序（　　）。

A. 是有效控制环境不可或缺的
B. 应在有成本效益的环境中实施
C. 应由外部公司评估其合规性
D. 应在发现风险的环境中实施

解析：选 A。见 COSO 的第一条控制环境部分。

11. 会计控制应对实现管理层目标提供合理保证。内部控制提供“合理保证”这一概念表明（　　）。

A. 审计员的主要职责是检查欺诈行为
B. 员工疏忽大意可能会削弱内部会计控制系统
C. 控制程序不应该对效率或盈利能力造成不利影响
D. 以主观判断方式抽样不符合统计有效性的标准

解析：选 C。此题只能用排除法。做了此题后记住此知识点。

12. 以下有关内部控制风险的陈述（　　）是正确的。

A. 在公司内建立和维护一个内部控制系统可以有效地消除内部控制风险
B. 内部审计的职能是负责建立和维护公司的内部控制系统
C. 管理层负责维护内控，合理保证公司的资产和记录有足够的控制
D. 管理层对内部控制风险的责任限于为财务报告可靠性提供保证的控制

解析：选 C。只能通过排除法。B 不对。A 不对，因为不能消除。D 明显不对。

13. 以下（　　）不是《萨宾法案》第 404 条的要求。

A. 管理层需要出具内部控制报告，明确建立并维护充分的财务报表内部控制的责任
B. 管理层需要发布声明，指出截止到财年末财务报表的内部控制是否有效
C. 审计员需要审计管理层关于对财务报告内部控制的有效性的声明，并对其有效性发表意见
D. 为实现客观性，审计员必须对与财务报表审计不相关的内部控制执行完全独立的审计

答案：选 D。

14.《美国国外贪腐防治法》对在美国上市的公司规定了以下（　　）要求。

A. 制定并维护一个内部会计控制系统，该系统应足以合理保证交易是按照管理层的授权执行的

B. 就公司证券首次公开发行向潜在投资者披露作出投资决策所需的信息

C. 每当发生影响公司内部控制的重大事件时，向美国证券交易委员会定期提交 Form－8K 报告

D. 就截至本财年末公司的财务报告内部控制系统是否有效发布声明

答案：选 A。

15. 以下（　　）最准确地描述了经营审计的目的。

A. 为评估是否遵守法律法规

B. 为分析实体的财务活动

C. 为确定财务报表是否公正

D. 为评价流程的效率和有效性

答案：选 D。

16. 以下（　　）通过示例最准确地反映了内部审计员应向董事会报告的信息。

A. 为纠正内部控制缺陷，管理层应采取的措施

B. 会对组织造成不利影响的事项

C. 已纠正的所有审计问题

D. 纠正重大审计问题的费用

解析：B、C、D 明显不对。A 对，因为在 A 中，应该是管理层向内审以及董事会汇报，主体不应该是内审。

17. 在确定哪些控制措施要被审计时，内部审计员应主要侧重于控制措施与（　　）的相关性。

A. 公司的运营程序

B. 已确定的审计目标

C. 公司的运营目标

D. 外部审计员确定的控制措施

解析：此题有些争议，从实际工作来讲应该选 C。但在理论上，内审分为运营审计、财务审计、合规审计。因此在理论上讲 C 并不对。A 和 D 明显不对，因此选 B。请记住此题。

18. 内审检验会计记录控制有效性的最合适的方法是（　　）。

A. 通过与相关的会计证明文件进行比较来验证应收账款
B. 通过向银行发送询证函来验证贷款金额
C. 询问是否及时完成对账
D. 分析预算和实际结果并找出差异

解析：选 B。有实际相关工作经验的人会了解。应收账款也需发询问函，让客户确认。

19. 在合规审计中，内部审计员最可能（　　）。

A. 找出产量短缺的原因
B. 检查生产过程，确定是否能够提高运营的效率或效益
C. 帮助管理层执行《萨宾法案》要求的内部控制评估
D. 确定公司的用人制度是否符合有关公平聘用和合理解聘员工的法律

答案：选 D。

20. 负责公司数据中心的总监正在审核有关访问异地数据中心的硬件设施的控制措施。以下（　　）最准确地说明了该总监为了保护对硬件设施的访问应当考虑的措施。

A. 限制物理访问
B. 逻辑访问控制
C. 应用程序控制
D. 身份验证控制

解析：A、B、C 明显不对。D 有一定道理。记住此知识点。

21. 某家网络游戏公司在办公室中配备了很多笔记本电脑，因此要充分保障这些笔记本电脑的安全。下列各项中最准确地反映公司对这些笔记本电脑应采用控制措施的是（　　）。

A. 用螺栓或强力黏合剂固定笔记本电脑
B. 备份笔记本电脑硬盘中的所有相关详细信息
C. 能识别笔记本电脑的型号和序列号
D. 确保识别笔记本电脑中的所有病毒程序

解析：选 C。A 明显不对，如果 A 换成电脑锁，则是对的。B 不对，因为此题是针对笔记本电脑硬件的安全。D 明显不对。记住此题。

22. 某公司要求其 IT 经理确保该公司的数据如果在传输过程中被截获会得到保护。这种情况下，实施下列选项中的（　　）控制最佳。

A. 将消息序列化　　　　B. 加密
C. 自检算法　　　　D. 专用线路

解析：选 B。专用线路不对，因为专用线路强调的是信息交流方便、安全、节省成本。专用线路的加密不是针对传输文件的本身，而是在整条线路上进行加密。而且不是所有公司都用专用线路。此题选 B 更好。

23. 某公司的一位薪酬会计师在核对最近的薪酬记录时，发现他们无意中向某位员工支付了每周 400 个小时而非每周 40 个小时的薪水。以下控制措施是防止此类错误的最佳控制措施的是（　　）。

A. 可以突出显示异常大额度款的信息处理控制措施
B. 可以生成错误报告的交易控制措施
C. 可以检查是否有不合理数额的输入管控措施
D. 不会打印超出特定金额的支票的输出控制措施

解析：选 C。输入控制属于预防控制，更应该做。

24. 因为一场洪水损坏了现场数据，Grocery 公司必须异地调取备份文件进行恢复。他们调取了一份带有外部标签的磁带来恢复最近一次备份。但是，这套备份磁带是空白的，他们也无法找到正确的磁带。Grocery 公司可以采取以下控制措施中的（　　）以确保将来能找到正确的备份数据。

A. 采用包含更多文件详细信息的附加外部标签
B. 采用包含关键字段副本的文件结构
C. 采用磁盘管理系统，如父子文件夹结构等
D. 将文件及其备份一起保存在安全的地方

答案：选 C。

25. IC 航空公司正打算建设一个网站提供机票预订和付款服务。以下（　　）最准确地说明了互联网的固有风险。

A. 对互联网服务提供商的依赖　　　　B. 保密信息可能会遭到拦截
C. 数据格式一般来说并不统一　　　　D. 只有有限的控制措施来减轻风险

解析：选 B。记住此知识点。

26. 以下（　　）是工资核算流程中的输出控制。

A. 工资核算流程为每批工时单分配一个批次登记表中记录的唯一编号

B. 工资申请程序会执行一个限值测试，对任何工时超过 80 小时的交易在执行之前都要进行审查

C. 为工资文件分配内部和外部文件标签并由应用程序在执行之前检查

D. 工资分发记录中包含一份明细，详细记录何时准备支票和报告，其中包含报告收件人的姓名

解析：选 D。记住此知识点。

27. 一家在美国上市的公司完成了其年度审计和内部控制评估。某位外部审计人员通过给出审计意见鉴证了财务报表，但并未报告管理层对内部控制的评估结果。该公司是否违反了《萨宾法案》的第 404 款？以下选项中，正确的是（　　）。

A. 未违反，根据“安全港”规定，该公司仍然是合规的

B. 违反了，因为该公司未提供首席财务官和首席执行官的证明

C. 未违反，但该公司违反了《萨宾法案》的第 302 款

D. 违反了，因为该公司未安排审计人员鉴证并报告对其内部控制的评估结果

答案：选 D。

28. 根据《萨宾法案》，以下选项中证明不包含在定期的法定财务报表中的是（　　）。

A. 签字高管已审核过该报表且该报表不包含任何重大虚假陈述或重大遗漏

B. 任何重大的内部控制变化或可能会产生负面影响的相关因素均已披露

C. 列明在内部控制方面的所有不足，以及牵涉到参与内部运作员工的任何欺诈行为的相关信息

D. 美国国外贪腐防治法在内部控制方面的主要规定

解析：选 D。美国海外反腐败法和 SOX 是两个法案。

29. 以下（　　）最准确地描述了美国国外贪腐防治法的一条重要规定。

A. 审计人员不得提供记账服务或与审计客户的会计记录或财务报表有关的其他服务

B. 公司必须遵守该公司本国/地区的法律及其所有境外子公司所在国/地区的法律

C. 首席执行官和首席财务官必须证明自己不知晓美国公司的所有境外子公司的任何贪腐行为

D. 应检查内部会计控制机制，如果发现重大漏洞，则必须加强相关控制

答案：D。

30. 以下（　　）最贴切地描述了1977年颁布的美国国外贪腐防治法在内部控制方面的要求。

A. 通过贿赂境外官员来赢得或保住业务是非法行为
B. 管理层必须制定一些制度来保证交易经过授权
C. 所有大额现金付款和收款都必须向美国财政部汇报
D. 通过贿赂境外企业的高管或官员来赢得或保住业务是非法行为

解析：选B。交易审批是内控的一个重要因素。

通过CMA P1的学习，相信大家收获了很多世界上最先进的会计核算以及企业运营管理的知识。也希望大家能多多地宣传和介绍同事和朋友们来学习CMA，原因如下。

- 中国会计人员整体给企业家们的印象还是停留在不为企业增值的工种，因此，整体会计人员的薪水普遍很低，这和欧美国家会计师处于各种职业最前端的高薪差距颇大，因此，只是很少人学习了CMA不足以改变企业家们对会计人员的印象，也很难改变目前会计人员薪水过低的现状，所有会计人员都会受到不利影响。如果学习CMA的人越来越多，不远的将来则会彻底提升会计人员在企业和社会中的地位，届时会计人员的薪酬将有大幅增高，所有会计人员都会受益！

- 一个真正能够大获成功的经理人一定是下面有一个能力出色的团队。因此，相关的经理应鼓励下属踊跃学习CMA。这样整个团队才更容易出业绩，团队的领导人才被认可和奖赏，因为这是他带的团队。而且此时作为经理更多的是指导、协调，工作不会辛苦，相应的生活质量也会大大提高。否则当下一些经理人自己整天累得要死要活，生活状态一塌糊涂，而靠一个人的团队最终也不可能出业绩！